忘　掉　地　平　线

EDGE OF EMPIRE:

Conquest and Collecting in the East 1750-1850

Copyright ©2005, Maya Jasanoff

帝国往事
三部曲

EDGE

〔美〕马娅·亚桑诺夫 / 著

朱邦芊 / 译

OF
EMPIRE

英国在东方的征服与收藏
1750—1850 年

*Conquest and Collecting
in
the East 1750-1850*

社会科学文献出版社

本书获誉

2005 年达夫·库珀非虚构类作品奖

《经济学人》优秀图书

《星期日泰晤士报》(伦敦)年度五佳

《观察家报》(伦敦)年度最佳图书

意气风发,充满活力。……亚桑诺夫希望我们重新思考帝国的经验。

——《纽约时报》

一部历史杰作,精彩的原创与罕见的素材融合成颇具说服力的新叙事。大英的帝国再也不复往日模样。

——《卫报》(伦敦)

敏锐而动人……既是原创作品——并且文笔优美——又能吸引人一直读下去。

——《纽约太阳报》

没有专注于18世纪和19世纪的欧洲帝国建造者……亚桑诺夫聚焦在野心勃勃、精力充沛、离经叛道的几个人身上，他们利用东方，将其作为重新塑造自我的手段……一个不为人知的迷人故事。

——《波士顿环球报》

这本书立意巧妙、研究深入、文笔传神，它阐释了英法两个帝国的存在史、工艺品和文化，并以生动而细致入微的笔触描写了相关的所有参与者。这是一种独特的新声音。

——琳达·科利（Linda Colley）

马娅·亚桑诺夫……这次难忘的首秀大获成功。部分原因是为反映这一主题，她采用了一种活泼生动的研究方法，打破了现有的藩篱。亚桑诺夫对世界的考察让人们忆起了东方正午的阳光、那里令人难忘的恶臭和咆哮，但她描写了居住在那片土地上、读者可以认同的人物，他们一如虚构人物一样陌生，却实实在在地生活过。

——罗伯特·麦克拉姆（Robert McCrum），《观察家报》

此书是一场出乎意料的精彩首秀。马娅·亚桑诺夫是这些年来最激动人心的历史学家之一。她以妙趣横生的叙事和精彩出色的研究为我们呈现了这部开拓性的著作。《帝国边缘》是一本"必读之书"。

——阿曼达·福尔曼（Amanda Foreman），《德文郡公爵夫人乔治娜》的作者

马娅·亚桑诺夫的"帝国往事三部曲"还包括

《自由的流亡者：永失美国与大英帝国的东山再起》

《守候黎明：全球化世界中的约瑟夫·康拉德》

献给我的父母，他们都是跨界者

帝国迷梦与梦幻帝国

陈晓律 *

英帝国或许是世界上最为神秘的帝国。

这是因为，世界上绝大多数帝国，都不具备同英帝国进行比较的资格。没有一个帝国，是所谓地理上、政治上、文化上、宗教上、人种上那样的真正意义上的全球性帝国，而英国是第一个涵盖了上述所有内容的"全球性"帝国；然而，这还不能完全体现英帝国的独特性，因为它还具备另一种特质，那就是它使世界的很多地区，与英国所属的现代性联系起来了。理解这一点很重要，因为我们知道很多历史上的大帝国，随着扩张的范围过大，帝国中央的属性在边缘地区逐渐淡化，最终消失在了自己所征服的国度或文明之中。毕竟，离帝国的中心太远，帝国的中央影响力递减是

---

* 陈晓律，南京大学历史系教授，博士生导师。

一个很自然的现象。然而，英帝国的独特性就在这里体现出来了。这样一个日不落帝国，这样一个在几个大洋和大洲都可以看到米字旗的庞大帝国，其帝国中央的属性，或者你也可以将其称为英国性，却并没有随着帝国扩张的步伐而逐步淡化，更谈不上消失，甚至在帝国解体后，这样的属性依然还能存续下去，这就不能不发人深思了。

首先应该确定的是，这种所谓的英国性，主要应该是一种现代属性，而不是其他的内容，当然，英国自身传统中的很多特点，也会融入这种属性之中。正是这种带有浓郁英伦色彩的现代性，使英国对它统治过的区域产生了持久的影响。而英帝国，在某种意义上讲，给这种英国性的传播提供了一个极为广阔的平台。换言之，在母国之外，英国的影响主要是对其殖民地的影响。概括地讲，英国的影响在其殖民地一般以两种方式出现，一种是"硬件"，即制度性构建的遗产，另一种是"软件"，即思想文化和精神类的东西。第一种属于器物层面，但依然可以分为两类：一类是恒久的制度：如议会制度，司法独立，政党政治，三权分立等；第二类是具体的制度性安排与经济对策，如社会福利制度，教育制度，就业制度，金融政策，投资政策等，这后面的一类是需要根据情况不断进行调整的政策，也不会有完全固化的模式。而"软件"的遗产则比较复杂，英国文化遗产中也有属于那种具有恒久意义的东西，或者说是构成一个社会的基本原则，如自由，民主，法治等，这些东西至今尚无人否认其对人类社会发展的重要价值；另一些则是具有很浓厚英国色彩的东西，如绅士风度，休谟三原则，普通法传统，行为规范的向上层看齐，对田园生活的留恋，对传统的极端尊重甚至以此构成的一种保守主义心态，等等。对前一类的文化学界的争论并不多，对后一类则褒贬不一。但不可否认的是，凡是在英国统治存在过的地区，这些硬和软的"英国因素"，都对这些地区和国家的未来发展产生了明显或潜在的影响。

就英帝国的移民殖民地而言，英国因素的影响基本是积极的。如加拿大和澳大利亚这一类的英属殖民地，大体移植了英国的整个政治体系和司法体系，甚至在文化习俗方面也是如此。由于这些国家的移民大多来自英国，本身具有英国自治和法治的传统，并习惯于在这样的制度环境下生活，所以他们政治现代化的主要任务，就是获得与母国人民一样的权利。一般而言，这样的制度变革没有遇到太大的阻力，其原因一是殖民地人民积极地争取这些权利，另一方面则是北美独立战争使英国吸收了教训：不能过分束缚此类殖民地的发展，否则会产生第二个美国。因此，无论是加拿大、澳大利亚还是新西兰，它们在制度方面的现代化进程几乎都没有大的起伏。同时，在外交、安全和商贸方面，它们还充分地利用了与英国这种特殊关系而获得了巨大的利益。由于有这样的机遇，这些国家的现代化进程十分顺利，并几乎在不为世人注目的情况下，就跻身于发达国家行列。以这样的发展方式完成现代化任务，有其历史、地缘、文化乃至种族的独特渊源，尽管其发展进程并不完全与母国同步，但在如何适时地根据自己的国情构建现代化的大厦，如通过协商或立法来协调本地住民与外来移民的关系，适当保护少数族裔权益，通过现代教育体系来整合社会，实行务实外交政策等方面，依然与母国极为相似，甚至在这样"亲兄弟"的基础上加强情报合作，出现五眼联盟之类的组织，也就毫不奇怪了。

在那些有深厚历史文化传统的国家，由于是被强制纳入"英帝国"的，英国的殖民入侵打断了这些国家的正常秩序，所谓"英国因素"激起的反应就完全不同了。"英国因素"当然不乏正面的影响，但负面的影响也不可小视。这不仅是英国在这些地区和国家采取了完全不同于移民殖民地的政策，而且也在于这些传统文化必然会与英国即便是现代化的外来文化发生激烈的冲突，这在南亚次大陆和东南亚地区表现得最为典型。由于现代化在这些地区的"异质性"，加之英国首先是维护自己的殖民利益，所以，这些地区和国家现代化进程所遭遇的种种阻力，显然超过了世界的任何一个地区。从殖民者一方而言，他们面临着既要打破原有的自然经济和政治结构，又要创建新的现代政治经济结构的任务。殖民者当然不可能按照当地民众的利益来完成这些任务，于是，他们便按照自己的利益来部分地打破传统的政治和经济结构，保留那些对自己的统治有利的东西；同时，也部分地引进了现代的政治和经济体系，以有利于自己的管理。于是，在这些地区出现了典型的刘易斯所定义的"二元社会"现象。一方面是现代的制度和行政管理机构，一方面是传统的个人统治权威，一方面是受到西方教育，并能说一口流利英语的社会精英，另一方面是几乎还在传统社会生活的普通大众；现代经济部门在一些地区已经建立，但其目的并非为了殖民地本身的发展，却是为殖民者获取最大利润而经营，于是，传统与现代以一种杂乱无章的状态交织在一起，始终未能很好地融合。而这些地区在20世纪中期先后获得独立后，所产生的问题也就十分突出了。相对落后的地区具有强大的"向后看"的势力，尽管实际上并不可能向后看，但其具有"反现代化"的巨大能量，对一个国家的现代化进程起着明显的阻碍作用；而殖民时期相对发达的区域以及各种殖民者的现代化"飞地"，却产生了具有现代化倾向的各种社会力量，它们强烈地要求按照英国方式迅速完成国家的现代化任务，两种力量的碰撞往往转化为激烈的社会冲突。在这种大的"二元"背景下，整个国家还由于贫富、种族、宗教信仰等差异分化出若干个"亚社会集团"，不仅使国家要实行的政策发生了种种变异，甚至还产生了危及国家生存的分裂势力。所以，英国殖民者的遗产，无论是制度的还是精神方面的，都产生了十分复杂的后果。于是，在这一区域，就出现了某种色彩斑斓，有红有黑，然而却使人无法把握的梦幻场景。

这种梦幻场景，首先应该是英帝国迷梦的一个组成部分。日不落帝国的神话太迷人了，太伟大了，这样的帝国怎么会消失呢。所以，英国政治家们，甚至到 20 世纪 60 年代，还认为自己的边疆在喜马拉雅山脉，这实在是令人扼腕。不过，帝国迷梦能一直做下去，除开英国因素在英帝国的范围内广泛留存，使英国人总不相信帝国真的会随风飘去之外，还因为英国人在构建实体性日不落帝国的同时，构建了一个想象中的梦幻帝国。

殖民者在入侵上述地区时，固然伴随着血腥和杀戮，伴随着毁灭和掠夺，这几乎是毋庸置疑的事情——毕竟这些人并非善男信女。然而，这些人尽管有种种缺陷，但也还是一个正常的人，也还是一个自认为的"文明人"，也还有自己的想象力和审美情趣。于是，在他们的眼中，这样一些从未真正接触的异域文明，显然是一个比自己原有文明有趣得多的审美所在。之所以用审美这个词，是因为殖民者在这些地区，既不用承受原有文明那些繁重的劳役与压迫，也不必受那些传统观念的恐吓与束缚，又同时摆脱了母国的种种禁忌，于是，他们可以用一种超然的眼光来欣赏自己所看到的一切了。这样一种三不管的审美意境，甚至在他们的出生地也不可能获得。

于是，一个梦幻帝国在这些形形色色的各种正史中不会出现的人物中产生了，因为正史的视角无非是两大类：殖民者的视角与殖民地人民的视角，前者当然是把英国人的征服看作是文明世界的胜利，后者自然把帝国看作强加在自己身上的枷锁，尤其是殖民地独立后的民族主义者。当然也还有相对对客观一些的"修正"视角，这类学者希望以更加严肃的态度来研究这一段历史。但这本书是一个另类，它不仅探讨了英国竞争对手和反对者，以及复杂的文化融合方式，还触及了在正史中很少关注的人群。正如本书的作者马娅·亚桑诺夫所描述的，他们绝不囿于传统上诸如职业、宗教、阶层乃至种族和国籍等的社会属性。相反，他们是一群共有同一种习惯和兴趣之人，横跨整个帝国社会的各个阶层——从王公、军官、公职人员和商人，到观光客、妻子、艺术家和探险家。他们的猎奇、他们的想象，在这片殖民者征服的土地上勾勒出来一个神秘的梦幻世界。其中，中国人最熟悉的或许是英国作家詹姆士·希尔顿《消失的地平线》中所描绘的香格里拉，这样一个中国的边陲地区，中国人自己都没有将其设想为一个世外桃源，但在这个英国人眼中，它却成了真正的绝版仙境，并且以其梦幻般的号召力，每年都吸引着大量的游客前往观光。而马娅·亚桑诺夫所关注的这些人群，在某种程度上是各种类型的詹姆士·希尔顿，在他们的活动中，人们看到或是发现了不同的《消失的地平线》的翻版。

这些人的一个共同特征是喜欢收藏，收藏品丰富多彩，折射出异国文明神奇的魅力。这些英国人在不久前才刚成为主人的地域，它们本身的文明远比英国人的长，而绚丽多彩的各类文物和艺术品，对这些人产生了巨大的吸引力。于是，在英国人直接统治的区域之外，产生了勒克瑙这样神秘诱惑并使人堕落的城市。正如一些英国人所说，这里崇高与荒谬合二为一，人们对它的体验非爱即恨。欧洲人的收藏嗜好也如同瘟疫一样传播到了当地的富豪之中。当然，在埃及，同样的猎奇行动也发生，英国人几乎是在随时准备与法国对手争夺各种收藏。而这种争夺最著名的收获，是英国人总算从埃及或者法国人手中夺得了罗塞塔石碑。其借口是，"以免法军在一气之下将其毁掉"，结果，这块石碑去了大英博物馆。于是，我们今天还能在伦敦见到它。无论是谁得到了它，只要它还在博物馆，就算幸事，否则，如同巴米扬大佛那样被极端势力摧毁，就太可悲了。毕竟人类文明的瑰宝，应该是全人类的共同财富。

不过，殖民者的收藏，还是与当地人有所不同，那就是他们也许在一段时期内愿意把藏品放在本地，但最终是要运回母国的。在这一点上，这些收藏家们几乎是无一例外。尽管一些收藏家有在当地开展览会之类的善意，但最终这些藏品是要运回"家"的。正是这一点，显示出收藏者殖民者的属性。也许，殖民者从来没有把帝国征服的区域真正当作自己的"家"，他们在这些地方，只是惬意的过客，他们愿意待在"梦幻帝国"的境界里享受人生，却不愿在梦醒之时随风飘去，因此，一种现实主义的本能促使他们把藏品放在自己的归属之地。或许，正是这种心态，使帝国迷梦一开始就只能是一种梦。当二战后这样的帝国迷梦逐渐消失之后，这些收藏家们的藏品却可以使英帝国的忠实子民继续在梦幻帝国的仙境中品味征服者和胜利者的快感——当然，这也意味着被掠夺者同等的愤怒。

然而，历史是复杂的。无论这些英帝国的藏品引发了多少前殖民地民众以及移民的不满，这些藏品依然还在，总是不幸中的万幸。在这一点上，我赞同作者的看法，物品的意义既存在于它们本身之中，也存在于人们看待它们的视角。当然，"所有的视角都是受限的，一个人的财宝或许会成为另一个人的赃物。但收藏就像建设帝国一样，代表了人类对保护与组合、秩序与掌控的持久意愿，我们只能希望接受和包容式的收藏品最终能战胜收藏帝国时的暴力"。

的确，这是一本另类的帝国史，也是一本收藏文化史，不仅使我们看到了一个不同的英帝国，实际上也在某种程度上解读了全球史，使我们对英帝国的认知更为立体，当然值得向不仅是专业人士，而且是一般的读者推荐。而使我不由自主地向读者推荐此书的另一个原因，是因为这是一本极好的，可以随时"杀时间"的读物。此书的阅读不必从头开始，看到哪是哪，只要有趣就行，无须在意故事的完整性。此外，此书的印刷开本不大，且是软封面，便于一手掌控，以各种姿势翻阅，尤以坐着和躺着慵懒斜视为佳。而一想到在南方寒冷的冬夜里，手捧此书，虽无红泥小火炉之雅趣，却可享电热毯烘烤之温馨，就不禁幸福得直哆嗦。

　　故此推荐。

　　愿诸君在用此书杀时间之际获得逸兴与充实。

2019 年 5 月 19 日星期日

于南京市龙江小区阳光广场

上　册

下　册

Contents /

前言：帝国的世界，世界的帝国

　　加尔各答，一个晴朗的秋日清晨，难近母①节过后不久。窄巷的尽头立起一座巨大的白色十臂女神像，那是湿婆的女性化身，雕像以竹条、制型纸板和大量的鲜艳颜料制成，专供庆典之用。此前不久，我刚路过一个地方，看起来像是加尔各答的中央香蕉仓库，卡车卸下的成穗香蕉层层叠叠，在一幢山间小屋前堆积如山。再转个弯就走进一条油香弥漫的街道，那里的男人都坐着揉搓然后油炸一种叫作拉杜（laddoos）的亮黄色甜点，炸好后堆成一座座高塔。但我面前却是最出乎意料的一幕：一座庞大的帕拉第

---

① 难近母（Durga），又译作"杜尔迦"，印度教胜利女神，性力派的重要崇拜对象。传统上被认为是湿婆之妻雪山神女的两个凶相化身之一，是雪山神女的降魔相。难近母节又称九夜节，每年印度历七月（公历 9、10 月间）初一至初九举行。——译者注（除特别说明外，本书脚注均为译者所注）

奥式 ① 庄园，装饰着两扇锻铁大门，耸立在重重窄巷之后，宛如手绘的舞台布景。

此地人称大理石宫 ②，只是一栋部分意义上的住宅。房主是一个姓穆利克的正统印度教家族，1835 年建成以来，他们在庄园里塞满了来自欧洲各地的艺术品和物品，并向访客开放——这使得大理石宫成为印度的"首家西方艺术博物馆"。我本可择日再来一探大理石宫的藏品和历史。但在那个早晨，在我走过前院巴洛克式的奇葩异卉，沿浅阶拾级而上时，不禁感觉自己徜徉在一个奇妙而未知的平行世界。我在台球室一张破损的皮制高背长椅上坐下。希腊诸神的石膏塑像和大理石雕像从四周墙壁上向下窥探，屋顶的吊扇像二战轰炸机的螺旋桨一样在头顶旋转。虽然城市的喧嚣就在数百英尺之外，这里唯一的声音却是后院一个名副其实的鸟舍里传来的婉转鸟鸣。简直像是狄更斯入乡随俗了。

这种地方在文化上实属怪异，但考察这一点绝非难事，只须感受各个物品，而它们显然与周围的环境

---

① 帕拉第奥式（Palladian），一种欧洲风格的建筑。威尼斯建筑师安德烈亚·帕拉第奥（Andrea Palladio，1508~1580）为此风格的代表。帕拉第奥式建筑的风格主要源自古希腊和古罗马传统建筑的对称性、透视法和价值观。

② 大理石宫（Marble Palace），北加尔各答一座宏伟的大厦。它是 19 世纪加尔各答保存最完好、最优雅的建筑之一，因其大理石墙壁、地板和雕塑而得名。

格格不入。但如果试图从它本身出发来严肃地理解它的意义呢？我在研究大英帝国文化史时参观了大理石宫。我读过的有关帝国和文化的大部分内容都为我们详尽地描绘了一幅或许暗藏杀机的画面，画面中的欧洲白人殖民者试图取代、占有或贬低他们所遭遇的非欧洲民族和社会。那些内容更多地关注欧洲人如何应付非欧洲人而非相反，讨论的重点往往是冲突而非融合。但我在这里看到了一幅全然不同的画面：这是一个真正嵌入东西两方文化之中的所在，也是依然鲜活生动的帝国遗迹。我想知道，如果穿过这样一扇大门走进帝国的历史，又会是怎样一番场景？从内向外观察帝国，会是个什么样子？

　　我在写作本书期间遭遇了很多出乎意料的东西方并列交融的现象，大理石宫只是其中之一。有那么令人心跳骤停的一刻，我在法国阿尔卑斯山一家档案馆的密室中发现了莫卧儿王朝皇帝的信件，它们都叠成窄长条，塞在一个破旧的金属箱子里，仿佛自从萨伏依的收信人在200年前阅毕之后，就再也没有人碰过它们。还有一个烈日炎炎的中午，我在一座埃及神庙的空寂废墟上发现了一位离世已久的英国外交官的名字，它有气无力地刻在石头上——徒劳地寻求不朽。后来我竟然在纽约发现了他劲敌的签名，就刻在大都会艺术博物馆玻璃天花板下的丹铎神庙内墙之上。一次我在佛罗伦萨郊外的山坡上参观一座完美的托斯卡纳庄园，发现了一把虎头刀柄的长刀，这是在 1799 年那场大英帝国最跌宕起伏的战役中，从印度南方城市塞林伽巴丹（Seringapatam）缴获的。

这些散落四方的凭据——从欧洲乃至美洲，到英国及前大英帝国各地——没有一个是有关大英帝国的大多数书籍中出场的物证。那种历史往往不带个人色彩，时而空谈理论，常常会脱离欧洲和其他非帝国世界更广阔的背景。与之相反，本书的核心内容乃是所有这些遗存之物背后的故事。每一件遗物的前主人都曾经在大英帝国最东端的印度或埃及生活过，那是东西方长久的文化、社会和政治边界开始形成的年代。这些遗物的前主人是以有形的方式接触异域文化的男男女女：物品的收藏家。他们购买、委托、交易、掠夺、偷盗、俘获、搜寻；既维护也时有破坏；既感动莫名又垂涎三尺；他们失去了一切，却把那一切记在心间。这些收藏家用自己的生命和遗产为东西方搭建起桥梁，把我们带入了一段鲜为人知的私密帝国史。他们还像是一面镜子，映照出英国本身是如何在印度和其他地区汇集成一个帝国的宏大故事。

对于不列颠和大英帝国来说，从 1750 年到 1850 年这 100 年是帝国形成的世纪。1750 年，不列颠还是一片帝国汪洋中的孤岛。这座小岛上只有八百万人口，是宿敌法国的一半，这种失衡引发了巨大的民族焦虑。[1] 相比之下，不列颠的殖民帝国也平平无奇。在大西洋世界，西班牙和葡萄牙仍是最大的霸主。法国构成了更大的挑战。尽管英国的北美殖民地让邻近的新法兰西相形见绌（英国在那里有 250 万殖民者，而新法兰西只有微不足道的 7 万人），但法国却威胁要将它在五大湖地区和密西西比河流域的定居点连接起来，遏制十三殖民地，并将令人心动的西部纳入囊中。在地中海和中东地区，与法国、西班牙或意大利诸邦相比，英国的存在感很低。在印度，它只是在海岸地区拥有"代理店"（或称贸易前哨）的欧洲诸国（包括葡萄牙、荷兰、法国和丹麦）之一。西班牙、葡萄牙及荷兰垄断了与东亚和东南亚的贸易（荷兰控制着属于当今印度尼西亚的几个颇有价值的香料岛）。至于南太平洋这个英法后来激烈对抗的地区，直到 1768 年詹姆斯·库克船长首次出海远航之后，英国才将探索的目光投向那里。

但到了 1850 年，世界以及英国在其中的地位都大不一样了。英国成为世界上第一个也是最大的工业化国家，人口高度城市化，城市人口比 1750 年多了将近两倍。欧洲各地几乎都遭遇了入侵、革命或内战的灾难，唯有英国幸免于外。在欧洲，英国享有空前的外交和政治权威，以及工商和财政上的优势。在海外，英国从前的帝国对手鲜有能与之匹敌者。老牌殖民势力只有法国可与之一战，其帝国在 1830 年重新发动了对阿尔及利亚的侵略。在这个世纪的中期，英国全球力量的最大挑战者仍在形成之中：美国和俄国这两个帝国都在争先恐后地奔向太平洋。1850 年的大英帝国囊括了全球的四分之一，从渥太华到奥克兰，从开普敦到加尔各答，从新加坡到西班牙镇①，无远弗届。世上五分之一的人口都是维多利亚女王的臣民，还有数百万人居住在英国投资和间接控制的国度（如阿根廷或葡萄牙）。伴随这种地理扩张而来的，是意志、人力和文化上的统一性，把帝国的众多互不相干的部分联结起来。大英帝国向来不乏批评者，无论是在国内还是海外；它的连贯性也永远是名义（或在地图上）大于实际。但到了 1850 年，很多英国人逐渐把帝国看作英国本身的基石之一和国家认同的重要组成。帝国的太阳升起来了，似乎永无日落之虞。

本书按时间的顺序记载了英国在印度和埃及这两个最东端的地区崛起成为全球性大国的历史。那些地区将会成为大英帝国在"东方"的地缘政治门户，1750 年后，英国势力在那里的扩张最为显著。它们也是西方概念中"东方"的柱石，欧洲正是在那里遭遇了最多样和复杂的文化差异。在时间和空间两个维度上，我的叙事都在帝国边缘展开：时间上是在英国规则的诸多界限确定下来之前，空间上是站在宗主国边缘人民和地区的立场上。这部大英帝国主义史在

---

① 西班牙镇（Spanish Town），牙买加东南部城市。

很大程度上也是一部法兰西帝国史，讲述了在两国东方利益最终成形的过程中，英法对抗所起的作用。但最重要的是，本书讲述的是真实的人身处帝国内部所经历的帝国扩张。在这个广袤而不断变迁的世界里生活感受如何？从收藏家的视角看去，这个世界又有何不同？

我有意采取了一种非传统的方法，通过研究一种行为和沉迷其中的人——收藏和收藏家，来考察帝国的扩张。一个主要原因只是为了从过去中还原新的形象和新的经历。但这些个人的遭遇也在更笼统的层面上为文化和帝国主义之间的关系提供了一个不同的视角。我并没有把搜罗文物解读为帝国强权的显而易见或顺理成章的表达，抑或是"帝国事业"的必然结果。相反，搜罗文物的历史揭示了帝国的复杂性；它表明权力和文化是如何以混乱、偶然，时而自相矛盾的方式来交汇的。我没有把搜罗文物看作帝国强权之表现，而是把大英帝国本身看作一种收藏：拼接连缀，随着时间的推移而日渐清晰，被一系列的环境、意外和计划塑造成形。

书中谈及的男男女女多半不是通常出现在史书中的人物。首先，他们绝不囿于传统上诸如职业、宗教、阶层，乃至种族或国籍等社会属性；相反，他们是一群共有同一种习惯和兴趣之人，横跨整个帝国社会的各个阶层——从王公、军官、公职人员和商人，到观光客、妻子、艺术家和探险家。帝国收藏家中既有罗伯特·克莱武和拿破仑·波拿巴这种家喻户晓的大人物，也有英国小外交官亨利·索尔特，或离经叛道的爱尔兰裔军人"印度人"查尔斯·斯图尔特这种边缘化的无名之辈。收藏家的标准多少有些随意，这一点不可避免——而且虽说本书中写到的一些人物充满激情地致力于获取藏品，还有些人却更多是在习惯或环境的左右下，在生活中偶遇那些艺术品而出手抓住的。但他们都有另一个关键的特点：他们都用藏品来展现、打磨或塑造自己的社会形象。收藏是一种自我塑造之道。[2] 实际上，收藏与自我塑造之间的联系本身就是一种跨文化现象，从欧洲人延伸到了印度王公身上，前者把艺术品收藏作为真正绅士的象征，后者用收藏遥远国度的物品来增加个人的魅力。

帝国收藏家跨越了文化差异的界线。当文化被提炼到抽象的程度，谈论"文明的碰撞"就容易多了。但真实世界里真实的人却不必以对抗或单一的方式来体验其他文化。帝国收藏家们的故事让我们一目了然的，是文化遭遇的过程涉及了多少跨越与融合、隔离与分歧。在如今这个关于帝国的理论和意识形态讨论盛行一时，却没有多少人愿意接触和理解其他文化的时代，还原帝国生活的多样性及其同理心显得格外重要。

这些故事还抵消了后殖民研究中把欧洲帝国与世

界其他地区的碰撞描述成本质上对立的一边倒事件的倾向：关于西方势力如何在技术、经济、军事和文化等方面在非西方社会强制实行霸权，有太多凄惨而肮脏的故事。从爱德华·萨义德在他开创性的著作《东方主义》（Orientalism，1978）中强调西方话语定义和左右东方"他者"的能力，到颇有影响力的印度期刊《贱民研究》（Subaltern Studies），再到近来有关各种杂糅形式的研究——似乎可以说，大多数学者都把精力花在描摹"西方"如何对"其他地区"施加压力、展示力量上了。[3] 诚然，这大体上正是欧洲帝国的企图。但帝国主义并非单向街，力量和文化也并不总是步调一致的。在试图理解欧洲势力如何对他国一意孤行的同时，也该思考一下其他的国家如何改变和挑战了欧洲势力。

各档案馆里都塞满了生活在帝国东部边缘的人们——例如随营人员、口译员，乃至普通士兵（关于他们的文字竟出奇地少之又少），或是妇孺——尚未诉说的故事，他们的经历都很值得研究。收藏家们因为主动而实际地参与其他文化，也因为他们痴迷于地位和自我塑造，而成为我们探索帝国边疆的出色向导。此外，他们把收藏品运回欧洲，在向西方大众展示异域文化方面起到了积极的作用。很多重要博物馆里的印度和埃及收藏品常常被认为是制度性掠夺和侵占的产物，实际上却源自本书所介绍的这些人强烈的个人品味和雄心。

因此，本书的核心目标就只是讲述他们的故事。但就像古吉拉特绣花布上缝的小镜子一样，这些故事也会反射出它们所处的广大世界的诸多特征。如果从小处着眼，全貌看来是怎样的，又有何不同之处？在叙述完这些个人史之后，我还会通过它们来探讨大英帝国在东方更广泛的轨迹如何比传统叙事表现的过程更加复杂和无常。同样，帝国在本书中的形象也会让读者觉得陌生。

人们曾一度把大英帝国的崛起描述成胜利的进程：是"天命"，必然之事，好事一桩。[4] 实际上至今仍有人如此讲述帝国的故事。虽说政治倾向完全相反，但后殖民时期的民族主义者对帝国的描述也同样是一边倒，他们把大英帝国形容成一个阴险的庞然大物。当今的严肃学者绝不无条件地支持以上任何一种观点。然而，关于帝国的讨论中仍然存在着些许目的论，认为结局不可避免：白人终将获胜，重任在肩，殖民地人民被排斥在外。[5] 与之相反，本书重点考察了大英帝国成功之路上的种种障碍。英国的扩张既受到内部势力的非议，也面临欧洲对手的竞争，尤其是法国。由于英国严重依赖欧洲大陆，也日益倚仗帝国臣民的劳动力和支持，其扩张的"英国性"也相当靠不住。看到英国力量的裂缝和不安全因素，有助于解释这个帝国为何以及何时采取了这些特殊的形式。[6]

大多数关于英国扩张的叙述都很少谈及英国的竞争对手和反对者，而本书的总体叙事关注更广泛的全球背景，英国势力正是在其中勉力前行并屡受挑战的。首先，大英帝国的历史必须与法国及其帝国史——特别是英法战争那段历史——联系起来理解。从1756年开始的"七年战争"到1815年滑铁卢战役的将近60年里，英法之间开战了三次以上。这是现代"全面战争"的18世纪版本。在英国，与法国的战争主导了政治、财政和文化。[7] 在法国，与英国的战争对国家、经济，以及最终对君主政体本身都产生了灾难性的后果。这也是一场全球战争。为了维护帝国的利益，这场战争在多个大洲展开，对于英法两国帝国扩张的步伐、动机和方向都产生了决定性的影响。甚至在滑铁卢战役之后——当时英国的全球霸权达到了顶峰——法国仍在影响着英国的帝国扩张和帝国欲望。说起来，在两个大国觊觎之下的奥斯曼帝国，看似法国还占据了先机。甚至在印度，传统观点认为法国的野心在1760年代便式微了，但法国的一些决策者却仍在旁遮普邦广结盟友，怀抱着复兴的梦想。简而言之，书写大英帝国史而不把法国涵盖在内，就像书写冷战时期的美国，却绝口不提苏联一样。法国对于现代大英帝国的形成有着至关重要的影响。

我笔下的大英帝国全景不同于大多数书籍的第二个方面是，我的重点在于英国势力属于尚在形成之中的非正式力量的地点，而不是英国公然征服、占领并统治之地。"帝国"是个很灵活的词，而以灵活的方式来诠释这个词，可以让人理解欧洲国家随着时间的推移逐渐探索并建立帝国的整个机制。埃及在1914年成为受保护国之前并未正式加入大英帝国。就连在19世纪末被认为是大英帝国"皇冠上的宝石"的印度，也从未彻底英国化。1947年印度独立之时，这块次大陆上还有整整三分之一的国土由名义上独立的王公所控制。而在1857年之前——也就是本书覆盖的整个时期——印度属于"英国"的各个地区也并非由英国政府，而是由部分处于国会监督之下的私营东印度公司统治的。

在此期间，埃及全境以及印度很多地区仍是老牌东方帝国统治者——奥斯曼帝国和莫卧儿帝国——的保留地。尽管在欧洲帝国看来，莫卧儿和奥斯曼政权有时像是花拳绣腿，它们的持久存在却有着若干原因。一方面，这表明英国本身的帝国合法性有很大一部分是从老牌的非欧洲势力那里获得的，法国在很大程度上也是如此。另一方面，这还意味着文化融合正是植根于帝国国家的日常运作之中，从法律制度和税收制度，到宗教仪式、等级和人事管理的方方面面，在印度尤其如此。欧洲国家继承了——往往还特意呼应了——莫卧儿和奥斯曼的统治方式。最后，只要莫卧儿和奥斯曼这些傀儡持续存在，欧洲诸国之间的竞赛就不会结束，它们仍要为争夺幕后影响而打个不停。在所有这些方面，英国在莫卧儿和奥斯曼地盘上的统治都形成了某种远非"英国味"的东西，也没有后来那些帝国象征所显示的那么正式和庄重。

从1750年到1850年这100年里，英国在印度和其他地区"收藏"出一个东方帝国，它起步于孟加拉，从那里开始不断添加进其他的区域。这当然不是说帝国的扩张毫无系统，也没有宏大的叙事。英国并不像维多利亚时代的历史学家J. R. 西利（J. R. Seeley）的著名论断所说，"心不在焉地"得到了它的帝国。⁸ 甚至可以说，就连西利也心知肚明，英国与法国争斗数十年时间，才建立起自己的帝国。但我把英国这一时期的帝国扩张描述成显而易见的收藏，还希望表明这比"帝国事业"这种熟悉的语言所蕴含的意义更加零散、偶然和无常——在很多方面还是协力完成的。

英国本身在两个重要的方面就像一个帝国收藏家。和本书描述的诸位收藏家一样，英国在某种程度上也是人微言轻。与莫卧儿、奥斯曼，以及其他本地政权相比，英国微不足道，那些政权的物质和技术资源当然会令英国踌躇不前，劳动力也可以轻而易举地胜过英国。在其他欧洲对手（主要是法国）看来，它也不值一提，英国自己显然也如此认为。

和其他收藏家一样，英国也利用收藏来重塑自身，定义其帝国的使命感。1750年，大英帝国在新教和自由意识形态的支持下，基本上还是个在大西洋地区活动的殖民和贸易国家。[9] 这与天主教欧洲的大陆帝国、"东方"，甚至古罗马都有着自觉的不同，这些地区被广泛批评为残暴、专横和独裁的。[10] 然而到1850年，大英帝国所拥有的正是这些：通过征服和直接统治逾百万显然是外国的臣民所形成的洲际帝国。此外，很多英国人对此深感自豪，他们在区区数代之前还对那些大陆帝国持怀疑态度。因为如果说与法国作战有效地为英国赢得了一个崭新的帝国，那么它也巩固了英国作为国家和帝国势力所主张的一种新的理解。[11] 19世纪初，英国自由党开始高扬一种新的政治意识形态，把民族和帝国囊括在同一套话语中。[12] 维多利亚女王在1837年登基之时，自由主义的改革确保了天主教臣民可以坐在国会里；贫困臣民的吃住得以满足（尽管并不满意），并由国家承担费用；而中产阶级臣民则可以投票，其中大多数人是第一次拥有这种权利。最重要的是，1833年废除了奴隶制，没有哪个英国人从此可以合法地拥有奴隶，或成为奴隶。

在惠及所有臣民的一揽子"英国人"权利上，自由理想的帝国后果体现出一种新罗马版本的英国帝权。1850年，英国的英裔爱尔兰人、在苏格兰接受教育、多种语言运用自如且直言不讳的帝国主义外交大臣巴麦尊勋爵（Lord Palmerston）就发出了这个时代最强音。他在为一个遭到侮辱的大英帝国臣民辩护时，振聋发聩地宣称："就像往昔的罗马人为了免受侮辱，会说我是罗马公民（Civis Romanus sum）那样；英国的臣民，无论身处何方都应该坚信，英国的关注目光和强硬手段会保护他免受不公正和错误的对待。"[13] 这里所说的英国臣民是何方神圣？是个出生在直布罗陀（因而是英国人）、生活在希腊的葡萄牙犹太人，名叫唐·戴维·帕西菲科 ①。

这里自然有不少政治表演的成分，自以为是就更毋庸多言了。然而，巴麦尊及其同僚认清了帝国扩张的一个事实，那是我们如今这个时代很容易忽略的一个事实，因为我们总是太过强调大英帝国力图把各种他者排除在白人、男性、基督徒、拥有权力的基本主流之外。帝国要包容人民和各种文化。[14] 随着不断的开疆拓土，无论帝国变得多僵化，它也必须更加包容。实际上，19 世纪英国作为一个帝国、一个民族存续下去，面临的最大挑战就是寻找包容差异的手段，特别是在海外。这当然是自相矛盾的。但帝国的扩张、英国国民性和跨文化包容是生死与共的——不管它们的进程中有多少磕磕绊绊，问题有多棘手，过程有多痛苦，它们依然蹒跚前行。

这并不是说大英（或其他任何）帝国设法避免了

---

① 唐·戴维·帕西菲科（Don David Pacifico，1794?~1854），葡萄牙犹太裔商人和外交官。他是 1850 年英国—希腊争端的中心人物。

种族主义、镇压、暴力或各种偏见的影响。但我们不应把 19 世纪末期"白人的负担"①的态度，强加给前期这种密度更大也更为复杂的人类经验的纠葛。[15] 一般认为与大英帝国相联系的沙文主义道德观并没有推进帝国在东方的扩张。相反，欧洲人在东方地盘上积聚了数代的影响之后，这种道德观才得以巩固。它是在全球英法战争的背景下得到强化的。而且这种帝国道德观是一种误导的、不准确的解释，因为英国的霸权从来不像其支持者（或者当今的很多批评者）暗示的那样是铁板一块。实际上，"白人的负担"多少只是一厢情愿，是以修辞和道德的目的来为大英帝国规则中的弱点和矛盾辩护并加以补偿的一种方式。

我按时间顺序，把英国如何将印度和埃及收入它的东方帝国的过程分成三个部分；它们大致可以依次对应地域、力量和个性。本书的前三分之一从东印度公司占领孟加拉开始，详述了 18 世纪末期印度十足的世界大同，以及那里伟大的总司令和收藏家罗伯特·克莱武为了给自己在英国社会谋得一席之地而进行的艰难斗争。随后便来到充满生机的北印度城市勒克瑙，那里在东印度公司的控制范围之外，蓬勃发展

---

① 白人的负担（white man's burden），出自英国诗人吉卜林的同名作品。吉卜林借这部作品含蓄地警告英国人扩张将会付出代价。但左派认为他在描述帝国主义的特征时，将向外扩张称为高贵的举措。

成了各种收藏家和文化变色龙的避风港。中间的三章关注的是大英帝国收藏过程中的一个关键时刻：1798年法国入侵埃及，以及1799年英国占领印度南部的塞林伽巴丹。尽管这些战役发生在不同的大洲，对战的是两个不同的穆斯林敌手，但它们实际上却把同一场英法战争的不同前线联系起来。它们共同标志着大英帝国的政策向主动征服、沿着印度的前线和边界"收藏"领地的转变。在这些年里，英法两国也前所未有地成为各种物品的帝国收藏家；值得一提的是，这些战役产生了第一批帝国战利品，在英国公开展示。本书的最后一部分记述了19世纪初在埃及的收藏和帝国，英法两国为在那里扩大政治影响正对抗得如火如荼，引发了一场搜罗文物的明战。最后，我反思了在帝国边疆收藏——个人收藏和帝国国家的收藏——如何持续颠覆、操纵和扭曲文化边界并产生了持久影响，即便在文化分层更加僵化的时代也是如此。

　　19世纪末期王冠与号角（或更准确地说是木髓遮阳帽和风笛）的帝国，棕榈树掩映之中的教堂白色尖塔，俱乐部走廊上的杜松子酒和奎宁水，一群本地仆人服侍着脸色红润的英国人，这一切都是我们如此熟悉的画面，以至于有时都很难回想起帝国"教化使命"意识形态发生之前的世界。本书正是想努力做到这一点。它回到那个时代，走进人们生活、热爱、战斗和自我认同的地方，他们真实的状态比后来的帝国沙文主义，甚或许多当今探讨帝国的著述所暗示的状态都要复杂得多。

最重要的是，本书呼吁把活生生的人类经验重新写入一个往往被史学界抽象探讨的话题，要么是伟大征服的话题，要么是冷冰冰的论说话语。这些收藏家和他们的世界在其中都消失了。但他们收藏、搬运并聚集起来的藏品仍在鲜活生动地诉说着他们的激情。在英国及其前殖民地——实际上在全世界各地——这些藏品都是人类接触的确凿证据，正是这些人与人相互接触支撑着难以度量的全球化进程和帝国。我绝无为帝国的过去、现在和未来宣传或道歉之意。但帝国是世界史上的一桩事实。本书要解决的重要问题不是它们是"好"是"坏"，而是它们都做了些什么，影响了哪些人，是如何影响的。这里讲述的历史希望反思一个新的帝国时代，在这个意义上，它呼吁人们记住成功的国际关系中基本的人性：呼吁借鉴、学习、适应和给予。为了收藏，也为了回忆。

第一部分　**印度 1750~1799**

第一章　征服

I. 世界战争

大多数历史在叙述英法及其帝国时，不是从东方，而是从西方讲起的：在北美，英国的十三个殖民地和法国的新法兰西控制着大西洋沿岸地区，两国从 1600 年代初便开始在那里争夺主导地位了。18 世纪中叶的"七年战争"期间，竞争达到高潮。两国对抗的焦点是争夺进入宾夕法尼亚边疆之外那片诱人的广阔土地的入口。英法这番争斗事实上是在为北美的未来而战：哪个帝国赢得塑造这片大陆的权利，哪个帝国就会蓬勃发展。也许这个故事也应该从西方开始讲起。1759 年夏，在圣劳伦斯河的两岸，18 世纪英法帝国之战中最著名的战役打响了。这就是魁北克战役，它一锤定音，生动地重演了英法之间不断反复的冲突模式。

自 1756 年宣战以来，英国进军新法兰西的企图屡次受挫。但在 1759 年初夏,英国人的一次进攻沿着圣劳伦斯河下游进入加拿大,到达法军重镇魁北克城。整个夏天,英国人在河畔安营扎寨,围攻悬崖之上那座重兵防守的城池。以逸待劳、人数占优的法国人毫不留情,击退了英国人自下而上对城市的数次进攻。9 月,英国指挥官制订计划,从上方袭击魁北克,并借此诱敌出城,在北部的亚伯拉罕平原(Plains of Abraham)决一死战。这是个大胆之举:法军城坚崖陡,英军人少势单。但如今围城三月,是时候采取这样的行动了。1759 年 9 月 12 日晚,一支英国的小舰队静悄悄地横穿危机四伏的圣劳伦斯河,有将近 5000 人上岸,排成一条细细的红线,爬上高耸的悬崖。

太阳从一片低低的雾霭中升起,浸水的黑色土壤散发出刺鼻的气味,湿气浓重,但雨已经停了:这是个开战的良辰吉日。魁北克城厚重的石墙之内,法国指挥官蒙特卡姆侯爵 ① 一夜无眠,他夜里曾听到炮火声,知道麻烦就要来了。早上,他集合队伍列队出城,一探究竟。英国人或许已经逼迫几百人爬上了悬崖?眼前的景象却让他大吃一惊。在他前面不到一英

---

① 蒙特卡姆侯爵(Marquis de Montcalm,1712~1759),法国军人,本名路易 - 约瑟夫·德蒙特卡姆(Louis-Joseph de Montcalm),七年战争期间任北美法国军队的指挥官。军事史家对蒙特卡姆的看法充满争议。一些人强烈批评他在魁北克的决策,但也有很多人怀念他,尤其是在法国、魁北克、纽约州部分地区,以及密歇根州南部地区。

里的地方站着一整支英军，数千人身穿红衣，就像浓雾中的信号灯。除去进攻，别无选择。十点钟，法军冲锋，却在距离英军阵地仅仅40步的地方被一片枪林弹雨打退了。待硝烟散去，英军踏过满地横陈的尸体开始了反击，因混乱和恐惧而不知所措的法军当着英国人的面四散而逃。"他们跑啦，看他们逃跑的样子！"一个英国士兵喊道。"从来没有哪次溃败像我军那样彻底。"一个法国人如此报道。当晚九点，法国人开始撤离魁北克城，把这座城池——以及通向法属加拿大的钥匙——拱手让给他们的英国对手。

历经数月甚至数年的苦心经营，几个小时便烟消云散。法英两军指挥官的性命也是如此。蒙特卡姆侯爵在战斗后期身体中弹，被人抬回城里。他血流如注，却说："这没什么，没什么。"他在撤军的漫漫长夜里奄奄一息。用历史学家弗朗西斯·帕克曼（Francis Parkman）的话说，翌日，他的葬礼"也是新法兰西的葬礼"。在城外的亚伯拉罕平原上，年轻的英国将军詹姆斯·沃尔夫①想要以一种更加荣耀的方式死去。他在法军阵前带头冲锋时，手腕被一颗子弹炸得粉碎；但他仍身先士卒，直到又有两颗子弹击中了腹部和胸膛，这才倒地。一些军官说，前一夜渡

---

① 詹姆斯·沃尔夫（James Wolfe，1727~1759），英国陆军军官，因击败法国军队，赢得亚伯拉罕平原战役而广为后世所知。

河之时，沃尔夫背诵了托马斯·格雷（Thomas Gray）的《墓园挽歌》。倘若果真如此，其中一句诗想必尤其荡气回肠："荣耀之路只会通向坟墓。"一语成谶，正当属下在他身畔冲向胜利时，沃尔夫却在战场附近断了气。[1]

沃尔夫将军在魁北克城的胜利是大英帝国史上的盛大场面之一，单次战役（看似）便扭转了战局，实属罕见。而且就像很多为人称道的胜利一样，它之所以令人兴奋，部分原因是此前一系列令人消沉的失败。如今战事已届三载，英国人总算有值得庆祝的功绩了：赞美和感恩祈祷之声四起，教堂响起钟声，烟花绽放。沃尔夫赔上性命的英勇表现通过民间歌谣、舞台剧、出版的第一手资料和画作等形式被赞扬、被传颂。[2]然而，迄今最著名的画作却出现在整整十年

本杰明·韦斯特，《沃尔夫将军之死》，1771 年

之后。本杰明·韦斯特（Benjamin West）出生于宾夕法尼亚，是个崭露头角的艺术家，1771 年春，皇家艺术研究院展出了他创作的《沃尔夫将军之死》（*The Death of General Wolfe*）。这幅画被迅速复制成蚀刻画畅销全国，也被无情地戏仿甚至讽刺，旋即成为英国艺术的代表。它的魅力部分源于摄人魂魄的逼真感：宏大的历史绘画所描绘的主人公身穿现代服装而不是古典式的长袍，此前几乎从未有过。[3] 但更多则源于主题。这是文明的终极碰撞。"七年战争"在美国被称为"法印战争"，其中这些人都是反派：软弱的法国贵族，耶稣会会士，残暴行为令人毛骨悚然的土著人。在韦斯特的画中，列队反抗他们的是大英帝国的精英：身穿红色军装的爽朗的约翰牛①，裹着格子花呢的苏格兰人，来自新英格兰农场健壮的殖民地人，以及刚从安大略森林出来的如同雕塑般思考着的印第安人。（其他的暂且不说，这位印第安人纯粹是韦斯特的发明；没有一个印第安人曾与沃尔夫并肩作战。）这就是 1760 年代的大英帝国希望投射给世人的形象。这幅画由一个殖民地人创作出来，而且还是在英美关系紧张的时刻，绝非偶然。

　　部分为了讨好而歪曲事实，韦斯特的画体现出有关"七年战争"的两个重点：这是一场英法两国争夺

---

① 约翰牛（John Bulls），指英格兰人。

帝国势力的战争，是一场英国人高奏凯歌的战争。然而这幅画持久的人气也转移了注意力，让人们忘记了这场决定性的帝国战争中的另一战，回想起来，那称得上是决胜一役。因为当沃尔夫在魁北克抓住了同辈人（以及那以后很多人）的想象力的同时，在世界的另一端，一次几乎同时发生的胜利，最终对于大英帝国的形成具有更大的影响。那是两年前的普拉西（Plassey）大捷，发生在孟加拉胡格利河（River Hooghly）雾气沼沼的两岸。1757年，东印度公司的军队在罗伯特·克莱武的指挥下，打败了孟加拉的纳瓦卜①，在比英国本土都大的领土上确立了军事优势。

虽然那里距离"七年战争"的欧洲和北美热点地区都非常遥远，并且是一场只有代理人参与的英法之战（据说纳瓦卜正在结交法国盟友），普拉西大捷却开启了影响英国全球地位的一系列事件，与在魁北克大败法国一样意义深远。英军打败了纳瓦卜并以东印度公司的傀儡取而代之，一举瓦解了莫卧儿帝国在孟加拉的权力结构。1765年，皇帝授予东印度公司顾问（diwani）的地位，可以在孟加拉行使宝贵的税收权，公司锁定了胜局。从这一刻起，东印度公司在商业机构之外，还承担了国家的职能。不久以后，宣称自己是大英帝国核心的正是印度，而不是十三殖民地。

---

① 纳瓦卜（nawab），印度莫卧儿帝国皇帝赐予南亚土邦半自治穆斯林世袭统治者的一种尊称，相当于省督。

宣布一个时代的开始或结束都是风险十足的事情，但如果必须为现代大英帝国的诞生宣布一个时刻和地点，那应该是在"七年战争"期间分布广泛的争夺之中。"七年战争"的很多后果都有历史久远的前因，如大英帝国爱国精神的强化等。而由"七年战争"引发的诸多变化，在某种意义上也不过是为即将到来的大革命－拿破仑战争那些划时代的动荡拉开了序幕。然而，"七年战争"仍旧是英法两个帝国历史上的分水岭。

单从领土范围上来说，这场战争也超过了此前的冲突。1689 年以后，英法两国已经打过三场漫长的战争，战火从欧陆逐渐蔓延到海外。但"七年战争"是英法两国迄今发动的最凶猛、最昂贵，也最广泛的战争。它们在各地交锋，从蒙特利尔到马提尼克（Martinique），从西非的冈比亚河口到南印度突如其来的外露岩层。而英国几乎在各地都捷报频传。英国胜利的规模甚至令获胜者都感到吃惊。把爱国精神作为口号四处宣扬的首相老威廉·皮特（William Pitt the Elder）称 1759 年是他的奇迹之年（annus mirabilis）：单是在那一年里，沃尔夫确保了英国在加拿大的统治地位；法国海军被击败，英国赢得了进入地中海的通道；而在汉诺威的明登（Minden），英国军队协助取得了最难能可贵的功绩，对法国取得了一场决定性的陆上胜利。不到一年之后，埃尔·库特爵士（Sir Eyre Coote）以其在南方文迪瓦什（Wandewash）的胜利，继续在印度大败法国。美洲、欧陆，以及印度：似乎整个世界都落入英国之手，而法国则因此而蒙羞。

但胜利自有其代价。《1763年巴黎条约》（Treaty of Paris in 1763）和平签署之后，英国面临着一个比以前面积更大、费用更高，也更鞭长莫及的帝国。必须找人手来保卫它，英国定期去自己的边疆和殖民地寻找这样的人手——苏格兰、爱尔兰、美洲，并越来越多地在印度招人。必须找到为此支付开销的资金，英国也指望殖民地来付这笔钱。1765年通过了臭名昭著的《印花税法案》，在十三殖民地对印刷品征税。1767年，又针对英国从美洲进口的各种物品征收汤森关税（Townshend Duties），包括迅速成为帝国贸易的大宗商品以及英美人士的必备上品的茶叶。英国辩解说这些关税在部分程度上是要求殖民者为其自身受到的保护而出资，但在某些殖民者看来，这些苛捐杂税似乎比东方帝国暴君们的专制手段好不到哪儿去。如果说"七年战争"为英国赢得了一个前所未有的庞大帝国，那么它也触发了财政和政治危机，导致十三殖民地在不到20年后与之决裂。

"七年战争"对大英帝国的地理产生了深远的影响：它为英国赢得了世界各地的重要据点，但也严重削弱了它统治十三殖民地的能力。大英帝国之所在的这些变化同时伴随着它如今拥有的帝国类型的变化。史家曾经把美国革命看作大英帝国史上截然不同的两个时代之间的分界线:"第一"大英帝国是在大西洋地区活动的殖民和贸易国家;而"第二"大英帝国植根于亚洲,主要特点是征服和直接统治。这样的二元对立会让人误入歧途。因为"七年战争"恰恰预示着一个在大西洋和亚洲两地活动,贸易和征服并重的大英帝国的诞生。它标志着一个现代大英帝国的开始,它既是全球帝国也是陆上帝国,需要大量资源维持运作,包括人力、经济和文化资源。[4]

"七年战争"对法兰西帝国同样有着重大的意义——但并不像传统观念所认为的那样,只是敲响了它的丧钟。(几乎没有哪位历史学家著书立说,讲述从1763年到1830年入侵阿尔及利亚这段时期法兰西海外帝国的情况。)[5] 实际上,尽管法国输掉了这场战争,它却重新焕发活力,与英国继续缠斗。和平条约的墨迹未干,国王路易十五手下那位精明的首席大臣舒瓦瑟尔公爵(Duc de Choiseul)就开始为复仇战争(*guerre de revanche*)做准备了。法国改造并建设了现代化的军队,大幅扩充海军的规模——1781年,这支海军在约克敦对英国造成了毁灭性的影响,促成了英国在美国独立战争中投降。它建立了大陆间的联盟,在加勒比地区的商业也蒸蒸日上。最后,法国将其帝国的目光热切地转向东方。舒瓦瑟尔及其继任者积极研究了入侵埃及的可能性——那是通往印度的垫脚石——并派遣布干维尔元帅① 去太平洋地区物色新的殖民地，同时对英国挑衅。因为法国的历史经常被根据政治体制（旧制度、拿破仑的第一帝国、复辟，如此等等）划分开来，各个时期之间的连续性往往被忽略了。⁶ 但如果考察法国的帝国政策，就会看到一个更加统一的全貌。值得一提的是，舒瓦瑟尔的某些计划在一代人之后的拿破仑身上找到了共鸣。法兰西帝国没有死于"七年战争"，它只是改变了基调。

"七年战争"并没有结束英法两帝国间的对抗，也没有让天平决定性地向英国这边倾斜，而是为英法两个帝国的历史开启了新的篇章。它标志着转向领土收益，并以这种收益来直接统治显然是异域的臣民。重要的是，它还标志着把东方作为帝国渴望之地的观念转变。从这一刻起，英法两帝国的竞争史便在那里徐徐展开，尤其是在印度。下一个世纪，英国在印度的势力急剧扩张，并稳步拓展到埃及、中国、阿富汗。法国竭尽全力阻挠英国在印度的扩张，并在中东和北非拓展它自己的影响，到 1900 年，

① 路易·安托万·德布干维尔（Louis Antoine de Bougainville，1729~1811），法国探险家、元帅。他参与了对抗英国的法印战争。之后，他以前往福克兰群岛的探险和进入太平洋的旅行而知名。

它已经成为在那些地方占据主导地位的欧洲势力。简而言之，"七年战争"加速了英法之间对东方帝国的竞争，逾30年后，这场竞争在印度和埃及逐步升级，如火如荼。

那么，从普拉西的杧果林而不是亚伯拉罕平原看去，大英帝国是个什么样子？在很多方面都相当不同。和魁北克不同，普拉西之战既不是为了公开占领地盘，也不是为了直接对抗法国。参战的主要是东印度公司的私家军队和本地的印度土兵，即"西帕依"，而不是英国的皇家军队，目的在于捍卫其商业利益。另外，与魁北克年轻勇敢的（同时也是神经质地固执己见的）沃尔夫恰好相反，普拉西塑造了一个在公众眼中更加复杂，也更加模棱两可的英雄形象：罗伯特·克莱武。虽说有些英国人认为此人是"天生的将军"，他自己及他所代表的帝国后来却成为大众攻击的靶子。大英帝国在东方的收藏史就始于普拉西战役和罗伯特·克莱武。因为英国正是从那里开始在印度收藏其帝国，也开始了它自己的帝国改造，从一个以大西洋为基地的商业和殖民国家，变成全球领土的统治者，一个帝制民族国家。罗伯特·克莱武也正是在普拉西成为英属印度的第一位重要的帝国收藏家，获得了大量的个人财富。他使用这些财富，把自己变成英国在东方的新兴帝国最不可一世，同时也最遭人唾骂的统治者。

II. 从贸易到征服

实际上，英国在印度的活动早在克莱武、普拉西和"七年战争"时代的 150 年前就正式开始了，日期可以追溯到 16 世纪的最后一天。那天，老态龙钟、脸上敷着厚粉、卷发紧密的女王伊丽莎白一世向"东印度贸易伦敦商业公司"颁发了皇家特许状。这是她当政期间最后的几份决议之一，也是影响最为深远的决议之一。该特许状授予所谓东印度公司在印度和东方的香料群岛经营英国贸易的垄断权。东印度公司在形式上属于股份公司，由购买贸易企业股份的投资者组成。这样的公司还有不少，都致力于英国在全球各个角落追逐商业利益：黎凡特公司（Levant Company）、莫斯科公司（Muscovy Company）、皇家非洲公司（Royal African Company）、马萨诸塞湾公司（Massachusetts Bay Company），以及南海公司（South Sea Company）——这些公司的"泡沫"于 1720 年破灭，让无数财富都打了水漂。法国与荷兰也都通过这种垄断公司在海外进行贸易。荷兰东印度公司（Dutch East India Company）（VOC）成立于 1602 年；由柯尔贝①创建的法国东印度公司成立于

---

① 让－巴蒂斯特·柯尔贝（Jean-Baptiste Colbert，1619~1683），法国政治家、国务活动家。他长期担任财政大臣和海军国务大臣，是路易十四时代法国最著名的人物之一。

1664 年，1719 年由才华横溢的苏格兰金融家约翰·劳（John Law）把东、西两个公司改造合并成印度公司（Compagnie des Indes）。

这些都是公司，它们的目标是利润。但要在遥远而陌生、可能充满敌意的地区确保利润，需要的远不止具有商业头脑和意愿的投资者，还需要外交官和强大的防卫能力。在故土赢得贸易特许状只是第一步。实际上，进行那种贸易，意味着获得合伙人和海外的授权。在莫卧儿和奥斯曼这两个帝国，欧洲人需要获得地方当局和商人的准许才能建立贸易前哨站，也就是"代理店"。并且，因为所有的欧洲公司都在竞争同一个市场，其代表就不断利用手段与当地统治者搞好关系，用礼物、承诺、利益和贿赂来买通他们。英国的首任驻印度大使托马斯·罗爵士（Sir Thomas Roe）就有这样的经历，他曾在 1615 年在宫廷觐见过皇帝贾汉吉尔（Jehangir）。罗向皇帝提起了英国的贸易和税收减免的话题，

> 他问我们给他带来了什么礼物。我答道……很多都是在我国高价难求的罕见珍品。……他问，我提到的那些珍品都是何物，是不是首饰和宝石。我答说不是：我们认为那些不适合作为回赠的礼物，因为它们起初都是

在以他为尊的这些地区购买的……但我们想为
陛下找到此地从未见过的罕有之物，比如技巧
出众的绘画，雕刻，镂器，釉器，黄铜，红铜
或石像，重绣，金银器。他说如此甚好，但他
很想要一匹英格兰马。

皇帝的愿望让罗猝不及防，却发现葡萄牙人比自己
技高一筹，葡萄牙人给贾汉吉尔带来了"首饰、金
银器和珍珠，让我们的英国商品蒙羞"。[7] 但 1618
年——在他设法觐见皇帝的整整三年之后——罗的锲
而不舍终获回报，他得到皇帝的应允，"欢迎我们的
到来，并可继续在他的领土上待下去"。[8]

　　在接下来的一个多世纪里，东印度公司逐渐
变成英国最有利可图、稳定和开明的企业之一。
它大体上还是以商业为主：和那些在北美洲殖民
的公司不同，它所获得的特许状并不要求它建立
殖民地，也不允许它建立除了船队以外的任何武
装力量。[9] 到 1750 年，东印度公司的代理店遍布
四方：从波斯湾的巴士拉到苏门答腊岛的明古连
（Bencoolen）。设在印度的这家公司集中在三个沿
海殖民点，这三地后来成为英属印度的"管辖区"，
或称地区首府。在西部（即马拉巴尔［Malabar］
区）沿岸的是孟买，英国于 1661 年从葡萄牙手中
得到了这座城市，是查理二世的新娘布拉干萨的

凯瑟琳 ① 的部分嫁妆。当时，东部（即科罗曼德尔 ②区）沿岸的马德拉斯 ③ 是个约有四万人口的繁华殖民点，那里有一座专门建造的城堡以及（从 1680 年以来）印度的第一座圣公会教堂，高耸在斜坡上，俯瞰着拍岸的惊涛。最新建成的加尔各答是 1690 年由公司代理商约伯·查诺克 ④ 在孟加拉湾胡格利河上溯 80英里的一片沼泽地上奠基的，后来成为三座城中最重要的一座。据说是查诺克选中了那个地点，"理由是那里有一棵成荫的大树"，这个选择让很多人十分困惑，因为"在整条河上再也找不到更不卫生的地方了"。10 蚊子嗡嗡不停，空气中满是瘴气，而明渠这种缓慢流动的恶臭水道遍布殖民点，简直就是疾病的温床。很多在 18 世纪前往加尔各答的人都死在那里，

---

① 布拉干萨的凯瑟琳（Catherine of Braganza，1638~1705），葡萄牙国王若昂四世（John IV，1604~1656）之女，英王查理二世（Charles II，1630~1685）之妻。她带给英国的嫁妆是 80 万英镑和葡萄牙在印度的殖民地孟买，以及维持两百多年的英葡联盟。

② 科罗曼德尔（Coromandel），又译乌木海岸，指印度半岛的东南部海岸地区。

③ 马德拉斯（Madras），印度东南部的一座大型城市，地处乌木海岸，紧邻孟加拉湾，由英国殖民者于 17 世纪建立。现名（Chinnai）译作"金奈"或"钦奈"。

④ 约伯·查诺克（Job Charnock，约 1630~1693），英国东印度公司雇员和管理者，他首站驻守北印度卡西姆巴扎尔，并以殖民侵略手段大举经营该区域。1680 年代，他成为该公司在北印度胡格利的主政者。1690 年，查诺克在加尔各答成立东印度公司贸易据点。

以至于"有了这样一种说法：他们活着时英国派头十足，死后却像腐烂的绵羊一样无人认领"。[11]

疾病让人束手无策，但对于武装的敌人，抵御之策却要实在得多。从一开始，在东方谋利就伴随着暴力。欧洲贸易商用大门、卫兵和枪炮保卫他们自己和代理店。一部分人出于谨慎和偏执，从不接触当地人。例如在埃及，对欧洲人的偶发攻击十分常见——至少他们害怕如此——以至于有人建议（甚至要求）欧洲人改穿东方服装。在黎凡特的所有城镇里，欧洲人（比如犹太人、希腊人和东方基督徒）都住在被称为法兰克区的封闭区域，至少部分是为了他们自身的安全。阅读早期法英两国贸易商在埃及的记录，就会发现奥斯曼官员征收过高的关税或是索要贿赂的骚扰和严重违法（*avanias*）事件源源不断。1767年，奥斯曼当局甚至在亚历山大港水滨逮捕了首席法语口译员，并以身为臣民却背叛苏丹之名将他投入大狱。他被锁在一条奥斯曼奴隶船的深处，将近一年的无情囚禁之后，在劫难逃的译员"在痛苦和烦恼中崩溃"，死于君士坦丁堡的奴隶监狱之中。[12]

但欧洲人主要的防御目的是保护自己免受彼此的袭击。如今的"贸易战争"所费不赀，但通常兵不血刃。17世纪和18世纪却并非如此。东印度公司的早期历史充满了暴力争执，特别是针对葡萄牙人与荷兰人。[13] 1623 年，爪哇发生了欧洲人内部在海外角力的一桩极其生动的事件，当时东印度公司在安汶的代理店遭到荷兰东印度公司士兵的袭击，十名英国人被折磨致死。该事件旋即被定义为"屠杀"，并引发了英国大众的强烈怒火。安汶事件使得英国贸易商放弃了香料群岛——彼时荷兰在当地的势力无人可敌——集中精力经营印度次大陆。到 18 世纪中叶，葡萄牙人与荷兰人对印度的英国人不再构成军事上的主要威胁。但次大陆上出现了一个危险得多的新对手：法国。

欧洲诸国之间的结盟和冲突像梦魇一样笼罩着欧洲贸易的全球扩张。19 世纪末，在争夺非洲的高潮时期，德国宰相俾斯麦曾令人难忘地说，他的欧洲地图上显示的是非洲。在那以前 100 年，他的欧洲地图上显示的会是亚洲和中东。欧洲的战争触发了海外欧洲各派系的冲突，而欧洲各个群体之间的海外事件又会引起欧陆的战争。与此同时，欧洲人又受到地方统治者的勾结和摆布。例如，在西非海岸，欧洲奴隶贩子参与了地方势力之间的斗争，一个很大的原因是，非洲战俘是奴隶的主要来源。[14] 在北美，约翰·史密斯① 船长被处死前得到"印第安公主"宝嘉

---

① 约翰·史密斯（John Smith，1580~1631），英国军人、探险家。他在北美洲建立了第一个永久性英属殖民地詹姆斯敦。

康蒂①的救助，这个"美人救英雄"的著名传说，实际上大概是她的父亲、波瓦坦②印第安部落强大的酋长所上演的祭祀仪式，借以拉拢这位新来的陌生白人成为臣服的附庸。[15]

结果导致效忠的情况非常复杂，国家、民族，乃至宗教团体都以奇怪的方式彼此重叠。谁能说清是敌是友？就连"法国"或"英国"这样的国家标签，充其量也只能便宜行事，再考虑到其他国家的天主教徒和清教徒（教友），就更难分彼此了。东印度公司军队像英国皇家军队一样，也严重依赖来自欧陆的志愿者——有时从非英国人士中征兵的数量高达一半。法国东印度公司也是个混血儿，由一个苏格兰人领导，并（和法国军队一样）由一批欧洲人管理，其中包括苏格兰詹姆斯党人③，还有飞越海峡寻找机会的爱尔兰天主教"野鹅"④。盟友与敌手之间的界线无法也不能完全用民族或种族来划分。毕竟，就像《沃尔夫将军

---

① 宝嘉康蒂（Pocahontas，约 1595~1617），又译波卡洪塔斯，美国弗吉尼亚地区印第安女人，因其与詹姆斯教早期殖民者的交往而闻名。她是弗吉尼亚低洼海岸地区印第安部落联盟的酋长波瓦坦之女。

② 波瓦坦（Powhatan），传统上来自弗吉尼亚的印第安人。据估计，在欧洲殖民时期，波瓦坦的人口有五万左右。

③ 詹姆斯党人（Jacobites），指支持斯图亚特王朝君主詹姆斯二世及其后代夺回英国王位的一个政治、军事团体，多为天主教教徒。

④ 野鹅（wild geese），指在 16~18 世纪离开故土去欧洲大陆当兵的爱尔兰士兵。

之死》所表现的，与法国人相比，北美土著人才是英国真正的朋友。

18世纪中叶，欧洲人和原住民对手之间龃龉不和，后果最严重的恐怕就属印度了。在托马斯·罗爵士的时代，莫卧儿皇帝统治着次大陆四分之三的土地，巧妙有效的税收制度和军事组织将其紧密联系在一起。但自那以后，情况发生了很大的变化。如今，莫卧儿帝国被外侵和内战弄得焦头烂额。1739年，波斯军阀纳迪尔沙阿① 洗劫了德里，还把皇帝著名的"孔雀宝座"当作战利品带走了。皇帝也逐渐失去了对其封臣的控制。在他曾经有权任免地区总督并防止他们为自己积聚过多权力的地方，如今很多省份都基本上被独立的统治者控制，他们把自己的官职变成了世袭的职位，也不再定期向皇帝缴纳税收了。例如在1720年代，波斯什叶派军事指挥官萨夫达尔·詹格② 控制了阿瓦德（Awadh）省，并将那里实际上变成了其家族的世袭王国。纳

---

① 纳迪尔沙阿（Nadir Shah，1688~1747），波斯国王，阿夫沙尔王朝的开国君主。1737~1738年，纳迪尔沙阿在对印度的远征中蹂躏了印度西北部诸邦，并且攻占和洗劫了德里。他利用从远征中掠夺来的财富，在波斯大兴土木，鼓励文化，使波斯又呈现出其在萨珊王朝统治的黄金时期的繁荣景象。

② 萨夫达尔·詹格（Safdar Jang，约1708~1754），1739~1754年任印度阿瓦德省的统治者。他是黑羊王朝的统治者卡拉·优素福（Qara Yusuf，1357~1420）的后裔。

瓦卜阿里瓦迪汗 ① 在 1740~1756 年统治着东部的孟加拉，实际上把它变成了一个独立的主权国家。在南方，海得拉巴（Hyderabad）和阿尔果德（Arcot）的继承之战分裂了旧的体制，还把临近的统治者也拖入了战斗。马拉塔帝国 ② 利用莫卧儿帝国的混乱，从西面进军后者的地盘。总之，莫卧儿帝国四分五裂，各方均热切插手，争夺帝国的碎片。¹⁶

印度莫卧儿帝国末期，英法两国各自的东印度公司也在争夺影响力的各股势力之中，目标都是牺牲对方，提高自己的地位。1739 年爆发的英法战争恰逢印度南部卡那提克（Carnatic）地区的继承权危机，让两国都获得了机会。（两国也都首次招募了印度土兵西帕依，补充其相对弱小的兵力。）在高瞻远瞩的扩张主义者弗朗索瓦·迪普莱 ③ 的领导下，法国在 1746 年末占领了马德拉斯，1748 年，根据《爱克斯—拉夏贝尔和约》（Treaty of Aix-la-Chapelle），马德拉斯重

---

① 阿里瓦迪汗（Alivardi Khan，1671~1756），1740~1756 年的孟加拉纳瓦卜。他推翻了纳瓦卜的纳昔儿王朝并接管了权力。他也是以在巴尔达曼战役中战胜马拉塔帝国而知名的少数莫卧儿时代的领导人之一。

② 马拉塔帝国（Marathas），印度次大陆上的一个近代帝国，也是印度历史上真正的最后一个印度教帝国。起始于 1674 年，终结于 1818 年，其鼎盛时期的疆域曾覆盖整个印度北部。

③ 弗朗索瓦·迪普莱（François Dupleix，1697~1763），法属印度总督，罗伯特·克莱武的一生之敌。

回英国之手。在英国的盟友穆罕默德·阿里·瓦拉加哈①成功夺得卡那提克的纳瓦卜头衔之后，最终是英国占了上风。在英国的胜利中起到重要作用的一个年轻指挥官名叫罗伯特·克莱武，他在参军前曾是东印度公司的职员。他被晋升为上校以示嘉奖。但迪普莱却在1754年被凡尔赛宫召回。有些人认为，法国在印度建立领土帝国的野心也随之而去——而实际上，法国在印度南部的影响又持续了数十年。

英法在南印度争夺支配地位的斗争轰轰烈烈之际，在北方的孟加拉，英国的贸易又出现了新的障碍。孟加拉的纳瓦卜在其首府穆尔希达巴德（Murshidabad）统辖着莫卧儿帝国最富庶的省份。棉布、生丝、硝石、食糖、蓝靛，以及鸦片——这一地区的物产似乎无穷无尽，所有的欧洲商业公司都在那里设立了贸易代理店。从穆尔希达巴德顺河而下，就像是在游历欧洲：葡萄牙人在胡格利，荷兰人在钦苏拉（Chinsura），丹麦人在塞兰坡（Serampore），法国人在金登讷格尔（Chandernagore），当然，还有英国人在加尔各答。

1756年4月，深受敬重的纳瓦卜阿里瓦迪汗过

---

① 穆罕默德·阿里·瓦拉加哈（Muhammad Ali Walajah，1717~1795），印度阿尔果德的纳瓦卜，英国东印度公司的盟友。他在与当时莫卧儿皇帝沙·阿拉姆二世的通信中，经常自称为"卡那提克的苏巴达尔"（即省长官）。

世了，他的侄子和养子西拉杰·乌德－达乌拉①继任，时年约 20 岁。当时的英国历史学家形容西拉杰是个"脾性最恶之人"，对东印度公司多疑、顽固而残暴，总之就是把它当成自己仇恨的目标。¹⁷ 西拉杰·乌德－达乌拉上台后立即要求欧洲贸易公司交纳礼金（这是惯例），并命令他们自行解除武装。荷兰与法国照办了。但英国人悍然拒绝付钱，并继续在加尔各答的威廉堡加固自己的军事设施。西拉杰确信该公司密谋反对他，决定令其屈服，登基几个星期后便进军加尔各答。他在一天之内便攻占了这个小殖民点。攻陷当夜，纳瓦卜就把加尔各答的大约 150 名欧洲居民关进了要塞的地牢，这种军事监狱通常被称作"黑洞"。第二天早上，有大约 60 人在没有一丝风的闷热空间里窒息而死。这一事件史称"加尔各答黑洞"，很快成为英属印度史上最骇人听闻的一页。公司的鼓吹者对心存疑虑的英国公众大肆渲染这场悲剧，为其雇主在孟加拉的征服正名。但这次败于一个印度统治者，也警示了英国人（以及欧洲人）在袭击面前的脆弱，

---

① 西拉杰·乌德－达乌拉（Siraj ud-Daula，1733~1757），印度莫卧儿王朝时期孟加拉的最后一位纳瓦卜。由于手下指挥官米尔·贾法尔的叛变，达乌拉兵败普拉西战役，后被英国处死。其统治时代的结束，标志着英国东印度公司殖民统治时代的开始。"乌德－达乌拉"（ud-Daula）在阿拉伯语中的含义是"王朝"或"国家"，伊斯兰世界的很多敬称和王公头衔中均有此词。

以及他们在人数上的绝对劣势。[33]

　　加尔各答失陷的消息在将近两个月后传到马德拉斯时，公司立即吹起出征的号角，准备反击。他们任命最近刚从英国短期度假归来的罗伯特·克莱武上校为指挥官。克莱武时年31岁，是个久经沙场的彪悍老兵，外表一派自信傲慢；很少有人知道，他还易受抑郁症的影响，曾两度试图自杀。1756年12月，克莱武带着大约1200人的军队抵达孟加拉，恰逢英法再次正式开战的消息传来。这个盼望已久的消息为克莱武的使命注入了新的力量，也添加了新的目标。他现在不但要重振东印度公司在孟加拉的势力，把西拉杰·乌德－达乌拉也纳入势力范围，还要把英国在贸易和影响力上的主要竞争者法国，以及纳瓦卜可能的盟友全都清除干净。

　　一天的激烈战斗之后伤亡惨重——这再次表明，力量的天平完全不倾向欧洲人——克莱武在2月初夺回了加尔各答。[19] 他随即逆流而上，抵达金登讷格尔的法国人据点，并于3月底攻克了那里。这也是一场恶战，因为城池把守森严，克莱武兵力不足；双方均损失惨重，因为攻城不易，公司的军队凶狠地洗劫了这个镇子。（尽管一个军官怒气冲冲地说，"荷兰人〔像往常一样〕把他们能得到的一切都搞到手了。"）[20] 克莱武的战斗进入最后的阶段：废黜西拉杰·乌德－达乌拉，用一位亲英的新纳瓦卜取而代之。克莱武和纳瓦卜信件往还了数周，并下了最后通牒；公司的要求包括全面恢复贸易特权，还要把法国人驱逐出境。但到 6 月初，局势逐渐明朗，对峙在所难免。纳瓦卜与他的军队在穆尔希达巴德南边的普拉西会合。6 月 13 日，克莱武只有八门小炮的 3000 人小部队（其中有 2100 人是被称作西帕依的印度土兵）从金登讷格尔出发，逆流而上迎战纳瓦卜。

　　他们在九天之后抵达普拉西。此时距离加尔各答的陷落已近一年，而且就像"黑洞"当夜一样，1757 年 6 月 23 日的酷热天气令人筋疲力尽，季风之前正是盛夏，空气凝滞闷浊。克莱武把指挥部设在一座狩猎小屋里，这是纳瓦卜的"普拉西宫"；他的大部分手下在附近的杧果林中安营扎寨，躲在蜡质的墨绿树叶和高处的泥滩之下。一英里外就是西拉杰·乌德－达乌拉庞大的营地。他带领着步兵 35000 人、骑兵 15000 人——其中很多是精明能干、全副武装的帕坦人 ①——还有逾 40 门重炮，由一队法国专家负责指挥。21 东印度公司敌众我寡，人数对比几乎达到了20∶1，火力也严重不足。放下对地形的熟悉程度不提，单说装备和人力就毫无胜算。

　　然而就像英国早期在印度的很多次冒险一样，普

---

① 帕坦人（Pathans），又称普什图人，是居于南亚的一个民族，西方归入伊朗人（雅利安人）的一个分支。为阿富汗第一大民族和巴基斯坦第二大民族，属地中海人种。

拉西一役依靠的是谎言、间谍和叛变。因为西拉杰·乌德－达乌拉在位一年期间，不仅与东印度公司不和，也疏远了很多自己的臣民，特别是那些与公司做生意的人。一群颇有影响力的银行家、商人和朝臣与公司代理商计划合力罢免纳瓦卜。孟加拉四下皆是谣言和密谋。密谋的核心人物是名叫米尔·贾法尔①的贵族，他是西拉杰手下的一位高级将领。公司通过一系列密室操作，与米尔·贾法尔签订了条约，他在条约中同意，如果公司协助他推翻西拉杰·乌德－达乌拉，并让他当孟加拉的纳瓦卜，他就保证公司的巨额金钱回报和特权。在这场如今人人期待的战争中，米尔·贾法尔同意他即使不能率军离开战场，也会"保持中立"。实际上，普拉西一役在开战之前便胜负已分。[22]

　　一大早，纳瓦卜的重炮就开始砰砰作响地攻击公司的部分战线了。公司的大多数士兵都在泥滩后面挤作一团，希望能坚持到夜幕降临，到时候就可以反击了。克莱武站在"普拉西宫"的房顶上，可以看到他面前的一大片军队，坐在大象上的指挥官，阵型夺目的列队，鲜艳的帐篷，旌旗飘舞花里胡哨。他能听到

① 米尔·贾法尔（Mir Jafar，约 1691~1765），英国东印度公司支持之下的第一位孟加拉纳杰菲王朝的纳瓦卜。人们普遍认为，他的统治标志着大英帝国在印度统治的开始，也是英国最终占领次大陆大部分地区的关键一步。如今，米尔·贾法尔在印度成为阴险之人的代称。

宏亮而持久的枪炮开火声，焦急地注视着他们炮击自己的小支队伍。但他看不到米尔·贾法尔的影子。难道克莱武也遭到背叛了吗？

就在此时，吉兆出人意外地从天而降。开始下雨了。季雨降临，前来为公司解厄。大雨倾盆，把人打得透湿（克莱武浑身湿透了，不得不退回普拉西宫去换衣服），雨水还从周围的树上倾泻而下，浸湿了敌人的火炮：火药一片狼藉，引信变成了没用的绳索。片刻之前还十分致命的炮火迅速平息。杜果林里的士兵透过大雨，眼看着敌人云消雾散。克莱武和手下看到右侧的一大队骑兵顺河而下脱离了战斗，那是米尔·贾法尔如约离开战场。前方的田野里，纳瓦卜的人开始四散逃窜。公司的士兵追了他们六英里，一路缴获遗弃的火炮、装备和粮草。翌日，米尔·贾法尔与克莱武会合，然后直接前往穆尔希达巴德，"悄无声息地占领了王宫和库房，并立即被任命为纳勃卜"。[23]西拉杰·乌德－达乌拉逃出城时"穿着一件普通的衣服……作为伪装……身边只有他心爱的侍妾和……太监"。几天后，他被米尔·贾法尔的人抓住处死了。[24]

普拉西之役是一个圈套，而不是一场决战。与亚伯拉罕平原战役颇为不同，它没有得到多少热情的传颂，即便在当时也没有。然而，在杜果林的阴谋、热浪和炮火的一片沼泽中，诞生了与英国的南亚势力的性质相结合的新事物。虽然直到1765年，克莱武才通过皇帝授予其顾问的头衔，巩固了他在孟加拉的胜利，从而使得孟加拉政府的控制权直接落入公司之手；但传统上把 1757 年作为"英属印度"史的起始时间自有其原因。正是普拉西一役，才使得东印度公司义无反顾地发出胜利的宣言，明确了自己是莫卧儿地盘上的一股军事和统治势力。

对东印度公司而言，普拉西的核心意义在于把领土征服以及从 1765 年开始的行政管理与贸易结合了起来。但那些岁月里发生的事件有两个深层的因素，在未来的数十年里始终是帝国在印度全景的一部分。首先，与法国的较量在公司的进攻中起到了鞭策和借口的作用。法国对英国利益的威胁是否属实或是否夸大并不重要。重点在于，仇法情绪和英法战争形成了公司展开扩张的背景框架。"七年战争"往往被看作法国争取在印度建立帝国的终结，但酝酿于反英印度各王公朝堂之上的法国复兴的幽灵，直到 19 世纪还一直纠缠和影响着英国的说辞和计划。[25]

普拉西相关事件的第二个历久弥新的特征，就是结盟与敌意跨越了种族、文化和宗教的界线。公司的胜利应该归功于和米尔·贾法尔、贾加特·塞特①

---

① 贾加特·塞特（Jagat Seth，?~1763），纳瓦卜西拉杰·乌德－达乌拉执政期间，塞特家族是孟加拉省穆尔希达巴德最富有的商人及放贷人家族。18 世纪上半叶，塞特家族是印度最有权势的银行家。东印度公司的官方历史学家罗本·奥姆形容该家族是"已知世界最伟大的货币兑换商和银行家"。

银行家族，以及加尔各答的其他商人。[26] 同样，西拉杰·乌德－达乌拉的力量部分得到了法国人的帮助。在这样一片利益集团的汪洋中呼唤"合作"毫无意义。实际上，在孟加拉和印度南部的激烈冲突中，正是英法之间（无论这些分类本身有多灵活易变）的仇恨决定了谁是友邦，谁是仇敌。

短期来看，普拉西之战塑造了东印度公司的孟加拉。俯首帖耳的米尔·贾法尔如今被立为纳瓦卜，该地区成了公司投机商唾手可得的猎物。加尔各答迅速发展，很快便取代了马德拉斯，成为东印度公司的社会与政治首府。坐落在胡格利河东岸的威廉堡以砖石重建，深沟环绕，并散布着 600 门火炮。[27] 1756 年，老威廉堡只有 200 名欧洲士兵把守；到了 1765 年，这座要塞的守军达到了 1598 人之多。[28] 堡垒的城墙之外，市民的数量增长得如此迅速，住宅建设都快跟不上了。一个访客描述新镇子"极不规则，看上去就像所有的房屋都被抛到空中，碰巧落在它们现在的位置上"。[29] 那些财力有余的人（很多人都负担得起）开始在镇南的密林中开辟地块，建造他们梦想中的"花园洋房"。[30] 从 1767 年起，很多人在加尔各答的恶劣气候中死去，也被埋进了公园路公墓中那些阴凉的圈地里。

巨大的财富，无尽的机会，新殖民社会的种子生根发芽：普拉西大捷好像在一夜之间为东印度公司带来了一个帝国。但英国人如何看待这一切呢？很多人在孟加拉有利可图。然而，在一家未经考验、无人监督、很大程度上缺乏管理的公司管理层手中，也有着巨大而未知的责任。尽管某些英国人欣然接受东印度公司的征服带给他们的机遇，另有些人却为其成本、危险，以及更重要的道义而感到担忧。无论如何，统治孟加拉都是个冒险的事业。说到这个新帝国的回报和风险，没有人比其征服者罗伯特·克莱武本人的体会更深。因为普拉西大捷也成就了罗伯特·克莱武——他决心下一步在英国扬名立万。在印度，克莱武致力于公司的帝国建设；但在英国，他利用自己的印度财富，开始为自己建造一个庞大的物质帝国。

III. 印度克莱武，英国克莱武

罗伯特·克莱武的生平本身很适合用来比喻帝国的建立。在英属印度史乃至大英帝国史上的人物中，他是被写得最多的传主。在维多利亚时代早期的历史学家托马斯·麦考利（Thomas Macaulay）看来，克莱武的历史与东印度公司的统治史实际上是一体两面的。"从他初访印度开始，便确立了英国武装在东方的名声。"克莱武在卡那提克大胜法国后，麦考利如此写道，"从克莱武二访印度（普拉西）开始，便确立了英国在那个国家的政治优势。"而"从克莱武三

访印度开始"，麦考利继续写道，当克莱武获赐顾问头衔后，"便确立了我们的东方帝国在管理上的纯粹性"。[31] 这就是那个干脆被称作"印度克莱武"的人，帝国最优秀的伟人。

但当狂热的帝国主义者麦考利在 1840 年写下这番评价时，克莱武离世已逾六十载。在他自己的时代，克莱武似乎也正是英国全新的印度帝国的代表，但结果却不那么尽如人意。同时代的英国人看到越来越多的"纳勃卜"（nabob，纳瓦卜的英语化拼法）带着不义之财从孟加拉满载而归，克莱武是他们中间的元凶巨恶。[32] 纳勃卜们从孟加拉的税收中中饱私囊，却有多达三分之一的孟加拉人在 1770 年的大饥荒中挨饿致死——这种可怕的反差曾令建筑师"潜能"兰斯洛特·布朗[①]颇感震惊，他在克莱武家里看到一箱金子，心想："能在离他卧室这么近的地方放置这样一件东西，罪犯（克莱武）的良心如何能让他安然入睡？"[33] 最糟的是，纳勃卜们的"印度式"腐败有着感染英国本身的威胁。用老皮特响亮的话来说，"亚洲的富人像潮水一般涌进国内，随身带来的不仅有亚洲的奢侈品，还有亚洲的治理原则"。[34] 贪污、腐败，

---

① "潜能"兰斯洛特·布朗（Lancelot "Capability" Brown，1716~1783），英国景观建筑师。他被称作"英国 18 世纪名副其实的伟大艺术家中的最后一人"以及"英国最伟大的园丁"。他绰号"潜能"，是因为他总会告诉客户，他们的地产有改善的"潜能"。

甚至还有犯罪：在很多英国人看来，罗伯特·克莱武和他帮助建立的帝国，两者往最好里说也值得怀疑。如果印度克莱武在海外的开疆拓土可以大致说明英国统治在孟加拉的"崛起"，他在英国的生涯却给英国建立其亚洲帝国提供了一个相当不同的视角。这另一个克莱武，英国克莱武，虽然鲜有人提及，却大概是他更真实的面目，这副面孔因为早期公司统治的紧张和不安全感而发生了扭曲。

罗伯特·克莱武是英属印度的第一位帝国收藏家。从隐喻意义上来说，他是通过为东印度公司获取领土和资源而担负起在孟加拉的那种责任的。他同时也为自己收集了大量财富。克莱武在普拉西战役之后回到英国，社会名流霍勒斯·沃波尔 ① 曾嗤之以鼻地说："浑身都是财富和钻石。"他在首都所到之处，有关鸡蛋大小的宝石和成箱黄金的谣言如影随形。[35] 实际上，被妻子玛格丽特称呼为"克莱武先生"的他（"我试着要改掉叫他上校的习惯"）从米尔·贾法尔那里收到 234000 英镑作为私人礼物，还有一块颇有价值的封地（*jagir*，封地是赐予莫卧儿官员的土地，

---

① 霍勒斯·沃波尔（Horace Walpole，1717~1797），英国艺术史学家、文学家、辉格党政治家。他以伦敦西南部特威克纳姆的草莓山庄（Strawberry Hill House）而闻名于世，他把这栋建筑作为哥特小说《奥特兰托堡》（*The Castle of Otranto*，1764）的背景。他是英国第一任首相罗伯特·沃波尔的幼子。

官员可将土地的收益作为薪水），以及 27000 英镑的养老年金。[36] 十年后，根据克莱武自己的细致计算，他的财产价值超过了 50 万英镑，大约相当于如今的 4000 万英镑。[37] 这是大英帝国史上第一个白手起家的故事，可能也是最出众的一个。

但罗伯特·克莱武是在英国成为帝国收藏家的，是那种横越数个阶层、纵跨几个世代的收藏家——的确，东印度公司和英国本身也是一样。他转向收藏，把这作为重塑自己的一种方式。和大多数在帝国边疆谋求差事的人，以及大多数的帝国收藏家一样，克莱武这个什罗普郡（Shropshire）律师之子是本土权力结构的局外者。他是外省的中产新贵。作为收藏家，他着手弥补这一切。克莱武用他的印度财富，成体系地买下了英国贵族的所有标志：地产、政治势力、豪宅、艺术品、时尚家具。他的收藏包罗万象，从抽象（权力）到具象（大师的画作），但每一次购置都是为了同一个闪闪发光的奖品——英国的贵族身份，以及随之而来的社会与王朝保障。1761 年，获封区区爱尔兰普拉西男爵让克莱武嗤之以鼻，因为它并未给他在上议院谋得一席之地。他希望成为"佩蓝绶带的英格兰伯爵，而不是一个爱尔兰贵族（只是有望佩上红绶带而已）"。[38] 正如他的一位密友所说，这是"你此生的唯一目标"。[39] 赢得社会接纳和政治影响力，用英国贵族来取代纳勃卜的身份：这些都是克莱武作为收藏家的目标。

众所周知，克莱武用肮脏的手段追逐着政治权力，并以此开启自己的仕途，这是他实施计划的起点。在克莱武那个时代，《1832 年改革法案》① 还是很久以后的事，议会里的席位常常被拥有金钱、地产和关系的人所占据。像克莱武这样的纳勃卜常被人点名批评，说他们靠金钱一路买进威斯敏斯特，但这么做的绝不止他们。⁴⁰ "腐败选区"有时只有区区数名选民，会选举出基本上由地方显贵亲手挑选的国会议员；选票实际上往往是买来的。克莱武早在 1754 年就第一次尝试进入政坛，他作为三明治伯爵 ② 的门徒，在腐败的康沃尔郡米切尔（Mitchell）自治市参选。⁴¹普拉西一役之后，克莱武利用自己的财富开始组建一个自己的议会派系，或称"党派"。1761 年，他当选什鲁斯伯里（Shrewsbury）议员，还设法为他父亲理查德和密友约翰·沃尔什谋得了议席。两年后，他的堂弟乔治·克莱武回国参加补缺选举。1768 年，他又促成了另外三个亲友的当选，从而组成了一个七人的议会党派，这种情况一直维持到他过世。⁴²

---

① 《1832 年改革法案》（1832 Reform Act），英国在 1832 年通过的关于扩大英国下议院选民基础的法案。该议案改变了下议院由托利党独占的局面，加入了中产阶级的势力，是英国议会史的一次重大改革。

② 三明治伯爵（Earl of Sandwich），指第四代三明治伯爵约翰·蒙塔古（John Montagu，1718~1792）。他是英国政治家、军人，曾三任第一海军大臣，据说发明了三明治。

克莱武为了确保他在印度的总体利益，确切地说是防止他的仇敌——他树敌无数——阻拦他从米尔·贾法尔那里收取封地的岁赋（仇敌认为这属于回扣），需要在国会插一脚（就此事而言可能是 14 只脚）。但威斯敏斯特这块封地不啻是一种人类收藏，也与克莱武常年追求英国贵族身份和在上议院谋得一席之地密切相关。例如在 1761 年的选举之后，他把其政治集团的选票都投给了首相之位的有力竞争者纽卡斯尔公爵①，希望以他的忠心获得伯爵身份的回报。让他大感失望的是，他只获封为爱尔兰贵族并被授予巴斯勋章②。克莱武终其余生一直坚信，只要花更多的钱，培养更多的关系，他就会得到渴望已久的头衔。

国会的席位还与克莱武建立帝国的另一部分有关：聚敛土地。土地是当时英国权力和声望的绝对基础。克莱武深明此理；世世代代在城市——往往是在帝国贸易中——获得财富的"绅士资本家"也莫不如是，并将财富投入土地。[43] 克莱武从 1750 年代中期

巴度

① 纽卡斯尔公爵（Duke of Newcastle），指第一代纽卡斯尔公爵托马斯·佩勒姆－霍利斯（Thomas Pelham-Holles，1693~1768）。他曾是罗伯特·沃波尔爵士的门徒，后任英国的内阁大臣长达 30 年，其间左右了英国的对外政策。晚年曾两度担任首相。

② 巴斯勋章（Order of the Bath），由英王乔治一世在 1725 年 5 月 18 日设立。巴斯一名来自中世纪时代册封骑士时的一种仪式——沐浴，象征着净化。以这种方式册封的骑士称为"沐浴骑士"，音译为"巴斯骑士"。

就开始沿着他家乡威尔士边界的山脊把地产连缀成一
条绿色的长带，其中包括占地 6000 英亩的沃尔科特
庄园，那里成为整个家族最喜爱的乡村度假地，还有
他从波伊斯伯爵 ① 那里买来的奥克利庄园。1769 年，
克莱武又在他边境地区上万英亩土地上添加了位于萨
里的克莱尔蒙特庄园。⁴⁴ 很多这种庄园实际上控制了
议会的席位：随沃尔科特庄园一起收入囊中的是附近
主教城堡（Bishop's Castle）的两个席位；奥克利庄
园控制着拉德洛（Ludlow）的席位；另一次在奥克汉
普顿的购地，给克莱武带来了德文郡的席位。⁴⁵ 同样
重要的是，土地还可以买来地位。简·奥斯汀的读者
都知道，用一个男子名下的土地面积来衡量他的社会
价值有多准确。克莱武收购土地的一个社交收益便是
加强了和波伊斯伯爵的关系，后者是边界地区贵族中
的翘楚，也是政治上的同盟。这位伯爵起初是克莱武
的保护人，后来成为他的同事和邻居，去世后又变成
他亲戚。1784 年，克莱武的长子爱德华娶了伯爵之
女亨丽埃塔；他们的儿子将会继承波伊斯的头衔和地
产。因此在三代人的时间里，克莱武家族从英国乡绅
变成了王国的著名贵族，将帝国的金钱与贵族的血脉
成功地结合在一起。策略奏效了。

---

① 波伊斯伯爵（Earl of Powis），指第一代波伊斯伯爵，
英格兰贵族、政治家亨利·赫伯特（Henry Herbert，
1703~1772）。

印度

当然，如果不能有模有样地生活在那里，拥有如此多的土地也没有什么意义。在伦敦，克莱武家族为自己在新兴的伯克利广场盖了一座帕拉第奥式的灰色漂亮宅子。他们聘请英国最著名的建筑师威廉·钱伯斯①爵士翻新了伦敦大宅和沃尔科特的乡间别墅。克莱武经常去社交圣地巴斯取治疗他消化上的毛病（这是印度不太受人欢迎的礼物之一）的矿泉水，他在那里买下了曾经属于老皮特的一座大庄园。但与克莱武在萨里的富丽堂皇的克莱尔蒙特庄园相比，所有这些住处都黯然失色。克莱武用 25000 英镑（从开价的 45000 英镑还下来的价钱）——如今约合 200 万英镑——从纽卡斯尔公爵夫人手里买下那座庄园，想把那里作为他主要的乡间别墅。（如果他得到自己梦寐以求的伯爵身份，他一定会取"克莱尔蒙特的克莱武"这个头衔。）克莱尔蒙特就像是为贵族量身定做的：约翰·范布勒②爵士把一座庄严的大宅建在英王乔治一世

---

① 威廉·钱伯斯（William Chambers，1723~1796），苏格兰建筑师、造园家。1740~1749 年，钱伯斯在瑞典东印度公司工作期间，曾多次往中国旅行，研究中国建筑和中国园林艺术。1749 年，他到法国巴黎学习建筑学，随后又到意大利进修建筑学五年。1755 年，他返回英国创立一家建筑师事务所，后被任命为威尔士亲王的建筑顾问，为威尔士王妃奥古思塔在伦敦西南的丘园建造中国式塔、桥等建筑物。

② 约翰·范布勒（John Vanbrugh，1664~1726），英国建筑师与剧作家，最有名的成就是身为布莱尼姆和霍华德城堡的设计师。他在 1714 年被封为骑士。

的领地上，1730年代又由力图创新的威廉·肯特^①设计了花园。

但克莱武成为克莱尔蒙特的业主之后，第一个举动却是拆掉一切。他认为建筑物太沉闷了。他召来英国最好的景观建筑师"潜能"布朗重建庄园。从1772年的一份工程声明中，我们可以对克莱武追求的辉煌壮丽略知一二：

> 主层楼面……非常简洁的桃心木门窗，最好的玻璃板，丝质衬帘，护窗板内置拉窗，装饰线脚……雕花须华丽，额枋、底座和台基上缘的装饰线脚也须雕花华丽……门扇须用上好的桃心木镶面板，镶板处的线脚须雕花，以饰带和上缘装饰的家具，每一件都配上最好的榫眼锁，壁炉以精雕细刻的华丽大理石制成，使用雕像用的石板，以黑色大理石做拱顶和后衬，炉膛用冷拉钢。

至于"餐厅"，克莱武的规划尤其宏伟。他委托本杰明·韦斯特画了一套四幅历史油画，每一幅都用来纪

---

① 威廉·肯特（William Kent，1685~1748），18世纪英国著名的建筑师、景观和家具设计师。他通过建造奇西克庄园，把帕拉第奥式建筑引入英国，也创造出现代意义上的英国风景园林。

念他在印度所建功勋的一个场景。当然,这种荣耀所
费不赀。1774 年"潜能"布朗的一份"克莱尔蒙特建
造新宅和完成的其他工作"的账单,收了克莱武将近
37000 英镑,而房子还没盖完——克莱武当年晚些时
候去世时,房子仍未竣工。[46]

随着克莱尔蒙特庄园从高高的地基上(以便防
潮)升起,克莱武的注意力转向了收藏的最后一个领
域。他开始收藏艺术品。在克莱武的全部购置中,他
的艺术藏品显然最能证明他渴望培养贵族形象。到 18
世纪中叶,大师画作和经典古物已成为英国绅士的必
备道具。年轻的特权阶级以"壮游"作为收藏的开
始,在欧洲各文化之都的漫长游历可以作为英国男性
精英的精修学校。壮游的重点是古代和文艺复兴的相
逢之地罗马。那里有数十位艺术经销商向"壮游者"
提供他们希望带回家的一切东西,从风格主义的绘画
和皮拉内西①的版画,到伊特鲁里亚(Etruscan)的陶
器和罗马半身像。还有数十位艺术家靠给壮游者画讨
喜的肖像画为生,这是壮游者"到此一游"经历的必
不可少的记录,他们以废墟为背景深情作态,手里还
捧着古代的文物。[47]

壮游是罗伯特·克莱武年轻时遥不可及之事,他

---

① 乔瓦尼·巴蒂斯塔·皮拉内西(Giovanni Battista Piranesi,
   1720~1778),意大利艺术家,以其关于罗马和虚构的"监
   狱"气氛的蚀刻画而闻名。

当时既没有钱也没有游历的空闲。他只有在年长以后才开始欣赏欧洲大陆的艺术和文化，不过他特意把儿子爱德华在适当的年纪送去壮游了。然而，到克莱武开始对艺术感兴趣时，在伦敦本地收藏艺术品的机会远胜以往。从 1765 年到 1774 年这十年里，英国从欧陆买进了逾 10000 幅画，与此前（诚然是饱受战争蹂躏的）十年的进口数量相比，几乎翻了一番。[48] 英国拓宽大陆绘画市场的证据出现在 1766 年，佳士得拍卖行成立了，这也起到了激励的作用。（苏富比拍卖行成立于 1744 年，但主要出售书籍。）从 1710 年到 1760 年，全伦敦每年大概有五到十次艺术品拍卖。在整个 18 世纪后期，单是佳士得一家，每年就会举办六七次到十余次大型欧洲绘画拍卖活动。[49] 贵族、鉴赏家和中产阶级都聚在詹姆斯·克里斯蒂① 的 "大厅" 里，目瞪口呆地凝视着欧洲最受人崇拜的画家——尼古拉·普桑（Nicolas Poussin）、克劳德·洛兰（Claude Lorraine）、塞巴斯蒂安·布尔东（Sebastien Bourdon）、圭多·雷尼（Guido Reni）、萨尔瓦托·罗萨（Salvator Rosa）、彼得·保罗·鲁本斯（Peter Paul Rubens）、戴维·特尼耶（David Teniers）等人——所绘的油画，竞相出价。

罗伯特·克莱武对油画一无所知，但他知道自己

---

① 詹姆斯·克里斯蒂（James Christie，1730~1803），苏格兰拍卖人。他是佳士得拍卖行的创建者。

应该拥有那些东西。他坦承自己"曾经不是内行，无法判断绘画的价值或是否优秀……把买画的机会和价格拱手让于懂行的人"。如果油画"适合我的收藏，我并不反对由靠得住的绅士帮我挑选"。[50] 1771 年，克莱武召来几位专家为他提供建议：本杰明·韦斯特，一个名叫威廉·帕顿（William Patoun）的苏格兰鉴赏家，可能还有他的堂弟查尔斯，后者本人就是个画家。[51] 随后，就像他投资在土地、宅邸和个人身上（他曾成批定做了 200 件衬衫）一样，克莱武以闪电战一般的挥霍浪费，几乎在一夜间便完成了大师画作的大批收藏。[52] 单是克莱武在 1771 年上半年的艺术品购买记录就十分惊人。2 月和 3 月，他要么是本人亲自参加拍卖，要么是派代理人为他代劳，在佳士得花了大约 1500 英镑购买油画。[53] 5 月，他以 3500 英镑向侍臣及贩子詹姆斯·赖特（James Wright）爵士签约购买了至少六幅油画。他计划再花 2500 英镑，买下本杰明·韦斯特在布鲁塞尔为他挑选的画作。[54] "你会觉得我为画痴狂。"克莱武写信给他的知己亨利·斯特雷奇① 如此说道——他在四个月内买下了大约 30 幅油画。[55]

---

① 亨利·斯特雷奇（Henry Strachey，1736~1810），英国政府官员、政治家，1768~1807 年为英国下议院议员。1762 年，他在印度被任命为克莱武的私人秘书。1801 年，他被封为从男爵。

正如这些数字所示，克莱武的购置开销惊人。在当时，拍卖会上要价超过 40 英镑的绘画不超过十分之一，1771 年，克莱武亲自在佳士得买下十幅画作，其中有两幅大概各 40 英镑，另外三幅就高得多了，特别是萨尔瓦托·罗萨的一幅风景画，"纯净美观，蕴含着伟大的精神和自由意志，是世上最坦率、最才华横溢的作品之一"，为了这幅画，克莱武花了将近 100 英镑。[56] 克莱武最珍视，也最有价值的某些藏品，如克劳德·约瑟夫·韦尔内（Claude Joseph Vernet）的两幅海景画，就花费了他 455 英镑 2 先令 7 便士。[57] 对于在 1771 年和 1772 年全部财富远超 60 万英镑的人来说，这不过是九牛一毛。[58] 重点在于他的挥霍无度向外部世界传达的信息。作为一种纯粹而昂贵的炫耀式消费，克莱武的艺术藏品成为他社交野心的最有力证据。总是令人难堪的霍勒斯·沃波尔对于"没有天生鉴赏力的赞助人、女沙皇、克莱武勋爵，或是某些纳勃卜"全然无视艺术的真正价值嗤之以鼻。[59]（这是沃波尔的一段精彩评论，鉴于"女沙皇"叶卡捷琳娜二世不久就会获得其父罗伯特① 的大部分大师藏品，那些被认为是英国最优秀的藏品，并

---

① 罗伯特·沃波尔（Robert Walpole, 1676~1745），英国辉格党政治家。后人普遍认为他是英国历史上第一位首相。尽管"首相"一衔在当时并没有得到法律的官方认可，但他事实上是内阁的掌权者。

将其藏于圣彼得堡的埃尔米塔日博物馆①。）[60] 但对于克莱武来说，他本人是否喜欢艺术无关紧要。[61] 最重要的是，他的藏品得到了内行的欣赏，并在伯克利广场或克莱尔蒙特庄园"向宾客展示，（对他）极为有利"。[62]

克莱武的大师藏品给他苦心经营的贵族形象添上了点睛之笔。作为一个艺术品收藏家，他通过"收藏"国会势力、地产和宅邸来表现他为自己定义的角色。囤积无形商品通常不被认为是像购进画作那样的"收藏"。（集聚势力和财产一般被叫作权威建设。）但克莱武的各种购并背后的动机——和金钱——都是一致的。他的艺术品收藏不过是个缩影，反映出他对英国贵族应该拥有的其他一切东西的系统性收集——从地位的象征到原始的力量。称它是收藏也好，是权威也罢：它实际上两者皆是，都是在他追求跻身于英国统治精英的过程之中聚集起来的。

这样自我塑造出来的英国克莱武是什么样子的呢？一幅鲜为人知的肖像画抓住了克莱武的贵族野心，这幅画绘于 1764 年，在他第三次，也是最后一

---

① 埃尔米塔日博物馆（the Hermitage），又译隐士庐博物馆，位于圣彼得堡的涅瓦河边，由冬宫等六座主要建筑组成。埃尔米塔日建于 1764 年，1852 年对公众开放，其中的主要建筑冬宫曾是俄国沙皇的宫邸。埃尔米塔日博物馆与大英博物馆、美国大都会博物馆和法国卢浮宫并称为世界四大博物馆。

次驶向印度之前不久。肖像画家是他的堂弟查尔斯·克莱武，这位艺术家的名气远远不如克莱武通常惠顾的那些时尚社会画家（天赋也不够）。然而，查尔斯创作的画像处处都像克莱武希望的那样漂亮。[63]克莱武身着鲜亮的猩红色服装，从昏暗的画布上脱颖而出，引人注目。（猩红色这种军装的色调的确是克莱武的本色，他本人曾经延请托马斯·盖恩斯伯勒（Thomas Gainsborough）和纳撒尼尔·丹斯（Nathaniel Dance）等英国著名艺术家画过他的戎装像。）但这套猩红色服装并非军服。这是红色天鹅绒的男爵礼袍，装饰着白鼬皮，袖口缀锦，环以金色的穗带。画中也没有一丝克莱武素日那种军人的趾高气扬。他摆出一副故作斯文的贵族的优雅姿态。因为他**就是**贵族，1761 年，他获封普拉西的克莱武男爵。爵冠安放在他身边的桌上。

还有一个古怪的细节也是这幅贵族画像不可或缺的内容。克莱武肩后的墙上挂着一幅他的孟加拉盟友米尔·贾法尔的侧面像。为什么会有这幅画中画的存在呢？我们对于这幅油画的创作背景一无所知，但克莱武之妻玛格丽特在 1764 年 2 月——大约正是绘制这幅作品的时间——所写的一封信表明，这实际上或许是有意给米尔·贾法尔看的，"作为礼物，象征着我们一直没有忘记他的厚爱"。[64]（统治者之间交换肖像是一种巩固联盟的常用手段。）或许

罗伯特·克莱武画像，他的堂弟查尔斯·克莱武绘于 1764 年

这幅画就是要赞美一种非凡的合作关系。克莱武成就了他，他也成就了克莱武：纳瓦卜和男爵，跨大陆的伙伴。

肖像画是揭示被画者的自我形象的有力证据。这是他想让人们看到的克莱武：气宇不凡、功高望重、雄健有力、出身高贵。完全没有军人的痕迹，他已跻身贵族。但肖像画也常常带有欺骗性，这一幅也不例外。克莱武获得的是爱尔兰贵族爵位，而非他梦寐以求的英格兰爵位，他至死都对此抱怨不已。此外，他与米尔·贾法尔的联盟并没有给他的成就锦上添花，反而在很多同辈人的心中为他的功绩笼上了阴影。因此，如果说这幅画宣扬的是克莱武渴望的自我形象的话，那么它也暗暗蕴含着那种不安全感的来源，那正是促使他重塑形象的首要原因。英国克莱武能否抹除另一个帝国建设者印度克莱武的黑暗形象呢？

Ⅳ. 帝国现形

1772年春，干草剧院（Theatre Royal Haymarket）里的许多观众或许从塞缪尔·福特（Samuel Foote）的讽刺新剧《纳勃卜》（*The Nabob*）中认出了一个相当不同的克莱武形象。该剧讲述的是马修·麦特爵士的历险，这位纳勃卜是以罗伯特·克莱武及其同辈为原型的。麦特满载财富从印度归来，旋即开始追求邻居男爵的女儿及其地位。在其中一场戏里，他和亲信就策划在东印度公司的选举中增加影响力，图谋强迫一个贵族把祖传的地产卖给麦特，还计划为明确命名为"贿赂镇"的行政区操纵两个议会席位。在另一场戏里，麦特入选古董学会，这是个颇具名望的绅士鉴赏家俱乐部，他通过向学会赠送各种荒唐可笑的文物，以及发表了一番有关迪克·惠廷顿的猫①的学术演讲而获得了会员资格。这是个不太讨喜的角色。然而无论这样的夸张描写让克莱武有多尴尬，他也不得不以剧中化身的下场白强调："如今的富人至少有了一种被恰当赋予的魔力，可以对财富的来源秘而不宣。"65

　　克莱武设法"隐瞒"自己财富的可疑来源，并跻身于英国精英之列的成果如何？从表面看，他的成就相当不同寻常。到1772年，他已经位列英国最富有的人之列，还是个大地主。他控制了七个国会席位。他在东印度公司的事务中扮演了主要角色。他被封为贵族，获颁巴斯勋章，还与国内某些最有钱有势的人过从甚密。他的日常生活在三座时髦的大宅子里度过，还在为自己建造一座名副其实的宫殿。他拥有内

---

①　迪克·惠廷顿的猫（Dick Whittington's cat），典故来自英国民间传说《迪克·惠廷顿和他的猫》，故事围绕着一个真实人物——富商和伦敦市长理查德·惠廷顿（Richard Whittington，约1354~1423）展开。传说惠廷顿幼年时一贫如洗，全靠把猫卖给老鼠肆虐的乡下来积累财富。

行欣赏的名贵画作。他的大名家喻户晓。

但他同时臭名昭著。正如福特的讽刺剧所表明的那样，克莱武聚集的权力和财富越多，他似乎就越能代表批评家们谴责东印度公司及其孟加拉帝国的一切：贪污腐败、毫无原则、无法无天、暴发户。公众质疑东印度公司贪婪掠夺的声浪日益高涨，克莱武成为众矢之的。这些质疑在 1772 年达到顶峰，当时议会的一个特别委员会受命调查东印度公司在印度的治理状况。调查在一个层面上是广泛（也是首次）评价公司在孟加拉的地位转变。在另一个层面上，这是对罗伯特·克莱武本人及其在印度的行为和财富合法性的直接挑战。

调查导致了《1773 年调节法案》（Regulating Act of 1773）的通过，这是将东印度公司管理层置于国会控制之下的初次尝试。该法案还以印度总督和地方议会的形式，为印度建立了一种总部设于加尔各答的集中管理机制。然而，这并未终结人们认为东印度公司的治理腐败无德的看法。对公司统治的挑战就像公司的帝国崛起一样迅速，在某些方面也像公司本身的存续那样长久。1772~1773 年的论战为最终导致《1784 年印度法案》出台的辩论埋下了伏笔，该法案在国会成立了一个正式监管机构，监督东印度公司的事务。它针对罗伯特·克莱武的人身攻击为 1788 年对东印度公司帝国的大批判打了头阵，那场批判是通过对孟加拉总督沃伦·黑斯廷斯 ① 的弹劾审判而展开的。

克莱武在国会受到其政敌的公开指控，被诉"非法获得总额 234000 英镑的钱财，令国家蒙羞，让国家利益受损"，仿佛他的英国贵族面具突然间被人一把扯下了。他为自己辩护的证词也是作张作致，令人动容："把我的荣誉留下，拿走我的财富吧。"他的泪水在眼眶里打转，在辩论的最后一天如此喊道。66 他的辩才奏效了。他从这场煎熬中全身而退，荣誉和财富可以说双双完好无损。1773 年末，他前往意大利长途旅行，像为了弥补他从未有过的壮游一样，一路上贪婪地收藏艺术品。但尽管得到了国会的赦免，往事的压力却让他付出了代价。抑郁的乌云越来越厚。健康每况愈下。很多人认为，国会的调查间接导致了克莱武的死亡。

有些人病态地猜测他是用一把小刀自杀的。还有人怀疑他用的是手枪，早年间在马德拉斯时，他曾两次企图饮弹自尽，但后来觉得命运挽留他开拓更美好的未来而中止。最有可能的真相，或者说最不令人毛骨悚然的情况是鸦片酊药剂过量，克莱武定期喝这种东西来舒缓胃痛。无论如何，一切都结束了。罗伯

---

① 沃伦·黑斯廷斯（Warren Hastings, 1732~1818），英国殖民地官员，长年在印度各地任职，1773 年至 1785 年为首任印度总督（当时职称为威廉堡省总督）。他卸任返回英国后，被指控在印度供职期间管治失当，而且卷入贪腐丑闻，面临国会弹劾。

特·克莱武与抑郁症搏斗了一辈子，1774 年 11 月 22 日，他在伯克利广场的家中自尽。他很快便下葬于什罗普郡的小村子莫尔顿萨，埋在教区教堂的一座无名墓中，悄无声息，无人知晓。送葬者寥寥无几。[67]

克莱武的长子爱德华自伊顿公学毕业后在日内瓦学习，并未出现在送葬的队伍里。四个月后，内德[①]成年，成为英国首富的继承者，所得遗产无法计数。有全部的地产，也有它们带来的政治势力。有东印度公司的股份，还有那些股份所掌握的在公司管理上发声的权利。有几座大宅——其中的克莱尔蒙特庄园尚在建设之中——以及充斥其间的大量艺术品和精美陈设。当然，还有头衔。

1777 年，新任克莱武勋爵从日内瓦回到英国，在等待着他的所有遗产中，有一口箱子是特别为他留下的。爱德华在箱子里找到了他父亲的一些私物和贵重物品：一块金表和金钮扣、黄玉鞋扣，以及一个残缺的玛瑙鼻烟盒。箱子里还有克莱武的两把礼服佩刀和巴斯骑士的全套装束，从宝石点缀的衣领一直到鞋上的特制缎带。难道这些东西——英国绅士的整套道具和装饰——就是父亲尤其希望他拥有的吗？但爱德华随后就发现了父亲纪念箱里的主要内容："印度的宝物"。总共有数百件。[68]

----

① 内德（Ned），是爱德华（Edward）的昵称。

这次发现一定像是开启了一个宝箱。里面有头巾饰品、配以镶嵌祖母绿和钻石的尖刺胸针的珠宝条饰。有灿烂珐琅外壳的漂亮水烟筒，其上装饰的蛇以金线缠绕制成，烟嘴上塞着宝石。这些只是最显而易见的宝物。它们可能是财大气粗的印度盟友送给克莱武的，符合外交馈赠的仪式化传统。（并非全都像克莱武的政敌所指控的那样，属于无耻的贿赂。）除此之外，克莱武还从他在印度的宅邸打包带走了各种小件物品。掐丝盒子、银碗、金剪刀、蒌叶钳子、象牙梳、釉色明亮的玫瑰水瓶，还有抛光得像硬玻璃一样的碧玉浅碗：箱子里塞满了莫卧儿特权阶层日常所用的珍宝。和那些招摇的华丽物品不同，克莱武很可能用过这些东西，留下来作为私人纪念。爱德华甚至还在箱子的某处找到了父亲的一副象牙扑克，上面画着皮肤白皙的公主和骑象射虎的王子。

然后就是武器了。很多欧洲军官从印度带回来各种武器，主要是因为他们有很多机会收藏这些武器。此外，但凡参观过世上任何一处军械库就会立刻明白，展示敌人的武器颇有些耀武扬威之意。但欧洲人收藏印度的武器却并非只是出自帝国的傲慢自大。这些东西优雅而富丽堂皇的装饰美丽非凡。工艺上也往往十分复杂，因其迷人的做工和非比寻常的设计而极富感染力。它们还充满了异国风情，或者说当爱德华从箱子里拿起一把弯刀，看到那残忍而迷人的刀刃上

刻着《古兰经》上的诗句时，他一定感受到了异国风
情。有从闪亮的硬石刀柄上弯曲而出的精钢匕首。有
枪管一码长的嵌银火绳枪。有在火炮和滑膛枪时代的
欧洲消失已久的战斧和长矛。[69] 在爱德华看来，所有
这些东西都非常陌生。但对于收藏家罗伯特来说，它
们就像他挂在腰间的佩刀一样熟悉——或许身为军
人，他最了解的就是这部分印度物质文化了。

在这口"印度宝物"箱里，爱德华发现了父亲
人生的另一面，深藏不露，却又始终如一。说它们是
宝物属于用词不当。因为这些物品不像罗伯特·克莱
武曾经从莫卧儿皇帝那里转交给乔治三世（George
III）的礼物，那净是些外交礼品，一旦作为异国的
新奇事物受人观赏和赞美之后，便被扔进库房，忘在
脑后。[70] 它们也不是那种塞满了 18 世纪百宝格的各
种古董新饰，属于云游四方的留念。这些物品是罗伯
特·克莱武印度生涯的记录：是环绕在他左右，他选
择作为收藏品而留存下来的东西。爱德华在查看父亲
为他如此精心保存的这些礼物、战利品、纪念物和饰
件时，触摸到的是印度克莱武最隐私的现存档案。爱
德华从未与罗伯特一同前往印度——他们住在不同的
国家长达九年，而在一起的时间却不超过五年。在
这些物品里，他感受到的是一个他几乎一无所知的
父亲。

罗伯特·克莱武在英国始终致力于把他成疑的

印度生涯掩藏在英国人的外表之下。而他死后留给儿子爱德华的遗产却凸显出他的印度和英国两部分生涯始终彼此纠缠，难解难分。无论是购买政治势力、地产、宅邸，还是艺术品，克莱武始终利用收藏把自己的英国形象塑造成富豪和鉴赏家。在这个意义上，他从事的是一种绝对英国式的收藏，内中的种种藏品和地位的象征都是用来为他在英国精英阶层赢得一席之地的。然而这也在所难免地是一种印度式的收藏：在最基本的层面上说，因为它是用印度的钱购买的；但在灵感的层面上也是如此，因为它本该在英国呼应克莱武在印度赢得的声望和权力，并对其做出补偿。印度克莱武和英国克莱武在他的收藏中合二为一，正如在很多其他方面，它们也无法一分为二。

克莱武本人利用其帝国财富来重塑自身的收藏计划，浓缩了一个更宏大的过程（他本人也曾在其中发挥过作用），也就是东印度公司获取印度资源，并企图为自己塑造执政形象的过程。罗伯特·克莱武之死恰逢英国的印度帝国第一章的终结。东印度公司在贸易的同时开始执政，实施军事和财政的双重控制，种下了英国统治的种子。故土的英国人开始面对一个面目全新却在很多方面不受欢迎的帝国，并与其和平共处。大英帝国不再是一个主要在大西洋活动、致力于殖民和贸易的海洋帝国了。它如今囊括了征服得来的面积广大、人口众多的亚洲领土。它在现存的合法本土力量莫卧儿帝国名义上的保护下逐渐成形，还被卷入了与法国的全球战争和敌对。

在某种程度上，这些都是海外帝国的建设者罗伯特·克莱武的遗产。克莱武更为私人的遗产也自有其后果。1804年，爱德华·克莱武实现了父亲的宏愿：他当上了英格兰伯爵。但爱德华在父亲的基础上以另一种方式达到了这个目标，这也在本书中为克莱武家族留下了另一个位置。1798年，爱德华亲自前往印度，作为马德拉斯总督服务了五年。在那里，他和他自己的家庭都成为印度的收藏家，像罗伯特投资欧洲藏品一样充满激情、目标明确地收集印度艺术品和工艺品。爱德华接受遗产时并无此意，更不愿追随罗伯特去往印度。但莫非在他翻查父亲的印度宝箱时，印度之行的想法头一次闪过脑海？莫非一位收藏家梦想的结束，蕴含着另一位收藏家梦想的开始？

第二章　跨越

I. 边疆之外

1768 年，一个东印度公司的军官拿出笔来，为加尔各答勾勒了一幅全景画卷。自普拉西一役以来，时间才过去了 11 年，公司取得孟加拉的顾问地位也才不过三年，但加尔各答已然具备了现代商业建制城镇的体量与喧嚣。至少这位公司军官的此幅足有八英尺长的画卷想要表现的正是这些。这种滨水视角非常普遍，部分原因是英国贸易和势力的最大优势正是来自水上：码头、海关、货船、兵舰、要塞。画面左侧是基德布尔码头，主要装卸东印度公司商船，公司的这些大船跨越重洋的航行时间长达六个月。旁边是加尔各答不断发展的市中心，紧挨着便是一排帕拉第奥式建筑，以及旧堡垒狭长低矮的城墙。画面中看不到教堂的尖塔（这里只有一座亚美尼亚教堂），但可以看到旧堡垒后面那个纪念"黑洞"受害者的方尖碑，这是该事件最仗义直言的幸存者约翰·泽弗奈亚·霍尔韦尔①所立的。城市南端首先映入眼帘的是新的威廉堡，石头棱堡突出在胡格利河之上。这是乘船前往加尔各答的路上能看到的第一座主要建筑物，令人印象深刻。"让我想起了瓦朗谢讷②，" 1771 年，一个访客写道，"规整、庄严、居高临下。"¹划艇和轻舟从水面上掠过，远洋的大船庄重地停泊在水边。"联合杰克"③迎风飘扬。这是商人、军人和爱国者喜闻乐见的加尔各答。

如此在视觉上极尽恭维是军人艺术家安托万·波利尔少校有意为之，他向东印度公司的高层顾客展示了自己的手艺。波利尔有充足的理由赞美公司及其最新的首府。他在普拉西战役那一年乘船来到马德拉斯，16 岁便在公司参军了。他在克莱武麾下对战南方的法国人，取得了节节胜利，在印度的头几年都是在战场上度过的。在此期间，波利尔专攻军事工程。升迁之路平步青云。1761 年，他被调往孟加拉，很快便负责重新设计威廉堡，将其升级为最先进的军事设

① 约翰·泽弗奈亚·霍尔韦尔（John Zephaniah Holwell，1711~1798），外科医生，英国东印度公司雇员，1760 年曾任孟加拉临时总督。他是研究印度文物的第一批欧洲人之一。

② 瓦朗谢讷（Valenciennes），法国最北端诺尔省一市镇，位于该省东部，同时也是该省的一个副省会。

③ 联合杰克（Union Jack），又称"联合旗"（Union Flag），即英国国旗米字旗。也有研究认为"联合杰克"这个术语仅为英国皇家海军使用，指皇家海军舰首旗。

夏 伯

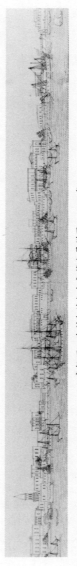

安托万·波利的加尔各答全景详图，1768 年

施。在他的全景图上，新城堡占据了整个画面，实际上是一种自我表现，而且还奏效了。正如画家威廉·霍奇斯（William Hodges）多年之后所说，这座"规模可观的城堡……在印度无与伦比……反映出工程师——心灵手巧的波利尔上校——天赋过人"。[2] 1766年，波利尔年仅25岁便成为孟加拉军队的首席工程师和少校。

从很多方面来说，安托万·波利尔的迅速升职都反映了他所服务的公司声望日隆。但有关他的一个关键事实却不符合新兴的"英属"印度帝国的传统形象，即便那形象正是他本人所画。波利尔本人不是英国人，而是瑞士人，他出生在洛桑的一个胡格诺派流亡者家庭。他是法国人的后裔，母语也是法语。而尽管他到那时为止官运亨通，出生于外国及其海外关系如今却成为前所未有的障碍。公司内非英籍军官的压力日增。1766年，也就是波利尔升任少校的同一年，公司通过一项法令，宣布外籍军人的升职不可高于少校军衔。波利尔只有二十五六岁，看来他的职业生涯已经走到了尽头。"我现在深感绝望，怀疑建功立业或长期服役再也不会被认为是晋升的良好条件了。"他后来抱怨道。[3]

但在印度其他地方，机会却在向他频频招手。从南方的迈索尔（Mysore）到西部的马拉塔诸王国，以及海得拉巴和阿瓦德等莫卧儿诸省，本土的各个宫廷都迫切需要欧洲军官和技术人员：设计堡垒，研发军械，训练能够对抗西方人的军队。与在东印度公司服役相比，这类工作薪水可观，生活轻松自由，个人晋升的潜力巨大。如果在英国公司没有未来，那么波利尔就会去他处寻找前途。1773年，他越过公司控制的孟加拉西部边疆，进入阿瓦德省，为那里的纳瓦卜舒贾·乌德－达乌拉（Shuja ud-Daula）工作。在接下来的15年里，波利尔在阿瓦德省的首府勒克瑙安了家，融入欧洲侨民的大社区，也参与了欣欣向荣的地方宫廷。他再也不是个英国人了。他在勒克瑙发了一笔小财，交到不少杰出的朋友，也在欧洲人和莫卧儿帝国的社交圈里获得了认可。他还收藏大量手稿，这让他在两个圈子里都站稳了脚跟。勒克瑙的很多人发现了收藏和跨界的手段和机会，波利尔也是其中之一。他的朋友克劳德·马丁、伯努瓦·德布瓦涅，甚至阿瓦德的纳瓦卜阿萨夫·乌德－达乌拉——他于1775年继承他父亲舒贾空出的王座——本人也是一样。他们的故事把帝国文化中精彩而鲜为人知的一面带入了人们的视野。

安托万·波利尔搬去阿瓦德时，英国在印度的统治也生根发芽。在孟加拉，公司开始发展统治其广袤而陌生的新领土与臣民的工具和制度。例如，为了收税，它需要关于人口、农业生产和贸易的数据，更不用说印度的基本地理知识了。1765年，詹姆斯·伦内尔^①少校进行了印度的第一次测绘；他出版于1782年的印度斯坦^②地图，第一次把清楚而详细的"印度"形象作为一个地理单位呈现给欧洲大众。⁴为了保卫和控制其领土，公司招募了越来越多的印度士兵，这意味着军官们必须学习当地语言，以及适应高种姓印度军队（它所偏爱的选民）的需求和期望。1773~1785年的孟加拉总督沃伦·黑斯廷斯把努力"了解"印度作为其统治纲领的核心。罗伯特·克莱武力图洗清他的印度污名之时，黑斯廷斯及其同僚却把尽情享受印度作为他们的使命，在印度的过去中寻找指引其未来的方向。黑斯廷斯希望按照印度"自己"的传统来统治它，他赞助了一系列计划，从翻译波斯历史和梵语的《薄伽梵谭》^③，到汇编印度和穆斯林的法律传统；从支持加尔各答的一所伊斯兰学校和孟

---

① 詹姆斯·伦内尔（James Rennell，1742~1830），英国地理学家、历史学家和海洋学先驱。

② 印度斯坦（Hindoostan），又译作"兴都斯坦"，是特指印度次大陆北部以及西北部的一个常用地理名词，字面意为"兴都教徒之地"。在该地区范围内生活的南亚民族一般被称作"印度斯坦人"，多以印地语、乌尔都语或其他方言土话（如旁遮普语、克什米尔语等）为主要沟通语言，统称"印度斯坦语"。

③ 《薄伽梵谭》（Bhagavat Gita），印度教重要经典，叙述了印度两大史诗之一《摩诃婆罗多》中的一段对话，也简称为神之歌（Gītā）。《摩诃婆罗多》中叙述的事件导致了现在的喀历年代的到来。它是唯一一本记录神而不是神的代言人或者先知的言论的经典，学术界认为它成书于公元前5世纪到公元前2世纪。

加拉的第一家印刷厂，到宣传勘探西藏的任务等。除了这些公司资助的东方学项目之外，"业余"东方学也在1784年成立于加尔各答的孟加拉亚洲学会兴盛起来。

与此同时，在英国，心存疑虑的大众也了解并陆续开始接受这种与美洲的定居殖民全然不同的新式海外统治。对纳勃卜的无端恐惧逐渐消退了。东印度公司的宣传者致力于建立公司仁慈公正的统治形象。公司的确有并永远会有批评者。其中口才最好的当属埃德蒙·伯克（Edmund Burke），1788年，他打头阵，以腐败和滥用权力为由弹劾沃伦·黑斯廷斯。尤其是在伯克的干预之下，与1772~1773年的克莱武调查相比，黑斯廷斯审判（至少在其七年审判的初期）对公司的统治发出了影响更大、范围更广，同时也要猛烈得多的挑战。但尽管伯克以及查尔斯·詹姆斯·福克斯（Charles James Fox）领导之下的辉格党人从道德上反对帝国滥用职权，他们主要攻击的却是公司的"专制统治"；英国统治孟加拉的事实则得到了广泛的认可和接受。最终，福克斯激进的《1783年东印度法案》——把公司置于国会的完全控制之下——未获通过；威廉·皮特（William Pitt）更温和的《1784年印度法案》在国会建立了一个管理委员会，与公司董事会联合监督在印度的统治。（黑斯廷斯在码头上悲伤的高贵形象为他赢得了更多的同情而不是谴责，

1795年，上议院宣判他无罪。）

　　因此，这就是罗伯特·克莱武曾经参与建立的"英属印度"：一个以贪婪与专制来征服与直接统治实际的帝国，以及一个逐渐融入英国政府和社会的帝国观念。但在18世纪末期，印度在两个重要的方面与英国迥异。前一个关乎安托万·波利尔这样的人，也就是在东印度公司旗帜下生活和工作的数千名非英籍欧洲人。整个1750年代和1760年代，东印度公司军队——与英国皇家军队，以及其他很多欧洲国家的军队一样——严重依赖在整个欧洲招募的士兵。例如在1766年，也就是公司颁布有关外国人晋升法令的那一年，马德拉斯军队中只有五分之三的白人士兵是真正的英格兰人或威尔士人。欧陆士兵占军队人数的将近15%——超过了爱尔兰人（13%）和苏格兰人（11%）。1800年底，这个比例更加显著：马德拉斯的军队里有五分之一的士兵来自欧陆，而只有半数的军人是英格兰人或威尔士人。如果公司的白人士兵不全是英国人，那么他们也绝非清一色的新教教徒。尽管这些欧陆士兵大多来自北部坚定的新教地区，如荷兰、德国北部各邦和斯堪的纳维亚，但大量的法国和南欧人，再加上爱尔兰天主教徒，构成了数量可观的天主教徒群体。[5]

　　就连印度城市中英国色彩最浓的加尔各答，也远不如画面上表现的那样有英国味。托马斯（Thomas Daniell）和威廉·丹尼尔（William Daniell）叔侄在1780

年代制作的广受欢迎的蚀刻凹版画，表现的是一个礼仪周全而精心管理的城市，轻便的四轮马车在街道上飞驰经过列队巡逻的印度土兵。但在市中心宽敞的大街和整洁的柱廊以北，就是加尔各答窄巷缠绕的孟加拉人街区，居住着 10 万 ~40 万孟加拉人。[6] 城外还有亚美尼亚人和"葡萄牙人"（往往是混血或印度天主教徒的同义词）的居民区，每一个都是历史悠久的社区。（1756 年，西拉杰·乌德－达乌拉进军加尔各答时，包围城市的葡萄牙和亚美尼亚民兵比欧洲正规部队的人数还多。）[7] 根据 1766 年为克莱武起草的一份"加尔各答居民名单"，231 个欧洲人里，只有 129 人——超过半数——是正式的英国人，也就是英格兰人、威尔士人或苏格兰人。另外有 20 个爱尔兰人，还有 20 人来自德国诸邦，其余的人来自西欧的各个角落。这些人里面有退伍的老兵、重新安置下来的法属金登讷格尔的流亡者，以及像法国糕点师约翰·里夏尔、"克莱武勋爵的德国乐师"约翰·达沃，以及从 1759 年起就住在加尔各答"获准经营一家酒馆"的瑞典人劳伦斯·奥尔曼等各种商人。[8] 遗产认证记录表明，社区都是混杂的：有孟加拉人、亚美尼亚人、葡萄牙人、英国人、欧陆人在地产销售和拍卖场合不时碰面。[9]

"英属印度"远未英国化的另一个方面在于阿瓦德这样的地区，这些地方充其量不过是间接控制，在公司正式统治的边界之外。画作中的英属印度城镇都在水边，一个深层原因是那正是它们所在的位置：地处莫卧儿帝国最外缘的沿海立足点。普拉西一役15年后，公司的领土主要是孟加拉、马德拉斯和孟买这个非常富庶的三角区，但在广阔而充满竞争的土地上，这只占极其微小的一部分。次大陆的绝大部分地区仍在莫卧儿贵族和其他印度统治者手中。阿瓦德的纳瓦卜和海得拉巴的尼扎姆①统治着莫卧儿帝国最大也最富庶的两个省份——分别位于孟加拉和马德拉斯的西面，因而也就在公司领土的边境上。其他重要的地方统治者包括西部马拉塔邦联的统治者，以及南方的各种独立的拉者②和苏丹，特别是迈索尔的海德尔·阿里③和蒂普苏丹④。在随后的数十年里，这些土邦无

---

① 尼扎姆（nizam），海得拉巴土邦君主的称呼。尼扎姆是尼扎姆·穆勒克（Nizam-ul-Mulk）的简称，意为"领土的管理人"。

② 拉者（raja），南亚、东南亚等地对国王或土邦君主、酋长的称呼。伊斯兰教传入印度后，拉者专用作印度教君主、领袖的称呼，用以区别伊斯兰教的苏丹和纳瓦卜。

③ 海德尔·阿里（Haidar Ali，约1720~1782），南印度迈索尔王国的苏丹和实际统治者，1761~1782年在位。他在第一次和第二次英迈战争中与军事占优的东印度公司军对抗。他还大大发展了迈索尔的经济。

④ 蒂普苏丹（Tipu Sultan，1750~1799），本名蒂普·萨希卜（Tipu Sahib），迈索尔王国苏丹海德尔·阿里之子，其父去世后成为迈索尔苏丹。蒂普以其诗作而闻名。他是虔诚的穆斯林，对其他宗教也很宽容。在第二次英迈战争中，他协助父亲打败了英国，并与之签订了《门格洛尔条约》。但第三次和第四次英迈战争均以失败告终。

一落入英国人的直接控制中；很多土邦始终未被征服。

很多英国人也不希望征服它们。拥有孟加拉显然让东印度公司的某些大人物颇感鼓舞，希望拥有更多的领土。有新的商业和战略利益要保护，新的欲望需要满足，新的接壤领土需要纳入公司的目标。但老规矩仍在。莫卧儿皇帝还安然在位。推翻他大概超出了公司的能力，也显然超出了公司的战略和经济利益。公司仍然是公司。它需要为其股东谋利，并遵守其特许状以及国会的管理委员会的规定。扩充花费很高的军队，代价昂贵的征服，以及花哨的英勇事迹全都毫无必要；对于很多人来说，被迫管理孟加拉已经糟糕至极。

这意味着公司在走钢丝，既要力图巩固和扩大其影响，又不能招致额外的义务和成本。这个矛盾一直困扰着公司，直到它 1858 年倒闭。解决这个问题的最佳方式是公司在私下里追求其目标：发展出一个实施影响和操纵的非正式帝国，而不是征服和直接统治的正式帝国。在次大陆的各个本土宫廷中，英国居民、顾问和间谍的网络致力于从内部推动（并往往是塑造）公司的政策。[10] 公司还迫使印度统治者——特别是阿瓦德的纳瓦卜和海得拉巴的尼扎姆——接收公司的大量军队，冠冕堂皇的理由是保卫他们的土邦免受外部的攻击。作为回报，统治者有幸为军队的开销付账。通过这种不道德的巧妙制度（所谓附属联盟制度），公司得以让土邦保持名义上的自治，同时把自己嵌入其中，以低廉的成本扩充军队的规模。

克莱武离开印度后的30年里，毫无疑问，英国的势力遍及整个次大陆。公司巩固了在孟加拉的统治，并把影响力扩散到阿瓦德和其他省份。东印度公司的社交生活和人员在某种意义上无疑也变得更英国化了，特别是军队。公司1766年的法令就表达了对军官队伍中的欧陆人及其可疑的忠心持谨慎态度。队伍的编制也发生了变化。美国独立战争期间，公司军队前往印度的登船名单表明，对爱尔兰人的依赖程度大大增加。在1778~1779年度乘公司船只前往印度的1683名士兵中，有足足三分之一是爱尔兰人；来年乘船的777名士兵中，爱尔兰人占了38%；而到了1780~1781年度，爱尔兰人在登船名单上占到45%。[11] 队伍中当然永远不会只有"英国人"，但东印度公司的白人士兵再也不会像罗伯特·克莱武时期那样混杂了。

但这仍与英国对印度的王冠与号角的统治有着天壤之别，任何人都想不到事情会发展成这样。对于克莱武之后的一代人来说，"英属印度"更多的是一个概念而非现实。哪些人应该算作英国人，哪些人不算，仍有待讨论：安托万·波利尔这样的欧陆人该算作哪一类？英国化是什么，不是什么——如何描述阿瓦德这样的非正式帝国区？——这些都远未得到解决。这是个隐蔽之下、正在形成的帝国，需要文化融合与幻想的大杂烩才能维持下去。只要莫卧儿当局的计谋保持不变，公司代理商学习和遵守其运转、礼仪和语言的需求就始终存在。（东印度公司直到1835年才停止将波斯语作为一种官方语言。）只要大量的欧陆人留在印度，无论是在公司，还是为地方服务，公司都会对那些欧洲人到底忠于何方焦虑不已。他们是对英国效忠吗？还是对土邦？或者最糟糕的，忠于法国？在公司的领土上，英属印度帝国的轮廓或许正在逐渐成形。但在疆界之外，欧洲人与非欧洲人之间，以及各种欧洲人彼此之间的交叉与合作却是一个明确的现实。

在18世纪末的印度，边疆之外任何地方所经历的痛苦和快乐都不如阿瓦德的首府勒克瑙那般强烈。阿瓦德紧邻孟加拉，富裕庞大，战略意义重大，是公司觊觎的主要目标。沃伦·黑斯廷斯及其继任者艰苦工作，成功地把这个省变成了一个傀儡国。（实际上，黑斯廷斯在阿瓦德的所作所为，在弹劾他的指控中首当其冲。）然而，即便阿瓦德的政治重要性逐渐消退了，勒克瑙却迸发出文化上的耀眼光芒。在纳瓦卜阿萨夫·乌德－达乌拉的统治下，这座城变成印度最具世界性、最有活力的中心。边疆地区有办法吸引来流浪者、开拓者和无家可归之人——边缘人士和野心勃勃之人。勒克瑙到处都是安托万·波利尔这样的人，他们被在别处无法得到的名利前景所诱惑。这里很快变成了18世纪的某些最不可能成为"帝国主义者"、最出色地塑造自我之人的家园。

波利尔和他的勒克瑙同辈都是跨界者、趋炎附势之人、变色龙——也是收藏家。正是因为同属收藏家和艺术赞助人，在勒克瑙的很多欧洲人才巩固了他们新近获得的社会地位。以波利尔来说，收集手稿为他东方通绅士和莫卧儿贵族的双重身份画龙点睛。他最好的朋友克劳德·马丁的人生再造更加放肆。他是个出生于法国的军官，却自认是个英国人。马丁在勒克瑙生活工作已有25年，是18世纪印度最富有的人之一，积累的财富和藏品不计其数。马丁惊人的藏品数量足以匹敌欧洲的收藏大家，在印度的中央重新创造了一个精致的启蒙世界。勒克瑙甚至对阿瓦德的纳瓦卜阿萨夫·乌德－达乌拉施了变革的魔法。人们普遍认为作为统治者的阿萨夫是个笑柄；此言不虚，因为正是在他的统治时期，公司确定了间接的统治。然而作为收藏家和艺术赞助人——既有欧洲的，也有亚洲的——纳瓦卜却获得了他本来不可能获得的声望和独立性。

这些充满了神奇的私人细节的故事揭示了生活在一个不断扩张变化的世界的真实情况是怎样的。在加尔各答或伦敦看来，帝国或许有一点儿像安托万·波利尔笔下的全景图：船只、堡垒和英国旗的沿海前哨。但从勒克瑙这个波利尔在边疆之外的第二故乡看来，一切都相当无序。

II. 变色龙的首府

勒克瑙的现代史始于 1775 年 1 月，年轻的王子阿萨夫·乌德－达乌拉接替父亲舒贾·乌德－达乌拉，继位阿瓦德的纳瓦卜。舒贾曾是个真正的尚武之王，这个波斯贵族战士之孙在莫卧儿帝国的军队里一路晋升，最终掌控了该省。舒贾的统治并非易事。他的周围都是陷入混乱的莫卧儿帝国，饱受阿富汗、马拉塔的折磨，如今又面临英国的入侵。作为莫卧儿皇帝的封臣，皇帝期望舒贾·乌德－达乌拉为保卫德里而战；他也经常因此率军出征。他的军队请了欧洲顾问和技师作为支持，安托万·波利尔就是其中的一员。与此同时，舒贾还要应付东侧那个贪婪而好斗的邻居——孟加拉的东印度公司——的逐步蚕食。1764 年，在比哈尔邦（Bihar）布克萨尔（Buxar）的一次摊牌中，舒贾·乌德－达乌拉和皇帝以及孟加拉纳瓦卜的军队一并被公司击败，这是一个危险信号，体现了莫卧儿帝国力量的局限性。

在莫卧儿和英国两个帝国的压迫下，阿瓦德需要一个像舒贾这样的强人和战略家来做领袖。阿萨夫·乌德－达乌拉两者皆非。这位王子大腹便便又放荡不堪，被拥上王位时看上去就像刚从宴会桌旁醒来一样。阿萨夫作为纳瓦卜的第一个行动就是远离他不喜欢的政治，也远离他所鄙视的母亲。他召来自己的大管事穆尔塔扎汗（Murtaza Khan），提拔他到土邦的最高职位，让他放手治理。阿萨夫随后发钱遣散父亲的随从，关闭了法扎巴德①的旧宫，迁都向西去了该省的小镇勒克瑙。他在那里的一处废弃的旧宫安置下来，远离他长袖善舞的母亲和令人厌烦的国事。

这难说是个吉祥的开始。阿萨夫成功反抗了其有财力、有权力的亲巴胡夫人②，疏远了阿瓦德的大多数贵族，一举扭转了政局，并粉碎了其父苦心经营的自主权。东印度公司旋即利用了这位软弱的新统治者，"很快就给"这位纳瓦卜来了个"引君入瓮"。[12] 阿萨夫·乌德－达乌拉在登基仅数月之后，就签署了一份毁灭性的条约，被迫向公司割让领土——随之而去的还有大约一半的税收——并向公司的军队支付更多的补贴。他还被要求驱逐阿瓦德境内未经公司"许可"的所有欧洲人，特别是其父的欧陆军事顾问，这

---

① 法扎巴德（Faizabad），印度北方邦一城镇，坐落于加格拉河河畔，邦首府勒克瑙以东 130 公里，曾是阿瓦德省的第一个首府。

② 巴胡夫人（Bahu Begum，1729~1815），阿瓦德第三代纳瓦卜舒贾·乌德－达乌拉之妻，1743 年成婚。她不是阿萨夫·乌德－达乌拉的生身之母。"夫人"（Begum）是中亚与南亚王室和贵族女性的头衔，相当于男性的"贝伊"（Bey）称号。

第七章

进一步表明了公司越来越担心印度的非英籍欧洲人。
[13]阿萨夫即位头几个月就现出端倪的这种趋势，贯穿于他当政的 22 年。接下来的 20 年里，在法扎巴德的夫人派系和勒克瑙宫廷之间的激烈争斗中，他的省份被一分为二。公司在边境、财政和政策上频频施压，勒克瑙陷入瘫痪，而它的统治者却是个不太想执政的纳瓦卜。

但阿萨夫·乌德－达乌拉迁都勒克瑙在很大程度上发出了情况好转的信号。他或许不在乎执政，但他喜爱艺术，有足够的金钱沉溺其中。尽管他作为统治者，在公司的要求、皇帝的责任，以及父亲遗产的压力下疲于奔命，但这一次阿萨夫·乌德－达乌拉却享受到完全控制文化事务的快乐。他为自己建了一个新的首府，把伟大的莫卧儿皇帝阿克巴（Akbar）视为榜样。作为一个年轻的统治者，阿克巴废弃了祖先的首都德里，青睐阿格拉（Agra）和新城法塔赫布尔西格里（Fatehpur Sikri），在那里聚集了最优秀的艺术、科学、哲学和文学人才。阿萨夫如今也开始在勒克瑙着手此事。纪念性建筑的宏大计划、赞助和宫廷享乐的规模如此奢华，令东方通的想象力都自愧不如，阿萨夫·乌德－达乌拉把勒克瑙变成了北印度新的文化之都。

那里还是一个大熔炉。阿萨夫·乌德－达乌拉是个波斯什叶派穆斯林，治下的臣民大多是印度教徒

阿萨夫·乌德－达乌拉的勒克瑙：从大悼念宫顶上看到的阿萨菲清真寺

和逊尼派穆斯林，他还以重金欢迎欧洲人为他服务。身为波斯后裔，他赞助了什叶派的宗教研究和节日庆典，并建造了勒克瑙最重要的圣地大悼念宫（Bara Imambara）。他还积极资助了印度莫卧儿帝国的艺术和文学。最后，或许也最明显的是，他与欧洲人广泛交往，这影响了他生活的方方面面，从他餐桌上的食物到很多宫殿的设计。结果造就了一个充满生机、多姿多彩的城市，人们对这座城的描述极尽形容之能事。腐朽颓废、老于世故、乌烟瘴气、富丽堂皇、性感撩人、灿烂夺目、邪恶危险、郁郁寡欢、破旧不堪、见多识广、枯萎憔悴、充满活力、苦乐参半：勒克瑙集这一切之大成，所有的形容词都难以尽述其魅力。用英国行政官员亨利·劳伦斯（Henry Lawrence）爵士后来的话说，是一座"奇特而壮丽的城市"，崇高与荒谬在这里合而为一。[14] 一言以蔽之，勒克瑙是一种体验。人们对它的态度非爱即恨。

在仇视勒克瑙的很多欧洲人和印度人看来，这座城堕落、腐败而奢靡。只需看一看阿萨夫·乌德－达乌拉便可证明。这位肥胖的纳瓦卜满身都是颤动的脂肪，浑身上下散发出道德败坏的气息。一位法国军官反感这个"胖得邪恶"的年轻人，说"欧洲人绝对无法想象，人会邪恶到这般地步……古今东西，没有哪个国度能找到能与此人每天在朝堂之上和首府之内所展现的这般堕落相匹敌之人"。[15] 据说，阿萨夫从未成婚。他从美酒转到哈希什①，再到鸦片；从女人到男童，又回到女人（有此一说，另有人说他是性无能）；从用麝香和藏红花喂养的鸡，到每一粒米都染成不同的宝石色的油光锃亮的手抓饭。[16] 他可能只是传统意义上的自我放纵，而不是罪恶的沉溺酒色。（同时代英国饕餮贪婪的威尔士亲王、未来的乔治四世也是个被剥夺了权力的王室成员和艺术赞助人。）但对于那些寻找阿瓦德衰亡迹象的人来说，遇上这位道德败坏的纳瓦卜就足以预示一切了。

"'国里恐怕有些不可告人的坏事'，这种事必然不少，君王所在的首府就显现出这种迹象。"一位英国来宾如此说道。[17] 只要沿街走走，就能看到各种腐败的迹象：穷人胡乱挤在排水沟里，而权贵却坐在盛装大象上招摇而过。朝堂之上充斥着裙带关系，吸血鬼一样的宠臣靠国家机构中饱私囊。"没有底层或低俗的阶层、剃头匠、菜贩子、屠夫、牲口贩子、赶象人、清道夫，以及硝皮匠，"另一位批评家、愤愤不平的阿瓦德贵族穆罕默德·法伊兹·巴赫什（Muhammad Faiz Bakhsh）如此斥责道，"但其中某些人发了财，坐着流苏边的四人大轿，或是骑着大象或者官家的马，得意地招摇过市。"[18] 更糟的是，就英国而言，人们担心这种腐败会传染。他们的确没能幸免。就连沃伦·黑斯

---

① 哈希什（hashish），印度大麻所榨出的树脂。

廷斯——他受到弹劾的部分原因就是在阿瓦德的勒索行为——也大吃一惊:"勒克瑙是罪恶的渊薮。……是贪婪的学堂。……从纳勃卜手里领取服务的薪水,却声称他无权指挥这座城市,你会怎样看待这样的人?如果一座城市的独立和绝对主权和那里的英国人一样多,又会是怎样一番景象?"[19]如此一来,欧洲人和亚洲人便联合声讨这座腐败的首府,英国公务员被"东方化"了,而印度统治阶级却无耻地仿效西方人。

总之,勒克瑙看来充斥着铺张与奢靡。至于阿萨夫·乌德–达乌拉的半数收入都被东印度公司的军队收走之事,只能让他的恣意挥霍显得更糟。他到处扔钱:他养了800头大象(当时,一头上好的大象价值500英镑)和上千匹马("只为观赏",因为他太胖了,骑不了马);他出猎时的庞大队伍有一千头牲口那么长,从诸位情妇到饮水用冰块什么都要带着。他把钱花在自己的衣橱、宴会、舞会和斗鸡上,还要花钱豢养一支庞大的队伍,也就是给他修胡子、灭蜡烛、喂鸽子的仆人。[20]他花钱购买艺术藏品,有人估计,他在这方面花的钱差不多相当于其他所有花销的总和。为自己的城市他也是一掷千金。纳瓦卜是个"建筑狂人",另一位阿瓦德名人阿布·塔利布汗①曾高声

---

① 阿布·塔利布汗(Abu Talib Khan,1752~1805/1806),北印度的收税官和行政官,有人说他是个波斯学者,以其在英国、欧洲和小亚细亚的游记《塔利布亚非欧游记》(*Masir Talib fi Bilad Afranji*,约1799~1805)而闻名。

抱怨说他每年要花掉国库大约十万英镑。尤其糟糕的是，每建一座宫殿，就有数百名贫穷的居民被驱逐；而纳瓦卜通常只在新宫殿里住几天就扬长而去，再也不闻不问了。就连贵族也饱受痴迷于展示宫廷文化的折磨，他们被迫"在'有其主必有其臣'的原则下"，展开了一场炫耀性消费的破产竞赛。[21]

道德败坏，贪污腐败，穷奢极欲，在同时代的批评家看来，勒克瑙似乎就是"专制统治的真实形象"，是一座堪比圣经所述的罪恶之城。[22]然而除了这个意象之外，这座城还有着截然不同但同样生动的另一幅画面。某些人强烈憎恶勒克瑙，另一些人却崇拜它。他们所热爱的城市是一片散发着芳香的橙林和凉爽的大理石宫殿，是在西塔尔琴的弹拨声中进行的生动对话和精致的宴会。他们的勒克瑙优雅、活跃而慷慨。

这座城市的收藏野心似乎是一切止于至善。就连平常的消遣也被抬高到纯艺术的水平。训练有素的赛鸽成群飞翔，一群的数量可以高达900羽，它们都被精心拔毛，然后又被煞费苦心地用多彩的长翎"重新羽饰"。风筝被做成人形，为了达到幽灵的效果，其内点上了灯笼。[23]斗兽是另一个受人喜爱的嗜好，用勒克瑙最伟大的吟游诗人、19世纪末的作家阿卜杜勒·哈利姆·沙拉尔（Abdul Halim Sharar）的话说，达到了一种"完美的境地"。温顺的细腿牡鹿被迫彼此对峙，让旁观者欣赏它们的优雅搏击。据说，在勒克瑙，就连日常的乌尔都语会话也被抬高到完美的最高程度。据说"大众和文盲"的"乌尔都语……都比其他地方的……很多诗人说得好"，而外地人都被吓得不敢张嘴。在勒克瑙贵妇和交际花的名人沙龙里，谈话优美文雅，"仿佛'舌灿莲花'"。[24]

勒克瑙充满了喧嚣和躁动。阿萨夫·乌德-达乌拉刻意努力回现阿克巴的印度所失去的荣光，他在帝国的范围内资助作家、音乐家、艺术家、手艺人和学者。米尔·塔基·米尔（Mir Taqi Mir）等著名的乌尔都语诗人逃离濒临崩溃的莫卧儿首都，来到勒克瑙，在这里形成了一种独特的风格和诗派。[25]现代乌尔都语散文文学起源于勒克瑙，而波斯语这种象征着地位和学识的语言也在此处蓬勃发展。作为什叶派学术研究的重镇，勒克瑙能与伊朗和东伊拉克的宗教中心相抗衡。[26]它还吸引了欧洲的艺术家：被纳瓦卜的丰厚佣金吸引来的著名伦敦画家约翰·佐法尼（Johan Zoffany）和奥扎厄斯·汉弗莱（Ozias Humphry）都在那里待过几年。各个艺术门类里都出现了一种"勒克瑙风格"——一种以杂糅为主要特征的风格。乌尔都语作家把各种传统完美混合，以至于往往说不清他们的母语是波斯语还是印度斯坦语，他们是穆斯林还是印度教徒。[27]欧洲艺术家影响了本地画家。勒克瑙的建筑大多是由纳瓦卜的欧洲雇员设计的，融合了欧洲和印度的元素。[28]

高尚优雅、充满活力的勒克瑙的另一个特点就是纳瓦卜的慷慨大方。当然，慷慨或许不过是挥霍浪费的同义词。但就连阿萨夫·乌德－达乌拉最严厉的批评者也承认，他最奢侈的建筑项目大悼念宫也有其优点。这个悼念伊玛目哈桑（Hassan ibn Ali）和侯赛因（Hussein ibn Ali）的圣地是阿萨夫最重要的建筑遗产（顺便说一句，这也是他唯一不受欧洲模式影响的建筑）。这是一项大工程：一个英国人将造价估算为 100 万英镑（尽管是轻率的估计）。[29] 但它也是一个巨大的公众福祉。该项目在 1783~1784 年的严重饥荒期间开工，雇佣的人数或许高达四万人，并以食物作为工资。[30] 有人甚至说，纳瓦卜为了延长工期，每天晚上都会拆毁一部分建筑结构。这个故事不足为凭，只是诗歌和民间传说中表现阿萨夫·乌德－达乌拉慷慨大方的诸多故事之一。据诗人米尔·塔基·米尔说，"伟大的阿萨夫""以其慷慨和仁慈……闻名于世"。[31] "他所有的天生缺陷都被慷慨的光芒掩盖了，"阿卜杜勒·哈利姆·沙拉尔如此写道，"在大众看来，他似乎不是个荒淫的统治者，而是个无私而圣洁的守卫者。"[32] 在阿萨夫去世一百多年后，勒克瑙的店主们每天早上仍在纪念他的慷慨，商店门口贴着这样的对句："真主没有给予你的，阿萨夫·乌德－达乌拉会补上。"[33]

道德败坏，贪污腐败，穷奢极欲？还是高尚优雅，充满活力，慷慨大方？哪一个才是真正的勒克瑙？的确，这座城市的首席历史学家曾问道："有鉴于所有这些外国元素的比重，'真正的'勒克瑙还会存在吗？"[34] 是的。它就存在于所有这一切的组合之中。无论人们对它是爱是恨，谁都无法对这个决定性的事实视而不见：勒克瑙是印度最国际化的城市。这不仅是因为它的人口组成形形色色，还因为多样性是一种生活方式。印度教徒和穆斯林都可从事公职，他们庆祝彼此的节日，互相借鉴对方的文学和艺术传统。欧洲人与纳瓦卜一起狂欢和狩猎，与他的臣民交谈、交易并通婚。对于来自各种背景的人——同时也是各地的社会边缘人——来说，勒克瑙以其拥抱世界的态度，坚守了自己再造人生的承诺。

约翰·佐法尼在 1784~1786 年为沃伦·黑斯廷斯绘制的画作《莫当特上校的斗鸡比赛》（*Colonel Mordaunt's Cock Match*）中，以光彩夺目的"彩色印片法"表现出这种混杂社会的特质，这幅画后来又为阿萨夫·乌德－达乌拉制作了副本。熙熙攘攘、人群密集、充满活力，这幅作品在佐法尼的作品中显得不同寻常，他在英国可是以优雅的情节人物画和舞台剧场景而成名的。诚然，如果非要说出佐法尼的风格，那就是它的精微细节和平面透视手法给它带来了一股莫卧儿细密画的感觉——佐法尼显然很了解这种风格，也就在此处有所表现。

约翰·佐法尼，《莫当特上校的斗鸡比赛》，1784~1786 年

乍看之下，这幅画似乎描绘了一个奢华、倦怠、快乐和放纵的世界。[35] 这毕竟是一个异域景象：关于"入乡随俗"的欧洲人和贪图享乐的亚洲人，关于豪华的诱惑与无耻的自我放纵。但如今看着这幅画，我们会很容易忘记，这一切对画中人来说有多熟悉（其中大多数都是有据可查的历史人物）。他们并不只是在玩异国情调的花样而已。实际上，在成画的那个时代，莫当特上校的斗鸡是几乎每个星期都会举行的活动，更不要说宴会、节日、婚礼，以及欧亚人共聚一堂的很多其他场合。这里当然存在艺术上的发挥，场景中也绝非没有暴力、分裂或隔阂。然而，这幅画显示了勒克瑙真正多元文化的可能性。你是谁，与谁有

第四章

关系，以及你希望如何生活，都不是非此即彼的选择。你可以跨越边界。[36]

画中的很多人物正是如此。安托万·波利尔不在场，但他的好友、身穿东印度公司军装的克劳德·马丁正坐在沙发上。马丁是个法国人，和波利尔一样，也是公司统治集团的局外人，他是勒克瑙最有名的白手起家之人，在那里把自己变成了一个英国乡绅和鉴赏家。再看看两个核心人物，莫当特身材高瘦，穿着一身洁白无瑕的贴身衣裤，他是彼得伯勒伯爵①的私生子，为了逃避国内的社会舆论而来到印度。至于阿萨夫·乌德－达乌拉，他性无能且没有子嗣，政治上又被剥夺了权力，因而尤其关心通过文化赞助等其他手段来寻找后人。有个笑话说这是私生子与阳痿者之间的斗鸡比赛，虽粗俗不堪，却也算是对两个为逃避社会边缘状况而来到勒克瑙之人的犀利评价。佐法尼来这里也自有其缘故。他出生于奥地利，后被人收养而成为英国人，在失去其赞助人夏洛特王后②的支持后，来勒克瑙寻找财富。他受到英国王室的冷落，在

---

① 彼得伯勒伯爵（Earl of Peterborough），英格兰贵族头衔，始于 1628 年的第五代莫当特男爵约翰·莫当特（?~1642）。此处指的是国会议员、第四代彼得伯勒伯爵查尔斯·莫当特（1708~1779）。

② 夏洛特王后（Queen Charlotte，1744~1818），英国国王乔治三世的王后，维多利亚女王的祖母。她是当时较出名的一位艺术赞助人，此外也是业余的植物学家。

画中出现在顶部一把绿伞的遮蔽之下：这在印度传统中象征着忠诚。

《莫当特上校的斗鸡比赛》是花花世界的一张精彩快照。但有关阿萨夫的勒克瑙全盛时期最完整的画面，或许来自一位英国年轻女士日记中潦草的深褐色笔迹。从 1787 年 1 月 1 日直到 1789 年 10 月，伊丽莎白·普洛登（Elizabeth Plowden）的日记简直是一份罕见而奇妙的文献：一位年轻母亲未经发表的记录，记述了她在加尔各答和勒克瑙如何生活、旅行和抚养子女。1770 年代末，伊丽莎白·普洛登先是作为一名新娘在勒克瑙生活了一段时间，当时她的丈夫理查德·奇切利·普洛登（Richard Chicheley Plowden）与莫当特一起担任阿萨夫·乌德－达乌拉的警卫。1781 年，普洛登一家和很多欧洲人一样，离开勒克瑙，搬去加尔各答，纳瓦卜拖欠了他们一大笔钱。理查德等着支付薪水，却落得一场空。生活很拮据。普洛登一家在将近七年的时间里生了七个孩子，手头的钱还不够把最大的孩子送回英国念书，更不用说全家回国了（当然是以他们希望的方式回国）。伊丽莎白甚至还不得不请求她的母亲"过得节俭一些"，"不要给家人买东西"，住在朋友那里，直到他们的日子恢复往日的水平。[37] 1787 年底，普洛登夫妇带着最小的两个孩子——只有几个月大的婴儿威廉和蹒跚学步的特雷弗·奇切利——回到勒克瑙，为从纳瓦卜那里得到他们的 3000 英镑做最后的努力。这一去就是一年。

"布朗小姐与我本人和绅士们一起去了莫当特上校的斗鸡比赛。"1788 年 6 月 15 日，伊丽莎白在日记里潦草写道。"纳勃卜（也在）那里，九点过后不久，我们和他共进了晚餐。他并没有遵守斋月的禁食，而是吃得十分尽兴"，还"问了我一大堆有关孩子的问题，说威廉一定不是血肉做成的，他确信是蜡和棉花做的"。她如此记述道。参加血腥的比赛，享用咖喱大餐，与国王聊天，与此同时还在看护婴儿：大多数英国妇女的夜晚绝非如此度过。但阅读伊丽莎白的勒克瑙日记，就会发现这种看似非同寻常的文化融合是如此寻常之事。勒克瑙社会所有的栋梁都是她的老友——阿萨夫·乌德 - 达乌拉、安托万·波利尔、克劳德·马丁，等等——而她很快也被卷入了一连串跨越东西方边界的社交活动之中。她经常会带着孩子一起参加，总是会得到印度人的热情款待。阿萨夫·乌德 - 达乌拉溺爱孩子们，还给他们玩具；正在访问勒克瑙的皇帝之子"给小奇切利斟茶，还询问他的名字，对他大为关注"。佐法尼则"宣称自己愿意为他们俩画像，毫不在乎他自己已经被他们迷得神魂颠倒了"。[38]

在加尔各答，伊丽莎白·普洛登的社交生活大多是该城市的西式娱乐：戏剧、化装舞会、正式舞会、马车巡游。在勒克瑙，她走进了一个迥异的世界。她在住在城里的欧洲朋友的陪伴下度过不少日子，也在朋友们坐落在附近的乡下大宅消磨了很多时光。有时，她会与纳瓦卜及其朝臣共进早餐或晚餐。她或许还忙里偷闲，跟随蒙师（*munshi*）学习几个小时的波斯语或印度斯坦语。但她最大的爱好是印度音乐。只要伊丽莎白听到动人的波斯或印度斯坦音乐，她就一定要设法找到乐谱副本，加进她大量的乐谱收藏中——这个过程本身就涉及多个层次的跨文化交流。一天早上在纳瓦卜那里，

> 娱乐项目是和往常一样的舞蹈，我盼着他们唱 *Jo Shamshere Serey Allum Decktey* 这首歌。殿下告诉我们，说这首歌的原诗是他本人的作品。因为我没有此歌的乐谱，就派米尔扎·古拉姆·侯赛因去请求准许我派蒙师去纳瓦卜的乌斯塔德（ustaad，乐师）处要一份。纳瓦卜说，如果我愿意的话，他可以向米尔扎复述词句，让他逐字记录下来。[39]

她还学会了唱很多印度斯坦语歌曲，并常常在克劳德·马丁送给她的拨弦键琴的伴奏下，为印度和欧洲朋友们演唱这些歌曲。总之，这是令人愉快放松的一年：一边吃着"葡萄、石榴、橙子、椰枣、阿月浑子，以及其他各式干果"，一边在纳瓦卜芬芳的花园里观赏象战和烟花；眼看"金色和银色花朵的玻璃釉

花圈和彩灯"装饰的宫殿在夜晚为穆哈兰姆月 ① 而点亮，耳听身着素衣的哀悼者纪念殉难伊玛目的吟诵声；和朋友一起度过一个个下午，筛选印度细密画和来自英国的最新版画；或是在安静的夜晚待在家中，晚餐后欣赏一场纳尔屈舞 ② 表演。40

显然，伊丽莎白并没有全身心地浸入印度社会，或者说她也不愿这样。但印度却以微妙而非凡的方式让她融入进来。1788 年 6 月，阿萨夫·乌德－达乌拉向她展示了他们友谊的独特见证：她获封"夫人"称号的授予状（sanad）。

> 孤现册封天赋过人、奉献非凡、极其忠贞的索菲亚·伊丽莎白·普洛登以崇高的封号和可钦的称谓：她是这个时代的示巴女王，贵族之中的夫人，在同辈与同代人之中卓而不群，声望崇高。41

欧洲男子一般都是因军功而获得莫卧儿的封号，此事并非闻所未闻，但授予一位欧洲妇女这样的荣誉——特别是她的丈夫并非身居高位——至少可以说

---

① 穆哈兰姆月（Mohurram），伊斯兰历第一个月，也是全年第一个圣月。

② 纳尔屈舞（nautch），流行于印度北部的几种古典舞蹈之一，只能由女性舞者表演，其中最基本的三款分别是孔雀舞、风筝舞和轿夫舞。

是不同寻常的。我们很难了解何以至此，但这份文本却是文化交融所塑造的城市的一件有趣的人工制品。

理查德·普洛登也很幸运：他要回了自己的钱。（和很多人不同。可怜的奥扎厄斯·汉弗莱花了几年的时间纠缠纳瓦卜，想要回他的钱，还劳烦英国的朋友帮他，却无济于事。）[42] 1788 年底，普洛登一家永远离开了勒克瑙，于 1790 年回到英国，在伦敦的德文郡广场体面地安顿下来。他们留下了温暖的回忆。"在你离开勒克瑙后，我再也没有过快乐的日子。"克劳德·马丁在离别八年后写信给伊丽莎白，用他蹩脚的英语如此写道：

> 那些快乐的日子，我永远不能忘怀。虽说此地还有其他很多家庭，你的陪伴却让这里更有生气，你活泼和蔼的态度吸引着每一个人拜访府上，你的家就像吸引着我的一块磁石。我再也没有像以前拜访府上那样频繁做客了，我们这里有很多可敬的女士，但我见过的没有一个像你那样给人带来如此真实的快乐。[43]

普洛登一家也没有忘记印度。小威廉与特雷弗和他们的哥哥们后来继续在印度建功立业，普洛登家族在印度生活了数代之久。

勒克瑙是边疆之外的一座闪闪发光的国际都市，

向欧洲人和亚洲人都提供了发财和散财、跨越文化界线，以及任何意义上的白手起家的绝佳机会。他们实现了勒克瑙的梦想——名望、财富，以及自我塑造。即使对于伊丽莎白·普洛登这样一个公司中阶军人的中产阶级妻子而言，勒克瑙也是个再造之所：她到来的时候是理查德·普洛登之妻，离开之时已是莫卧儿皇帝正式下旨册封的一位"夫人"。她还拥有了大量音乐收藏，欧亚的朋友们大大扩充了她的藏品。作为勒克瑙大都市上流社会名副其实的一员，伊丽莎白·普洛登跨越文化界线的程度是她此前在加尔各答所无法企及，也无力为之的。她在勒克瑙的那些男性朋友拥有的可能性则更多。而且，特别是因为三个人——安托万·波利尔、克劳德·马丁，以及纳瓦卜本人——勒克瑙以最奢华、最始料不及的方式梦想成真。下面要讲的就是他们的故事，更多关于收藏和跨文化的故事。

III. 东方通？

只要走访过勒克瑙的集市，就会发现这座城市文化卓越性的另一个标志。走进集市广场（chowk）的窄巷——那里到处是端着大盘甜点、杧果和椰子块的小贩，还有装饰着茉莉花和金盏花花环的花店——随处可见贩售的东方情调。香料市场里有成堆的神奇彩色粉末，成袋的波斯腰果、东印度丁香、无名的根茎和芳香的树皮；珠宝店里有珍珠和戈尔孔达 ① 钻石，来自新世界矿井的祖母绿，阿富汗雪域的青金岩。那里有风筝匠和铁匠，陶工和烟草商；布匹商在出售嵌满扎绣（zari）的成匹织品；著名的勒克瑙绣工扎堆坐在层层叠叠的平纹细布前，巧手如飞之下，复杂的设计逐渐成形。香料商会卖给客人另一种本地的名产——提纯的玫瑰精油，或是把货架上排列的神秘香精调合成客人喜欢的任何气味。

在这些熙熙攘攘的集市上，还会有精美的艺术品和罕见的珍本出售。这里的交易商生意兴隆，买卖新旧手稿、书法和绘画。筛选绘画就像窥视幻想世界一般，青瓷色的天空，蓝色的皮肤，月光下的孔雀蹲在栏杆上。交易商会翻到背面去查看价格，价格是用一种叫作拉卡姆 ② 的密码标记的，只有他和同行们能解读。40 卢比，100 卢比——两英镑，五英镑。这与最精美的插图手稿相比不值一提，那些手稿用细如发丝的毛笔画在纸上，每一页都用花鸟纹装饰边角，价格可达 1000 英镑。[44] 在集市上还可以买到勒克瑙著名书法家以流畅的漩涡形和勺形波斯体写成的作品。但在个中高手哈菲兹·努尔·乌拉（Hafiz Nur Ullah）的

---

① 戈尔孔达（Golconda），南印度特伦甘纳邦一城市，位于海得拉巴以西 11 公里处。19 世纪末之前，那里出产的钻石是世上最精美的。

② 拉卡姆（raqam），原意为刺绣。

笔下，一个*字母*就会要价两先令（一卢比），所以文字还是越短越好。[45]

勒克瑙是印度的艺术之都，东方的罗马。那里生意兴隆的原因说来可悲却很容易理解。在德里和莫卧儿帝国核心地带，旧贵族走上了穷途末路。他们的土地惨遭蹂躏，收入也不再稳定，很多人落魄到贱价出卖传家宝的地步——其中也包括藏书和艺术收藏品。而在勒克瑙却有一个暴发户精英阶层，他们既愿意也有能力收购。交易商、书法家和艺术家纷纷离开德里，去勒克瑙寻找更好的买主。印度莫卧儿帝国的手稿和绘画的价格与同时代欧洲藏书、文物和大师画作的定价大致类似。因此，阿萨夫·乌德-达乌拉及其朝臣——其中的很多人和他一样，都是新近才获得财富和权力的——希望买进莫卧儿贵族的标志就很好理解了。他们作为收藏家和赞助人在阿瓦德的所作所为与罗伯特·克莱武在英国的做法一模一样：买进文化资本，提升社会地位。

勒克瑙的很多欧洲人也群起效仿。安托万·波利尔大概是最活跃的手稿收藏家了，另外还有1777~1779年间的东印度公司特派代表纳撒尼尔·米德尔顿（Nathaniel Middleton），1782年被任命为公司军队军需官的约翰·伍姆韦尔（John Wombwell），以及1780~1782年间作为特派代表首席助理生活在勒克瑙的理查德·约翰逊（Richard Johnson）。约翰逊和波利尔一样热衷于收藏，他的藏品如今几乎完好无损地保存在大英图书馆，证明了在勒克瑙艺术品市场上流通的藏品范围及其纯粹的美感。他在集市上买了很多书籍，其中有些仍带着拉卡姆的标价。（实际上，因为物主经常把私印——相当于印度－波斯的藏书票——盖在手稿上，有时可以据此重现一份手稿在几百年里的流转情况。）约翰逊也是个活跃的赞助人。在勒克瑙的两年里，他委托创作了逾250幅画作，其中包括图解印度音乐调式的五幅完整的拉迦玛拉①系列。约翰逊委托诗人和作家创作的作品不只用印度最重要的文学语言波斯语，还有些乌尔都语作品，后者很快获得了文学地位，这在很大程度上得益于阿萨夫及其宫廷的支持。46

是什么把欧洲人吸引到了这个曲高和寡的世界？在某种程度上说纯粹是好奇心。他们来自启蒙时代的欧洲，很多人是带着对人文和自然科学的广泛兴趣来印度的。他们是传统意义上的东方通：是印度历史、语言、宗教、音乐、医学，或是因才智和偏好而涉足的任何其他领域的业余爱好者。当然，自从爱德华·萨义德开拓性的同名著作出版以后，东方学的含义已经大不相同了。萨义德认为，东方学绝不仅仅是一种消遣，而是与对帝国权力的追求联系在一起的。收集

---

① 拉迦玛拉（*ragamala*），中世纪印度的一种说明性的系列绘画。

有关东方的知识是获得压倒东方的权威地位的先决条件，有时也是权威的一种替代品。法典、地图、政治情报、史书、宗教文本——所有这些都有助于帝国统治者渗透到他们对峙的文化中去，并设计出统治它们的手段。通过收集知识，东印度公司实际上汇集出一个帝国。

沃伦·黑斯廷斯在当代和后殖民这两种意义上都是一个东方通的极佳样本。他出身高贵，受过良好教育，沉湎于经典，倾向于自然神论，并坚信古代文化的内在价值。黑斯廷斯是执着于东方的优秀学生。他懂乌尔都语和波斯语，对梵语和印度教的教义很感兴趣，还收藏了很多手稿，这绝非巧合。他受邀担任亚洲学会的首位主席也绝非徒有其名；尽管他慷慨地把这一荣誉让给了威廉·琼斯①爵士，却欣然接受了赞助者的头衔。但作为孟加拉总督，黑斯廷斯还利用学术研究为帝国治理服务。这方面的一个很好的例子就是他资助了纳撒尼尔·哈尔海德（Nathaniel Halhed），后者的著作《异教徒法典》（*A Code of Gentoo Laws*，1776）后来成为公司统治印度宫廷的基础。目标是以印度自己的法律来统治印度，但结果

---

① 威廉·琼斯（William Jones，1746~1794），英国语言学家、东方学家。1783 年任孟加拉最高法院法官，后封爵士。他专攻梵语，1786 年在新成立的孟加拉亚洲学会上的演讲指出梵语与拉丁语和希腊语有惊人的相似之处。他也曾将印度的象棋类游戏"恰图兰卡"的规则从梵语译成英文。

却是对那些法律强行施加了英国式的解释,把孟加拉(以及后来印度)的人口分成严格的类别,提炼总结了文化差异,并播下了宗教社群分裂的种子。[47]

安托万·波利尔和其他勒克瑙收藏家也都是两种意义上的东方通,既是印度文化的忠实学生,也是帝国扩张运动的代理人。然而黑斯廷斯是绅士出身,后来又贵为总督,但波利尔及其友人却更接近于社会和政治权力的边缘。对于他们来说,东方学中包含着一剂强效而明摆着的自身利益。这些人可不是多愁善感的美学家,而是头脑冷静、拼命向上爬的野心家。(理查德·约翰逊绰号"卢比"绝非空穴来风,必须要说,与其说是因为他捞金发财天赋过人,倒不如说是因为他颇擅为他人赚钱。)去一趟集市便随即可知,严肃的收藏是一种代价昂贵的生意,显然不只是一种爱好而已。但它绝不是工作内容,也不包括在帝国统治的宏大纲领中。收藏是一种个人化的社交投资。对于波利尔来说,它的回报有两种,都引人注目,却又迥然不同。

勒克瑙东方学的双面性在安托万·波利尔家里的两幅人物画上得到了优美的呈现。第一幅是约翰·佐法尼所画,是对勒克瑙欧洲居民中蓬勃发展起来的学究社会的精细掠影。这幅画绘于1786年,就在波利尔离开勒克瑙之前不久。油画表现了一个凉爽的早晨,波利尔上校和他的朋友们——克劳德·马丁、约翰·伍姆韦尔,以及佐法尼本人——在勒克瑙的波利尔家"波利尔街区"休息的场景。马丁在伍姆韦尔身后热切地探身指着一幅水彩画上的一处细节，那是他在数年前为自己设计的勒克瑙宅邸。佐法尼正在旁边的画架旁绘画。而正在桌旁仔细查看心爱的印度手稿的波利尔被园丁们分散了注意力，他们带来了早上的农产品让他检视。波利尔两腿张开，肚子从军装上衣里凸出来，以主人的姿态检查了他土地上出产的成果。卷心菜、洋葱、杧果、木瓜、番茄、香蕉：他的眼睛扫过盘中之物。一只手从长长的蕾丝袖口里伸出来，懒散地晃荡着，优雅地指着他选中的东西。佐法尼像是在说，这才是庄园真正的主人。波利尔脖颈以上是纳勃卜装扮，长髭下垂，下巴松弛，戴着一顶裘皮帽子，看起来活像他的雇主纳瓦卜。

总体而言，这幅画很像佐法尼赖以成名的英式

约翰·佐法尼，《波利尔上校和他的朋友们》，1786 年

情节人物画（也就是说，如果忽略缠着头巾的印度仆人、嬉戏的猴子，以及地上的一大穗香蕉的话）。和那些常常表现一家人摆出姿势在他们起伏不平、精心照料的广阔田地前面的油画一样，这幅画也在赞美舒适、友爱和财富。波利尔富有而健康。在孟加拉被公司扫地出门后，他在阿瓦德找到了军事工程师的肥缺，先是在舒贾手下，随后是为阿萨夫·乌德－达乌拉服务。1782 年，他甚至还被东印度公司礼貌性地任命为名誉上校（虽然规定他不得在任何部队服役）。他有军衔，有土地，这是社会地位的关键标志。当然，他还有大量的收藏。

这幅画还向绅士风度的博学表达了敬意，佐法尼早年间为一流的古文物家查尔斯·汤利（Charles Townley）画过一幅著名的油画，表达过这一主题。安托万·波利尔当然是一个东方通。这幅画完成后不久，伊丽莎白·普洛登"看到一个很奇怪的三个神祇的藏品，波利尔上校购买过那三个神祇的画作"，还提到"他还了解了他们的历史，并打算交给某人将其出版。那将会是一本非常奇特而有趣的编著，还会用他收藏的 90 幅画来装饰"。[48] 波利尔在他的老师拉姆·昌德的帮助下研究印度教文本，最终委托创作了一本印度教著作。（拉姆·昌德是锡克教徒而非印度教徒，但他"有两位婆罗门长期随员可以随时请教难点"。）[49] 波利尔还把梵语吠陀经（古老的神圣印度教文本）的第一部完整复制本送回欧洲，对欧洲的"东方文艺复兴"功不可没。[50]

鉴于波利尔的一位叔父是洛桑的著名新教神学家，曾与伏尔泰长期通信，还是法国《百科全书》的撰稿人之一，他对印度宗教的智识兴趣也就不足为奇了；这位叔父至少有两个女儿，也就是波利尔的堂妹，都跟随父亲进入了文学世界。收藏在一个显而易见的方面向波利尔敞开了大门。因为外籍（瑞士）出身，波利尔被公司的统治集团拒之门外，他就把收藏和鉴赏力作为在印度的欧洲社会向上爬的替代途径。他和著名的东方学家威廉·琼斯爵士延请的是同一位教师，琼斯爵士发现梵语和希腊语、拉丁语（印欧语系）拥有共同的母语，这有助于提高印度研究在西方的名望和地位。波利尔对亚洲手稿珍本的爱好让他和沃伦·黑斯廷斯逐渐熟悉起来。他与这两人保持着友好的关系，还讨巧地寄给他们"精美的东方著作"的礼物——"作为一个小小的纪念，"他对黑斯廷斯说，"代表我的感激和尊敬。"[51] 他成为佐法尼的朋友和赞助人也有百利而无一害。在孟加拉的亚洲学会成立仅两周后，波利尔就被选为会员，他当时一定非常高兴。[52]

但波利尔的收藏还通过另一种方式成为一种社交投资和自我塑造。一幅由勒克瑙画家米尔·昌德（Mihr Chand）绘于 1780 年的细密画，画的是波利尔

在家休闲的场景，展现了他极为不同的形象，让勒克
瑙东方学的这第二副面孔鲜活起来。时值夜晚，波利
尔坐在阳台上黄色长靠椅松软的椅垫上休息。两个舞
者在四个乐师的伴奏下为他表演。玻璃提灯的温暖微
光把舞者的身体变成她们的紫裙和红裙下轻快的阴影。
他们身后的天空中充满了烟花和赭石色的螺旋状烟尘。
波利尔却不为所动。他吸着水烟筒端详着舞蹈。他起
皱的平纹细布袍边都缀满了金色的重绣，猩红色的头
巾上箍着宝石头带（*sarpesh*），还竖插着一支黑羽饰
物。他的脸就像莫卧儿贵族一样丰腴平静。[53]

米尔·昌德的细密画与佐法尼的油画旗鼓相当：
都在赞美波利尔的绅士气派。如果有什么不同之处的
话，那就是它更加准确。波利尔可能研究过印度教的
经文和梵语，也曾和他的欧洲友人交易过手稿。但他

米尔·昌德，安托万·波利尔的肖像，1780 年

和他的两个印度妻子、一个女儿、两个儿子在勒克瑙过着波斯式的日常生活。皇帝沙·阿拉姆①给他取了个波斯名字叫阿尔萨兰·詹格（*Arsalan-i Jang*）：战场之狮。他的封地（jagir）在阿里格尔（Aligarh）附近。他是个莫卧儿贵族。

在现存的波利尔的波斯语信件中，可以看到他在阿瓦德生活的非常私密的细节。根据波斯文学的传统，那些信件被装订成册，名为《阿尔萨兰的奇迹》（*I'jaz-i Arsalani*）。[54] 它们把读者引入一个奇妙的世界，跨越文化界线的个人关系不但是在印度生活的专业人员的事业追求，甚或（像伊丽莎白·普洛登那样）是他们业余时间交际生活的一部分，而且还融入到个人事务的方方面面。书信集里收集的很多信件是写给遍布阿瓦德和孟加拉的众多印度代理人（印度教徒、穆斯林和基督徒）的。这些人按照波利尔的吩咐为他买卖大大小小一切东西，从枪炮、大象和钢铁到鸦片、橙子、金色饰带和果干。1774年冬，波利尔随纳瓦卜出征时，他的代理人米尔·穆罕默德·阿齐姆给他送来番茄、红酒、纸张和墨水等必需品，同时还替他抛光了镜子，监理一座帐篷和一把象伞的刺绣（"绣工是个混账东西，"波利尔写道，"请对他严厉些，尽快送来"），寻觅"优质无油、澄清透明的"

---

① 沙·阿拉姆（Shah Alam, 1728~1806），莫卧儿帝国的第十五位皇帝（1759~1806年在位）。

糖果，还带着为波利尔府上购买的水烟筒、披肩和鸟笼，以及给他幼子的一袋玩具去法扎巴德。[55]

这些代理商还为他供应各种收藏品。"我得知有一条船满载着书籍和其他文件、一辆省属（*wilayati*）马车，还有给我的乐器，误去了久纳尔，"他向来自加尔各答的两个代理人抱怨道，"你们一收到这封信，就派信使（*harkara*）把这条船从那里带去法扎巴德。把我的东西都卸下来安顿好。"[56] 几个月后，他写信给另一个代理商，感谢他送来一本著名的波斯诗歌《真境花园》（*Gulistan*）和一批新的绘画——还有一些酸辣酱和腌杧果。"我很喜欢（酸辣酱和腌菜），"他说，"还愉快地读了这本书，浏览了画册。你写信来说穆尔希达巴德还有一些好画。我到达后很想去看看。"想象一下那位在佐法尼的油画中相当严肃的军官波利尔穿着平纹细布的长袍（*jama*），嚼着腌菜和印度小吃，翻阅着他最新到手的波斯书籍是什么样子。[57] 读过波利尔致米尔·昌德的几封信后，还可以想象一下为他工作会是什么样子。"我不明白你为什么要闲坐着，"波利尔在一封信里批评米尔，"如果你已经完成了迄今所画的作品，不妨再准备一些类似的肖像。这……是你的工作，闲坐着毫无意义。"还有一次，他命令米尔"准备一幅舞蹈油画的草图。我回来后就要看，然后你就可以按照我的指导画完它"。[58] 这会是留存至今的那幅油画吗？

这部《奇迹》也详细记录了不少私事。波利尔有两个穆斯林妻子，我们除了知道她们的名字是贾瓦哈小姐（Bibi Jawahar）和霍尔德小姐（Bibi Khwurd）之外，几乎一无所知。（就连这个也存有异议：克劳德·马丁称呼她们为朱格努和济纳特。）但在他写给她们以及管家拉尔汗的信里，我们得以窥见一个不常公开的跨文化家庭成员。在这个时期，一个欧洲男人和一个或多个印度情妇或小姐（*bibi*）① 共同生活毫不出奇。（最广为人知的亲密关系涉及上层社会的男人，时而也有女人牵连在内；但这些只是最显眼的。）这种事也不会被当作什么不得了的丑闻。就连伊丽莎白·普洛登——人们或许会以为她这样的英国白人女性理当被"隐瞒着"不必知晓这种事情——都知道波利尔的半印度家庭，还曾在克劳德·马丁家里见过他的孩子们。她在勒克瑙的时候，另一个朋友和他的"小姐"生了一个女儿；伊丽莎白也去看过他们，还说那个婴儿是"我见过的印度斯坦女人生下的孩子里最漂亮小巧的"。[59]（不幸的是，婴儿两天后死了。）直到 18 世纪末，这些亲密关系都是印度的欧洲人社会的常态，在勒克瑙和海得拉巴尤其如此，因为它们位于管辖区种族隔离更严重的社会之外。[60]

---

① Bibi 一词原是印度语－乌尔都语中"小姐"之意，通常是对南亚女性的尊称，而在英属印度地区，bibi 一词却被视作情妇的同义词。

　　后代人对种族间通婚充满恐惧，还竭力掩盖其痕迹，以至于至今仍然很难把这些家庭当作状态天然、栩栩如生、富有感情的群体来看待。但波利尔的信件恰如其分地为他自己的家庭生活注入了活力。在得知两个女人中比较年轻的霍尔德小姐妊娠反应剧烈时，波利尔立即致信拉尔汗，命令要人时刻伺候她，给她干净衣服和整洁的房间。贾瓦哈小姐则因为没有把姐妹的不适告诉他而受到严厉的责骂。"你的福祉与她息息相关。因此我提醒你注意，照料她正是你的责任。请你真诚地努力取悦她。如果她身心舒畅，我会感到非常高兴，而如果事与愿违，我就会给她另找住处。因为我爱你，"他在结尾处写道，"我很高兴你现在（与她）和好如初。你尽管放心，我很喜爱你，忘掉此前的焦灼吧。"[61] 两位妻子之间的矛盾持续了几个月，但在霍尔德小姐产下一女后烟消云散。

　　波利尔是个全心全意的父亲，始终把孩子们的健康和福祉挂在心上。他们生病时，他没有去找勒克瑙的欧洲医生威廉·布兰（William Blane）就诊，而是去找当地的尤那尼①郎中。他出差期间会定期给孩子们寄来小礼物、糖果和父训。"我亲爱的儿子，"他写

---

① 尤那尼（yunani），一种在莫卧儿帝国、南亚穆斯林地区以及中亚广泛使用的波斯－阿拉伯传统医学。尤那尼一词意为"希腊的"，因为波斯－阿拉伯医学系统是建立在古希腊医生希波克拉底和盖伦的理论上的。

给长子安东尼说，

> 你一定要去骑马，在花园里散步，享受草
> 木的绿意和美丽的花朵。务必每天去拜访马丁上
> 尉两三次。和他一起坐坐，向每一个来客自我介
> 绍，以便适应人际交往。在房间里待得时间过长
> 可不好。务必谨记。[62]

这封信显然表明，波利尔希望其子熟悉欧洲人的社
会，并学习如何融入其中；他可能还希望把安东尼送
进东印度公司的军队，这是军官们那些半印度血统的
儿子当时常见的职业选择。不过当然，波利尔父子之
间通信用的不是英语，而是他们的家庭语言波斯语。

从整体来看，安托万·波利尔的两副面孔融合
为一副非凡的混杂体：一个设法同时在欧洲社会和莫
卧儿社会取得成功的男人形象。作为一个印度艺术的
收藏家和赞助人——这种做法在两种文化中都受到重
视——他一箭双雕。有人可能会觉得任何形式的帝国
收藏，究其本质都是攫取权力。也许如此。但就波利
尔、罗伯特·克莱武，以及波利尔的很多勒克瑙同侪
而言，这是一种非常个人化的权力。波利尔是个出生
于瑞士、在印度服役的外国人，他不是沃伦·黑斯廷
斯总督那样的"帝国主义者"。具体来说，正是因为
被东印度公司的统治集团拒之门外，他才需要另辟蹊

径去寻求声望和财富。东方学让波利尔融进了印度的欧洲精英集团，并让他因为财产、学识和天赋而在其中出类拔萃。然而，如果说波利尔是个东方通，那么他也是个东方人。因为作为一个收藏家和赞助人，他也同时扮演了莫卧儿贵族的角色。从他1773年离开公司控制的孟加拉那一刻起，波利尔就在印度莫卧儿帝国开始了他的职业生涯，以及对感情、金钱和兴趣的追求。他为印度统治者工作，组建了印度－波斯家庭，获得了封号和封地，还接受了莫卧儿精英成员的生活方式。在印度莫卧儿帝国，收藏也是一种王公的消遣，而波利尔沉湎其中，自然也巩固了他在勒克瑙的地位。

这一切并不意味着他与欧洲友人决裂，放弃了自己的政治立场和对升迁的渴望，或打消了回欧洲的念头。（他怎样及为何离开勒克瑙，并产生了何种后果，留待下一章细说。）但只要波利尔在跨文化之都勒克瑙生活，他就会保持这两种形象。而他绝非唯一一位在勒克瑙重塑自我、跨越文化界线的收藏家，甚至都不是其中最引人注意的。因为就在波利尔等人探究莫卧儿文化世界时，克劳德·马丁和阿萨夫·乌德－达乌拉正设法协力将勒克瑙变成欧洲鉴赏的中心。

Ⅳ. 鉴赏家？

1760年5月初炎热的一天，克劳德·马丁倒戈了。他离开了法国驻印总指挥官德拉利伯爵（Comte

de Lally）的保镖岗位，骑上马跑出了本地治里
（Pondicherry）的法国定居点。此时"七年战争"正
打得激烈。四周驻扎的都是埃尔·库特麾下的东印度
公司军队，他们包围了法军，令其就范。对马丁而
言，时机正好。他越过定居点周围的仙人掌篱笆，向
附近的英国分遣队投降了。[63]

库特上校对这种叛逃习以为常。（东印度公司军
队本身也难免有人叛逃。）因为他在那年 1 月的文迪
瓦什战役中彻底击败了德拉利，法国人在南印度的处
境越来越绝望。库特和他的人包围到本地治里的西侧
时，波科克[①]海军上将也派七条军舰在东侧的海上把
整个定居点封锁了起来。城墙内的情况更糟了。没有
粮食，没有钱，没有防御，没有船只，也没有士气：
饥肠辘辘、垂头丧气的全体法国人所共有的，以及把
他们联合起来的，是对德拉利的满腔仇恨，他后来在
法国接受了审判，并因为他导致的灾难而身首异处。
在 1760 年那可怕的几个月里，有很多法国士兵开了
小差，以至于库特决定在（已然是多民族的）马德拉
斯军队里设立一个"自由法国连"来收编他们。库特
给马丁安排的正是这个军团，后者给自己的新雇主带
来了八年的行伍经验和一些工程师的技术能力。1763
年，年轻的法国人正式被任命为东印度公司军队的海

---

① 乔治·波科克（George Pocock，1706~1792），英国皇家海
军军官。

军少尉。开弓没有回头箭。从那一天起，生来就是法国人的马丁选择当英国人了。

马丁跌跌撞撞地翻过篱笆，跑进公司军队时，在里昂半岛的中世纪街道上出生长大的他，知道自己又前行了一步——远离家族的造醋生意和舒适的中产阶级生活。他明白，这一步不只是离开了法国，还离开了法国人。但就连马丁也没想到，和英国人同行能让他走到勒克瑙来，走到将近50万英镑的财富面前，并走向未来，成为18世纪最伟大的鉴赏家之一。在波利尔自我塑造成东方通和东方人的地方，马丁利用

克劳德·马丁

了勒克瑙的机遇——发财等等——把自己塑造成一个英国人,一个绅士,和一位欧洲文物鉴赏家。

在北印度参加战斗和在詹姆斯·伦内尔手下担任勘测员多年之后,1776年,克劳德·马丁来勒克瑙从事一项新的工作,任职纳瓦卜的兵工厂负责人。他的任命是因为公司在阿瓦德的军事力量越来越壮大,兵工厂将为公司自己的军队铸造枪炮。这还暗示了公司对于欧陆人相当矛盾的立场:先是强迫阿萨夫解雇了他父亲的"法国"顾问们,现在却安插进自己那些出生于法国的代理人来取而代之。无论如何,马丁是一个热切的机会主义者,他努力游说得到了这个职位,很高兴终于有机会从特许权和阿瓦德四处皆是的非法政治捐款中发财致富。

在获得纳瓦卜的青睐以便趁机谋利方面,马丁并不比旁人更有良心。但他的巨大财富主要得益于做生意的天赋,以及使用这种天赋的无穷力量。他在勒克瑙有十几处房产出租,其中包括公司的宿舍,以及阿瓦德四下的各处庄园。他还借钱给各种欧洲人赚了一大笔利息,更不用说借钱给挥金如土的纳瓦卜了。马丁在公司的股票和债券上投资了一部分钱;但他主要从事的是出口生意,从食糖、围巾、青金石等小笔风险投资,到布匹和蓝靛等持久的私人贸易。从1791年起,马丁在他的纳杰夫格尔(Najafgarh)庄园自己生产和出口蓝色染料。[64]

1800 年，马丁的净资产超过了 40 万英镑（合
40 拉克①的卢比），足以匹敌 1770 年代的大纳勃卜
们，很可能是印度当时最富有的欧洲人。他就像现代
翻版的罗伯特·克莱武，把自己的钱全都用来购买土
地、房产和政治影响力了。他的庄园从勒克瑙到坎普
尔（Cawnpore）、贝拿勒斯（Benares）、金登讷格尔
和加尔各答，遍及印度东北部的广大土地。马丁在纳
杰夫格尔（他是在 1786 年从波利尔手里买来的）是
个乡绅，照料着他的靛青田，还种了做精油的玫瑰。
在勒克瑙，他住在自己设计的耗资巨大的费尔哈特·
巴克什宫（Farhat Baksh）里，这座宅邸巧妙地从戈
默蒂河（River Gomti）引来河水给房间降温。这座
宅邸只是马丁在勒克瑙及其附近地区设计的很多建筑
之一。在生命的最后几年里，他建造了自己的可与克
莱尔蒙特相媲美的庄园：城市郊外的大豪宅康斯坦蒂
亚宫（Constantia）。和克莱武一样，马丁也认为自
己需要与身居高位者交友，以保护自己的财富。一方
面，他特意培养与沃伦·黑斯廷斯和一群东印度公司
高级官员的关系；另一方面，他和纳瓦卜阿萨夫·乌
德－达乌拉关系密切，后者有权授予他有利可图的特
许权，作为回报，马丁有足够的现金，会随时提供给
纳瓦卜。他们之间像是一种利益婚姻：彼此并不特别

①　拉克（lakh），印度、巴基斯坦等国独特的货币计量单位。
　　一拉克等于十万。

喜欢对方，但他们清楚，分则两害。

　　和克莱武不同，马丁似乎并不单纯为了谋求权力而对权力感兴趣。但他几乎对其他的一切都兴致盎然。军人、贸易商、银行家、企业家、农场主、发明家、建筑师，克劳德·马丁实在像个启蒙时代的万事通，对他来说没有什么因为太无聊或太困难而不值得尝试。他浑身上下都是好奇心。他的每一种兴趣，都有需要达成的目标。最重要的是，克劳德·马丁是个满怀激情的收藏家。收购让他上瘾。关于马丁的执念，留存至今的最佳证据是他的一份财物清单，是在他死时编纂的。一个在印度的普通欧洲人只需要五六页纸就足够列出所有财产了，而马丁的这份清单有 80 页之长。手拿那份连绵不绝的列表，会强烈地感觉到这是个一生都生活在藏品中间的人。马丁的每一种兴趣都反映在他的藏品中，其中最明显的就是他对欧式精致品位的追求。[65]

　　克劳德·马丁的一些藏品放在罗伯特·克莱武的印度宝箱里也丝毫不显突兀：执勤时获得的行伍生涯纪念品。比方说，1773 年在不丹参战时，他以相当积极主动的方式挑拣了一些"不丹书籍绘画文物等"。据一位法国军官说，他后来看到"（马丁上尉）占为己有的很多奇物是从不丹人的几座神庙里掠夺而来的。他甚至还给了我几部他从神像的空洞里拽出来的手稿……"[66] 与他的朋友伍姆韦尔和波利尔一样，马丁在勒克瑙时也收藏印度手稿，大概总共收藏了500部。实际上，甚至有人说——一位批评家曾指责马丁的所作所为全是为了找到东西贿赂旁人这一个目的——马丁利用"天主教传教士、印度教商人、穆斯林商队"作为代理人，"把克什米尔、尼泊尔、坎大哈（Candahar）等地最偏僻的地方，以及从奥德①边疆到鞑靼利亚②边界的所有其他地区"的藏品都"搜刮一空"。⁶⁷

　　但马丁的收藏中真正不同寻常的藏品来自一个更加遥远的地方，只不过那里的异国情调稍逊。马丁并不只收购很多欧洲人在印度收集的武器、手稿、绘画和装饰品，他还努力收藏一位欧洲绅士文物鉴赏家可能会想在欧洲拥有的一切物品。这是一个惊人的积累。画作多到足以塞满两座宅子，更不用提那一千余幅时尚版画和漫画，还有大量的各种钱币和勋章了。马丁用韦奇伍德③大勋章、（路易十六和玛丽·安托瓦内特等人的）大理石半身像，以及一排闪闪发光的镜子、时钟和枝形吊灯装点他的房间。他拥有最先进

---

① 奥德（Oude），阿瓦德的原英文名称。
② 鞑靼利亚（Tartary），中世纪至20世纪初欧洲人对中亚的里海至东北亚鞑靼海峡一带的称呼。"鞑靼利亚"是欧洲探险家绘制的地图里常用的地理用词。
③ 韦奇伍德（Wedgwood），英国陶艺家乔赛亚·韦奇伍德（Josiah Wedgwood，1730~1795）于1759年创立的工业化陶瓷厂。

的科学设备和一大柜子的自然史标本。除了印度手稿藏品之外，马丁还建立了大概是印度最大的欧洲图书馆，有大约 3500 卷英文和法文书籍。总之，克劳德·马丁具备了一个欧洲文物鉴赏家和时尚人士的一切元素。只是这些都在勒克瑙。

代理人威廉（William Raikes）和托马斯·雷克斯（Thomas Raikes）在布卢姆斯伯里（Bloomsbury）一条小街的办公室里，每年会有四五次打开马丁"努力与坚持"[①]的火漆印，破译其古怪的语法，动手满足这位客户的最新愿望。雷克斯事务所出售马丁的蓝靛，为他购买东印度公司的股票，处理他的汇票，并管理他的现金账户。他们还会满足他对收藏品贪得无厌的需求，给他运去"价值约高达 10 英镑的漫画印刷品并附发票。还有一些最好的彩色印刷品……"，以及玻璃灯罩。"给我寄来大约 40 打，"马丁命令道，"我的仆人们打碎了一个又一个，每个月大概会打碎 30 到 40 个，一年就需要那个数字的量了。"[68] 收到马丁的订单后，雷克斯往往会给约翰·佐法尼（他在 1789 年从勒克瑙回到了英国）20 或 30 英镑去挑选"任何他觉得有趣而买给我的新奇东西"。佐法尼还为他的老赞助人检查科学仪器，这些始终是他的愿望清单上最麻烦的物品。一架赫舍尔望远镜运抵勒克瑙，却

巴度

---

① 原文为拉丁文 LABORE ET CONSTANTIA。

缺了"地面设备……没有这个,它根本没法用"。一台"制氧的物理仪器"却"没有附上说明书;也就是说,我必须了解如何使用它"。至于马丁订购的蒸汽机,"我完全无法让你们寄过来的两台机器运转起来"。身为阿瓦德唯一拥有这种设备之人有一个严重的缺陷:身边无人能向马丁演示如何使用它。(但在1785年,马丁确实设法在勒克瑙升起了热气球,仅比蒙戈尔菲耶兄弟① 在巴黎升起第一个气球晚了两年。)

　　佐法尼和从勒克瑙返欧的其他朋友并不只是给马丁邮寄收藏品。他们邀请他加入了一个文物鉴赏家的国际网络。通过他们、信件和藏品横跨大海的持续往还,马丁即便身处千里之外,也能加入收藏家精英兄弟会。著名的古文物研究者查尔斯·汤利就是马丁的通信人和供货者之一,可见他接触的人物层次之高。(汤利本人有几件中世纪印度雕塑,这让他成为收藏印度藏品的少数几个英国鉴赏家之一——尽管琼斯发现印欧语系提高了古文物家对古印度的兴趣。)马丁的传记作者设想,如果马丁把他的收藏带回欧洲,他就会是另一个约翰·索恩(John Soane)爵士,后者

----

① 蒙戈尔菲耶兄弟(Montgolfier brothers),指法国造纸商和发明家约瑟夫-米歇尔·蒙戈尔菲耶(Joseph-Michel Montgolfier,1740~1810)和雅克-艾蒂安·蒙戈尔菲耶(Jacques-Étienne Montgolfier,1745~1799)兄弟。1782年,约瑟夫发明了热气球;1783年,兄弟二人做了第一次公开实验。同年,二人被推荐为法国科学院院士。

是 19 世纪初的一位建筑师和收藏家，如今仍可在他位于伦敦林肯律师学院的家中看到他多种多样的壮观收藏。[69]

但马丁留在了勒克瑙。作为启蒙时代远赴帝国边疆的一个典型人物，人们不由得不把克劳德·马丁与另一位资深收藏家和博学多闻的绅士托马斯·杰斐逊相比较，后者在弗吉尼亚的蓝岭山脉边缘开辟了他自己的启蒙之路。纯粹因为生活环境反常，才使得克劳德·马丁的收藏如此引人注目，那里可是位于印度核心地带的欧洲鉴赏孤岛。在他生活的年代，加尔各答和伦敦之间的信件往还平均要六个月，在深入大陆数百英里，既不位于恒河之上，也不在"大干道"①上的勒克瑙，收发信件的时间就更长了。当然，信件可能根本送不到。船只可能会沉没。（劳合社②以及整个现代保险业正是为了这个缘故而创建的。）它们可能会被疯狂地吹离航线，货物可能会在风暴中投弃入海。老鼠和象鼻虫没有做到的事情，或许海水可以完成。

---

① 大干道（Grand Trunk Road），亚洲最古老也最长的干道之一。它从孟加拉国的吉大港向西连到西孟加拉的豪拉，穿过印度北部的德里、阿姆利则，再到巴基斯坦的拉合尔、白沙瓦，最终到达阿富汗的喀布尔。大干道全长约 2700 公里，两千年来一直是南亚与中亚的连接纽带。

② 劳合社（Lloyd's of London），又译作劳埃德保险社，是英国伦敦市一个保险交易场而非公司。它实际上是按照 1871 年《劳埃德法令》（Lloyd's Act）而形成的法人团体，为其经济支持者提供了一个分摊风险并进行联营的市场。

就算你有幸收到了箱子，打开后也许只会看到被海水染污的一团糟粕。但跨洲越海的远洋船队克服了所有这些危险和延误，还是定期航行，全力以赴，也获利颇丰。克劳德·马丁的收藏提供了精彩的物证，表明在"全球化"这个词被发明出来的几百年前，它就以某种形式存在于世了。

克劳德·马丁是个在英国和印度服役的法国人，他是发家致富的新手，也是处于边缘的人群之一员，对于他们来说，收藏提供了一种自我塑造和公开宣传的手段。马丁的收藏方式与安托万·波利尔闻名遐迩的手段迥然不同，他实际上活得像个莫卧儿贵族。他自己的野心更接近于罗伯特·克莱武，追求的是欧洲贵族的生活方式和社会地位。然而，马丁也有一个很直觉的初衷，就是让自己的收藏为他在印度和印度以外的欧洲人中间对自己有用。"我现在可是一个大人物。"1780 年，他向孟加拉的顾问菲利普·弗朗西斯（Philip Francis）吹牛说：1760 年曾把这个变节的年轻法国士兵的命运捏在手中的将军埃尔·库特爵士，如今却成了马丁的座上宾。[70] 收藏既帮助马丁从同辈中脱颖而出，也把他与隔壁的国王阿萨夫·乌德－达乌拉更紧密地联系起来。

克劳德·马丁的收藏就算在欧洲也十分可观；一些访客在勒克瑙看到它们时，不由得揉着眼睛不敢相信。但马丁的藏品不甚协调，根本无法与同城最伟大的博物馆，阿萨夫·乌德－达乌拉自己的收藏相媲美。走进纳瓦卜宫殿的"镜厅"，就会迎面遇上勒克瑙式文化融合的另一个绝佳示范。这个地方从地板到天花板堆满了"各种英国物品——时钟、手枪、长枪、玻璃器皿、家具、物理机械，全都挤在一处，乱得像一间杂物房"。[71] 一面面巨大的镜子放大了头顶枝形吊灯的每一次闪烁。几十座钟表的旋转声、滴答声和报时声让这个空间充满了生机。

这确实令人震惊，大多数西方访客震惊的是收藏品位差得不可思议。没有人质疑某些藏品的质量。但是合在一处，整个收藏"精美高雅与华而不实共聚一堂的荒谬集合"着实引人注目。[72] "他喜欢大肆挥霍钱财……尤其是购买精美的欧洲枪炮、灯架、镜子，以及各种欧洲产品，特别是英国的，"一个英国人解释说，

> 从价值两便士的打水漂松木板画，到洛兰或佐法尼的精美油画；从又小又脏的纸灯笼，到各自价值2000或3000英镑的镜子和灯架。……阿萨夫·乌德－达乌拉奢侈得十分荒谬，也好奇得实在离谱；他毫无品位，更缺乏判断力。……但他却极端渴望拥有一切雅致与稀有之物；他有每一种艺术和科学的每一样工具和机器，但他却一窍不通。[73]

这位评论者估计，阿萨夫·乌德－达乌拉每年在收藏

上的开销约为 20 万英镑。（这位评论者自己从纳瓦卜那里领取的一笔可观年薪为 1800 英镑，"整日无事可做，只是频繁出入射击、打猎、跳舞、斗鸡和晚宴等各种娱乐场所"。）总之，镜厅成为纳瓦卜挥霍无度的另一个标志，当然本来已无需什么标志了。

但大多数欧洲访客不知道的是，镜厅并不像他们以为的那样，只是表达了阿萨夫·乌德－达乌拉不可救药的幼稚念头。这是印度王位文化不可或缺的组成部分。国王必须收藏，而收藏也造就了国王。拥有罕见、宝贵、神圣，或者只是大量藏品，实际上是普世的皇权象征。[74] 在穆斯林世界的很多地区，收藏有意义、有价值的物品让君主的个人魅力（或曰福祉，*barakat*）大增，在其护佑之下，君主博得臣民忠心和仰慕的能力也随之大涨。与欧洲王公聚集成柜的珍品一样，莫卧儿皇帝也拥有称为宝库（*toshkhana*）的图书馆和珍宝馆。在印度其他地区，地方统治者纷纷效仿；例如海得拉巴的尼扎姆在 18 世纪创建的宝库，日后发展成印度最精美的珠宝收藏。

当莽撞放肆大行其道之时，没有人会谦逊克制，阿萨夫·乌德－达乌拉以标志性的铺张浪费大肆购买这类收藏品。精心制作的武器塞满了他的军械库，珠宝馆里的宝石闪闪发光。在他的图书馆里，一册册细密画证明了他高贵的修养。"其中大多是古物，"一个英国访客写道，他慷慨地承认，"尽管与欧洲物品的风格大不相同，这些作品却不乏品味或雅致。"[75] 纳瓦卜以 1500 英镑（当时伦敦一幅昂贵的大师画作价格的大约 20 倍）的价格，直接从德里的皇家图书馆买到了有史以来最精美的莫卧儿插图手稿之一：为皇帝沙·贾汗（Shah Jahan）本人制作的沙·贾汗统治史——《帝王纪》（*Padshahnama*）。1797 年，阿萨夫·乌德－达乌拉向新任印度总督约翰·索尔（John Shore）爵士展示了这部华贵的手稿。"它适合放在皇家的图书馆里。"索尔说，谢绝了将它作为礼物送给他本人收藏；他把这部手稿转交国王乔治三世在温莎的图书馆，如今它仍保存在那里。[76]

阿萨夫·乌德－达乌拉显然不是唯一一位收藏欧洲物品的印度统治者。例如，早在 1750 年代，古吉拉特邦普杰（Bhuj）的摩诃罗阇① 为了安放其欧洲艺术藏品，就建造了一座非常"欧洲"的宫殿（实际上，其欧化程度堪比对中国风格的笨拙模仿）。他的部分收藏来自他的首席工匠，后者曾在荷兰学习绘画，并数次回到那里为其国王采购艺术品。[77] 迈索尔的蒂普苏丹也追求福祉，他的宝库中同样藏有欧洲物品。但阿萨夫显然是唯一一位近距离观赏过大型欧洲

---

① 摩诃罗阇（Maharaja），是一个梵语头衔，中文意译为大君，或者简单直译为印度王公，意为"伟大的统治者""伟大的君主"，或者"高级王"。一般在中文使用的习惯中，未被英国殖民统治之前的独立君主翻译为"大君"，接受英国殖民统治的半傀儡君主为"印度王公"。

收藏的印度统治者，观赏的当然就是克劳德·马丁的藏品了。从宫殿墙壁上覆满佐法尼的油画，到热情采购各种钟表机械，克劳德·马丁就是阿萨夫·乌德－达乌拉最亲密的榜样，也是纳瓦卜主要的供货人。他还是阿萨夫·乌德－达乌拉最大的对手。收藏似乎变成了纳瓦卜和纳勃卜之间的一种竞赛。据说，纳瓦卜

> 无法忍受听说有人拥有的东西比他的更好。他有一个很大的房间，里面装满了镜子，其中两面最大的镜子只有英国能造。……（马丁）上校看到那两面镜子后，立即写信给法国，那里能造尺寸更大的平板玻璃……采购了两面最大的，并以高得离谱的价格卖给了维齐尔①。[78]

阿萨夫·乌德－达乌拉与克劳德·马丁一争高下自有其充分的理由，他是个有权铸造钱币的国王。他必须向世界证明，谁才是真正的国王。

所以说，纳瓦卜或许终究并不傻。大多数国王的收藏是为了宣示他们的权力。阿萨夫·乌德－达乌拉的收藏是为了补偿他缺失的权力。东印度公司在其他

---

① 维齐尔（Vizier），指高级行政顾问及大臣（有时涉及宗教），他们为穆斯林君主如哈里发及苏丹服务，有时可指波斯沙阿的大臣。字面上，维齐尔解作"负责者"或"助手"。此处指的是阿萨夫·乌德－达乌拉。

几乎一切事情上都束缚了他的手脚，他只有在艺术文化领域是自由的。收藏也是让阿瓦德闻名世界的一种手段。听到纳瓦卜大方购买的传说，"印度各地的大富商"蜂拥而至，带着待售的古董云集勒克瑙。[79] 就连在遥远的欧洲，阿萨夫的欲望也都得到了满足：雷克斯兄弟在马丁的要求下给他寄来各种物品；波利尔给他定购了一台制作精美的风琴，"在印度算是宝贵而罕见的礼物，如果在没有见识的人手中就是浪费"。[80] 大臣们批评他挥金如土时，阿萨夫·乌德－达乌拉无精打采地笑着说："谁能拒绝一个久仰他的慷慨之名而甘冒旅行的麻烦，一路来到奥德之人呢！"毕竟，他还要维护自己的名声。[81]

在某些外人看来，马丁和阿萨夫是勒克瑙的一切罪恶的典型代表。他们及其收藏就像这座城市本身一样：道德败坏，贪污腐败，穷奢极欲。一个政府公务员（一个非常浮夸的19岁青年）认为，"看到这样的证据真让人无法不感到痛苦和耻辱，单是镜厅就体现了维齐尔的虚弱和奢侈，也体现了这种有害的挥霍带着何等可耻的贪婪和欺骗，而这样挥霍竟是在英国臣民的鼓励下进行的。……"[82] 阿萨夫·乌德－达乌拉不可能是个鉴赏家，因为他对欧洲的品味、价值观和艺术一无所知——简而言之，因为他是个印度人。克劳德·马丁甚至连这个借口都没有。他受到指责不光是因为不道德地利用"纳瓦卜白痴般的癖性"，以重利盘剥的价格卖给他东西。对马丁发起最猛烈攻击的是贵族旅行家瓦伦西亚子爵（Viscount Valentia），他在马丁死后三年走访了勒克瑙，用他的话来说，

> 他的成长环境绝非富裕，因此自然也不知该如何享受，他从未有过慷慨之举，也从未有过一个朋友。……如果他的子孙后代说他是个白手起家之人……那也该加上一句，他的财富被攫取它们所采用的手段污染了，他的品质也被几乎每一种令人性蒙羞的恶行玷污了。[83]

马丁也不是个鉴赏家，因为他毫无道德原则，充满投机，还是个骗子——并且最重要的是，因为他是个暴发户。（瓦伦西亚碰巧也是个暴发户，他在后文中会再次出现。）

然而，马丁和阿萨夫也集中表现了勒克瑙的合宜之处。因为在其骄奢淫逸、离经叛道的外表之下，也有相当令人惊喜的东西悄然展开。帝国的阴谋已在酝酿，公司步步紧逼。但还是有一些弱者成功了。尽管他们之间存在着明显的差别，克劳德·马丁、阿萨夫·乌德－达乌拉，以及安托万·波利尔都是帝国势力主流的局外人——背井离乡、丧失权力。然而身处帝国的边缘却开启了绝佳的机会。在勒克瑙，每一个收藏家都以奢侈浪费的方式重塑自己。就像波利

尔以莫卧儿贵族的方式收藏手稿一样，马丁和阿萨夫也如法炮制，以收藏欧洲物品来展现他们自己的勒克瑙形象：白手起家，集权力、财富和地位于一身。诚然，他们中没有一个人是其自身的乡土文化的典型代表。但也没有一个人完全采纳了另一种文化的方式。他们是某种第三世界的合伙人，在那里，印度的环境吸收了欧洲的影响，欧洲人同化了印度人。勒克瑙的合宜之处就在于它两者同时兼而有之。唯一的问题是：它能坚持多久？

第三章　妥协

I. 去国

1786 年，季风雨在勒克瑙滂沱而下时，安托万·波利尔致信他的赞助人沃伦·黑斯廷斯，讲到一个令人惊喜的好消息。阿萨夫·乌德－达乌拉拖欠波利尔的债务已有十年了，欠他的借款和利息总额达到了 27 拉克，简直惊人——当时约合 27 万英镑，如今至少值两千万英镑。[1] 波利尔等了太久，一定不相信自己还有望能收回这笔钱。但是现在，他告知自己的赞助人："由于您上次和我们在一起时所做的安排，以及您有利于我的推荐，我已经从维齐尔那里收回了相当一部分债务，如果没有糟糕的意外干扰，将很有希望在来年的 11 月前实现一切。"这笔钱是波利尔回国的船票。"由于此事，我如今可以按照自己长期以来的意愿去英格兰，这是绝对必要之事；我因此希望，上帝保佑，搭本季最早的航船离开这个国家。……"这意味着要在短短数月后匆匆离去。"但如今我有能力退休了，"他在信件结尾处写道，"我必须认为，如果我继续待在这里，那么曾经以及仍在蒙受的这些苦难就都是罪有应得。"[2] 因此，安托万·波利尔，也就是阿尔萨兰·詹格，在离家 30 年后准备回欧洲了。他还不知道自己很快便会体验到帝国最残酷的真相：再也回不了家了。

国际大都市勒克瑙还能幸存多久？差不多就是波利尔这一代跨界者和收藏家留在那里的时间。如果说欧洲创业者在勒克瑙发现了挣钱、跨越文化界线、收藏和重新塑造自我的机会，离开勒克瑙就有可能让这种融合灾难性地四分五裂。就连波利尔也一定知道，他出发前往欧洲，会对他的跨文化家庭产生严重的后果。他不知道的是，这也会以一种剧烈而相当不可预测的方式试探他欧洲人身份的极限。而这样的经历并非他一人所独有。波利尔和克劳德·马丁的密友之一伯努瓦·德布瓦涅就反衬出波利尔的困境。身为萨伏依人的德布瓦涅也是个为英国和印度服务的说法语的欧洲人，一度也是勒克瑙的居民。作为一个活跃的军人，他在战场上花了过多的时间，无法像波利尔和马丁那样完全融入勒克瑙；但他也在印度安了家，和他亲爱的穆斯林妻子及孩子们生活在一起。与波利尔和马丁一样，他也是个收藏家，用物品记录着在印度的生活。对他和波利尔两人来说，何时何地，携带何物，以及与谁一起离开勒克瑙的选择，撼动了忠于欧洲和投身印度这一脆弱组合的基础。

当然，鉴于他们与印度的纠葛之深，显而易见的问题在于这样的人为何最终会选择离去。实际上，波利尔曾有几次为了留在勒克瑙，甘冒失业和公司反对的风险。但回国的梦想通常是最初引诱军官和政府官员来到印度的原因：比离开故土时更有钱、更自信，也更有地位的衣锦还乡之梦。诚然，克莱武时代的疯狂敛财越来越罕见了。到 1780 年代末，在康沃利斯 ① 勋爵治下，公司雇员既不允许收受"礼物"，也不允许从事私人贸易。（阿瓦德和海得拉巴之所以是如此诱人的岗位，部分原因就是在那里可以轻易绕过这些规定。）然而，就连理查德·普洛登这样的中阶军人，回英国时的身家也比他离开时多了 33000 英镑——以今天的价值计算，他的财产数倍于百万富翁——他买下了一座时髦的伦敦宅子，经常出入于名人圈子，还给四个儿子全都安排了东印度公司文书的职位。³"东方"正在变成一个终生的事业。

当然，很少有人如此幸运。1800 年在印度的大约

① 查尔斯·康沃利斯（Charles Cornwallis, 1738~1805），第一代康沃利斯侯爵，英国军人、殖民地官员及政治家。美国独立战争期间，1778~1781 年出任北美英军副总司令，任内于 1781 年 10 月约克敦围城战役大败后率大军投降。战后他于 1786~1793 年出任印度总督，1798~1801 年任爱尔兰总督，1805 年再任印度总督，但同年因病客死当地。

四万名欧洲人中，绝大多数都是行伍军人，回到欧洲的机会很有限：四分之一的人死于印度。[4] 沿着加尔各答公园路公墓走过去，看看那些长满青苔的方尖碑和陵墓，会惊异于居然有这么多平民死亡。这些纪念碑极其巨大，仿佛砖石与灰浆的分量可补偿那些过早夭折的生命一样，"在远离亲人的海岸边纤尘不染"。他们也坚持不懈。"此处是劳伦斯·高尔之墓，"一块墓碑上写道，"这就是你的命运，哦，高尔，有生之年亲眼看到自己被那些本应为你竭诚效劳的朋友所忘却。而你和你的命运都受到了无情的对待。"另一篇碑文总结了理查德·比彻的一生，他实际上曾在1771年活着离开过孟加拉，以一个成功的纳勃卜的身份回到英国；但他在伦敦破产了，再次来到加尔各答，"在失望的剧痛和气候的压迫下，疲惫的身心终于安息"：他死于1782年。同样悲惨的事实是，有很多人回到英国时已经经历了情感上的巨痛，把至爱亲人留在印度的土壤下。比彻把自己的妻子夏洛特下葬在圣约翰教堂的墓地，她"在独女死后悲痛致病，受苦多年后终于过世"。可怜的菲利普·亨特有三块墓地需要照料：1801年，他痛失21岁的爱妻哈丽雅特，又在短短三年之后再次丧偶，这次死去的除了他续弦的妻子之外，还有尚在襁褓中的儿子。"她的道是安乐，她的路全是平安。"[5]

因此，能回国就是走运了。但这有时也要面对痛苦的错位感。欧洲人来印度时大多只有十几岁，他们离开时通常已人到中年。无论他们如何祈祷、计划和等待，都无法克服这样的事实：他们归去的家园已物是人非。"无法设想这个国度在想象中与现实中的差距如此天差地别，而这种想象是你我这样在印度生活了20年的海外人士不知不觉地在脑海中建立起来的，"1798年，苏格兰的一个印度老手写信给正在考虑回国的表弟，告诫他说，"请你牢记，需要懂得不少的哲理才能适应。到目前为止，大多数人觉得无法融入，因而他们虽然很有钱，生活仍然很痛苦。"而最糟糕的甚至还不是在普拉西战役40年后，这些"印度人"（人们如此称呼生活在印度的英国人）仍被英国大众看作是"不法分子"，而是他们在自己曾经称之为故国的土地上，却"发现自己格格不入"。据说，一些归国者忘记了母语，或是肤色永久变深了。另一些人则不可救药地接受了"亚洲的"生活方式，朝思暮想他们度过青春岁月的那些炎热而明媚的热带地区。故土时过境迁，他们也不复往日模样，两者不再情投意合。

离开便意味着身心两方面的失去。你要带走什么？留下什么？在一个层面上，这些都是现实的问题，但它们也和人们回忆和表述其海外生涯的方式有直接的关系。特别是对于收藏家来说，藏品是他们记录和重铸过往经历的方式，要带走什么这个问题直戳他们的痛处。一方面，出于个人、审美和相当特殊的原因，这至关重要；另一方面，正如很多收藏家都深切地意识到的，这还事关公众形象，更不用说罗伯特·克莱武那一类野心十足的帝国主义者了。例如，1784 年底，沃伦·黑斯廷斯在离开印度前收拾行李时，就权衡了个人意愿和公众形象。"我不会携带任何我担心会失去，或羞于示人的东西去英国。"他在给妻子玛丽安的信中写道。[6]"担心失去"暴露了一个相当私人的担忧。船只沉没（每 30 条船里大约就有一条会沉没）时，可能会造成灾难性的财物损失；但如果货物中还包含着个人的投资——如果担心失去它——损失也会对人的情感带来重大打击。"羞于示人"暗示着更偏于公众形象的考虑。黑斯廷斯上次在英国是在 1760 年代末，当时适值纳勃卜恐慌的高潮，因而他担心自己的藏品会影响他的公众形象不无道理。

沃伦·黑斯廷斯出身于破落户，虽非赤贫却也相差无几，他之所以远走印度，部分原因就是想挣到足够的钱来赎回家族的祖产——伍斯特郡的戴尔斯福德庄园。他算是有明确的家可回。但对于波利尔、德布瓦涅，以及其他在英军服役的欧陆人来说，回到哪里的选择就没那么明确，也没那么安全了。波利尔在法国大革命前夕回到欧洲。1789 年 6 月，第三等级在凡尔赛宫的三级会议上粉碎了国王的权威，自行组成了国民议会。三周后，巴黎人攻占巴士底狱，表达了他们对变革的支持；10月底，君主立宪制就位。直到此时为止，大革命还因为结束了专制制度而得到海外的一致支持，其中也包括英国。但事态很快朝着更为激进的方向发生了转变，伴随着激进主义而来的就是战争。1793年初，法国对荷兰共和国、西班牙和英国宣战，开始了一场事实上一直激烈地持续到1815年的英法冲突。

随着英法战争的阴影再次蔓延到欧陆和全世界，此前立场不明的欧洲人都被迫做出选择，波利尔、德布瓦涅和马丁就是如此。波利尔和德布瓦涅立即便被痛苦地卷入欧洲革命的洪流之中。在烽火连天的欧洲，他们的命运反过来影响了其友克劳德·马丁做出或许是最出人意料的选择。马丁的大半生都在试图逃离勒克瑙的种种限制。然而到了最后，在得知朋友们离开此地的不幸遭遇之后，他决定再也不离开勒克瑙，而是留在那里，直到离世。

总之，这三位友人和收藏家彼此纠缠的结局成为英国、欧洲、印度，以及帝国之间关系的宏大叙事的缩影。融合的时代结束了。在印度的下一代欧洲人将会发现，无论在政治上还是在社会生活中，跨越东西方之间的界线都变得更困难，也没什么人有兴趣那么做了。他们还会发现，像昔日的波利尔、德布瓦涅和马丁那样，把对英国和欧洲的忠诚如此出色地融为一体几乎是不可能的。在一个因为战争而两极分化、动荡不安的世界，曾经灵活多变、复杂融合的关系将以新的方式被割裂和分类。这些人中的每一个都以一种终局性的、意味深长的方式，体现了他们所在世界的更大转变。他们个人所遭遇的一切都将反映和记录在他们的收藏上。就连在收藏中，此前浑然合一的整体也会瓦解和变形。

安托万·波利尔第一个品尝到离开勒克瑙带来的苦乐参半的现实，他的经历也让我们透视到这种宏大世界的裂隙和变化。他从瑞士来印度时只有 16 岁，除了机智的头脑和远大抱负之外，一无所有。如今他 46 岁了，在阿瓦德住了 15 年，他说自己"和本国土著相处的时间要比和欧洲人更多"。[7] 无论是以欧洲还是印度的标准来衡量，他都过着极其富足优越的生活：他有两个妻子，三个孩子，遍布整个地区的地产，两处庄园，生意往来，朋友如云，还有庞大的手稿收藏。这一切有多少能随身带回欧洲？他是否会做此选择？

首先，他会带走如今数目巨大的手稿收藏，主要是梵语、波斯语和阿拉伯语手稿。这些不是人们想象的那种意义上的"手稿"：散页的薄纸。这些手稿多是敦实厚重、皮革装订的华丽书籍，波利尔至少有 600 册，如今不得不收拾进箱子里。每个箱子大概都要用牛车运出勒克瑙，拉到恒河最近的港口，然后装进江轮运往加尔各答。到了加尔各答后，它们要被装上一艘东印度商船，走上绕好望角前往欧洲的六个月航程。

在那里，波利尔的全部箱子将再次被拖回内陆，越过阿尔卑斯山来到洛桑。搬运手稿耗资巨大，缓慢累赘，时间漫长。波利尔带手稿回国的这个事实就强有力地证明了它们对他有多重要。在勒克瑙，手稿收藏体现并延续了他的双重角色，莫卧儿贵族和开明绅士合二为一。波利尔把它们带出勒克瑙，似乎期待着它们在欧洲仍将保有社会和个人（或许还有财务？）价值。

安托万·波利尔藏书中的一页

除了手稿之外，波利尔还带走了他跨文化生活的另一个部分：一个儿子（大概是年约15岁的长子）和唯一的女儿。但他把"一个大胖小子"留在勒克瑙，由克劳德·马丁悉心照料。他的妻子们也留给马丁照料，她们住进费尔哈特·巴克什宫宽敞的闺房，从此就从历史的视野中消失了。[8]

当然，他还带着自己那个"亚洲的"自我。1788年，波利尔回到洛桑后，很多家人都完全不认识他了，包括一个堂妹玛丽·伊丽莎白·德波利尔（Marie Elizabeth de Polier），她是改革派圣墓骑士团的女牧师会会员，也是萨克森-迈宁根①宫廷的女官。[9]对于玛丽而言，这位难以想象的亲戚给她局限在阿尔卑斯的虔诚世界带来了奇妙的异国气息。她为之神魂颠倒。她在波利尔身上看到活生生的亚洲式的挥霍不羁，令人兴奋异常。她在他柔和的棕色面庞上，在他似乎以印度式慵懒垂下的长髭上看到了那种不羁。他的一举一动都带着那种气质。"和东方的奢华一起，"她评论道，"他在印度生活了那么久之后，还带回了亚洲的那种懒散，而他已经无法再用法语和英语正确地表达自己了。"最重要的是，她在他带回的物品中看到了那种懒散。在玛丽的陪伴下，波利尔

---

① 萨克森-迈宁根（Saxe-Meiningen），韦廷家族在图林根的一个邦国。1680年由萨克森-哥达分裂产生。1871年加入德意志帝国。

带着对勒克瑙的热带回忆瑟瑟发抖，痛惜他留在那里的朋友们，翻阅着他收藏的纸上微观世界。她热切地催促安托万讲解、翻译和出版这些藏品。不，他坦率答道，"我太懒了，也完全不是作家的料"。他把这项工作留给了她。

玛丽用波利尔的手稿以及他在勒克瑙所做的笔记，以波利尔和他的教师拉姆·昌德对话录的形式，编纂了一部题为《印度教神话》（*Mythologie des Indous*）的两卷本著作。这是以法语写成的最早的印度教专著之一，很可能是第一部由女性所著的东方学学术著作。（不过这不是玛丽写的第一本书，她的小说和译作包括 1792 年的专著《雅各宾俱乐部：对祖国的爱》[*Le Club Jacobin, ou l'Amour de la Patrie*]等。）通过玛丽的书，波利尔的手稿成为日益扩大的关于印度的东方学知识档案的一部分。但这实际上只是碰巧属于东方学的范畴；如果任他自行其是，波利尔才不会关心这个。他在印度的时候，东方学给予了他进入欧洲精英社会的机会，以及与沃伦·黑斯廷斯和威廉·琼斯爵士之流的友谊。但回到欧洲后，波利尔似乎认为这些努力并不值得。如果他想在那里表现得像个贵族，就必须另寻他路。

的确如此，就连在波利尔的勒克瑙生涯中占据这么大比重的手稿本身，似乎在洛桑也失去了对他的价值。在女牧师埋头整理手稿时，波利尔的注意力却转移到他处去了。他交了新朋友，是一个叫冯·贝尔尚男爵（Baron von Berchem）的本地贵族。他还找到了新的追求目标，那就是冯·贝尔尚那位迷人的小女儿安妮，大家都叫她罗塞特。老军人神魂颠倒——但他却畏首畏尾，没有采取任何进一步的行动。她会不会觉得他太老了？她是否会"反感当他（半印度血统）子女的继母"？玛丽驳倒了他的反对意见，亲身充任他的大媒。1791 年，波利尔娶了罗塞特，在洛桑安了家。

但波利尔很不安分，对寒冷的阿尔卑斯故乡也不甚满意，于是和冯·贝尔尚一起找到了新的热衷之事。国境那边的法国正在发生惊天动地的大事。法国大革命如今正如火如荼：路易十六的统治受制于新的宪法，《人权和公民权宣言》已经公布，废除了封建统治，教会和贵族的特权也被取消了。波利尔和他岳父都支持大革命的原则，那似乎呈现了一派美好的乌托邦前景。而乌托邦就在隔壁。两人决定搬家去法国，还在阿维尼翁（Avignon）附近为自己买了两块相邻的地产。

波利尔祖上是法国人——1685 年后，他的胡格诺派祖先移民去了瑞士——但这最后一次跨越边界至少可以说意义非凡。波利尔的整个印度生涯都与法国为敌，告发法国人，并不断试图证明"我对公司和大不列颠的忠心"。[10] 尽管英国和其他地方的很多人将大革命的早期阶段看作是对专制暴政的挑战，到波利尔搬去法国之时，局势已然明朗，这场运动迅速激进化。对于一个最近 15 年都在积极培养贵族形象的人来说，主张平等的雅各宾派领导下的法国很难说是最适宜的存身之地。波利尔或许是受到了很大的误导，或许他只是天真而已。无论如何，他渴望再次搬家，特别是搬去法国的想法，有力地证明了他自始至终都在寻找家园。这一次，他把手稿抛在了身后。

土地便宜，阳光炙热。波利尔又回到他熟悉的环境。他安坐在普罗旺斯的新宅子里大摆筵席，肆意游乐，广纳宾客。"波利尔先生虽然接受了当时流行于法国的愚蠢的平等观念，却无法放弃他亚洲式的奢华。"玛丽评论道。在一个相当打动人心的方面，他在阿维尼翁的生活如同在勒克瑙的生活一样多元。在勒克瑙，他把自己的瑞士小镇生活方式调整成阿瓦德宫廷般的丰裕富饶；而在阿维尼翁，他又把豪华的印度生活方式带进了法国外省。在勒克瑙，他在"波利尔街区"左拥右抱的飞地上享受着印度风格的家庭生活；而在阿维尼翁，他珍爱自己年轻的新娘，专心照顾岳父母，还很快当上了父亲，有了一个继承人。无论是在阿维尼翁还是在勒克瑙，波利尔都像是个安家落户的外国人。

但时间已到 1792 年，此刻买进法国乡间别墅，时机糟糕透顶。雅各宾派在巴黎夺取了政权，法国乡间也麻烦不断。被饥饿和狂热意识形态煽动起来的匪帮在诺曼底实行恐怖统治，他们的势力遍及法国中部，沿着罗纳河南下，一路来到普罗旺斯。臭名昭著的"奥热尔帮"就是这些团伙之一，它有逾100名成员，在1798年被抓起来之前，其名下共有75起谋杀案。他们也接近了波利尔所在的地区。南方针对雅各宾派的反革命暴力愈演愈烈，再加上该地区长期以来对新教徒少数族群的敌对，更是雪上加霜。[11] 而波利尔这位自诩为雅各宾派的新教徒却满是"慷慨、善意和已经融入血液中的亚洲式的漫不经心"，他继续大宴宾客，在当时的局势下，这么做实在有些太明目张胆了。

1795年2月的一天晚上，入夜之后，土匪们来抢夺波利尔的印度财宝了。他们知道那天波利尔会出门，门没有闩，轻轻一推就开了。他们立即动手把仆人关在一处以免碍事。他们在厨房把面糊涂在脸上，藏在食尸鬼一般的白色面具之下。然后就开始了行动。波利尔的亚洲珍宝远近闻名，宅子里一定藏着大笔财物。他们举着火把一路冲撞撕扯，不放过一处有可能埋着金银珠宝的地方。但这伙盗贼翻遍整个宅子，动作越来越暴烈，却没有发现财宝。他们闯进楼上的一间卧室，发现了吓得瑟瑟发抖的罗塞特的母亲和妹妹。女人们交出了她们的首饰。但这点儿东西可算不上宝藏——不是盗贼们热切期待的印度的瑰丽堂皇。

路边放哨的一群人拦下正打算回家的波利尔的马车。"罗伯斯庇尔派！"土匪们一边喊着，一边把波利尔拽出车厢，把他推倒在地。他们声称是来逮捕他的，并以法律的名义抢走了他所有的钱和贵重物品。波利尔不知所措又深感恐惧，他跌跌撞撞地穿过家里的一片狼藉，把能找到的不管什么东西都交出去了。但还是没有宝库。盗贼们随后把他推下地窖的楼梯，来到了这座宅子里最后一个没有搜过的角落。这里最终会出现钻石和黄金吗？还是没有。他们找到的一切都在面前：这位印度式社会的典型代表，饱受虐待后正在啜泣，脑满肠肥，穿着讲究，像个两手空空的乞丐一样央求他们。他们用军刀把他砍翻在地，直到他躺在石板上痛苦翻滚。然后，他们用火枪射他，直到他一动不动。波利尔死了。一直到死，他都是个贵族和外国人。

事情原本会更糟。那些被留在洛桑、由玛丽·德波利尔专门保管的手稿幸存了下来。年轻的罗塞特也活了下来——连同她四个月后出生的儿子。[12] 在审判时，波利尔夫人透过她黑色的面纱认出，一些被指控的人曾经是她丈夫的座上宾。

勒克瑙的克劳德·马丁在年底听说了好友的噩耗，大感震惊。他在给老友伊丽莎白·普洛登的一封信中写道："我对波利尔的命运感到非常悲痛，他太不幸了，他是个出色的好人，给他所在的社交圈带来了活力。……失去他对我的打击很大，我还担心他的孩子们（原文如此）。"[13] 来自欧洲的消息让马丁心情沉重。因为他也曾希望在欧洲养老——如果不回他的家

乡法国,那就去他的归化国英国,那是他从没去过的
家园。然而,欧洲革命的骚动和波利尔被谋杀的消息
最终打消了马丁回国的念头。他加紧建设自己盘算好
的最后的隐居之地——位于勒克瑙郊外的乡间大宅康
斯坦蒂亚宫。它的中筒部分和圆形大厅就建在马丁在
地窖里为自己选定的未来墓地的正上方。

II. 安家

1797 年暮春,一个褐色皮肤、深色头发的十三四
岁男孩第一次闯进伦敦。和游荡到这个拥挤首都的很
多少年一样,他一定也不知所措,大概还很兴奋,也
许有些害怕,因为他是从祖国印度长途旅行来到此地
的,而未来在英国的新生活,在最好的情况下也是不
可预测的。但“波利尔上校之子也安全抵达,身体健
康”,当年 7 月,伯努瓦·德布瓦涅请他的加尔各答
代理商尽管放心。“他现在和我自己的孩子一样,去
上学了。”14 这个小伙子不是旁人,正是安托万·波利
尔的“大胖小子”,他当时被留在勒克瑙与克劳德·马
丁一起生活。“我会尽力送(他)去……(波利尔的)
妻子那里,”马丁在前一年夏天如此承诺,“印度的教
育太差了,我从不建议任何人让孩子在这样一个国家
接受教育,黑仆人会教他们各种邪恶之事。”15 现在以
及未来的几年里,“波利尔少爷”,或者说“乔治”,
将在伯努瓦·德布瓦涅的监护下在英国上学。

乔治·波利尔——想必就是安托万的小儿子巴巴·贾恩——出现在萨伏依将军伯努瓦·德布瓦涅的文件中绝非偶然。这是把印度欧洲人联系在一起的紧密网络，也是他们所维系的深切情谊的有力证明，这种情谊不只存在于彼此之间，还惠及他们各自组建的家庭。德布瓦涅和波利尔的亲密关系突出了这两个人以及他们共同的朋友克劳德·马丁所共有的很多特点。和波利尔及马丁一样，德布瓦涅也是个野心勃勃的欧洲投机者，他横跨印度、欧洲和英国文化，既出于职业要求，也是个人的兴趣。他关于在哪里退休和随行带上什么东西的决定截然不同于安托万·波利尔的悲剧，关于个人在一个动荡不定的帝国世界所面对的痛苦和压力，他的经历向我们讲述了另一种私密故事。

1797 年春，德布瓦涅几经周折，头一次亲身抵达英国。他于 1751 年出生于萨伏依的尚贝里（Chambéry），当时名叫伯努瓦·莱沃尔涅（Benoît Leborgne），是皮货商的第三个儿子。[16] 但与他的勒克瑙友人们一样——均是来自同一个阿尔卑斯法语区——德布瓦涅也憧憬着大山之外的生活。1768 年，他参加了法军爱尔兰旅的克莱尔团。在此期间，他把名字从莱沃尔涅改成了假装贵族的"德布瓦涅"；他还头一次去东方旅行，在毛里求斯度过了一年，熟练掌握了英语。然后他心生厌倦。1772~1773 年的整个冬季，德布瓦涅都驻扎在法国北部阴冷潮湿的低地，他决定辞职，去

地中海东部的俄国军队碰碰运气。他带着一封给传奇
人物俄国指挥官阿列克谢·奥尔洛夫（Alexis Orlov）
伯爵的介绍信，在与俄国结盟的一个希腊军团里谋得
了上尉的职位。然而，他头一次参加军事行动，就
被土耳其人俘虏了——这难说是个好兆头。但正是在
1774 年被土耳其人监禁的那几个月里，德布瓦涅做出
了一个重要决定："人们为他描绘了印度的灿烂图景，
还保证说在英军服役升职很快，他受到诱惑"，决定
继续前进，去印度。[17]

伯努瓦·德布瓦涅

1777 年，在亚历山大港东印度公司人员乔
治·鲍德温（George Baldwin）的帮助下，德布瓦
涅启航前往马德拉斯。[18] 他在那里加入了马德拉

斯步兵团——堪堪错过了 1780 年在伯利鲁尔战役
（battle of Pollilur）中和他们一起遭到迈索尔的海德
尔·阿里以及海德尔的萨伏依指挥官拉勒的痛击。但
德布瓦涅其人极不安分。1782 年，他再次辞职，满
脑子天马行空的计划：他应该找到一条通向欧洲的陆
路，还是为某个印度王公服务？ 1786 年，一个诱人
的机遇出现在他面前，他获得了为公司的盟友马拉塔
人征兵的机会。正是在这一次，伯努瓦·德布瓦涅几
乎偶然地得到了他最后也是最伟大的军事任命：为印
度斯坦最强大的人之一，马拉塔军阀马哈杰·辛迪亚
（Mahadji Scindia）招募、训练并领导一支军队。[19]

　　辛迪亚麾下的德布瓦涅军队开始时只有为数不多
的两个营的兵力，每营 850 人。1788 年，他率领这
支军队在阿格拉和德里与穆斯林军阀伊斯梅尔·贝格
（Ismail Beg）作战，建立了奇功。1790 年，他又征募
了 11 个营（大约有 6600 人）；翌年，他的军队扩张
到 18000 人。这群印度土兵的指挥官们组成了一个名
副其实的国家联盟。德布瓦涅的军官团里有来自奥尔
良地区的乡下人佩龙上尉，他后来接替了德布瓦涅的
指挥职位；还有萨伏依同乡德吕容上尉；苏格兰人萨
瑟兰中尉；名叫加德纳的英格兰上尉；汉诺威的波尔
曼中尉；"葡萄牙"军人恩赛因·曼努埃尔和炮手弗朗
西斯科；甚至还有一个美国人约翰·帕克·博伊德，
"后来在美国军队成为中尉"，他在 1812 年战争期间

与英国作战，表现出色。[20] 总之，这是个如此"虚假混杂的法兰克人组合"，德布瓦涅的一个朋友（半）开玩笑地说，连"你最好的朋友都担心，即使以恺撒或色诺芬之天才，也指望不上，或重用"他们。[21] 不过把这些人笼络在一起可不需要什么天才。定期支付工资就行，德布瓦涅靠的就是这个。[22] 他还给他们提供了纪律严明、秩序井然的军营，伤兵的良好护理，光鲜的红色军装，以及一支卫兵乐队。[23] 就像未来的威灵顿公爵、1797 年作为一名年轻上校来到印度的阿瑟·韦尔斯利①一样，德布瓦涅意识到，这些正是造就一个出色的"西帕依将军"（拿破仑的轻蔑说法）所必需的。他或许是个天生的军人，却还是没有跳出中产阶级文书的出身。

在四支军队里当过兵，游历过三个大洲，做过土耳其人的阶下囚，可能是个俄国间谍，印度王公们的雇佣兵——德布瓦涅听起来更像是出自 G. A. 亨蒂②

---

① 阿瑟·韦尔斯利（Arthur Wellesley，1769~1852），第一代威灵顿公爵。英国军事家、政治家。他参加了第四次英迈战争，后任塞林伽巴丹和迈索尔总督。在半岛战争中晋升将军；后在维多利亚战役中击败法军，晋升陆军元帅。1814 年任驻法大使并获封公爵。1815 年滑铁卢战役中击败拿破仑。从政后加入托利党，曾两任首相。

② 乔治·阿尔弗雷德·亨蒂（George Alfred Henty，1832~1902），英国的高产小说家和战地记者。他以 19 世纪末广为流行的历史冒险小说而闻名，著有《龙与鸦》（*The Dragon & The Raven*，1886）等。

或 H. 赖德·哈格德 ① 传奇小说，而不是个从故纸堆中爬出来的人物：一个专干杀人放火勾当的"待雇杀手"的冒险生活。²⁴ 从这个意义上来说，他的气质与波利尔和马丁等同在印度的友人及欧洲冒险家们大不相同，对于后者来说，职场晋升也意味着原地不动。德布瓦涅显然很享受不确定的未来所带来的兴奋感，他寻求冒险，回避承诺，转投新主就像换军装一样容易。他唯一留存下来的效忠声明是 1782 年致马戛尔尼 ② 勋爵的一封微妙的信，在信中他请求辞去东印度公司的职务，坚称"这并不像某些心怀叵测的人所猜测的那样，是为了给法国人效劳。我不是那个国家的人，也不准备投靠他们。我一直以来完全依附于英国政府，并将永远持同样的立场"。²⁵ 这听来坦荡直率，令人释然，但显然居心叵测，因为德布瓦涅当然是在法国军队里开始行伍生涯的，并且他准备组建的马拉塔军队很快就被认为是英国的一个主要威胁。德布瓦涅"完全依附于英国"的诚意最多也只能算是一心图

---

① 亨利·赖德·哈格德（Henry Rider Haggard，1856~1925），英国维多利亚时代受欢迎的小说家。他以浪漫的爱情与惊险的冒险故事为题材，代表作为《所罗门王的宝藏》（King Solomon's Mines）等。

② 乔治·马戛尔尼（George Macartney，1737~1806），第一代马戛尔尼伯爵。英国政治家、外交官。1780 年，他出任印度马德拉斯总督，驻今金奈。1786 年，他拒绝出任印度总督，返回英国。1793 年，英王乔治三世派遣他为正使，率使团出访清朝，觐见乾隆皇帝。

谋私利而已。[26]

然而，不管政治忠心有多转瞬即逝，把德布瓦涅贬低成一个只知道发财的军人似乎也不太公平。首先，这么做就是无视他领导一支强大的马拉塔军队所取得的巨大成就。[27] 这些欧洲军官或许是待雇的杀手，但他们锋利无匹，咄咄逼人，一刀致命。很少量的欧洲雇佣军通过训练印度士兵，引进欧洲技术，便可显著提升土著军队的军事能力。对于步步推进的英国人来说，欧洲人训练的这些军队形成了相当大的挑战——英国人甚至可能倾向于高估的一种挑战。

这么做也是无视德布瓦涅的整个个人生活，还有跟他的个人生活有关的一个跨文化联系的精彩故事——或许读到此处，读者们已经熟悉了这样的故事。因为正是在这里，这位本来无拘无束的军人做出了他最持久的承诺。1788 年他 37 岁时遇到了一位"波斯骑兵指挥官"的女儿努尔·贝谷姆（Nur Begum），当时她还是个 15 岁左右的女孩。据说她美丽动人，仪态万方。她的姐姐法伊兹·恩尼萨是德布瓦涅在勒克瑙的朋友和知己威廉·帕尔默的"小姐"，他们显然是通过帕尔默相识的。德布瓦涅坠入情网。他（再次）辞职，和努尔在勒克瑙安顿下来，人生头一次享受舒适安心的平民家庭生活。德布瓦涅曾在 1783 年来过勒克瑙，很快就与安托万·波利尔和克劳德·马丁结下了友谊。后来，波利尔曾帮助德布瓦涅学习乌尔都语和波斯语；如今，克劳德·马丁把他带进了印度的生意圈，帮助他把封地的收入投资到蓝靛中去。正是主要通过马丁，德布瓦涅才开始建起一张供其余生所需的财务大网。[28] 他还开始组建家庭：1789 年底，努尔和德布瓦涅有了一个名叫巴努·詹的女儿；1792 年冬，又有了一个名叫阿里·巴克什的儿子。

德布瓦涅脱下军装的时间出奇的短。1790 年，他再次为辛迪亚服务，在帕坦（Patan）和梅尔达（Merta）与叛徒莫卧儿指挥官伊斯梅尔·贝格和拉杰普特人（Rajputs）打了几场大仗。但他没有忘记家庭责任。他在前线时通过克劳德·马丁那位忠诚的西班牙管家约瑟夫·凯罗斯（Joseph Queiros）照管自己勒克瑙家庭成员的安康，德布瓦涅委托凯罗斯照料努尔和孩子们。"你给夫人留下了一大笔财产啊，我的好朋友，"凯罗斯喜气洋洋地说道，

> 她毫无个人的愿望，（我）从来没听说过有哪个女人如此容易满足——她告诉（我）说房租只有不到 20 卢比，真的让我大吃一惊。这也许适合她，毕竟她现在孤身一人——她还特别害怕花钱——不过我把你的意图转告了她，让她现在不必如此节省，她生下了你们的两个孩子，不必为了省钱之故而甘冒居住在如此狭小之地的危险。[29]

当然，努尔自我克制的奉献也许只是让德布瓦涅带她一起走的一种手段；就此而言，她最终如愿以偿。

1794 年底，一个名叫托马斯·特文宁（Thomas Twining）的 19 岁文官在阿里格尔的军营里拜访了德布瓦涅。年轻的特文宁一下子就被这位饱经风霜的高大军官迷住了。德布瓦涅用一顿烩肉饭和咖喱的豪华晚宴招待了他，带他去骑大象，给他讲激动人心的战争故事。第二天早餐后，德布瓦涅叫他一起来吸水烟，还"说他必须把他的儿子介绍给我"。小阿里·巴克什当时还不到三岁，得意扬扬地跑了出来，"打扮很像这个国家王公的孩子——包着头的帽子跟他父亲的一样，脚上还穿着金线装饰的凉鞋"。和很多印度王公一样，德布瓦涅和在他身边的长子继承人（Sahibzada）举行了一次议事会（darbar）。访客鱼贯而入，把金币作为常规贡品呈献给德布瓦涅，另一枚给了小男孩，很快，"孩子面前就出现了一小堆金莫霍尔①和卢比，他从小就轻而易举地熟悉了东方的礼仪"。30

这幅画面里的德布瓦涅是开心的，他欣然希望此情此景可以持续下去，虽然他的马拉塔雇主马哈杰·辛迪亚在 1794 年便已去世了。遗憾的是，德布瓦涅的健康状况不答应。1795 年底，发烧和"状态起伏"让他痛苦不堪。他病魔缠身，命不久长。似

① 莫霍尔（mohur），印度旧金币名，其名来自波斯语"印玺"。1 莫霍尔合 15 卢比。

乎只有一剂救命良方：如果还想活命，就必须回欧
洲去。良药苦口，也违背了他所有的爱好和愿望。
"回欧洲去试试看，我也正打算这么做呢，"他的朋
友，勒克瑙的布兰医生此前就曾建议过，"如果咱
俩都不喜欢那里——这是非常有可能的——我们可
以一起出来。但不要把自己的全部希望都寄托在印
度，也不要像马拉塔人那样终日无所事事，萎缩殆
尽。"[31] 德布瓦涅与马丁和波利尔一样，自己的个人
生活和职业生涯都在印度扎根了。但如今离开这个
国家，就会异常清晰地凸显出跨文化生活的代价和
后果。

　　1795 年的圣诞节当天，德布瓦涅在阿格拉举行
过最后一次阅兵后便出发了，"四头大象，150 匹骆
驼和牛车驮着他的财产"跟随着他前往勒克瑙。[32] 那
些财产中有很多被装进十口骆驼皮的大箱子，抬上了
丹麦船"克龙贝格号"（Cromberg），都是德布瓦涅
要随身带的。其中三口箱子装的是他的个人财产："波
斯（和）印度衣物，男女均有"，"床垫，印度烟草
箱"，"八个中国金属痰盂，一把紫铜茶壶，一个熨
斗，一支大象用的西藏产牛角镶银杆赶蝇拂子，一个
紫铜火药瓶，一个银把手的水罐，一盒珍珠母的筹码
和代币，如此等等"。[33] 这些都是德布瓦涅的日用之
物，他不想在离开印度时把它们留在身后。[34] 另一口
箱子里是"书籍、文件、地图等等"。其中可能包括

他的封地和称号的授予状——他被称作伊蒂马德·乌德－达乌拉（I'timad ud-Daula，帝国之柱）和尚希里·詹格（Shamshir-i Jang，战场之剑），还有波斯语和马拉塔语的往来信件，其中有马拉塔首脑们的颂扬之辞，也有皇帝沙·阿拉姆本人的求助信。[35] 还有印度手稿的小型收藏和泰姬陵的对开本图画。泰姬陵如今已经是印度的典型象征，但德布瓦涅是对它产生特殊兴趣的首批欧洲人之一，他在1788年就要求确保这座建筑免受炮击的荼毒，并在若干年后支持了泰姬陵的重建工作。[36]

　　还有两口箱子里是德布瓦涅印度生涯的另类记录：86件长刀、火枪、匕首、盾牌和弓弩的收藏。这个重要收藏的清单保留在德布瓦涅的文件中留存至今，阅读这份清单就像在读德布瓦涅的工作履历一样。他的印度军事生涯的每一个阶段都有代表。例如，一把紫铜刀柄的英式长刀，很可能就是年轻的他在马德拉斯步兵团当兵时挥舞过的第一把"印度"武器。其他武器大都是他在马拉塔服役时获得的。有来自印度北部和德干地区的莫卧儿武器库的波斯长刀，镶金嵌银，沿刀刃雕着《古兰经》的经文。有来自印度教各王国的武器——不如这一时期的印度－波斯武器收藏品那般常见，但德布瓦涅大概更熟悉它们——其中包括"刀柄和刀刃上刻有他们神话中的众神"的长刀，和一把有"镀金神话标志"的弯刀。[37] 在他军事生涯的全部纪念品中，最宝贵的或许就是属于德布瓦涅最危险的两个敌人——伊斯梅尔·贝格和罗希拉[①]首领吴拉姆·卡迪尔（Ghulam Khader）——的长刀了，如今永远存放在它们黑红丝绒的刀鞘里。最后是德布瓦涅获得的军阶的象征："两柄印度风格的银质雕刻官杖"。从东印度公司的少尉到莫卧儿指挥官，只用了15年，这种惊人的一飞冲天以收藏品的形式被一一记录下来。[38]

骆驼皮的箱子被装进"克龙贝格号"的货舱里，但德布瓦涅把他最重要的财产随身带上了船。在他的客舱里，有"一口带锁的正方形木箱，用绳索捆得结结实实……里面是一支黄金水烟筒及其所有设备，一件银器，还有其他很多贵重物品"。[39]而在他自己的客舱里或附近的某处是他在这世上最珍爱的宝物：他心爱的妻子努尔，她不久就会被人称呼英语名字海伦了。他们的两个孩子也在"克龙贝格号"上随父母同行，也都临时起了欧洲的名字：巴努·詹将会随母亲叫作海伦娜；而阿里·巴克什将会叫作约翰·巴蒂斯特，与德布瓦涅的父亲同名。

当时，把混血子女送到欧洲并不罕见，但努尔亲自陪着德布瓦涅去欧洲则很不寻常。大多数的小姐们，尤其是地位相当高的女子，都会留在印度，通常

---

① 罗希拉（Rohilla），帕坦人的一支说乌尔都语的族群，生活在印度北部的北方邦。

还会有某种财务上的让渡。（波利尔就为他的两位小姐做了这样的安排。）按照当时的惯例，德布瓦涅本可为努尔提供一处宅子和一笔丰厚的生活津贴，良心毫无不安地离她而去。实际上，1796 年，他对住在德里的另外两位小姐，"已故的纳瓦卜穆罕默德·贝格汗·斯塔芒达里之女塞内特夫人……和已故的纳瓦卜纳杰夫·库利汗之养女梅罗·尼桑夫人"，就是那样做的。[40] 他不怎么喜欢住在德里的那两个女人；他说，其中的一个

> 女孩我连碰都没碰过……这个女孩是她母亲法蒂玛夫人送来的，这位夫人曾两次准许我从远处看看她的女儿，当时她浓妆艳抹，到处涂着白色、红色和黑色，娶过门后我才看清了她的本色和体态，结果远非本来想象的那样美丽。[41]

但他的文件里无一处提到他曾考虑过抛弃努尔或孩子们。努尔在德布瓦涅的感情世界里占据了一个全然不同的位置：在他那雇佣兵的漂泊之心中，她就是定海神针。

"克龙贝格号" 1 月起航，1797 年 5 月 31 日，德布瓦涅和他的家人在迪尔① 离船登岸。将军情况不

---

① 迪尔（Deal），英国肯特郡一城市，临英吉利海峡。

佳。他在航程中"久病不起","上岸时（仍是）面带病容，（以至于）最后海关官员也没有找麻烦，我什么都没带；随身的只有几件换洗的旧衣服和亚麻衬衫"。[42]箱子随着坦南特船长（Captain Tennent）和"克龙贝格号"继续前往哥本哈根，德布瓦涅希望把他的货物存在那里，直到他本人可以回欧陆去。在此期间，德布瓦涅一家直接前往伦敦。"感谢上帝！"德布瓦涅在那里写道，"（我）一到伦敦就立即去看有本事的医生，我觉得自己已经好多了；甚至很有希望完全康复；但病了这么长时间，我的康复过程一定会慢一些；但没关系，好得慢总比好不了强。"[43]

　　但健康却是让德布瓦涅唯一开心的事情了。因为他刚刚收到一条骇人的消息。"克龙贝格号"刚刚离开埃尔西诺①，就在波罗的海的一场风暴中沉没了——船上带着德布瓦涅的全部物品。

　　这个消息给他带来了"最悲痛哀伤"的打击。随着船只的沉没，他失去了一切。"我的大量财产都在上述船上。"他报告说——特别是45大捆布料——他为这些东西"只投保了80000印度卢比的总额"，只是其实际价值的一小部分。[44]"自从我离开孟加拉以来，经历了怎样的大起大落啊。我离开的时候有一大笔财富，无论从哪种意义上说都是一个富翁，而自从那以后经受了如

---

① 埃尔西诺（Elsinore），丹麦西兰岛东部城市赫尔辛格（Helsingør）的旧称。

此重大的损失，我陷入了这般困境，乃至我不知道此事会如何收场，而我的巨大财富还会剩下多少。"[45] 但金钱只是这场灾难中最小的部分，真正的打击是损失了其他的一切。"在我的行李中有我在印度居住 20 年来所能收藏的最罕见、奇特和贵重的物品，没有任何金钱或财富可以取代这种藏品……所以，此时我失去了所有的印度物品，就像我从来没有去过印度一样。"

装着"黄金水烟筒及其所有设备，一件银器，三块黄金表，还有其他很多银制器具"的木箱一去不返，"这口箱子大约价值 600~700 英镑"。"八口骆驼皮箱子"一去不返。里面"所有的银盘子"一去不返。"八个中国白铜痰盂"一去不返。"装着波斯长刀、火绳枪、弓箭、短剑等武器的大箱子"一去不返。一言以蔽之，德布瓦涅的人生一去不复返了。他笨拙地寻找宽心的话，却不足以慰籍："这说到底也是好事，我们的运气已经很好了，只要人安全，什么都可以再来，世事无常，人类的智慧怎能预见。"但空虚依旧，他唯有再说一遍："此时我本人失去了所有的印度物品，就像我从来没有去过印度一样。如果没有发生这种可悲的事故，我就会拥有世上从未有人拥有过的最精美的收藏，藏品既奇特罕见，又贵重无比。"[46]

"失去了所有的印度物品，就像我从来没有去过印度一样。"这是关于收藏的情感意义的痛彻心扉、感人肺腑的证词。同时也略有误导性。他的家人——

努尔、巴努·詹和阿里·巴克什呢？他们和德布瓦涅一起，以本内特之名（德布瓦涅的名字伯努瓦的英语化读音）住在伦敦。三个人都受洗成为基督徒，改名为海伦、安·伊丽莎白和查尔斯·亚历山大。安去汉默史密斯①上学了，而查尔斯去了威斯敏斯特；波利尔的儿子乔治也得到了德布瓦涅的全力支助。尽管他的船只损失惨重，德布瓦涅仍是一个难以置信的富翁——准确地说，他计算自己的身家值 255415 英镑 2 先令 6 便士。按照他在 1797 年 8 月中旬起草的一份遗嘱（请他在勒克瑙的老友和收藏同好纳撒尼尔·米德尔顿和理查德·约翰逊当执行人），他计划给儿子留十万英镑，给女儿六万英镑——这笔财富可以让他们奢侈一生。而且虽说他提议留给"我两个孩子的'夫人'母亲，无论她留在欧洲还回到印度，除了她的路费和珠宝首饰之外"的遗产要少得多，只有 2500 英镑，但这也是一笔体面的供养金了（比他留给他姐妹们的多），尤其是考虑到他本期望查尔斯和安帮着照顾他们的母亲呢。他还特别规定，"允许母亲见她的孩子们，但不可依赖于她（也就是由她监护）"。这一半妥协的说法有点儿难以解释，因为以德布瓦涅这样的声望，把印度妻子带回来实属罕见——而像努尔这样的女人，真的愿意来就更罕见了。不过

---

① 汉默史密斯（Hammersmith），大伦敦地区的一个自治市，位于泰晤士河北岸。

他显然没打算忽略她的扶养费用。[47]

事实上，虽然德布瓦涅感觉健康状况好转，他却与英格兰格格不入。失去财产就像刀子的最后一绞。他回来以后刚过去五个月，就写道：

> 我并非不想再次去东方，欧洲对我不感兴趣，我对它也深感失望。实际上，必须要说，可恨的法国大革命已经彻底改变了欧洲的面貌和人的心态，这种形势让我非常怀念印度，恐怕除了终老于彼处之外，我此生都不会快乐了。[48]

1798 年 1 月，"已对欧洲颇感厌烦"的他"坚信，没有哪个在印度住过 20 年的人不能（他的意思是：能）适应这里（即欧洲），适应这里的生活方式、礼节、人情世故和毫无吸引力的气候，我坚信，单是航行一事便可让大多数来访欧洲的人却步"。[49]

他的归属感甚至还不如波利尔。法国毫无魅力。但英格兰也不是他的容身之地：寒冷、阴暗、沉闷，彼此都互感陌生。德布瓦涅不是法国人，也不是法国人的朋友。但任何人只要与他谈话或一看到他的名字就知道，法语是他的母语。英国再次与法国交战，那一年的战况愈演愈烈。德布瓦涅甚至有被羁押的风险。[50] 因此为何不回印度去？"你的军队状况极佳，每一个人都非常希望再次见到你，"克劳德·

马丁令人鼓舞地汇报说,"所有的马拉塔首脑和所有的辛迪亚邦主,甚至德里的宫廷。……你无须担心自己不受人欢迎,人们都狂热地期待你的回归,我也一直希望你能回来,我以前跟你就是这样说的。……"[51]为何不止损,把本内特一家人聚集起来再次向东,向着太阳,向着朋友们,向他的军队,向着名望和财富重新前进呢?

因为他人生的新篇章,说到底也是最悲痛的一章,正在徐徐展开。1798 年的一个春夜,他的勒克瑙老友理查德·约翰逊带德布瓦涅参加了一次聚会,那是在法国移民奥斯蒙侯爵及侯爵夫人家里举办的音乐社交晚会,他们还有个 16 岁的可爱女儿名叫阿黛尔。奥斯蒙曾是凡尔赛宫的侍臣,侯爵夫人也深受路易十六的姑姑阿代拉伊德的宠信。他们如今在伦敦难以为继,靠着朋友和远亲的接济糊口。(正如他的名字所示,奥斯蒙的祖上是爱尔兰天主教徒。)德布瓦涅从来都偏好头衔,也爱慕拥有头衔的年轻女子。阿黛尔演唱了意大利二重唱曲,他被迷住了。他仿佛在她的声音里听到另一种选择的呼唤,一种越过他印度生涯的废墟,在欧洲重新开始的机会。短短数周之内,他就求婚了;12 天后,他和阿黛尔在 1798 年 6 月成婚。[52]

将军认为自己坠入了情网。"第一次恋爱",(他后来对她说)"我全身心地投入了这种感情。……如果我还有一个愿望的话，那就是心胸更宽广些，以便爱得更投入一些。"[53] 他送给她印度的珠宝："一件名叫'卡尔库伊和舍佩思'的宝石枝饰，是莫卧儿皇帝赐予我的一枚高级军衔勋章"，"一颗巨大的绿宝石，是杰伊普尔① 的邦主送给我的纪念品"，以及"一条纻缝的绿披肩，是我收藏的珍品"。他还送给她一块可以铺在王座上的刺绣毯子。[54]

但阿黛尔是海妖的魅惑。于她而言，这场婚事不过是一份财务合约；她在德布瓦涅同意给她父母一笔慷慨的年金后，才答应嫁给他。他发现这个女郎远非他想象中那样温柔，而是倨傲、冷酷、刻薄；她根本不想让他碰自己一下。阿黛尔不是印度的公主。而德布瓦涅虽有个充满贵族气息的名字，本人却并非法国贵族，他的妻子在婚后充满沮丧地得知了这一点。"他的姓名、家庭、过往的生活，"她说，"一切身世背景都瞒着我。"她知道了本内特一家，但也没为此烦恼。[55] 德布瓦涅的性格才让她心烦。他吝啬、控制欲强，充满了"东方式的妒忌"；"毫无节制地吸食鸦片"已经"麻痹了他的道德，也让他的体力陷入瘫痪"（她说此话可能是在暗示他性无能）。[56] 总之，这对夫妻彼此看不上。不到一年，他就让她打道回府了。

但损失已无法挽回。德布瓦涅和阿黛尔搬去波特

① 杰伊普尔（Jeypore），印度奥里萨邦一城镇，原为奥里萨土邦的首府。

兰坊①的一幢亚当②风格的奢华宅子时，本内特一家却躲藏在索霍区。到1798年10月，德布瓦涅改了主意，大幅降低了他们的财务资助，如今只给努尔/海伦区区200英镑的年金，还有200英镑由安、查尔斯和乔治·波利尔这三个孩子平分。[57] 即便如此，他还是以某些方式与他们保持着密切的联系。他从一叠叠账单里监视和记录着他们日常生活的每一个细节。他知道查尔斯什么时候去理发，什么时候去俯瞰城景；他给儿子买了课本、一块写字石板，还有"在学校里喝水用的杯子"。他在远处溺爱着安，女儿经常去剧院看戏，上舞蹈课，还有一架租来的钢琴；还有，因为她还只是个十一二岁的女孩，所以给她买了玩具娃娃、跳绳，还有一个跳棋棋盘。除了"贝谷姆太太"的补贴之外，她去牙医那里"拔牙"，或是去药剂师那里买"药粉"的费用，都是由他支付的。全家似乎都饱受慢性感冒之苦，他源源不断地为他们购买"黑醋栗止咳糖"和"治疗咳嗽的各种罐装麦芽糖滴剂"。[58]

　　1798年，德布瓦涅入了英籍，这可以保护他于正在进行的英法战争期间免受可能的羁押。与阿黛尔之

---

① 波特兰坊（Portland Place），伦敦中区的一条街道，沿街有很多外交机构和各类协会的大楼。
② 罗伯特·亚当（Robert Adam，1728~1792），苏格兰新古典主义建筑师、室内设计师、家具设计师。1754年，他前往罗马学艺，回国之后在伦敦和其弟詹姆斯一起工作，并发展出"亚当风格"。

间可能有过几次和解。1801年，在其中的一次和解期间，德布瓦涅计划买下一处与他的财富和地位相称的乡间庄园。他在英格兰四下物色合适的地产，遇到一处极好的选择：罗伯特·克莱武的克莱尔蒙特庄园，在四分之一个世纪之前克莱武过世时，此处尚未完工，但如今已在其高高的地基上建筑完毕——只等它的纳勃卜了。但德布瓦涅和阿黛尔很快就又分居了，克莱尔蒙特的交易落空。[59] 1802年英法和谈（结果却很短命）期间，德布瓦涅离开英国，去萨伏依安顿下来——独自一人。

他在英国的五年里，只有一件事情的结局真的不错："克龙贝格号"上的损失最终不算太糟。德布瓦涅的很多珍品都被从海里打捞了上来，包括他船舱里的木箱，里面装的是贵重的金银水烟筒以及他大部分宝贵武器。他请求哥本哈根的代理商"命人清洗所有的武器，担心铁锈会毁了它们，以至于无法使用，或是看起来不太有价值了，它们的价值更在于罕见和奇特，而不在其本身的用途上"。"用鸡油"擦过之后，它们都焕然一新。[60]

III. 坚守

"我的好友，听说你在一位年轻迷人、和蔼可亲的伴侣身上发现了宝藏，我简直再高兴不过了。如你所说，她拥有最佳的品质，也如你所说，她出自如此体面的家族，你很高兴，我的好友，我打心底里祝贺你。……"1799年夏末，克劳德·马丁致信伯努瓦·德布瓦涅恭喜他结婚。但马丁一定也心情沉重。就在一年前，他还那么自信地认为他的朋友很快便会回到印度，还吩咐德布瓦涅给他带来"大约一两千件精巧有趣的欧洲物品，不必太值钱，但量一定要大"，并得意地建起一座"共济会小屋"，"等你来了，可以在我的新城堡里招待尊贵的大人物"。[61] 如今，虽然马丁仍试图劝说德布瓦涅回来——"你永远都会得到我张开双臂的欢迎，无疑还会荣任印度斯坦的司令，这里的卢比会像雨点一样落入你的手中"，但他知道德布瓦涅的婚姻实际上表明他不可能再回来了。[62] 德布瓦涅走了。波利尔死了。而马丁却独自一人坚守在勒克瑙。

1780年代那个生气勃勃的国际大都市勒克瑙消失了。多年来，马丁一直说要离开这个他现在整日牢骚满腹的地方：曾经宾朋满座、充满回报之地，如今似乎是偏僻的乡下，既不舒适，也不时髦，相伴的只有"黑人"和一度繁荣的欧洲社交圈的残余。（虽然"我身边总有一位女主人作伴"——他的小姐布洛内，他昵称她为利斯——"我和我的女人度过了一些宜人的时光"。）[63] 到1790年代中期，随着马丁年届七十，他的密友纷纷离去，健康状况也急转直下。1797年，阿萨夫·乌德-达乌拉去世了，这再次提醒他生命有涯，大概也是马丁所熟悉的勒克瑙世界发生的最大转变。然而，正是在那些孤独和变化的岁月里，马丁开始了他最后、最大，也是最矛盾的自我塑造之举。他决定死后也要像他活着的时候一样：是勒克瑙的一位英国绅士。克劳德·马丁就像现代翻版的法老一般，开始建造自己的陵墓。

或许是波利尔突如其来的暴毙才使得马丁以如此科学的精准来为自己准备后事。"当我死后，"他在一份无微不至的详细遗嘱中如此写道，

> 我认为我会死在勒克瑙……我的要求如下：我的尸体可以用盐、烈酒，或防腐药处理，然后置于用我仓库里的铅板制作的铅质棺材里，再把这口棺材放进两英寸厚的木板制作的黄檀木外椁中，把整副棺椁埋在我的纪念馆墓穴里，或是在莱克帕拉的称作康斯坦蒂亚宫的宅子墓穴里，在东北角的圆形小房间里建一坟冢，离地面两英尺高，将棺椁埋于其内，墓上覆盖一块有铭文的大理石碑……

自然，墓志铭如何措辞他也自己拟好了："少将克劳德·马丁，1735 年 1 月（5 日）出生于里昂，作为一名普通士兵来到印度。他于某年某月死于某地，葬于此墓。为他的灵魂祈祷。"[64]

但马丁的这一行简短自传在好几个方面都有误导性。首先，他也许的确"出生于里昂"，但他在1760年背弃了对法国的忠诚，从那时起一直自认为是英国人。1785年，他要求归化为英国臣民。当他谈起回欧洲时，脑海里想的是英国而非法国。"欧洲当然是享受生活之地，"1789年他写信给奥扎尼斯·汉弗莱说，"对于我来说尤其是英国。除了在英国，我没有其他的朋友和熟人，而且"——这是个意义重大的声明——"我在英国人中间度过了如此漫长的时光，完全可以说自己是个英国人了。……"[65] 其次，如果马丁"作为一名普通士兵来到印度"，他后来在那里获得了一个王公的金钱和地位。马丁聚敛了超过40拉克卢比的财富，将近50万英镑，不仅成为印度最富有的欧洲人之一，而且很可能也列于英国富豪榜。读到他这篇简短碑文的人，眼前即是他的财富和白手起家的社会地位的铁证。因为他自己设计的"此墓"简直就是一座宫殿：位于勒克瑙东南乡间的康斯坦蒂亚宫，"我起初建造这座宅邸的理由是想把它建成我的坟墓或纪念馆"。这才是克劳德·马丁想让世界看待他的方式。

康斯坦蒂亚宫像它的建造者一样：毫无谦逊之处。这座宅子在规模、概念和风格上均可轻易与英国同时代的宏伟庄园相媲美。在个性上则将那些庄园远远抛在身后。庭院里装饰着雕像：斯芬克斯、摇头的满洲官员，还有张着嘴的狮子（这是对马丁的出生地里昂开的玩笑），它那灯饰的双眼在夜晚闪烁着红光。延伸开去的柱廊环抱着一大片开阔的绿地，缓缓而下，直至戈默蒂河畔。宅子后面是马丁自己的工厂铸造的一排加农炮，其中包括"康沃利斯勋爵"（*Lord Cornwallis*），气势汹汹地冲着蒂普苏丹 1792 年在塞林伽巴丹建造的要塞。如今它面对着观赏池上升起的一根高大的凹槽柱。站在康斯坦蒂亚宫四楼穹顶的拱门下，或许能看到远处的一丝印度风情——低矮的橙色薄雾中的棕榈树或细高的宣礼塔。但你必须要仔细去找。[66]

马丁也许孤独，但他绝没闲着。每天早晨，他骑马出城督查工程的进度。每天傍晚，他在饱餐之后会乘坐马车再去工地查看一遍。"我认为那座建筑改善了我的健康，让我得到了大量锻炼。"他开玩笑说。[67]他把自己的油画挂在宅子的画廊里，总算有个合适的地方来挂他的大约 70 幅欧洲油画和至少同样数量的印度艺术家创作的欧式风格作品了。他从自己充栋盈车的市内宅子费尔哈特·巴克什宫里，把大约 5000 册图书搬进他优雅的新图书室。他在康斯坦蒂亚宫里还为他的科学仪器，以及多年来积攒的所有古董都预留了房间。客厅装配了韦奇伍德式的檐板、巨大的垂直推拉窗和大理石地板；他还用枝形吊灯、镜子、精美的地毯，以及戈布兰壁毯来进行装饰。在房外的地面上，马丁最终把他的蒸汽机投入运行，为舞蹈喷泉提供动力。[68]他还设计了一个欧式花园，请德布瓦涅给他寄来各类种子，"覆盆子、各种草莓、大醋栗、小红白醋栗……洋葱……郁金香、风信子、毛茛……杏、桃、欧洲栗……刺苞菜蓟、蒜叶婆罗门参，以及本地没有的其他种子"。[69]康斯坦蒂亚宫"会让我长期逗留，也许直至生命尽头……"马丁高兴地说道，"或许我能高兴地看到它的完工，听到人们对它的赞美，就像他们赞美我现在的宅子一样"。[70]

康斯坦蒂亚宫，克劳德·马丁最后的隐居之地

毫无疑问，康斯坦蒂亚宫是马丁的白手起家故事的壮丽宣传。它之于马丁，正如克莱尔蒙特庄园之于罗伯特·克莱武：是建造者浩瀚的财富、品味、地

位和天赋的持久证明。一位文物行家、收藏家和建筑师，一位英国绅士，一个启蒙时代的人物：克劳德·马丁不但自己做到了这一切，还更上一层楼，他的宅邸便盛气凌人地向世人公布了这一点。但这一切建立在一个悖论之上。因为如果马丁如此执着于活得像个欧洲绅士，还急于让大家都知道这一点，那他为何不去欧洲，做一个名副其实的欧洲绅士？他有足够的养老钱，他没有子嗣，在那里还有很多朋友和关系。

某些答案一目了然。对于马丁来说，在 1790 年代回法国已经绝无可能了。1795 年的波利尔之死把大革命的危险和破坏性变成了令人痛苦的关注焦点，马丁也"深受其影响"。[71] 英国就是唯一实际的可能了，然而那里也存在着明显的障碍。一方面，和所有的纳勃卜一样，马丁担心如何把钱汇回家，这在情况最好的时候也是件难事，如今因为欧洲的战争和阿萨夫·乌德－达乌拉死后阿瓦德的分裂，而变得难上加难了。再说谁也无法保证英国不受那些年逐渐蔓延的激进主义的影响，或者能够抵挡住法国的全面入侵，1798 年，人们普遍担心法国入侵（某种程度上并非没有道理）。鉴于"这个时代的野性……（以及）欧洲各地的动荡不安"，马丁的朋友们建议他留在勒克瑙，这无论是在财务上还是个人安全上，显然更安全。[72] 此外同样，尽管马丁自称是生活在勒克瑙的英国人，在伦敦生活就难得多了。他有个法国人的名字（虽说很容易英语化），他的血统众所周知，他的英语磕磕巴巴，口音极重。德布瓦涅或许已经告诉过他，法国人想要融入英国社会，现在绝非最佳的时机。就连勒克瑙的一些英国人也尖刻地暗示要在他们中间"抛弃法国人"。[73]

所有这些因素——混乱、战争、波利尔之死、德布瓦涅的失望——显然都会鼓励马丁留在勒克瑙。马丁必然在这些因素上又加上了一个，那是能解释他为何早在 1792 年便开始规划其陵墓的唯一原因。因为克劳德·马丁了解他的朋友们所不知道的事：身外之物是带不走的。他自诩为勒克瑙的英国绅士，就像安托万·波利尔成为莫卧儿贵族，或伯努瓦·德布瓦涅成为马拉塔军阀一样，牢牢地扎根于印度。马丁在勒克瑙获得了社会和经济上的自由，这才得以仿效他羡慕已久的欧洲生活方式。然而他不过是个仿制品而已。基于白手起家的财富、法国血统，以及印度的机遇，这种复制品根本无法与地道的身份相媲美。总之，尽管他的理想抱负直指欧洲，他在勒克瑙所取得的巨大成功却根本无法移植到那里去。甚至在波利尔和德布瓦涅的例子证实这一切之前，克劳德·马丁的内心深处一定明白，带走他的勒克瑙身份是不可能的。

对于马丁来说，留在勒克瑙是个艰难的决定，没什么值得高兴的。但他还是安慰自己说这是个正确的决定。至于人们嫉妒他的财富，或是敌人在他背后嘟囔那些诋毁人格的谣言，"这都没有什么"，他对德布瓦涅说：

> "我死后就是世界的末日"。无论如何，我都会尽量留下足够的财产，让我在大地母亲的怀抱里有一席之地，我们都要回到那里去的，因为我们都不过是世上的过客，尽力住在最好的房子里，过上力所能及的最好生活，做我们能想到的最好的事，同时心安理得。[74]

他就这样宽慰着自己，并继续建造他的宅邸。

但他很不舒服。他是个备受折磨的将死之人，忍受着性病、前列腺肿大和膀胱溃疡的三重痛苦。疼痛时而极度发作，他每个小时都会在痛苦中醒来，疼得几乎要发疯了。或许正是这个原因，他这个声名狼藉的不虔诚之人，却在最后的时刻唤来神父。但这个老罪人过去曾回避和侮辱过邦东神父，如今神父以牙还牙，拒绝来到马丁的临终床前。1800 年 9 月 13 日晚上，克劳德·马丁作为一个未经忏悔的天主教徒，回到了"大地母亲的怀抱"——和他生前一样，他到死都身份不明。

按照他的指示，他被葬在自己宅邸的深处，遗体上覆盖的铭文也正如他起草的那样。最终,那就是他的回报。坚守勒克瑙给马丁带来了一种罕见而无价的奢华享受:自撰碑文,自建坟墓。在人性与傲慢、法国性和英国性这些孪生讯息中,在印度的核心地带盛气凌人地再造欧洲的举动里,克劳德·马丁向世界展示了他所成就的一切。

"我死后就是世界的末日":马丁的话恰如其分。他所熟悉的那个繁荣混居的勒克瑙完蛋了。1798年初,阿萨夫·乌德-达乌拉去世六个月后,东印度公司粗暴无礼地驱逐了充满敌意、据说精神失常的纳瓦卜继承人瓦齐尔·阿里(Wazir Ali),任命了他们偏爱的候选人,阿萨夫同父异母的兄弟萨达特·阿里汗(Saadat Ali Khan)。阿萨夫把欧洲元素混入了基本上属于印度-波斯的宫廷文化,而在加尔各答接受英国人抚养教育的萨达特·阿里却希望以直接的同化取而代之。新的纳瓦卜穿着本色布的马裤和天鹅绒的骑手上衣,会说一些英语,"任何人拿他与威尔士亲王①相比都会让他心花怒放",还养了一群印度最好的猎狐犬。1803年,瓦伦西亚子爵和

①　当时的威尔士亲王是乔治·奥古斯塔斯·弗雷德里克（George Augustus Frederick，1762~1830），1820年加冕为英王乔治四世。

/ 106

他在勒克瑙共进晚餐，吃的是萨达特·阿里的法国厨子准备的法式大餐，用最精美的欧洲盘子和水晶杯端上来，还有一支英国军乐队奏乐助兴——"场景非凡，与我想象的亚洲礼仪全然不同，"子爵说，"以至于我几乎无法说服自己这一切不是一场化装舞会。"[75]

当然，那就是一场化装舞会：公司对阿瓦德的经济、军事和政策控制都更胜以往，起初只是幕后操纵，后来越来越明目张胆。回想起来，似乎是从萨达特·阿里开始，公司就和纳瓦卜携手踏上了他们自己的毁灭之路。1801 年，公司彻底强占了半个省。18年后，又怂恿纳瓦卜加齐·乌德丁·海德尔（Ghazi ud-Din Haidar）自我加冕为至高沙阿（padishah），与莫卧儿皇帝彻底决裂，实际上是公开与英国人结盟。[76] 1856 年，公司吞并了阿瓦德的其余部分，这是诱发 1857~1858 年印度哗变叛乱的关键一举。哗变的最初也是最野蛮的行动正是发生在勒克瑙，在这个东西方融合程度曾一度几乎比亚洲任何其他角落都高的地方；勒克瑙的英国人定居点废墟如今仍然矗立在那里，像昔日的一副残骸，让人想起那暴力的一年。哗变之后，公司被英属印度的直接统治所取代。纳瓦卜首府的大部分建筑都消失了，因为英国规划师将这座城市骚乱频发、疾病盛行、腐败而堕落的街巷全都夷为平地。[77]

当然，那一切发生在遥远的未来。但 1800 年马丁的死恰好发生在一个坎上。他死在英国、欧洲和印度之间的文化、社会和政治边界相对还可以相互渗透的一个时代的结尾。他自己的多层次形象——自称英国人的法国人，生活在半独立的莫卧儿省份里——是下一代人很难做到或容忍的。（回想一下，瓦伦西亚子爵曾尖酸刻薄地指责他是个暴发户。）马丁之死也与一个大英帝国扩张的重要过渡时刻不谋而合：大革命 - 拿破仑战争的爆发，以及埃及和印度等帝国舞台上上演的英法冲突。就像波利尔和德布瓦涅亲身经历过的那样，这种新的帝国和全球战争让某些形式的跨界变得更难，也更罕见。回到欧洲后，他们发现自己在印度拼凑出来的形象，并不能工整地映射回欧洲社会和国界之内。他们本是"归"国还乡，却成了陌生国度的异乡客。

这三个人所经历的损失和妥协，对于他们身处其中的宏大历史场景有何启示？他们的故事只是沧海一粟，却有助于理解普通人被卷入远比他们宏大得多的事件之中无力脱身。然而这里的每一个人也都在他们的世界留下了痕迹。他们都留有遗存。他们留下了收藏。在他们的遗产中可以追踪到英国、欧洲、印度和帝国之间在接下来的几十年里如何相互影响的某些变化。

第一个要考察的遗产极其实在，通过安托万·波利尔的命运来探讨最合适不过了。藏品运到欧洲后发生了什么？主人死后，它们的下落如何？

在某种意义上，和波利尔本人一样，回到欧洲对波利尔的手稿藏品而言也是一场灾难。手稿被带出印度莫卧儿帝国后，就失去了起初曾刺激波利尔买下它们的社会价值；这肯定是他本人对它们失去兴趣的部分原因。波利尔的不同寻常之处在于，他有一个亲戚，也就是他的堂妹玛丽，对他那些奇怪的印度文件视若珍宝。即便如此，他的收藏也像很多其他人的收藏一样，在他死后散佚四方。[78]大多数时候，收藏家的继承人会因为无法解读手稿所用的语言而认为它们"无用"，因而藏品存在"被忽视的危险，无论是在欧洲还是在印度，最终绝大部分都消失了"。"这一文化损失"如此常见，以至于东印度公司本身在1798年决定介入，成立了一个"（英国）东方文件公共仓库"。[79]

1801年，后来改称印度博物馆的"东方库"在公司的伦敦总部利德贺街对公众开放。这是帝国收藏史上的里程碑：是英国（大概也是全欧洲）第一家专门致力于非欧洲藏品的机构。在一个层面上，博物馆是正在死去的一代收藏家的机构继承者；例如在成立的头十年里，它就得到了极大的充实，收入了约翰·伍姆韦尔、理查德·约翰逊和沃伦·黑斯廷斯收葬于勒克瑙的大量手稿。[80]但它又不止于此。公司希望"通过这样的收藏"，印度文学"仍可以在这个国家保存下去，哪怕因为时过境迁或者人们对它失去了兴趣，它会部分丧失原有的地位"。[81] 如今，人们普遍呼吁保护，但这种说法在当时还很新奇。公司任命自己为印度文学传统的监护人，把自己用莫卧儿的斗篷包裹起来，以不同的化身假装成赞助人和保护者，直至大英帝国在印度的末日来临。

18 世纪几乎所有的印度手稿收藏家都曾亲身在印度生活过。这种情况也在变化。在佳士得，自 1766 年公司成立，直到 1800 年为止，没有卖出一件"东方"手稿的藏品。但是单在 19 世纪的头十年，该拍卖行就卖出了三件重要的印度手稿藏品。这种市场活动的突然爆发，既表明有新的供应源——去世收藏家的遗产——也表明有新的需求。那时，欧洲正在形成一个"东方通"的圈子。[82] 其核心人物是东印度公司

利德贺街上的东印度大楼。1801 年，印度博物馆在此地开放

的前官员，比如梵语学者查尔斯·威尔金斯（Charles Wilkins），或亲波斯人士威廉·乌斯利（William Ouseley）爵士和戈尔·乌斯利（Gore Ouseley）爵士兄弟。但它也包括与印度没有个人联系的审美家和年轻的浪漫派，比如作家和狂热的收藏家威廉·贝克福德（William Beckford），他铺张浪费的新哥特风格宅邸丰特山修道院是有史以来最精彩的自我塑造声明。贝克福德实际上买下了安托万·波利尔的一些画集，此举相当合适，因为他也在进行一种世界主义的融合：把家族在西印度群岛的食糖财富变成东方古董的收藏。[83] 贝克福德是一种新式帝国收藏家，他使用帝国的金钱购买帝国的物品，却无须离开帝国的首都伦敦。

实际物品——武器、金属制品、珠宝、纺织品、雕刻品，诸如此类——和手稿之间的裂缝不断扩大，将两者区分开来。前者往往是作为个人纪念品带回来的，一般仍旧保存在私人家族手中。（例如罗伯特·克莱武的收藏，如今在其继承者的家波伊斯城堡里展览；而德布瓦涅的家族拥有伯努瓦的很多武器。）但手稿大概都传进了图书馆或印度博物馆等"公共"领域。因为那些收藏分散的范围很广，也被以全新的方式进行了分类。波利尔本人收藏了各种语言的手稿，在"印度教"和"穆斯林"手稿之间未做明显的区分，在他死后，他的大部分梵语手稿都留在欧陆，而波斯语和阿拉伯语手稿则被送入了伊顿公学和剑桥大学国王学院，供未来若干代印度政府官员研究之用。一旦分开，特别是按照宗教和语言划分，波利尔建立的收藏，他在阿萨夫治下的勒克瑙通过自己社交圈子收集统一起来的收藏，就永远消失了。

勒克瑙一代的第二项遗产与人性有关，德布瓦涅的命运以令人心碎的细节透露出这一点。忠心驳杂之人一旦回到欧洲会有怎样的下场？而陪伴他们的人又会怎样？

1802 年，英法缔结《亚眠和约》（Peace of Amiens）后，伯努瓦·德布瓦涅设法回到了他钟爱的"萨伏依雪山地区"。[84] 他在逾30年后回到尚贝里，此时他不是离开时的莱沃尔涅了，而是名利双收的德布瓦涅将军，还在俯瞰比松龙（Le Buisson Rond）小镇的山上给自己买了一座芒萨尔式屋顶①的宏伟的灰色宅子。然而他与那里的一切都格格不入。四个世纪以来，萨伏依一直是个独立的公国，如今却事实上沦为法国的殖民地，1792 年被革命军入侵、占领和吞并。1803 年，英法恢复敌对后，德布瓦涅再次被搞得措手不及。"英国的博伊恩将军"（法国报纸如此称呼他）用英国护照来到巴黎，很可能会遭到羁押。

---

① 芒萨尔式屋顶（mansarded），又称法式屋顶或缘饰屋顶，是一种四面复斜式的庑殿屋顶，下部斜顶开有老虎窗。

　　我们不知道他究竟如何逃过了逮捕。但自由的代价是与萨伏依的法国首脑们互相勾结，或者至少谣言有此一说。1803 年，据说拿破仑写信给这位老兵，请求他协助领导一支法俄联军入侵英属印度。消息很快传到了印度总督理查德·韦尔斯利（Richard Wellesley）那里，说"德布瓦涅先生……如今是波拿巴的头号亲信。他经常出入圣克卢宫（St. Cloud）。原因和理由留待阁下判断"。伦敦的报纸连篇累牍地诽谤攻击"法国人"德布瓦涅。[85] 德布瓦涅从未见过拿破仑，但此事的寓意昭然若揭。被战争分裂的欧洲无法忍受效忠于多方。在英法开战时，显然不可能既是英国人又是法国人。只有到 1815 年重新建立了萨伏依王朝后，德布瓦涅才再次以萨伏依人的身份——1816 年后又以维托里奥·埃马努埃莱① 授予他的伯爵身份——游走于两国之间。

　　在国内，德布瓦涅 1802 年回到尚贝里也并非圆满无憾。阿黛尔没有随行，这对双方都很合适。但他在比松龙倍感孤独，思绪常常会回到他留在英国的第一个家庭。他通过共同的朋友时刻了解他们的行踪，还不定期地和努尔通信。"海伦·本内特"——她有时被称为"贝谷姆·本内特夫人"（一个以数种语言书写

---

① 维托里奥·埃马努埃莱（Victor Emmanuel，1759~1824），萨伏依公爵和撒丁尼亚国王（1802~1821）。1819 年成为詹姆斯党王位继承人。

的奇妙头衔①），或干脆被称为"贝谷姆太太"——如今靠一笔250英镑的年金生活，住在德布瓦涅在萨里郡为她买下的一幢房子里。本地社交圈子认为她是德布瓦涅的正妻。[86] 又名巴努·詹的安是个漂亮女孩，"虽然是印度母亲所生，但眼睛的颜色非常美丽"，她在汉默史密斯的巴克夫人的学校念书。查尔斯，也就是阿里·巴克什，是个高瘦的少年，在赫特福德郡的圣埃德蒙公学勤奋学习。[87]1804年，安15岁时，德布瓦涅决定把她带出国和他一起生活，让她理家。那年9月，她乘船前往荷兰，又向南穿过比利时，和父亲在巴黎会面。他们分离至少两年了，也许长达六年。他再次看到女儿，喜出望外。

但安从布鲁塞尔便一路生病，尽管父亲立刻带她回到他在巴黎郊外的博勒加尔庄园，"她总算到了……却只能上床休息，直到12天后死在我怀里"。德布瓦涅痛不欲生。他诅咒自己的自私："如果我考虑到她的幸福而不是我自己的话，她现在就还会活着。……她很快乐，但我再也不会幸福了。"海伦也遭到了重大的打击。"我不知道该如何写下我的不幸，"她说，"我想你的确是像我一样爱她。……她很快乐，是个天使，在天堂里为我们祈祷。"这对

① 贝谷姆·本内特夫人被写作 Mde. Begum Bennet，其中夫人（Mde.）为法语，贝谷姆（Begum）为印度语转写，而本内特为德布瓦涅的名字伯努瓦转写为英语的人名。

父母跨过将他们隔开的多重障碍，分享着无法言说的悲痛。[88]

德布瓦涅又过了十年才终于再次越过海峡。在这些年里，查尔斯长成了一个既有能力又有目标的年轻人，他在林肯律师学院学习法律。他常去萨塞克斯郡看搬到那里去的母亲；有时还写信给父亲，只是常常会因为很长时间收不到回信而颇感不安。当 1814 年和平再度降临英法两国时，德布瓦涅叫查尔斯来与他共同生活。1815 年夏初（就在拿破仑准备在滑铁卢迎战英国人的时候），22 岁的查尔斯·本内特在布洛涅（Boulogne）上岸了。德布瓦涅上次见他的时候，他还是个不到十岁的男孩。这个上前来跟他打招呼的年轻人看上去极像他的父亲：高大，一样的长鼻子，瘦得像一道裂缝，还有瘦削高耸的颧骨。但父亲的头发银灰稀疏，儿子却是满头黑发。他的肤色是明显的褐色，言谈举止就像一位年轻的英国绅士。[89]

1816 年，德布瓦涅正式赋予查尔斯合法权利，让他成为不断增长的德布瓦涅庞大财产以及新的家族伯爵头衔的继承人。同年晚些时候，查尔斯与萨伏依最有名望的一个家族联姻了。1830 年，80 岁的德布瓦涅入土时，对其子在财富、社交和宫廷中的前途充满信心。他留下来的金融帝国从意大利到丹麦，一直延伸到美国，在多个国家拥有地产，在萨伏依极具影响力，还有一个世袭的头衔。如此说来，他本人的混合身份合而为一，与他的继承人一起，总算获得了一个单一的身份：萨伏依贵族。

德布瓦涅的另一部分生活也是通过查尔斯才无意间水到渠成的。阿黛尔对她丈夫的鄙视与日俱增，却对只比自己小七八岁的继子很有好感，实在令人吃惊，在查尔斯的一生里，他们两人之间一直保持着亲密的关系。（她本人在复辟时期的巴黎主持过一个星光闪耀的沙龙，并留下了她自己的遗产《德布瓦涅伯爵夫人回忆录》[*Mémoires de la comtesse de Boigne*]，在这部观察敏锐的两卷本著作中，她对她所憎恶的丈夫几乎一字不提，也完全没有谈到她半印度血统的继子。）[90] 然而，查尔斯与他的亲生母亲却渐行渐远。海伦·本内特留在英国，住在圣伦纳德森林一条林间小路尽头的乡间小屋里。她被人称作"黑女人"，抽水烟筒，定期参加弥撒，比她的儿子还多活了几个月。1853年，她在81岁时去世，像一个好基督徒一样埋在教堂的墓地里。但与众人不同的是，她的墓地向着南方。她的本意是面向东南，朝着麦加的方向，暗示她穆斯林和印度人的出身吗？还是声明放弃那些，像她生前那样，死后也回避东方？[91]

人们禁不住要把伯努瓦·德布瓦涅的鼎盛时期看作波利尔悲剧收场的"要是如何又会怎样"的重写版。波利尔试图以贵族和法国人的身份生活，却遭到谋杀；德布瓦涅熬过了革命和战争，最终取得了成功，既获得了头衔，也获得了其祖国萨伏依的国籍。但更真实的比较或许不在他们的生活，而在于他们的遗产：德布瓦涅的家庭和波利尔的手稿收藏。德布瓦涅的家庭在很多方面和收藏一样，在欧洲颠沛流离，四分五裂：海伦在英国离世，安死于法国，伯努瓦和查尔斯最终的归宿在萨伏依。每一个人也都被归进了新的类别。至于德布瓦涅本人，回到欧洲意味着要应对他彼此冲突的野心和对英国、法国、萨伏依及印度的忠诚。这意味着可能会失去自由和幸福；最重要的是，这意味着不得不一再妥协。如果他是成功的典范，那么说到底，和波利尔的故事一样，这也是一个失败的故事。

这些人物和他们的世界性时代所引发的第三个，也是最后一个问题，可以通过克劳德·马丁的遗产来加以考察。留在身后印度的是什么？

在马丁死后那几个月里，在忠实的约瑟夫·凯罗斯的监督下，一队职员在马丁的两座大宅费尔哈特·巴克什宫和康斯坦蒂亚宫的房间里四下搜寻。他们的任务是为所有东西开列清单，这真是个冗长而耗时的任务。他们检查了每一口箱子，打开了每一个抽屉，查看了每一层架子，以斜体墨迹计数、描述并记录，那一长串物品名称简直看不到头。他们在大约六个月后最终结束了这项工作，所列的清单长达 76 页。这份清单如今仍保留在档案馆里，像是马丁一生的资产负债表，也像是各种物品的传记。我们对他铺张浪费、兼收并蓄的巨大收藏的命运知之甚少——除了常见的散佚故事之外，一无所知。大多数的收藏都包装起来送去加尔各答，在那里由城市的一流拍卖师威廉·塔洛（William Tulloh）负责卖掉了。总督理查德·韦尔斯利为他的新总督府买下了马丁的枝形吊灯和镜子，马丁的很多财产也可能最后流入了非欧洲的家庭。[92] 在勒克瑙，纳瓦卜萨达特·阿里汗因为费尔哈特·巴克什宫"非常宽敞的闺房"而买下了它。[93] 克劳德·马丁的物质世界就这样消失在加尔各答和其他地方的沙龙中。

当然，康斯坦蒂亚宫保留了下来。这座宅邸按照他的设计完成了，他的遗体也葬于其中；墓地由"两位毛拉（每月 20 卢比）或一位神父（每月 50 卢比）"（这也是文化交流的一个绝佳的例子）和四座印度土兵石膏像负责管理。而他对这座宅子还另有规划。马丁从未有过子嗣，但他却希望能有个继承人——或者说继承人越多越好。[94] 他决定把康斯坦蒂亚宫变成"有志于学习英语和基督教教义的年轻人的一座学校或公学"。他在遗嘱里捐钱建立三所中学：一所在勒克瑙的大宅里，另一所在加尔各答，第三所在里昂，三所学校都以他的名字命名为马蒂尼埃中学（La Martinière）。加尔各答和勒克瑙两所马蒂尼埃中学的学生们都学习英语和波斯语，并由穆斯林毛拉和天主教神父负责照料（就像马丁的坟墓一样）。每年的 9 月 13 日，学生们举杯纪念马丁。[95] 他的遗产是一个重要的提示，说明并非所有的融合都随 19 世纪而去。就连他这样一个移居国外并归化英国之人，在遗嘱中也没有忘记写下出生的城市和法国的亲属。他奢华的欧式大楼依然矗立在勒克瑙郊外，那里的印度学生和加尔各答的学生仍在继续接受以他的名义进行的英语教育。

然而，如果说如数代归国者发现的那样，身为"印度人"在欧洲处境艰难，那么像克劳德·马丁那样——法国血统，选择做英国人，采取欧洲人的生活方式——身为"欧洲人"生活在印度，也变得越来越不可能了。马丁的勒克瑙形象部分取决于这位举止优雅的绅士宽泛的欧洲背景，英国人与法国人之间的差别无甚意义可言，也无关紧要。但印度和欧洲一样，1789 年之后，英法的敌对和战争把欧洲人分成了对立的阵营，对峙的势头有增无减。马丁坚守印度，逃过了德布瓦涅被困在伦敦的法国公民和困在巴黎的英国臣民之间的荒唐境地。他设法始终保持在两者之间。他的很多说法语的同辈却做不到这样。

在马丁死时，遍布整个次大陆的欧陆人都像他一样，在为印度诸王公服务。英国人也是一样，仔细研读德布瓦涅的军官名单便可发现；还有爱尔兰人，如著名的冒险家乔治·托马斯（George Thomas）；以及海德·扬·赫西（Hyder Jung Hearsey）和詹姆斯·斯金纳（James Skinner）等英裔印度人。[96] 但公司在英法战争背景之下的扩张对欧洲人和印度土邦之间的关系施加了压力。公司邀请英裔印度人和英国"变节者"回到它的军队里来之后，它越来越怀疑军队以外的欧陆人，常常给他们贴上"法国人"的标签。[97] 在海得拉巴，尼扎姆的步兵在法国人雷蒙挥舞的三色旗的率领下前进。在北印度斯坦，德布瓦涅的马拉塔军队继续在法国将军佩龙及其欧洲人下属的指挥下训练和战斗。最显眼的是在迈索尔，萨伏依人训练的军队为蒂普苏丹而战，蒂普苏丹成功地适应了欧洲人的军事和立法技巧，使他成为英国在南印度扩张中最危险的对手。

18 世纪末，焦虑的英国当局认为所有这些势力都是亲法的，特别是蒂普苏丹。但在英国人和法国人、朋友和敌人之间划清界限的绝不止公司一家。来自法国的战斗口号也震耳欲聋：印度军队的法国军官和老兵都受邀用他们的经验和资源来与公司为敌，有些人还是自愿前来。无论拿破仑是否游说德布瓦涅协助1803 年入侵印度，法国人的确制订了这样的计划：在印度现役或退伍的法国士兵都是现成的，其中很多人都准备帮忙。[98] 总之，在克劳德·马丁和他的朋友们的那个时代之后，留在印度的欧洲人社会在未来的几十年里都会以国家和文化的界线被彻底改造，更广泛的欧洲人与印度人的关系也是一样。

　　贯穿所有这些生命和遗产的是一个单一的主题。每一个故事都表明，形成于 18 世纪末的混杂、融合与协作是如何在 19 世纪分解成新的类别的。藏品如此。当跨文化的收藏被取代或散佚，它们就会以新的主题重新组合，落入新人的手中。人也一样。当集各种效忠于一身的人继续前进，进入新的背景时，他们就会被迫做出选择，抛弃或改变其混杂的身份。不妨说，这同样适用于国家。英法两国间的战争以新的强度延伸到亚洲时，本土势力和其中的欧洲人围绕着战斗人员，以前所未有的鲜明和清晰立场缔结了同盟。调整发生在 18 世纪末，其爆发的地点在印度洋的两侧：埃及和南印度的迈索尔王国。

第二部分　帝国的碰撞 1798~1801

第四章　入侵埃及

I. 新的战争，新的帝国

英法帝国战争的新篇章始于巴黎，那里杀死了一位国王，开启了另一场战争。1793 年 1 月 21 日黎明前的几个小时，被判死刑的国王路易十六准备赴死。他向爱尔兰神父忏悔；摘下了婚戒，这将与装着几绺家人发丝的小包一起交给他悲恸欲绝的妻子，她将在几个月后步其后尘；爬进一辆有篷马车，马车慢慢地载着他穿过寂静的街巷，从圣殿塔（Temple）监狱驶向革命广场①。十点钟，公民路易·卡佩②将在那里一步步地登上断头台——面对他祖父的骑马雕像曾经竖立的位置，如今只有空荡荡的基座——在两万人面前维护自己的清

---

① 革命广场（Place de la Révolution），巴黎市中心塞纳河右岸的一个大广场。原名路易十五广场，法国大革命期间改名革命广场。19 世纪曾数次更名，最终定名为协和广场。

② 路易·卡佩（Louis Capet），路易十六的本名。

白，并在吉约坦^①医生的国家剃刀下失去头颅。¹

处决路易十六，标志着自 1789 年攻占巴士底狱以后展开的后续事件走上了一条不归路。只要国王还在位，法国大革命看似基本上等同于实施了英国式的受法律约束的君主制，只不过摧毁了旧制度贵族和神职人员的很多陈腐特权而已。因此，法国大革命起初受到了拉法耶特侯爵^②等自由派法国贵族和很多英国人的欢迎。但在 1792 年 8 月，一伙暴徒攻占了杜伊勒里宫（Tuileries Palace）之后，事态显然即将发展为一场翻天覆地的革命。国民议会被共和制政府"国民公会"所取代，雅各宾派很快便在其中接管了权力；君主制被彻底废除；国王和王后遭到审判和处决。再也没有国王，再也没有权势集团，人人平等：路易十六的处决，标志着一种全然不同的秩序的开始。它还为英法之间由来已久的敌对开启了新的篇章。

弑君的消息震惊了英国。用当时一位编年史家的

---

① 约瑟夫－伊尼亚斯·吉约坦（Joseph-Ignace Guillotin，1738~1814），法国医生。他是废除残酷死刑的主要倡导者之一。他推动了一项法律，要求所有的死刑都应由一个简单高效的装置来执行，尽可能地减少痛苦。在西方语言中，断头台（Guillotine，又被称为"国家剃刀"［rasoir national］）即是以他的姓氏来命名的。

② 拉法耶特侯爵（Marquis de Lafayette，1757~1834），法国将军、政治家，参与过美国革命与法国革命，被誉为"两个世界的英雄"。他一生致力于各国的自由与民族奋斗事业，晚年还成为 1830 年法国七月革命的要角，亲手把大革命的三色旗披在新国王路易·菲利普身上。

话来说："听到不幸的路易被定罪和公开处决的消息，对于法国共和国的每一种厌恶的情绪都变成了熊熊怒焰……"[2] 伦敦的法国大使被解职了，这是理所当然之事；1793 年 2 月 1 日，经过数月的争辩和挑衅，法国对英国及荷兰共和国宣战。就连在十年前承受了失去十三殖民地的灾难性损失、从此强烈反对战争的英王乔治三世，也有感于路易的命运而产生了好斗的情绪。"的确，"他在法国宣战的次日写信给首相小威廉·皮特说，"我天性爱好和平，只要形势不似当前这般危急时，都不能让我产生决然的看法，即责任和利益在召唤我们团结起来，反对这个最野蛮、最不道德的国家。"[3]

当时，他和任何其他人一样没有料到，这时开始的反法战争将会绵延不绝，直到 1815 年的滑铁卢战役才会平息。而如果说法国大革命标志着"现代"政治时代的发轫（这一点至今仍是广泛共识），与之相伴的战争同样标志着一种新型冲突的开始。其令人震惊的肇始，只是大革命 - 拿破仑战争不同于 1689 年以来五次漫长的英法战争的诸多方面之一——它甚至不同于本身也是分水岭的"七年战争"。这场战争的结果不仅是巨大的人员损失，巨大的政治变化，以及浓墨重彩的民族认同感，还带来了世界力量的新布局，造就了一个新式帝国。

首先，处决国王就清楚地表明，这一冲突的意识形态意义大大超过了英国此前对战法国波旁王朝的那些战争。早先的冲突是英国的自由、英国的新教，以及英国式的君主制与法国的专制制度和天主教信条的暴政相抗衡。然而从 1793 年起，战争不再是两种不同模式的王权、教会和国家之间的交锋，而是两种截然相反的社会愿景之间的冲突。在英国人看来，这是保卫他们熟悉的社会秩序，反对没有国王、没有上帝、平等共和的"恐怖统治"①的战斗。在法国革命者看来，这场冲突是理性、平等和自由对抗宗教、特权和苛政之战。这些意识形态的信念的力量，使得大革命－拿破仑战争与"七年战争"的关系有如后来的第二次世界大战之于第一次世界大战。"七年战争"是为权力、土地和安全而战；如今，英法两国则是为了保卫和扩大其各自的生活方式而战。

战争的人员和资本规模也浩大得多。这正是大革命－拿破仑战争不同于此前的英法冲突的第二个方面。法国大革命的"人民军队"有 50 万到 75 万人，其规模是"七年战争"的战斗力的将近两倍；其中单是在 1793 年 3 月到 8 月间就紧急征募了 30 万人。[4] 在拿破仑军队的鼎盛时期，兵力逼近整整 100 万人，其中有三分之二在 1812 年与他一起向俄国进军。英国长期以来一直担心与法国相比，自己的军队规模太

---

① 恐怖统治（Reign of Terror），即雅各宾专政。

小，因而对这些大军相当恐惧。第一次英国国家人口普查在战火正炽的 1800 年进行，绝非巧合。然而很多法国人是违背自己的意愿而参战的——在拿破仑统治时期，每年有大约 16000 到 24000 名二十多岁的青年被征入伍，其中最多只有三分之一的人能活着回家。英国的军队规模虽然小得多，但可以说更加果敢。对法国入侵的普遍（且完全合理的）恐惧促使大约二十分之一的英国男子加入志愿军和民兵保家卫国：1798 年有 116000 人，到 1804 年便剧增到至少 380000人。正规军的人数也大致相当，巅峰时期达到约 50 万人。[5] 这些数字不仅代表如今在战场上对峙的庞大军队，还表明每一个国家都有很高比例的青年男子人口被战争直接拉去为国效力。

作为激烈的意识形态之战，蔚为壮观的大革命－拿破仑战争标志着某种全新的开始。这些战争显然属于**帝国战争**，在规模和帝国目标的清晰程度上远超此前的殖民冲突。诚然，自 1689 年以来的所有英法战争都在海外殖民地进行，战争的焦点也日益关乎殖民地。在"七年战争"打响第一枪的美洲显然如此，蒙特卡姆和沃尔夫在那里携手赴死，而英国最近一场与法国的战争——美国独立战争——也是在那里打响并失败的。英法战争在帝国层面的后果在印度也显而易见，整个 1740年代和 1750 年代，英属和法属东印度公司一直在那里争夺控制权。但从 1793 年开始，欧洲内外公然由国家主导的领土竞争就成为法英战事的核心内容。

　　史学界关于大革命－拿破仑战争的讨论过于关注欧洲，而战争的全球维度极易被忽略，其海外事件也被彻底掩盖了。但对于英法两国来说，战争对帝国有着深远意义。于法国革命者而言，征服是帝国文明使命（*mission civilisatrice*）的一部分，其目的是在整个欧洲传播共和及启蒙思想。[6] 拿破仑是在法国大革命的三色旗下开始其帝国生涯的，他率领着共和"自由军"打进意大利（1796 年）和埃及（1798 年）。英国并未以同样清晰的意识形态立场参战，但冲突让这个国家的帝国政策明朗起来。过去，英国不愿进行先发制人的侵略性征服，如今却在南亚、加勒比、非洲和地中海积极开战——更不用说在 1801 年根据

詹姆斯·吉尔雷（James Gillray），《岌岌可危的葡萄干布丁》，1805 年。英国首相威廉·皮特和拿破仑瓜分世界。注意拿破仑贪婪地切下了一部分欧洲，而皮特切开了大西洋，表明英国的海上优势

《联合法案》（Act of Union）与爱尔兰合并了——以此作为其全球活动的一部分，防止和抵消法国所取得的成功。困住军力的军事僵局也构成了帝国扩张的推动力。单凭英国的制海权无法消灭法国，而单凭法国占上风的陆军力量也无法击败英国。双方的制胜关键或许都在海外，在于取得海外的商业和战略优势。[7]与法国的战争不只是英国营造帝国的一个方便的借口（有时会有人指出这一点）。帝国的巩固和扩张被认为对英国的安全至关重要。[8]

18 世纪的大英帝国还未像伦敦的计划者们所设想的那样形成单一的"工程"，也没有被同质的文化、种族或民族认同连为一体。这种情况被战争改变了多少？简明的答案是：非常大。[9]首先，大革命－拿破仑战争刺激了积极的领土扩张，为迄今国家明显支持的帝国时间表提供了最接近的指南。战争还显著改变了帝国的范围、目的和公众认知。滑铁卢一役后，大英帝国的疆土远胜从前，并毫无疑问地在亚洲和非洲，而不是北美展开扩张。由"七年战争"牵头的发展如今得到了更完整的表达。与以往任何时候相比，如今的帝国不仅扩大殖民，也注重征服和直接统治，是个安全和商业并重的帝国。这个帝国看上去越来越像过去很多英国人警惕并往往反对的那种领土统治。与此同时，战争还有助于巩固对帝国的更广泛意义上的支持和认同，以及旨在实现怎样的帝国统治的更清晰的愿景。全新的大英帝国将会把对非白人、非基督徒各族群的统治变成它的使命和借口，它会以前所未有的自信、自豪和主见来实现"英国化"。

事实证明，这些年对英国民族认同和帝国认同的形成至关重要。[10] 这并不是说大英帝国在一夜间突然固若金汤，在某些重要和决定性的方面，它仍然维持着对外界的开放和对外界的依赖。不同国籍的欧洲人之间的边界固化了，其中最明显的便是英国人和法国人，就像克劳德·马丁、安托万·波利尔和伯努瓦·德布瓦涅等人亲身经历的那样。但同时发生的帝国扩张又仰仗于一种包容性的理解，关乎何种身份和行为会被认为是英国人或法国人。

从各自庞大军队的队列中，也可以看出那些国家标签下事实上存在的多样化。英国军队仍然高度依赖爱尔兰的征兵：在拿破仑战争期间，逾三分之一的士兵是爱尔兰人；东印度公司军队的爱尔兰人更多。无论是天主教徒还是新教徒，爱尔兰人既是大英帝国的建设者，也是它的受益者，既反抗帝国，也是帝国的牺牲品。[11] 1815 年，东印度公司军队有 200000 名印度土兵，其欧洲军官团有 30000 人。[12] 拿破仑军队也同样依赖帝国的臣民：有整整三分之一的兵力来自新近吞并的萨伏依、北佛兰德（Flanders）和莱茵兰（Rhineland）的领土；还有三分之一的士兵由雇佣兵和帝国的新臣民组成，这些新臣民大都来自中欧和东欧。[13] 法军甚至还有一个埃及马穆鲁克军团——弗朗西斯科·戈雅（Francisco Goya）在反映抵抗拿破仑的代表作《五月二日》①中，生动描述了西班牙爱国者们冲杀反抗的画面。

军队不一定是国家的缩影，但帝国臣民应征入伍保卫和扩张帝国，却指出了一条道路，即国家乃至帝国为了存续，就必须跨越国界。帝国目标日益坚定，显然就要想方设法地证明英国人优于外国臣民；基于种族、宗教、民族或文化对文明的感知程度等，对"他者"的排斥性定义逐渐成形。但与此同时，帝国的扩张也导致新增极大数量的外国臣民要被纳入英国统治。一直以来还没有人仔细地考察过，他们是如何被纳入帝国的话语和体制中的。18 世纪以来为世人所熟悉的协作与四海一家的组合并未消失，只是经过了重新布局。

因此，正是在这一划时代的战争中，英国和法国的帝国兴趣发生了转移、扩展和修正。很多出现在这一时期的最新民族主义（因为没有更合适的词）帝国意识形态都是在欧洲大陆，也就是拿破仑的法兰西帝国的核心地区形成和实行的。鉴于人们倾向于把帝

---

① 《五月二日》（*The Second of May*），全称为《一八○八年五月二日》，又称《马穆鲁克的冲锋》，反映的是在后来引发了半岛战争的法国占领西班牙时期，反抗法国人的一次人民起义。

国想象成海外现象，只涉及白人统治非白人，这颇值得一提。在西半球，数十年的战争导致西班牙和葡萄牙两个帝国大幅收缩，而英国和法国却玩弄花招，支持拉丁美洲宣布独立，梦想着能维持或发展非正式的帝国统治。然而若论这些包容与排斥、新帝国与老帝国、正式与非正式的紧张关系所产生的明显和持久的意义，哪里都比不上欧洲东部的帝国边缘，以及奥斯曼、莫卧儿、英国和法国势力的重叠地带。这场非正式的世界大战里有两个相关事件让跨文化征服和纠缠备受关注。它们发生在埃及和印度。

1798 年夏，拿破仑·波拿巴入侵埃及，开始了法国为期三年的占领。与欧洲人在印度或印度尼西亚的扩张——这些起源于处在东方势力边缘的欧洲贸易公司之间的内部冲突——颇有不同的是，法国入侵埃及是赤裸裸的抢占领土，此前没有哪个欧洲国家在美洲之外的地方进行过如此规模的侵略。因此，这成为现代史上最早也最公开的"帝国"征服之一。按照爱德华·萨义德把这次入侵看作是第一个"东方主义"计划的著名看法，它还开创了一种欧洲外征服的新形式，由西方优越性的修辞予以合法化，并利用知识和文化制度为国家服务。最重要的是，它是英法战争全球化——以及帝国化——的绝佳范例：拿破仑的既定目标就是挑战英国在印度的统治权。

在印度洋的另一侧，另一系列事件正在上演。

1799 年，东印度公司对印度南方迈索尔王国的统治者蒂普苏丹开战，并攻占了他的首府塞林伽巴丹。30 年来，蒂普苏丹和他的父亲海德尔·阿里一直在印度南部对英国势力发出挑战；1799 年是公司与迈索尔之间一系列武装冲突的第四次。新的印度总督理查德·韦尔斯利打头阵，1799 年战役证明英国本身也转向了积极扩张，东印度公司早期不愿追求代价昂贵并有可能陷入麻烦的征服，这场战役也标志着其政策发生了根本转变。韦尔斯利攻击型的军国主义将在与马拉塔人的激烈战争中继续发挥威力，这场战争由韦尔斯利更出名的弟弟、未来的威灵顿公爵阿瑟指挥，据阿瑟后来回忆，马拉塔人是与他作战的对手中最顽强的。这也导致了一系列非正式的占领和吞并，以及由东印度公司发起的当时最大（也是整个公司史上第二大）的海外战役：1801 年的埃及反入侵战争。

法国入侵埃及和英国攻占塞林伽巴丹发动于不同的大洲，表面上看来是与毫不相干的本土势力作战，实际上却是同一场英法战争的两个前线。因为英法在历史上常常被割裂开来讨论，也因为大革命－拿破仑战争的海外冲突往往被欧洲大陆发生的那些战争所掩盖，极少有历史学家会留意埃及和塞林伽巴丹之间的联系。但这些战役对于英国和法国在东方的野心意义重大。它们共同代表了帝国扩张与英法战争之间的突然碰撞，也是一个"假如当初"的时刻，即今天的印度人本来有可能把法语而不是英语作为他们的第一西方语言。世纪之交那几年标志着法国为在印度站稳脚跟进行了最后一次协同努力，也见证了英国首次试图保卫印度免受海外的入侵，以及英国首次由陆上进入奥斯曼帝国的地盘。它们还开启了英国通过幕后的影响和控制，在中东建立非正式帝国的一片新天地。

在全球地缘政治和欧洲扩张政策发生这些变化的背景下，埃及和塞林伽巴丹的战役也反映了当地的帝国文化政治的长期特征。英法两国都依赖于沟通东西方的朋友和敌人的定义，也建构了那些内容。在埃及，法国的成败取决于它能否赢得埃及人某种程度的默许和支持；如果不能，在人数上处于严重劣势并且孤立无援的法军很快就会被战胜。拿破仑以一系列非同寻常的文化序曲，试图通过大肆渲染他与伊斯兰教的亲近关系来争取埃及人的支持。与此同时，印度的英法战争也陷入了有关印度人，特别是海德尔·阿里和蒂普苏丹的"他者"的长期话语中。然而，蒂普苏丹在很多方面都非常西方化了，正是因为这个原因，以及他与法国之间的文化和军事关联，变得非常危险。这些跨文化关系尽管很少得到认真的对待，却对于 19 世纪大英帝国和法兰西帝国的形成和性质产生了重要的影响。

最后，这场战役隶属于一种持久的帝国收藏和再造模式，在比喻和字面意义上均是如此。一个国家强行获得土地、人员和资源——帝国主义——就是在规模上不同于收藏家个人获取藏品的"收藏"。它收藏的是人，这会产生深刻的文化和道德后果。然而，英国和法国在这些年里的扩张本身就能够让人联想到收藏。这些战役都源自日益集中化的新兴征服圈地计划。如果收藏是一种再造的话，那么这些征服也融入了英法帝国主义国家的再造日程。对于法国来说，入侵埃及是首次在欧洲以外表达革命性的文明使命。对于英国，特别是东印度公司来说，攻占塞林伽巴丹有助于巩固大英帝国既是一个征服帝国也是一个贸易帝国的新形象。

这些入侵同样涉及有形资产的收藏。两场战役都收获了大量的东方物品——战利品、纪念品、掠夺的财物、古董——通过攻城略地而带到欧洲。正是在埃及的拿破仑大张旗鼓地把国家资助的收藏艺术推高到一个新的水平，他随身带来了逾百人的一队学者（savants），在军队获胜后研究埃及。学者们在法国占领的三年里完成了收藏的任务。古董、工艺品、天然标本、规划图、平面图、音乐：他们的信息宝库涵盖了古代和现代埃及，自然与文化，后来形成了 19 世纪最伟大的出版项目之一——《埃及记述》（*Description de l'Égypte*）——的基础。在战争的另一个前线印度，藏品也出现在国家的征服事业中。理查德·韦尔斯利利用一系列来自陷落的迈索尔王国的战利品，向英国大众和英国官员展示了东印度公司作为帝国统治者的出色的自信形象。与学者们在埃及的研究极其相似，东印度公司在蒂普苏丹的被占领土上进行了第一次土地测绘。塞林伽巴丹的某些物品凸显了公司的力量，其他私人手中的藏品则会揭示出英国与印度交涉和接触的范围将会继续扩大。

收藏领土和收藏物品，入侵和再造：埃及和塞林伽巴丹共同标志着法英两国在东方进行帝国扩张的一个转折点。法英两国带着明显的帝国目标，通过这些战役来收藏领土。这些帝国国家同时以文物收藏家的面目出现，使用和操纵它们来培养统治者的自我形象。总之，英国正是在这些战争岁月里为在印度和中东建立一个更大、更自信——同时也更多样和散乱——的大英帝国打下了基础。为了理解那个东方帝国是如何建立的，是时候从印度转头向西，看看埃及这个新前线了。

II. 西行

没有什么伟大的预兆或悠久的历史可以为大英帝国介入埃及埋下伏笔。实际上，那就是一连串的灾难。1779 年 6 月的一天，开罗郊外的一群村民看到一个白人缓缓走近。他行尸走肉般地从沙漠走来：浑身赤裸，瘦骨嶙峋，干硬的皮肤上遍布溃疡，半瞎的眼睛呆滞无神，双唇粘在一起。后来得知他叫圣日耳曼

（Saint-Germain），而他可怕的故事里就包含着未来埃及的欧洲帝国主义者们所面临的麻烦和诱惑。

圣日耳曼是法属东印度公司达卡（Dhaka）代理店的指挥官，他的兄弟驻扎在附近卡西姆巴扎尔（Kasimbazar）的代理店。1778年英法战争爆发时，两兄弟都是英国人的阶下囚，但在通常给予军官的特许之下，他们获准宣誓释放并得以返回法国。他们从孟加拉出发，乘坐挂着丹麦旗的商船"纳塞利亚号"（Nathalia）前往苏伊士。"纳塞利亚号"在那里卸下"印花布、胡椒和其他药品"的货物和乘客，他们将随车队穿过苏伊士地峡（Isthmus of Suez），在亚历山大港换乘另一艘船前往欧洲。[14]

1869年，苏伊士运河开通后，几乎每一个往来于欧洲和印度的人都会取道埃及，但在1778年，这却是一条极不寻常的路线。红海的航行艰险重重，风向也不适宜，一年有六个月刮北风，其余六个月刮西北风。另一个严重的障碍是奥斯曼当局，他们对欧洲船只在他们的水域航行，特别是如此靠近阿拉伯世界的圣城抱有戒心。实际上，就在"纳塞利亚号"出发前几个星期，苏丹刚刚下令给统治埃及的贝伊（奥斯曼帝国任命的总督），坚称："我们完全无法忍受法兰克船只来到苏伊士。……苏伊士海注定只属于尊贵的麦加朝圣者。容忍法兰克船只在其中航行，或是对其不加理睬，就背叛了君主、宗教和穆罕默德的

每一个追随者。……"¹⁵

　　然而对于欧洲人，特别是英国人来说，苏伊士路线充满了无限的诱惑。如果天气允许的话，这条路线可以把印度与欧洲之间的平均行程从六个月减少到区区两个月。商业利益也不言自明。1775 年，沃伦·黑斯廷斯与贝伊谈判制定了一个条约，准许东印度公司以低于吉达 ① 的关税在苏伊士开展贸易。这条路线也有战略上的优势，1778 年 4 月，自称英国驻埃及代表的企业家乔治·鲍德温刚刚证明了这一点。鲍德温得知英法之间战火重开之后，把冲突的快讯发给印度，才使得东印度公司在与法国人的对抗中取得了重要的先手得分——起码他自己是这么认为的。¹⁶

　　最终，"纳塞利亚号"没有打破速度纪录；在"单调而危险地航行了近五个月"后，它在 1779 年 5 月底抵达苏伊士。¹⁷ 货物和在海上受尽折磨的乘客都适时下船，两星期后随车队进入沙漠，前往开罗。他们在凉爽的夜间骑骆驼行进，途中蜷缩在骆驼背上的篮子里小憩片刻。但在出发第一天的黎明，一队阿拉伯袭击者从沙漠上朝他们冲过来，把他们惊醒了。阿拉伯人是来掠夺和惩罚他们的：如果欧洲人违抗苏丹的命令，就要为此付出代价。袭击者旋即把车队洗劫一空，带着船上所有的货物消失在沙漠中，"纳塞利

————————————

① 吉达（Jeddah），沙特阿拉伯麦加省一港口城市，位于红海东岸，麦加以西 64 公里处。

亚号"的一船人被留在那里，身上寸缕皆无。有些人设法在混战期间早早逃走，回到了苏伊士。他们很走运。还有八个人——圣日耳曼兄弟也在其中——决定徒步去开罗。

第一天，"纳塞利亚号"的一个主要投资者巴林顿上尉倒下了，同伴们被迫离开他继续前行，让他陷入了脱水而死的悲惨命运。第二天，又有两个人力竭而倒，也被抛弃了。第三天，圣日耳曼的兄弟倒下了，圣日耳曼给他留下两个将死的黑人仆人后，也离开了他，和剩下的一个名叫保罗的美国译员继续前进。译员是最后一个死的。圣日耳曼独自一人跟跄着走出沙漠，一路蚊虫叮咬，皮肤被沙粒划破，饱受发烧之苦，还落魄到自己能尿出来多少就喝多少的地步。发现他的埃及人把他抬到开罗的一个法国商人家里，在苦心的护理和一名欧洲医生的照料下，他慢慢活了过来。他的痛苦经历像噩梦一样困扰着他，"始终感叹他不幸的兄弟的残酷命运，他总是以最亲切的感情爱着他的兄弟"。后来他才得知，苏伊士（那个安全的所在）距离他们开始步行的地方只有区区 30 英里远。[18]

这显然是个警世寓言。"当然，这个凄凉的例子让印度的英国人再也不敢频繁出入这些国家了，"开罗的一个欧洲居民向驻君士坦丁堡的英国大使罗伯特·安斯利（Robert Ainslie）爵士报告这个悲剧时，得出了这个结论。[19] 安斯利本人愤怒难平:"纳塞利亚号"的商人公然违反苏丹的命令——更不用提东印度公司发布的禁止在红海进行私人贸易的命令——让他面对奥斯曼当局时处于一个非常尴尬的境地。对于安斯利和英国外交部而言,苏丹的青睐无疑要比几个"在印度的……惹人生气的人"桀骜不驯的欲望重要得多。[20]

然而,尽管"纳塞利亚号"的灾难阻止了很多人前往红海和埃及,却也给持相反观点的人提供了口实。如果埃及对于英国的贸易和与印度打交道都至关重要,那么,英国也应该征服埃及。这是乔治·鲍德温不知疲倦地大力倡导的立场,正是这个人在 1778 年把战争的快讯传给孟买,证明了苏伊士通道的便利。鲍德温多年来一直在黎凡特经营丝绸生意,积极宣称埃及、印度联合后的商业和战略潜力,以至于为了发展和倡导他的计划,从 1775 年起便一直定居在开罗。[21](在此期间,他还扮起了非官方英国领事的角色,负责照料旅行者和商人。他正是以此身份在 1777 年帮助了另一个在埃及和印度过境的欧洲人伯努瓦·德布瓦涅,并与其结为好友。)鲍德温的论证建立在一个重要的外交发展上。1774 年,奥斯曼帝国输掉了与俄国的一场为期六年的战争;在《库楚克开纳吉和约》(peace treaty of Küçük Kaynarca)里,苏丹在奥斯曼帝国史上头一次向敌国割让了帝国的一部分心脏地带。奥斯曼的很多省份已是半自治的性质，包括由一群马穆鲁克贝伊统治的埃及。（马穆鲁克并非阿拉伯人；他们是童年时被俘、皈依伊斯兰教的东欧基督徒或其后裔，受训在奥斯曼军队参加战斗。）如今在1774年奥斯曼帝国的让步之下，苏丹曾经牢不可破的领土似乎完全分崩离析了。奥地利、俄国和法国毫不掩饰其瓜分奥斯曼帝国的野心。鲍德温敦促英国也相机行事。

他说，征服埃及既有利可图又可速战速决。控制红海通道不但能大大缩短印度和埃及之间的交通——会带来各种积极的后果——而且会给东印度公司带来咖啡贸易和其他盈利生意的无尽财富。如今恰逢其时。埃及政府被贝伊之间的派系内斗搞得四分五裂，而推翻他们与奥斯曼帝国的大致稳定无甚关系，因为这个"九头蛇般的政府"，鲍德温说，"既不是一个附庸国，也不是个独立国，虽然在名义上受制于奥斯曼帝国的掌控，实际上却是独立的"。[22] 现在正是快速采取行动的时刻。如果英国不能快速行动征服埃及，法国就会抢先动手。"法国在采取任何计划时，向来把惹恼英国作为它的一个主要出发点，"他警告道，

> 法国拥有埃及，就拥有了通向世上所有贸易国家的万能钥匙。在这个时代的航海和商业等通用技术的启发下，她会把那里变成世界的商业中

心。她会以自己的能力突然行动，把任何数量的军队在任何时间运到那里，把那里变成东方世界的敬畏之地；而到那时，英国想继续持有在印度的一切，就得仰仗法国的慈悲了。

"无论是采取公平的手段，还是通过武力，"鲍德温宣称，"掌握那条通道都是印度公司的义务，哪怕这会让他们与整个土耳其帝国开战。"[23]

当然，1779 年美国独立战争正打得如火如荼，对政府中的很多英国人来说，陷入另一个战场绝非他们所愿，特别是像奥斯曼帝国这样庞大和复杂的国家。1774 年后，其他欧洲国家都在寻找突袭奥斯曼弱点的手段，英国的外交官却赞成支持苏丹的权威，一个重要原因就是想阻止欧陆的对手在奥斯曼帝国彻底崩溃之际获得最大一份利益。（还值得一提的是，罗伯特·安斯利爵士尤其鄙视乔治·鲍德温，并将迫使鲍德温不得不逃离埃及的"纳塞利亚号"事件看作这个麻烦人物应得的报应。）何况，其他人不一定像鲍德温那样清楚，在埃及拥有一个英国立足点大有回报。虽然从欧洲向东看去，人们或许会把埃及看作穿越进入印度洋的天然地点；但从印度向西看去，又会看到其他路线，尤其是波斯湾。长期以来的印度洋贸易网络将马拉巴尔海岸与巴士拉和（比方说）阿巴斯港（Bandar Abbas）等地联系起来，1623 年，东印度公司就曾在阿巴斯港开设了一个代理店；到 1720 年代，公司控制了海湾地区的欧洲贸易。[24] 鉴于"纳塞利亚号"灾难等事件，红海航行的危险，以及英国外交政策在奥斯曼世界的更大目标，英国政府和东印度公司诸位董事不太在意在埃及建立殖民地的前景，也就不足为奇了。

但无论白厅 ① 或威斯敏斯特当局是否愿意采取行动，"纳塞利亚号"事件和鲍德温坚持不懈的计划，都让人们清楚地意识到，埃及不可避免地与帝国的地缘政治联系在一起。关于这一时期英国致力于在中东和地中海扩张的著述很少，而帝国历史上的白日梦和未遂之事——1779 年英国征服埃及似乎正是如此——也很少得到关注。不过，英国在埃及的帝国利益的缘由，不仅是英国在印度及其周边建立帝国的宏大历史的一个关键部分，也很像英国起初在印度扩张时很多事态的发展：干预的目标同样从贸易全面转向征服，同样的私人动机与公共政策之间时而尴尬的关系，同样的土著当局与幕后的欧洲势力之间出于利害关系的联手。最重要的是，英国在埃及的干预史是一个教科书级的案例，显示了英法对抗如何催化了商业利益，并将其转化成公开竞争的推动力。

鲍德温关于法国人的警告有点儿耸人听闻，但那

---

① 白厅（Whitehall），英国伦敦威斯敏斯特市内的一条大道，是英国政府中枢的所在地。

些警告也是先见之明。1770 年代末，埃及开始在法国扩张主义者的想象中变得突出起来。1785 年，一支法国代表团与奥斯曼帝国成功达成一个协议，法国获得了在红海贸易的前所未有的权利。一些英国高级官员这才开始警觉埃及路线的商业和战略意义，最值得一提的就是亨利·邓达斯（Henry Dundas），他是国会新成立的管理委员会主席，负责监督东印度公司事务。1786 年，乔治·鲍德温在邓达斯的资助下返回埃及，这一次他被正式任命为英国领事和东印度公司的代理人。"鲍德温先生的开罗府邸的伟大目标就是开启从埃及去印度的交通。"邓达斯说。除了为东印度公司商定贸易条约之外，鲍德温还受命"持续留意法国人的行动"。[25]

鲍德温密切关注他讨厌的对手。"我会像威廉·汉密尔顿①爵士观测维苏威火山一样密切关注"埃及的政治局势，他说，"倾听它地下的抱怨，并了解它的症状。我一点儿也不怕它"。[26] "他们知道埃及的价值，" 1787 年，鲍德温在给邓达斯的信中把法国人写得很阴险，"如果在他们看来什么都无法阻止土耳其帝国的毁灭，难道他们的敏感触觉，他们的

---

① 威廉·理查德·汉密尔顿（William Richard Hamilton，1730~1803），英国外交官、古文物学家、考古学家和火山学家。1764~1800 年任英国驻那不勒斯王国大使。他研究维苏威和埃特纳的火山，成为皇家学会的会员并荣获科普利奖章。

民族信仰会阻止他们参与其中吗？我强烈怀疑，阁下，他们可不会只看看热闹。……我相信他们决心已下。"[27] 他大概自己都想到他已经无限接近事实真相了。征服埃及的计划早在 1672 年便已在法国曝光，当时的哲学家莱布尼茨（Gottfried Wilhelm Leibniz）给路易十四写了一份建议书，敦促他采取行动。当然，法国是一个地中海国家，一直都被束缚在那片海岸地区的贸易和文化逆流之中。1770 年代，鲍德温在开罗定居时，是出现在埃及的为数不多的英国人之一，也是那里有史以来第一位被任命的英国领事。另一方面，法国人自从 17 世纪以来一直与埃及维持着稳定的外交关系；在亚历山大港、开罗和罗塞塔（Rosetta）经营着代理店；还在这个国家历史悠久的小社区里生活，社区配有一个法国面包师以及几位耶稣会会士和方济各会行乞修士。[28] 与多少有些业余的鲍德温相反，法国社区的领袖人物是一个名叫夏尔·马加隆（Charles Magallon）的普罗旺斯商人，他从 1760 年代便在埃及生活，说得一口流利的阿拉伯语，还与很多高官交好；他的妻子本人就是个惹人注意的人物，还是穆拉德贝伊①之妻的

人埃法及

---

① 穆拉德贝伊（Murad Bey，约 1750~1801），埃及马穆鲁克首领（贝伊）、骑兵指挥官，并与易卜拉欣贝伊联合统治埃及。他经常被视为残酷而庄严的统治者，同时也是个精力充沛的勇猛斗士。

密友。[29]

鲍德温几乎是这一时期唯一一个公开鼓吹英国入侵埃及的人,但从 1774 年到拿破仑 1798 年的远征这段时间,至少有十几个人向法国政府正式提议征服埃及,历史学家在几乎长达一个世纪的时间里都没有严肃地调查过这些计划。[30] 这些计划是由军官、领事、商人和独立企业家起草的——其中有些人受到了法国国家的公开资助——如今可以在法国海军、陆军和外交部的档案馆查阅到它们,这本身就表明它们的官方读者人数众多。最详细的计划是由出生于匈牙利的弗朗索瓦·德托特(François de Tott)男爵拟就的,他是苏丹穆斯塔法三世[①]的前军事顾问。1777 年,德托特受法国政府派遣,正式巡察地中海东部的各家代理店。他还受命为将来的法国入侵埃及秘密收集情报。(他后来被告知要掩藏真正的使命,告诉别人他是"为科学院做天文观测,研究自然史、珊瑚和石珊瑚,以及你能想到的随便什么可信的借口"。)[31] 他和他的助手德拉洛纳骑士(Chevalier de la Laune)画了地图和海岸轮廓,在亚历山大港的港湾测了水深,还评估了埃及的防御工事。和很多计划者一样,德托特也主

---

① 穆斯塔法三世(Mustafa III,1717~1774),奥斯曼帝国苏丹,1757~1774 年在位。穆斯塔法三世是一位相当有所作为和明智的苏丹,他试图改革奥斯曼帝国的军队和国家管理体系,使奥斯曼帝国能够与西方欧洲国家相抗争。为此他聘用外国军官来改革步兵和炮兵,并开设了数学、导航和科学院。

张在苏伊士挖一条运河。[32]

在法国殖民战略家看来，作为他们在"七年战争"后失去的北美殖民地的替代品，埃及具有特殊的吸引力；1769年，舒瓦瑟尔公爵就向路易十五明确概述了这个理由。他们认为，埃及农业潜力巨大，适合种植大米和小麦以及宝贵的甘蔗和木蓝等经济作物。[33] 然后就是它的地理位置。"只需看一眼埃及的地图，看看它的位置与欧洲、亚洲、非洲和印度的关系，（就会发现这是）全世界贸易的货物集散地。"德托特指出。[34] 他和其他人都认为，如果法国拥有了埃及，那么英国在印度占上风就不再重要了，因为通过埃及，"法国可以独家获得印度的所有贸易。……我们无须使用武力，就可以给予印度致命的一击"。[35] 这是和平时期讨论的内容。英法战争爆发后，埃及则被视作袭击英属印度的跳板。

然而在法国规划之时，英国却在熟睡。不但鲍德温的敦促被大多数有影响力的英国人听而不闻，就在1793年英法开战的几天后——正当埃及的战略重要性应该给英国留下深刻印象之时——外交部却致信鲍德温，关闭了领事馆。[36] 撇开英国的东方政策、埃及的地理和文化距离等问题不谈，英国官方的关注从来没有聚焦到埃及的帝国价值上来或许还有另一个原因。那个原因便是乔治·鲍德温本人。鲍德温一方面送回了关于法国部署的准确情报，另一方面却偏爱提出一连串越来越荒谬离奇的话题。比如说在 1791 年 7 月，他致信邓达斯，说他奇迹般地治愈了腺鼠疫。他保证道，用橄榄油给鼠疫患者按摩，他们立刻便会精神焕发。[37]（鲍德温显然笃信橄榄油的疗效，他后来建议自己的朋友伯努瓦·德布瓦涅"不时喝上满满一勺上好的橄榄油"就可以治愈气喘病。）[38] 他还给肠胃胀气、耳聋、感冒和"跛足"开出了疗法。从 1795 年到 1797 年，他花了大量时间在他亚历山大港的大宅子里记录一个名叫切萨雷·阿韦纳·德瓦尔迪耶里（Cesare Avena de Valdieri）的意大利催眠术师"富有吸引力的梦境"，并在后来予以出版。[39]（德瓦尔迪耶里显然是个骗子，一个 19 世纪的读者在大英图书馆的一本鲍德温著作的边缘用铅笔写下："大家应该知道，他把鲍德温口袋里所有的钱都吸到自己口袋里了。"）[40]

鲍德温根本没有收到 1793 年外交部通知他关闭领事馆的信。实际上，他在四年之后才通过一份副本得知，他的办事处早已结束了。（这是当时通信不可靠和缓慢的另一个证明：虽然他已经注意到自己没能拿到薪水，但他显然没有多想，大概也完全可以通过贸易或其他手段来维持生计。）那时，也就是 1797 年末，鲍德温生病了，打心眼里对这一切产生了极大的厌恶。"被迫放弃自己的岗位、财产，以及大部分的关系往来，离开这个国家，去他处寻找活命的机会。"1798 年冬，他离开埃及前往意大利。[41]
但这是个最糟糕的时机，鲍德温所有的预言都很快
便以最肆意的方式得到了证实。法国在埃及不再仅
仅是探讨、研究和计划了。策划时期已过，入侵的
时间到了。

Ⅲ. 刻意规划的帝国

1798 年 2 月，法国外交部长夏尔－莫里斯·德
塔列朗[①]收到开罗商人夏尔·马加隆的一份报告，后
者五年来一直担任法国驻埃及的领事。每一个跟踪法
国在该地区政策的人，都很熟悉马加隆《埃及备忘
录》的主题：法国为何要征服埃及，以及怎样做效率
最高。马加隆的论证清晰到位，并有翔实的亲身观察
来支持（他甚至就法国舰队的出海日期提出了建议），
这是一个在埃及生活了差不多 40 年的老手理当做出
的报告。他精通阿拉伯语，也"在各行各业结交广
泛"——他自信地断言，那些朋友会"兴高采烈地"
接待法国人。这次征服的大目标——特别是在英法战
火正炽的这一时期——如今日趋明朗。"一旦我们的

---

① 夏尔－莫里斯·德塔列朗（Charles-Maurice de Talleyrand，
1754~1838），出身于古老贵族家庭的法国主教、政治家和
外交官。他曾历经数届法国政府担任高等职务，通常是外交
部长或一些其他外交要职。塔列朗的上级通常都不信任他，
但是拿破仑认为他十分能干。"塔列朗式"成为一种玩世不
恭、狡猾的外交态度的代名词。

政府拥有了埃及，"马加隆总结道，"就可以将其看作从英国手中夺来的征服。"军队可以从埃及进军印度，在那里与"敌人（英国人）……最惧怕的……一直与他们交战的海德尔·阿里之子蒂普·赛义卜"取得联系，法国就可以把英国赶出这块次大陆。[42] 马加隆的备忘录有力、具体，又令人信服，绝不仅仅是一般性的建议书。这是一份入侵的蓝图，它是由塔列朗亲自委托撰写的，后者决定立即将其付诸行动。[43]

近来的战况对法国非常有利。上一年在意大利，天才的年轻将军拿破仑·波拿巴率领革命军大胜奥地利后挥师罗马。意大利战役的战利品很快便在巴黎的大街小巷展示，后来又被安置在卢浮宫里。[44] 法国与欧陆的敌人一个个达成了和平协议。与此同时，英国在加勒比受到法国人的持续骚扰，而 1796 年英国在那里的一次重大进攻却遭遇了黄热病和疟疾，大约有14000 人因此死亡。[45] 尽管小威廉·皮特的领导坚定不移，英国却有很多人脆弱无助、过度紧张，对他们自己的能力深感焦虑；法国若占得天时地利，再有一次打击就会让他们走向谈判桌。一支"英格兰军"集结于法国北部，准备在可能的情况下入侵英国。在塔列朗收到马加隆报告的同一个月，（如今已是总司令的）拿破仑和他的高级将领们走马观花地访问了英吉利海峡的各个港口，调查准备情况并启动入侵。

主要是因为海军运输的问题，拿破仑决定将直接入侵英国一事暂且搁置。⁴⁶ 但"英格兰军"可以在另一个领域对阵英国：可以把它派遣到东方，在埃及挑战印度的英国势力。塔列朗向法国的最高执行机构五人督政府提出了埃及计划，这份计划直接转述马加隆的报告文本，只是用大量革命的修辞做了修改。他们对这个想法大加赞赏。拿破仑本人对该计划表示欢迎，既因为其明显的战略价值——他对此深信不疑——又因为它唤起了他本人的庄严感：亚历山大大帝曾经在同样的 29 岁年纪征服过埃及。和亚历山大大帝一样，拿破仑也有志于成为一个有文化的征服者——他最近刚刚当选为最负盛名的国立学院①院士，觉得尤其满意。计划一旦准备就绪，拿破仑就开始招募学者，一边征服，一边研究埃及。

　　在巴黎计划者看来，入侵埃及似乎十拿九稳。这个国家的防御和军事能力都被预先侦察过了，战役和建立新政体的每一个步骤都经过深思熟虑，马加隆和奥斯曼帝国的资深译员旺蒂尔·德帕拉迪（Venture de Paradis）这样知识渊博的顾问也在现场协助。实际上，这个计划绝不是不太可能实现的幻想，而是数十年来不断制订和改进的一个成熟的外交政策。它沿袭了从旧制度到革命时代的法国在政策上重要的延续性。它的战略目标极其清晰明确，1798 年 4 月 12 日

①　国立学院（Institut National），即后来的法兰西学院。

颁布的政府法令概括了那些战略目标：获得地中海东部的控制权，切断英国与亚洲的联系，并为法国进攻印度做好准备。这个计划也绝非不合情理。埃及似乎已引颈待戮；印度的盟友也已整装待发，特别是蒂普苏丹。现在只等时机成熟了。

逾30万人的法军在5月中从地中海的港口土伦（Toulon）出海。"你们是'英格兰军'的双翼之一。"拿破仑告诉他们，这并非欺骗，因为他们实际上就是去打英国的，只不过不是直接攻打本土。6月9日，他们抵达地中海中央的马耳他岛，数个世纪以来，这里一直是圣约翰骑士团 ① 十字军修会的要塞。马耳他占据了一个重要的战略位置，并自恃有地中海最好的港口之一，因而是航路上的一个值得攻占的宝贵要地。骑士们只打了一个回合便投降了。（550名骑士里有逾200人是法国人，还有几十人老病得无法参战，这当然也帮了大忙。）⁴⁷ 大军在马耳他停留了一个星期——在此期间，拿破仑解散了这个中世纪的修会，并着手将这个岛变成法国的殖民地——随后再次扬帆

---

① 圣约翰骑士团（Knights of St. John），亦名医院骑士团，最后演变成马耳他骑士团，成为联合国观察员的"准国家"组织持续至今，是最古老的天主教修道骑士会之一，也是历史上著名的三大骑士团之一。圣约翰骑士团成立于第一次十字军东征之后，本为本笃会在耶路撒冷为保护其医护设施而设立的军事组织，后来演变成为天主教在圣地的主要军事力量之一，其影响一直持续至今。

远航。到了这时，大多数士兵才得知他们的最终目标。"战士们！"拿破仑向此后被称作"东方军"的将士们宣布，"你们将要进行一场征服，这对文明和世界贸易的影响将不可估量。你们将给予英国最不容置疑、最痛苦的打击，并等待时机，将其一击致命。"[48]

安托万－让·格罗（Antoine-Jean Gros），
《1798 年 7 月 21 日，波拿巴在金字塔战役前
向军队作长篇演说》，1810 年

7 月 1 日到 2 日的夜里，第一支法国军队冲过拍岸的巨浪，抢滩亚历山大港。两天的战斗后，城中的领袖与法国人缔结了和平协议。拿破仑疾速前进，横扫尼罗河三角洲，进军开罗，不可避免地对阵马穆鲁克大军的主力。将近三个星期后的 1798 年 7 月 21

日，法国和埃及两军在开罗对面的尼罗河西岸对垒。法国人组成方阵面对穆拉德贝伊的攻击，后者率领着12000名马穆鲁克骑兵和40000名步兵。地平线上，吉萨（Giza）的金字塔群依稀可见。"冲锋！"拿破仑对军队高喊道，"想想看，在这些纪念碑的顶上，有40个世纪的历史在看着我们！"[49] 战斗在两个小时之内就结束了。穆拉德贝伊带着他训练有素的三千骑兵消失在南方的沙漠里，留下了或许多达两千具尸体，散落在团团的扬尘与拍岸的河波中。[50] 翌日，"东方军"带着拿破仑的一份公告，开始挺进开罗城："我来毁灭马穆鲁克，保卫这个国家的贸易和本地人。……不用为你的家庭、住宅、财产担心，更不用为我所热爱的先知的宗教担心。"[51] 拿破仑搬进马穆鲁克领袖阿勒菲贝伊（Alfi Bey）在埃兹贝基亚（Ezbekiyya）奢侈的新宅邸，这座宅子刚刚完工，还未有人进住；开罗的名人和历史学家阿布德·拉赫曼·贾巴尔蒂（Abd al-Rahman al-Jabarti）评论道："就仿佛这座房子就是特意给法国将军造的一样。"[52]

拿破仑只用三周时间便占领了亚历山大港和开罗：无论怎么看都是令人惊叹地验证了入侵计划的精妙。然而这显然是闪电战，成功不过是镜花水月。首先，尽管伤亡人数表明金字塔战役是法国的一场决定性胜利（只有300名法国士兵阵亡），但穆拉德贝伊带着最好的骑兵逃走了，却称得上是严重的失败。战略撤退是马穆鲁克的重要战术，只要穆拉德仍然在逃，法军的征服就远远没有完成。后来，拿破仑在8月派遣德塞（Desaix）将军率9000人（艺术家维旺·德农［Vivant Denon］也在其中，他在一本畅销书里记录了这次远征）追赶马穆鲁克进入上埃及（Upper Egypt）。在将近六个月的时间里，法军四面楚歌，我疲敌扰，我进敌退，苦不堪言，虽然在兵力上占据3∶1的优势，却始终没有抓到穆拉德。

然而，北方还有一个更加迫在眉睫的威胁，那就是海军上将霍拉肖·纳尔逊（Horatio Nelson）率领的英国地中海舰队。尽管英国的决策者在和平时期很少关注地中海东部的局势，那里的战争却改变了他们的看法。自从法国人在5月中旬离开土伦，纳尔逊就一直在地中海巡游，试图追踪他们。他们是去马耳他吗？伯罗奔尼撒？还是科孚岛（Corfu）？他收集来自加的斯（Cadiz）、那不勒斯、西西里岛、士麦那（Smyrna）的情报，观察风向，一边等待一边思考。6月17日，拿破仑的将军们都要在几天后才知道他们的最终目的地呢，纳尔逊就算出他们一定是在前往埃及的途中："因此，我决定……去亚历山大港，如果那里或埃及的其他任何地区是他们的目的地，我希望抵达后有足够的时间挫败他们的计划。……"53 他指示先锋部队从那不勒斯向南进发，并在6月20日，也就是法国人驶出瓦莱塔（Valletta）

的第二天，率领舰队通过了墨西拿海峡（Straits of Messina）。翌日——这是个非凡的船只夜航的例子——两支舰队相隔22里格擦身而过，在望远镜的观察范围之外。纳尔逊在一个星期后抵达亚历山大港，他派一名军官上岸去与乔治·鲍德温联络，问问是否有人看到了法国人。（那名军官发现鲍德温早在两个月前就离开了。）[54] 纳尔逊没有听到法国人的消息，便于6月29日起航前往塞浦路斯。他怎么也没想到，就在那一天，法国舰队距离亚历山大港只有五里格的距离——这是艺术家维旺·德农的素描距离，他在"朱侬号"（*Junon*）的甲板上精准地描摹出海岸的轮廓。[55]

就这样法国人畅通无阻地登陆了，但英国海军迟早会回来的。果然，8月1日，纳尔逊在阿布基尔湾（Aboukir Bay）发现了法国舰队，那是亚历山大港东部海岸的一个不蔽风雨的浅湾。拿破仑未能指挥舰队进入更安全的位置，舰队像一大群死靶子一样漂进那里的开阔水域。[56] 纳尔逊抓住了机会。他巧妙地调遣半数军舰开进敌人与海岸之间，包围了法军战线的头部和中段，在傍晚六点后不久便开火了。从表面上看来，法军的军舰数量略占优势：战线上有13艘法国军舰和4艘护卫舰，而英国战线上有14艘军舰；1182门法国炮对1012门英国炮。[57] 结果却对法军大为不利。当晚十点左右，法军战线中段发生了巨大的爆炸，拿破仑的旗舰同时也是舰队中最大的军舰"东方号"（L'Orient）爆炸了，法军司令海军上将布吕埃斯（Brueys）也随之殒命。整整半个小时里炮火齐暗，双方的水兵都"目瞪口呆"地看着大船突然爆炸，燃烧着沉入大海，碎片像瀑布一样倾泻到有幸及时跳船的大约一百名船员身上。[58] 到第二天下午战斗结束时，炮火终于再次停止，场面同样戏剧化。只有四艘法国战舰逃过了击毁或被俘的命运；指挥官海军上将维尔纳夫（Villeneuve）活了下来，后来在特拉法尔加（Trafalgar）被纳尔逊再次击败。逾 3000 名法国水手或死或伤，还有 3000 人做了俘虏。[59] 这场战役被英国人得意扬扬地称为尼罗河河口海战，是一次彻底的胜利。纳尔逊因此获得了贵族的爵位和终生的荣耀。

拿破仑则吞下苦果。登陆埃及的一个月后，"东方军"便遭到了围困。所有那些旧制度的入侵计划对快速获胜充满信心，如今都毫无用处。没有人预料到结局如此悲惨。8 月 15 日，消息传到开罗，士兵们大感震惊："我们被抛弃在这个野蛮的国家里，毫无通讯的手段，也没有回家的希望！"拿破仑立即保证："如果我们必须成就丰功伟业，"他说，"我们就会去成就；如果必须建立一个帝国，我们就会去建国。我们无法称雄的这片海将我们与故土分离；但没有哪片海洋能把我们和非洲或亚洲分开。我们人数众多，也不会缺人应征入伍。"[60] 但他知道，他的计划需要修正了——大幅修正。

　　这些话不光是宽慰人心之语。海军覆灭，士气低落，军队持续受到威胁和压迫，被困在一个非常陌生的炎热国家，还受到不明敌人的包围。哗变是个非常现实的风险。为了稳定军心，他必须和埃及人民达成某种权宜的妥协（modus vivendi）。他还需要制订一个新的撤军计划。舰队的覆灭意味着军队离开埃及的唯一直接途径是继续前进，要么由陆路穿过巴勒斯坦，要么向东驶进红海——"尽管乍一看来有些奇怪，"纳尔逊本人指出，"一个积极进取的敌人，如果他们力所能及，或是征得了埃及帕夏 ① 的同意，就可以非常轻松地派军前往红海，而如果他们与蒂普·赛义卜制订了计划，在苏伊士备好船只，在这个季节里，一般只要三个星期就可以抵达马拉巴尔海岸，那时我们在印度的财产就难保了。"[61] 的确，法国人继续朝印度进军的计划远没有彻底失败，在某种程度上，尼罗河河口海战给他们带来了新的紧迫感。

　　某些英国人或许以为，法国人在埃及所造成的威胁结束了。然而事实上直到现在，这场战役最惊人，并且在很多方面也最骇人的部分才即将拉开序幕。因为拿破仑要做的不只是占领埃及。他要迷惑这个国

---

① 帕夏（Pacha），奥斯曼帝国行政系统里的高级官员，通常是总督、将军及高官。帕夏是敬语，相当于英国的"勋爵"，是埃及殖民时期地位最高的官衔。

度。因此，他就在这几周的困境中临时想出了一个大胆的前进计划。他用越来越激进的话语阐述了自己对伊斯兰教义的挚爱。拿破仑摆出一连串惊人得近乎异想天开的姿态，力图说服埃及人，自己是个亲穆斯林的解放者，从而获得埃及人支持他继续进军印度——他甚至说他自己就是个穆斯林。他的策略有两个部分。一方面，他通过争取埃及人的认同来加倍努力赢得埃及：他发起了亲伊斯兰、反奥斯曼的一番说辞，在埃及阿拉伯人（也就是非奥斯曼人）精英人士和宗教领袖乌理玛①中间寻找盟友。与此同时，他还公然以掺杂了不切实际的目标的帝国主义修辞，大肆推销他的东征想法——老实说，这才是他如今最明朗的出路。

当然，原计划中本无这些内容。拿破仑启用这种泛阿拉伯主义和民族主义的话语，以及他对奥斯曼苏丹（同时也是伊斯兰世界的最高领袖哈里发）权威的挑战，都将对该地区的政治格局产生相当长远的影响。[62] 在短期内，他的跨文化提议与他遭受的军事挫折如此紧密相连，乃至这两者实际上可以逐日一一对照。由于这次入侵埃及偏离了事先制订的脚本，拿破

---

① 乌理玛（ulama），阿拉伯语原义为学者，是伊斯兰教学者的总称。任何一位了解古兰经注学、圣训学、教义学、教法学，与有系统的宗教知识的学者，都可被称为乌理玛。它被用来泛指伊斯兰教中所有的知识分子，包括阿訇、毛拉、伊玛目等。

仑发起了一次大胆的世界大融合的实验，这次东西方合并的尝试不仅是为了实现宣传效果，眼下简直是生死攸关。

IV. 阿卜杜拉·波拿巴

政治宣传是革命时代的很多法国领袖都擅长的一种艺术形式，在这方面，无人能与拿破仑一争高下。1798 年 6 月的最后几天里，译员旺蒂尔·德帕拉迪坐在驶向亚历山大港的旗舰"东方号"上，起草了一份《告埃及人宣言》，这篇文章在船上便在不久将成为埃及的第一台阿拉伯语印刷机的机器上印了出来。[63] 拿破仑一登陆便派遣使者——其中有很多人是他在马耳他释放的穆斯林囚犯——携带着这篇文字进入三角洲地区的村镇。[64] 人们聚集起来，倾听他们的穆夫提[①]和谢赫[②]大声朗读拿破仑的话。"哦，埃及人！"宣言如此开篇：

> 你们被告知，我来此地的唯一目的是消灭你们的宗教。但那显然是一个谎言，不要相信它。请告诉诽谤者，我来到贵处只是为了从压迫者手

[①] 穆夫提（mufti），负责解释伊斯兰教法的学者，他们也是乌理玛和教法官，有权发布伊斯兰教令。

[②] 谢赫（sheikh），阿拉伯语中的一个常见尊称，意指"部落长老""伊斯兰教教长""智者"等。在阿拉伯半岛，谢赫是部落首领的头衔之一。

中拯救出你们。我比任何一个马穆鲁克都更崇拜真主，愿荣耀归于祂，并且尊敬祂的先知和伟大的《古兰经》。……哦，你们这些谢赫、法官、伊玛目、楚尔巴义①（骑兵指挥官）和国家的各位领袖，请告诉你们的国民，法国人也是诚实的穆斯林。他们进入罗马并摧毁了教宗的宝座就可以证明，教宗始终在怂恿基督徒与伊斯兰战斗。他们后来进军马耳他，在那里驱逐了那些声称是尊贵的上帝希望他们来对抗穆斯林的骑士。此外，法国仍然是奥斯曼苏丹陛下的真诚的朋友，也是他仇敌的仇敌。……所有的埃及人一定会……因为马穆鲁克王朝的结束而感谢真主的，他们会大声诉说："愿真主赐予奥斯曼苏丹永久的荣耀，愿真主赐予法国军队永久的荣耀，愿真主让马穆鲁克遭到天罚，并愿祂改善埃及人民的福祉。" 65

这是一个解放者的话语，并且显然是穆斯林的解放者所说的话。他发誓效忠于苏丹和先知。根据一位法国军官在罗塞塔所做的记录，他在演讲的开头和结束都"引用了《古兰经》上那句非凡之语：真主至大，穆罕默德是主的先知"。66 我们是否有任何

---

① 楚尔巴义（jurbajiyya），更常见的英文转写是 Chorbaji，原义为"羹人"，即为苏丹掌御膳之人。后来这个词成为官职名，职司军费度支，其军阶大致相当于上尉。

具体的理由认为，拿破仑通过当地领袖的声音传递给埃及人的承诺是完全不可信的呢？根据同一位军官所言，罗塞塔的居民显然并不认为如此："他们刚一听说法国军队没有其他的意图，只是来与马穆鲁克作战，并把所有的埃及人从他们可憎的枷锁中解放出来，这群野蛮又愚昧的民众的狂暴愤怒就突然变成了疯狂的喜悦，最喧闹的兴高采烈的呼喊代替了最可怕的怒火。"[67] 就连这位法国军官也对阿拉伯人的大起大落惊奇不已，并"无限懊悔没能拿到这份宣言的副本"。他看到三色旗在尼罗河的热风里猎猎作响，他想起了莱茵河、台伯河（Tiber）、罗马人和迦太基，他还充满了爱国情怀、崇拜和决心。拿破仑已然是一个革命英雄。如果罗塞塔人民认为他的武装号召不可抗拒，他难道不也是穆斯林的救世主——一位马赫迪[①]吗？看上去正是如此。

当然，并非每一个人都被说服了。一个星期后，开罗对此猛烈抨击，整个城市都充斥着有关亚历山大港陷落的传言，引发了热烈的响应。埃及历史学家阿布德·拉赫曼·贾巴尔蒂关于这个发生在他所在地区历史上的插曲，留下了一部生动的目击历史。他过于激动，以至于立即把这篇文本抄在日记里。贾巴尔蒂曾在埃及亲眼见过革命，特别是在 1786 年，奥斯

---

① 　马赫迪（Mahdi），意为"导师"，是伊斯兰教教典中记载的将于最后审判日之前 7 年、9 年或者 19 年降临世间的救世主。

装饰着革命徽章的拿破仑《告埃及人宣言》

曼人企图对不听话的贝伊们展示他们的权威时。随后
他们发表了类似的宣言，承诺让埃及人民摆脱马穆鲁
克的暴政。[68] 但这一次，贾巴尔蒂浏览完拿破仑的阿
拉伯语演讲后，发现了新鲜的东西——显然是不受欢
迎的东西。至少他应该有使用正确语法的雅量！"以
下是对不连贯的用语和粗俗句法的解释"："他的宣言
中写 fahadara（因此到了），这里没有理由用这个 fa。

好的文风应该是 *wa-qad hadara*（时机已至）。""不合语法的证明"："他的宣言中写 *wa-bayn almamalik*，*bayn* 这个词的位置不对，让语言的讹误更大了。"以及"基本的无知"："他的宣言中写 *fa'l-yuwarruna*（然后让他们产生），这是违背阿拉伯语风格的口语表达。"在贾巴尔蒂看来，用语不佳等同于撒谎。"他随后表达的内容更糟……愿真主让他万劫不复，他说：'我比马穆鲁克还会侍奉真主……'这无疑证明他精神错乱了。……"[69]

但这篇演讲，致埃及人民的一系列类似演讲中的第一篇，却十分理智，如今会被认为是一种"心理战"，是赢得民心的一种尝试。[70] 实际上，在 1787 年的一个入侵计划中，法国领事米尔（Mure）就曾特别建议，登陆后，一支法国军队"应在他们经过的城市和所有村庄宣布，他们此行的唯一目的是把这个国家从贝伊们和强行让他们供养的外国人的暴政中解救出来"。[71] 在接下来那艰难的几个月里，拿破仑诉诸埃及阿拉伯人的情感和伊斯兰教的修辞，呈现出了令人始料不及的意义和深度。但既然对"宣言"的回应是在某些地区起到了促进的作用，却彻头彻尾地得罪了其他地区，如其所示，拿破仑只取得了部分的成功。

阿布基尔湾灾难后，一连串三个节日接踵而至，让拿破仑有了一个重要的机会培养法国占领者和埃及民众之间的感情。第一个是 1798 年 8 月 18 日的尼罗

河节，以开罗运河的破坝仪式来庆祝这条河一年一度
的洪水。这些仪式自古已有，拿破仑和将军们，以及
城市首脑和宗教领袖一同来到水位计旁，泰然自若地
扮起了法老的角色。他把硬币一把把地抛向下面的人
群，然后给开罗的显要穿上皮大衣和阿拉伯长袍，游
行穿过城市去听一支法国乐队的演奏。据新的法语报
纸《埃及信使报》（Courier de l'Égypte）说，埃及人
在埃兹贝基亚广场"一边吟唱致先知和法军的赞歌，
一边诅咒贝伊及其暴政。他们说，是的，您就是万能
的真主派来解救我们的"。他们把这次的洪水称作百
年来最好的洪水。[72]

　　三天后，先知穆罕默德的诞辰庆祝开始了。法国
人得知，开罗的谢赫和乌理玛持消极抵抗的态度，不
打算在这个时刻出现在任何公共场合。拿破仑为了坚称
自己是伊斯兰教真正的朋友，立即对此关注有加，资助
庆祝典礼。大街小巷活跃起来，歌手、玩杂耍的人、猴
子，还有跳舞的熊纷纷走上街头；夜晚油灯闪烁，照亮
了清真寺、露天集市和住宅的墙壁。拿破仑拜访了开罗
的爱资哈尔大清真寺（al-Azhar mosque）——这是埃
及最重要的宗教中心，也是穆斯林世界最著名的清真
寺之一——在那里聆听人朗诵《古兰经》。随后，一
位大谢赫设宴向拿破仑致敬，在宴会上，法国军官们
大模大样地弃餐具于不用，勇敢地面对一盘接着一盘
的重口味大菜。后来他们还观赏了烟花，庆祝自己与

穆斯林结下了情谊。[73]

情谊是当季第三个节日的主题：9 月 21 日的法兰西共和国节。这是 1792 年废除波旁君主政体的纪念日，实际上是革命时代的法国的国庆日，要在全国举办精心设计的仪式来庆祝，宣扬爱国情怀的节日在帮助形成世俗共和的法国国民性上起到了重要的作用。如今在法国最新的殖民地也举行了类似的仪式，这对法国士兵的教化想必与对埃及民众的启迪同样大。[74]法国的很多革命主题起初都是有关埃及的，埃兹贝基亚广场上设置的装饰品就反映了这一点，这当然纯属巧合。广场正中心赫然耸现一座由圆柱和凯旋门环绕的木质方尖碑，装饰着金色的法语和阿拉伯语字母"致法兰西共和国，第七年"和"驱逐马穆鲁克，第六年"的字样。在艾特菲赫①那座不太大的省府，耶尼切里②和底万③成员以发誓"忠于友谊和对法兰西共和国以及伟大的主的忠诚"来纪念这个时刻。在罗塞塔，革命时代法国的三色旗飘扬在城市最高的宣礼塔上。[75]

共和国日的庆祝典礼为整齐有序的三联公共节

---

① 艾特菲赫（Atfyeh），中埃及一城镇。
② 耶尼切里（Janissaries），奥斯曼帝国的常备军队与苏丹侍卫的统称。耶尼切里军团是罗马帝国灭亡后在该地区建立的第一支正式常备军。
③ 底万（diwan），伊斯兰国家的高级行政体系，意思是"亚洲的国家议会"。

帝国的黄昏

日画上了圆满的句号：一个埃及的，一个穆斯林的，还有一个法兰西共和国的。它也别具政治意义，因为就在两个星期前，奥斯曼的苏丹刚刚宣布对法国发动圣战。这给法国的事业造成了进一步的沉重打击。自从《告埃及人宣言》发布以来，拿破仑曾试图打造法国与奥斯曼结盟的形象，致力于驱逐不听话的马穆鲁克。苏丹宣布圣战，加之奥斯曼铺天盖地的宣传，表明拿破仑所声称的全都是谎言。他再也无法维系法奥联盟的幻象了，也不能指望奥斯曼会被动接受法国占领埃及。呼唤圣战迫使法国的政策和说辞发生了又一次明显的转变，另辟蹊径安抚埃及民众。[76]

　　拿破仑不再诉诸共同的敌人，而开始积极鼓吹法埃团结的新愿景。共和国日是以象征的方式融合法国和埃及政治认同的好机会，如今正是将其付诸实践的好时机。一个星期后，拿破仑请埃及的首席谢赫致信苏丹和麦加的谢里夫①这两位穆斯林世界最重要的领袖。这封信的文字——贾巴尔蒂以他特有的怀疑态度将其记述下来——表明法国人尽其所能地展示了他们对伊斯兰教的尊重，并迅速印刷，在全国各地大肆张

---

① 谢里夫（sharif），一个传统的阿拉伯头衔，原义是"贵族的""出身高贵的"。阿拉伯世界的逊尼派称先知穆罕默德的外孙哈桑·伊本·阿里的子孙为"谢里夫"，而称其弟侯赛因·伊本·阿里的子孙为"赛义德"。

贴。[77] 10 月 7 日，拿破仑召集埃及财政和市政的最高当局全民底万，转向建立完全的殖民政府。"法国人民，"他告诉他们，"在他们的灵魂深处渴望（埃及）摆脱当前的局势，并把埃及人民从这个极端无知愚蠢的（奥斯曼）王朝的统治中解放出来。"[78]

底万依命从事，高效执行了法国人的命令。它取消了旧的税收制度，根据基于财产的固定税率重组了税务，并下令普查评估个人的税款。所有这些似乎都是在法军的财政需要和埃及有影响力的农场主的既得利益之间进行相当大的妥协。但这触怒了普通的埃及人。在奥斯曼帝国，只有非穆斯林才需要缴纳人头税（称之为吉兹亚［jizya］），而新的法国制度似乎把他们穆斯林埃及人与下等的少数群体一样对待了。普查得罪的人更多。法国士兵侵犯了私人住宅的神圣性，他们穿堂入室，把私人财物一一过手，甚至可能还偷窥没戴面纱的女人，而她们本是家族以外的人不能看的。谁知道下一步会是什么？奥斯曼宣传中警告的大屠杀是否就要发生了？[79]

因此，开罗民众率先罢工。1798 年 10 月 21 日，集市停业：这是个明确信号，表示麻烦就要来了。一群匪徒很快便聚集在首席卡迪（qadi，法官）家门前，要求停止普查。卡迪犹豫不决，人群就袭击了他。暴力迅速升级：法国军官被私刑处死，住宅被掠夺一空，火光四起。叛乱者在街巷与军队发生冲突，第二

天，逾 7000 个抗议者攻击了法国的主炮台。穆安津
（Muezzin，宣礼员）登上宣礼塔，号召根除异教徒，
在整个城市发布了战争宣言。[80] "愿真主让伊斯兰获
胜！"[81] 开罗起义（即阿拉伯语所说的菲特纳①）是一
次真正的民众抗议活动，是对法国人及其在埃及精英
阶层里的盟友的攻击。（因此，举例而言，本人就是
精英阶层一员的贾巴尔蒂虽然自始至终憎恨法国人，
却只对叛乱者提供了有限的支持。）它也明显有宗教
色彩，主要是由中层神职人员组织的，由来已久的教
派矛盾也推波助澜。（特别是仍旧"忠诚于"法国人
的叙利亚基督徒和科普特②教徒。）实际上，这就是一
场以圣战为名的暴动。

但暴动却是刚从革命巴黎的动荡街巷里出来的拿
破仑驾轻就熟的东西。（正如学者若弗鲁瓦·圣伊莱尔
[Geoffroy Saint-Hilaire] 三天后冷淡评论的那样："可
怜的开罗居民忘记了，若论打击叛乱分子……法国人
可是全世界的老师。"）[82] 拿破仑下令对所有的暴动街
区施行无情的轰炸，直到 10 月 22 日晚叛军领袖前来
求和为止。第二天上午，街道上一片寂静。多达 3000
具埃及人的尸体被聚在一处，沐浴裹体下葬。大约有

---

① 菲特纳（fitna），一个内涵丰富的阿拉伯语词，有考验、折
　磨、悲伤、煽动叛乱，以及国内冲突等多重含义。
② 科普特（Copt），指埃及的基督徒，是当代埃及的少数民族
　之一，他们是在公元 1 世纪时信奉基督教的古埃及人后裔。

300 名法国士兵阵亡。拿破仑试图让埃及人自治的又一次尝试失败了。整个法国占领期间最臭名昭著的行动是,他命令邦(Bon)将军去破坏爱资哈尔的房舍和清真寺,作为对暴力的报复;法国骑兵冲进埃及最神圣的清真寺的庭院,把马拴在基卜拉①上。[83]"东方军"现在干脆住在敌人家里——军需不足,士气低落,脆弱不堪,没有任何增援的可能,拿破仑显然无法一劳永逸地击退他的敌人。他急需另一番全新的说辞。

1798 年 12 月,开罗的小巷里慢慢散播出来一个传说。据说一位圣人见到了穆罕默德的异象。这位先知站在埃及的北岸,望向平静的海面。天际线上点缀着一行小小的黑点,在他观看时不断延长膨胀。他很快就看清了那是飘扬着三色旗的一排战舰:那是一支来入侵埃及的法国舰队。穆罕默德愤怒不已,他怒气冲冲地去找命运之神,对其大加挞伐。"忘恩负义的无赖!"他怒斥道,"我让你成为世上君主的公断人,而你却把遵守我的法律的最美丽的土地拱手让给了法国人!"但命运之神平静答道:"穆罕默德,注定的事情就一定会发生。法国人会踏上埃及的土地,他们还会征服它。我不再有力量阻止这一切。但听好了,"命运之神继续道,"并且放宽心。我已决定,这些征

---

① 基卜拉(qibla),穆斯林在礼拜期间进行祷告时所需要朝向的方向,目前规定为麦加的天房所在之方位。大部分的清真寺里都有一处壁龛,用以指示基卜拉。

服者会变成穆斯林的。"这番话让穆罕默德大感欣慰，满意地离开了。[84]

这个故事不知道最初始于谁人之口，所谓圣人的异象也似乎绝无可能。然而它捕捉到了那个 12 月的风向，因为一定是在那个时候，一个由拿破仑自己对后代讲述的故事，也徐徐展开了。拿破仑后来在自己的回忆录中说，他去爱资哈尔清真寺会晤谢赫们了。他直截了当地对他们说："一定要平息这场骚乱。我需要一个法特瓦 ①……命令（埃及）民众发誓效忠。"神职人员立即满足了他的要求。"（如果）您希望阿拉伯穆斯林跟着您的旗帜冲锋……"他们建议道，那"您自己就必须成为穆斯林！十万个埃及人和十万个阿拉伯人会从阿拉伯半岛，从麦地那和麦加，赶来追随您。按照您的方式来接受指挥和训练，您会征服东方，让先知的故土再复往日的荣光"。军队皈依伊斯兰，在当地的支持下征服中东？对于拿破仑来说，这的确是个诱人的计划。但有一个，或者不如说是两个障碍。他的士兵既不愿戒酒，也不愿割包皮：这是皈依伊斯兰教的两个关键要求。即使他能说服他们这样做，起到的作用也是有限的。60 位谢赫在爱资哈尔开会讨论此事，而拿破仑则与将领们一起开始接受宗教训诫。

有关法国人集体皈依的谣言传遍了全城："普天同

---

① 法特瓦（fatwa），伊斯兰律法的裁决或教令。

庆。纷纷传说法国人敬仰穆罕默德，他们的指挥官对《古兰经》烂熟于心。……他们已不再是异教徒了。"经过 40 天的慎重考虑之后，四位大穆夫提带着他们长期讨论的法特瓦现身爱资哈尔清真寺。他们给法国人的包皮带来了好消息：他们最后决定，割礼是一种"圆满……只是建议"穆斯林的，而不是一种基本戒律。至于酒嘛，士兵可以随意饮用；他们只是因此而不能进天堂。拿破仑要求的法特瓦在全城大肆张贴，民众开始为这个奇迹般的事件——入侵法军的皈依——认真准备。但拿破仑对死后的世界忧心忡忡。他怎样才可以说服士兵们接受一种宗教，说如果他们喝酒就会受到诅咒呢？穆夫提们又回去协商。在与麦加的宗教权威通信讨论之后，他们又带着一个新的法特瓦出现了。新的法特瓦是，法国皈依者可以继续喝酒，同时仍然可以去天堂。只要他们捐出 20% 的财富来做慈善，而不是按惯例缴纳什一税，来弥补这种罪恶。这就更容易接受了。拿破仑认为自己能在一年内说服手下，并起草了建造一个"足以容纳整支军队的大清真寺"的计划。

修订版法特瓦的发布本身似乎实现了拿破仑的全部愿望，缓和了法国占领者和他们未来的埃及盟友之间的关系：

> 所有地方的谢赫都宣讲说，拿破仑不再是异教徒，他热爱《古兰经》，受到先知的派遣，是

神圣天房的真正仆人。这种态度上的巨变导致了
行政管理上的革命。一切的难事都迎刃而解；从
前只能以手中的武器获得的一切，如今都顺利地
以善意拱手相让。从此，朝圣者都向克比尔苏丹
（拿破仑）致以与穆斯林王公一样的敬意，就连
狂热的宗教分子也不例外；而且……这位总司令
每次进城也都会受到众人忠诚的敬拜，他们对待
他的态度就像对待苏丹一样。

伟大的东征，伟大的逃跑，终于可以开始了。[85]

　　多年后，拿破仑被流放圣赫勒拿岛时，讲述了他
的大军有可能皈依的这个非同寻常的故事，在那里，
他唯一的自由就只有驰骋想象力了。但尽管这个故
事听来显然很难让人相信，对整个故事嗤之以鼻似也
不对。首先不可否认的是，拿破仑的这种示好越来越
充满激情。（关于拿破仑变色龙般的手段，现存的最
有趣的证据之一，就是现存于法国图书馆的一张出处
不明的素描，表现了拿破仑扑克牌式的两面性：一个
头上戴着法式双角帽，另一个则裹着头巾。）其次，
拿破仑对伊斯兰教的接受态度（比如说像他的宣言所
表现的那样）是与某些法国革命意识形态的自然神论
的理性倾向相一致的，它想象有一种普遍而简朴的信
仰可以把所有人类都涵括在内。法国高级将领雅克·
梅努（Jacques Menou）正是以这种精神在 1800 年皈

依了伊斯兰教，以便迎娶一位埃及的女子；其他很多法国军人也纷纷效仿。[86] 第三，这种姿态与拿破仑在埃及和其他地方的政治策略完全一致。正如他多年后在法国最高行政法院所说的那样，在与梵蒂冈签订政教条约时，"我的政策是以大多数人希望（被统治）的方式来统治。……我正是通过把自己变成天主教徒才赢得了旺代省（Vendée）的战争，也是通过把自己变成穆斯林才在埃及站稳了脚跟，让自己成为一个教宗至上主义者，才在意大利赢得了人心（心灵）。如果我统治犹太人，就会重建所罗门王的圣殿"。[87]

拿破仑的双重形象

总之，关于皈依的传言完全符合拿破仑在埃及每次军事和政治失败后所做的一长串文化上的示好。他每一次面临最严重的危险时，都会摆出这种最极端的自我重塑的姿态。这不是空洞的傲慢表现，而是绝望之举。

毫无疑问，这位自称马赫迪的人开始采用一种救世主的腔调。1798 年 12 月底，拿破仑再次召集底万。他对他们说，真主

> 降下永恒的天命，我从西方来到（埃及的）土地，消灭这里的压迫者。……伟大的《古兰经》在很多经文中都表明了所发生的事情。……还知道我能够揭示你们每个人的心中所想，因为我看人一眼就会知道他的一切。……终有一天，你们就会明白，我所做的一切和下的命令都是无法改变的神旨。[88]

当然，历史学家贾巴尔蒂连一个字都不会信，他抄写下拿破仑的声明，对这位将军"将自己置于人类精英之列的自命不凡"深感震惊。[89] 拿破仑相信他自己说的话吗？这很难说。但这位自封的伊斯兰解放者马赫迪显然做好了领导世界的准备。整个 1799 年 1 月，拿破仑都在为继续进军巴勒斯坦做准备，他安排了尼罗河三角洲的补给线，重组了指挥系统，集中了火炮和兵力。他收拾出一台便携的阿拉伯语印刷机，以便在战役途中发表公告。2 月一开始，他手下的一支

13000 名老兵组成的精兵部队就集合在西奈半岛的地中海沿岸，准备北进圣地。2 月 11 日，拿破仑离开开罗与他们会合。[90]

法国进军叙利亚和巴勒斯坦比在埃及的战役稍成功一些，这可以被看作陷入困境之军的背水一战。拿破仑本人已在打算他自己回巴黎之事了，他的朋友们正在那里策划对督政府发动一场政变。然而，拿破仑的个人野心和他军队的命运在很大程度上仍然与东方连在一起。如何扩大和维持法国在埃及的统治——或是如何让军队从中全身而退，都是难题。还有那个如今仍未实现的更大的战略目标：如何打击英国，如何按理想情况抵达印度，如何在东方建立一个法兰西帝国。

随着进军巴勒斯坦，继续占领埃及，以及拿破仑继续坚持不懈地尝试让法国人和埃及人在政治和文化上结盟，东方的法兰西帝国的愿景历久弥新，愈演愈烈。拿破仑在后来的苏伊士运河——多个大洲和帝国的结合点——的边上安营扎寨，他的思绪还是转向了帝国世界的枢轴：印度。他致信麦加的谢里夫，请他代为转交一封重要的信件，后者积极回应了法国人的示好。[91] 随信所附的短信是写给印度南部迈索尔的国王蒂普苏丹的，此人是法国的长期盟友，也是英国的顽固对手。拿破仑和蒂普苏丹的愿望一致，都想让印度摆脱英国，两人有很多共同点，也有很多事情需要讨论。这个故事的下一部分就发生在蒂普苏丹的王国。

第五章　攻占塞林伽巴丹

I.　公民蒂普

夏日天气升温很快，因此，1797 年 5 月的一天，早上刚到六点钟，庆祝活动就已经开始了。[1] 一大群人聚集在印度南方迈索尔王国首都塞林伽巴丹的阅兵场上。迈索尔的统治者蒂普苏丹也在人群中，大概穿得像往常一样简单朴素，白色平纹细布袍子，头戴绿色的缠头巾。在蒂普的示意下，一连串的炮火声撕裂了清晨黯淡的天空：要塞的城墙上有 500 门火炮，500 支火箭枪，还有逾 1000 支毛瑟枪齐射。就算这些数字（按照当时的计算）有所夸大，显然也没有几个印度国王有能力集结展示如此庞大的火力——蒂普苏丹也知道这一点。蒂普在迈索尔即位 15 年来，在其父海德尔·阿里遗产的基础上建立了一支印度次大陆上技战术最先进的武装力量。这天清晨如此强悍的火力就证实了这一点；他希望这可以确保王国的安全和进一步的发展，如果还能损害死敌英国人的利益，就再好不过了。

施放烟火还有另一个目的。它们是在向蒂普梦寐以求的盟友法国人致敬。清晨的仪式是为了纪念帝国历史记载中的一个最离奇的跨文化共生体：塞林伽巴丹的雅各宾俱乐部。这个俱乐部是遍及法国本土和海外领土的数百个革命党雅各宾组织之一，1797年初由法国私掠船主弗朗索瓦·里波①建立起来，并从生活工作在塞林伽巴丹的法国士兵、工匠和技师的庞大人口中吸收了大约60名会员。俱乐部致力于学习、宣传和庆祝共和价值观，还组织了在法国全国甚至在法国占领的埃及普遍庆祝的那种节日庆典。那一天，在可能是有史以来最遥远的革命节庆中，塞林伽巴丹的雅各宾党人聚在一处，高举三色旗，聆听演讲，并向他们团结起来一起捍卫的原则致敬。

蒂普苏丹利用这个机会大肆宣扬并肯定他与法国的长期友谊。"看吧，我承认贵国的旗帜，"枪炮声沉寂下来后，蒂普如此说道，"那对我弥足珍贵。你们是我的盟友，我的国家会永远支持这种同盟，就像我的姊妹国法兰西共和国一样！"俱乐部成员随后种下一棵自由之树（一个五月柱一般的桩子，是很多革命节日的核心内容）并倾听他们的主席里波充满激情地

---

① 弗朗索瓦·里波（François Ripaud，1755~1814），法国私掠船主，以率领法兰西岛（毛里求斯）的一群志愿者协助蒂普苏丹抵抗英国人而闻名。

宣讲崇高的共和价值观，不可信任的英国人的"野蛮和暴行"，以及反革命叛徒的背信弃义。"公民们！"他热情激荡地庄重说道，"请你们发誓，仇恨除了法兰西共和国的盟友、百战百胜的蒂普苏丹之外的一切国王，与一切暴君战斗到底，并热爱祖国和公民蒂普的国度！""我发誓！"欧洲人和印度人充满热情地齐声应道，"我们发誓，不自由，毋宁死！"又一轮礼炮（这次是规模较小的 84 门炮开火）宣告正式庆典结束，自由之树周围的舞蹈一直持续到深夜。

同时期的一幅印度肖像画中的蒂普苏丹

在印度南方一个小小的角落里，法国雅各宾党人一本正经地庆祝大革命的这番场景，在某个层面上看来近乎荒谬。然而这幅古怪的东西方融合的小插图，却非同寻常地证实了整个帝国正在发生的丰富的文化交汇。除了在这个法国共和文化的偏远前哨所证明法国大革命的国际化程度——比如说它的价值观如何感染了在海外生活工作的法国男男女女——之外，塞林伽巴丹的雅各宾俱乐部还敦促人们重新审视一下什么法国在当时的印度毫无重要影响力这个普遍的臆说。[2]显而易见，就人员数量和领土权力而言，在 1750 年代英国富有成效的数次战役之后，法国的影响力明显下降。然而，和其他欧陆人一样，法国人也继续在这个次大陆上的各个宫廷里服务，并形成了一个经久不衰的联系网络，如果拿破仑和法国的其他扩张主义者需要，便可随时取用。

那么"公民蒂普"这位显然是世上唯一一个雅各宾派国王呢？这个俱乐部的存在本身就证明了法国和迈索尔之间如今已近 40 年的不解之缘，更不用提蒂普对它的公开支持了。要说蒂普与其提携之人分享了什么政治信息，或是对他们的政治纲领有多少理解，我们实在难以了解。但毫无疑问，他与雅各宾党人的结盟加强了他本人在一个重要方面的野心。他们鼓励他寄望于法国继续支持迈索尔与英国长期的艰苦斗争。

法国重新介入次大陆的可能性有多真实？真实性

当然毋庸置疑，拿破仑入侵埃及，在当时英国人的心中就引发了真正的恐惧。在某些印度人眼中也非常真实，足够蒂普这样的统治者继续转向其他的欧洲国家和个人，以获得军事或技术支持。这正是东印度公司在获得对阿瓦德等领土的非正式控制后，如此迅速地驱逐欧陆顾问的原因。在公司的势力范围之外，这种关系非常活跃。伯努瓦·德布瓦涅的雇主马哈杰·辛迪亚等马拉塔领袖利用欧洲人，特别是法国人的帮助，征募了一支足以给英国人造成破坏影响的欧式大军。1790年代，海得拉巴的尼扎姆军队的指挥官就是一个亲印度的法国人雷蒙，他的军旗上既有革命军的徽章，也有伊斯兰教的新月。直到1830年代，锡克人为了维持他们在旁遮普的统治并扩张领土，还在依靠法国顾问的支持，并期待法国的援助。[3]东印度公司或许无需害怕任何一个印度统治者，或就此而言一小股法国军队，但两者合力却可能是致命的。正是在塞林伽巴丹——在公司最危险的印度敌人蒂普苏丹和从埃及来的法军建立联盟的阴霾笼罩之下——英国即将面临对它最有威胁的合力。

这种跨文化联盟的重要性和后果绝不只是军事上的。"公民"蒂普在很多方面都像皈依穆斯林的拿破仑一样，是个不可信的人物。但两人都不仅仅是在演戏。两位领袖都敏锐地意识到，为了争取并维持大众的支持，就必须沟通文化，融合利益群体。蒂普是个新近登上王位的穆斯林（他父亲海德尔·阿里是从印度教统治者手中得到迈索尔的控制权的），力图让自己融入当地印度的王权传统，并努力培养与西方的亲密关系，雅各宾俱乐部就引人注目地证明了这一点。拿破仑在埃及时追求并仰仗于各种形式的同化，正如几年后他当上了法国皇帝之后将君主制与革命影响合而为一，做法大相仿佛。对于两位领袖来说，跨越东西方的界线对于他们在政治、个人以及帝国日程（至少对拿破仑来说如此）上取得成功至关重要。总之，世界主义是扩张和生存的基本功。难怪这种跨文化联盟会让英国人踌躇不前。毕竟，英国的海外势力也要依赖同样的成果。

到 1790 年代，迈索尔一地在英国的帝国野心和焦虑中占据了一个重要的位置。海德尔·阿里和蒂普苏丹与英国人打了四场仗（1767~1769 年，1780~1784 年，1790~1792 年，以及 1799 年），都属于东印度公司与任何印度势力之间所展开的最激烈的战斗——这进一步表明印度远未"英国化"。迈索尔统治者的成功在英国启迪了一种激烈昂扬的文学，将他们描写为帝国统治的典型对手，大致相当于拿破仑之于英国后方民众。（然而特别是在 1790 年代之前，英国人也仰慕他们中的一些人，那些东印度公司的批评者尤其如此。）[4] 在小册子、戏剧、漫画、老兵的激动回忆，以及——或许也是其中最扣人心弦的——海德尔和蒂普的英国战犯那些丢人现眼的叙述中，迈索尔的统治者被描述成典型的穆斯林"他者"：暴君，篡位者，野蛮人。据说，蒂普"无情的、怯懦的、前所未有的残酷想法……全都宣泄在……对欧洲人根深蒂固的反感和仇恨中"。[5] 一位英国军官说他是个"宗教偏执狂"，甚至"敦促邻国将结盟对抗穆罕默德信仰的敌人，即所有的基督徒，作为必尽的义务"。[6] 但对蒂普和海德尔最糟糕的指控或许是由那些被他们俘虏的欧洲男女提出的，1780~1799 年间，被俘的超过了 1000 人，这是迈索尔军力的一个很有说服力的象征。很多英国男子声称他们被迫行了割礼；还有人说自己被迫羞耻地穿上女人的衣服，为蒂普充当舞男。[7]

鉴于英美西方与穆斯林东方之间近年来的战争，这个帝国制造反面人物的历史案例有着特殊的现实意义。英国人对迈索尔的痴迷——这显然是痴迷——明显来自当时对帝国的各种普遍焦虑，具体而言就是对伊斯兰教和文化交锋的焦虑。然而，海德尔和蒂普显得如此危险不仅仅是因为他们是与自己不同的外国人，还因为他们是自己可怕的翻版。他们发展火箭枪等技术创新，使得他们的军队与东印度公司军队同样"现代"。他们采用欧洲的军事战术、武器、制服，以及最关键的人员。他们以一套军事财政制度来为其战争机器提供资金，就像推动着英国扩张的制度一样。最令人恐惧的是，他们与法国缔结了深厚而持久的联盟。

迈索尔与法国的长期联系遭到了帝国历史学家不公正的边缘化——这种不公正的部分原因是，正是因为与西方、与法国的这种亲密关系，才使得海德尔和蒂普成为如此有力的邪恶人物；也正是因为这种法印联盟，才使得英国在印度的帝国政策转向了公然的领土征服。贬低法兰西—迈索尔纽带的力量，也忽视了印度挑战英国扩张的实力，从而使英国的成功看上去远比实际情况要必然和简单得多。对迈索尔的征服是一场恶斗，说到底也正是法国人导致了蒂普的灭亡。1799 年，拿破仑入侵埃及后，在与法国不共戴天的总督理查德·韦尔斯利的命令下，英国军队远征迈索尔，为这场始于尼罗河两岸的战争开启了第二条前线。

1799 年 5 月攻占塞林伽巴丹至今仍是大英帝国史上场面最宏大的战役之一。它还标志了东印度公司政策的一个转折点。克莱武出兵普拉西等早期战役，或是公司自己与迈索尔的早期战争，都至少在表面上是报复性或防御性的。东印度公司在与蒂普苏丹的最终一战中实施了积极扩张的军事国家的新立场。尽管这预示着帝国前线转向了军国主义，在塞林伽巴丹的胜利也标志着公司自身在后方民众眼中的形象发生了变化。在英国本土，陷落之城的战利品（和第一批在英国公开展示的印度物品一起）被用来推广公司作为统治者的新形象。

塞林伽巴丹之后，东印度公司的政治宣传盛气凌人而无孔不入，让人们很容易以为英国人凭借捏造的指控发起了这次进攻。但在华而不实的修辞之下，迈索尔与法国之间却的确有着深厚、非凡，并且相当真实的接触史。它们的关系让我们得以一窥印度的究竟，如果依着那些主要人物的想法，英国或许根本别想维持它的帝国，也绝对无法靠其自身的力量做到这一点。

II. 法国同盟

迈索尔与法国的致命浪漫始于蒂普苏丹出生前后的 1750 年，那是个充满暴力、阴谋和机遇的世界。莫卧儿帝国饱受阿富汗入侵的折磨，再也无力对其各大属国发号施令。海得拉巴和阿尔果德诸王国的一连串危机最终爆发，变成一场混战，交战方包括莫卧儿帝国各个派别、不同的地区统治者、马拉塔诸邦，当然还有英属和法属东印度公司，他们在自己位于科罗曼德尔海岸的代理店里觊觎着这些富饶的内陆领土。

1750 年代的战争为罗伯特·克莱武之类野心勃勃的欧洲人带来了争取金钱、名望和权力的前所未有的机会。在印度南部班加罗尔（Bangalore）城附近的迈索尔王国，另一个野心勃勃、足智多谋的军官抓住了战争的机会来提升他个人的地位。海德尔·阿里当时是迈索尔的印度教瓦迪亚尔①国王麾下的一个骑

----

① 瓦迪亚尔（Wodeyar），1399~1950 年统治印度次大陆迈索尔王国的一个印度王朝，1700 年代末曾短暂中断。

兵指挥官。迈索尔也被卷入了继位的复杂战争，海德尔·阿里正是在这个有利位置上得以在战场上观察法国军队。所见所闻"给他留下了深刻的印象"，一个法国军官后来写道，"使他坚信法国人有能力开拓最艰难的事业"。[8] 海德尔悉心研究欧洲的军事手段。他探索了本地治里的防御工事，观看了法军的演习和训练，为自己的手下购买欧洲的燧发枪，并招募法国炮手。1752 年，他安排自己的军队紧挨着同盟的法国部队，从而在实战中直接学习法国的战术，"以便从他们那里学习兵法。实际上，"这位军官继续说道，

> 他非常细心，特别留意法国军营里发生的一切，并在自己的军队和军营里重演了几次。这种重复成为法国军官和士兵的某种消遣，他很注意用自己的礼貌和良好的礼仪取悦他们。[9]

塞林伽巴丹的风景

海德尔显然还学会了"完全理解法语所有的赌咒发誓";据说,他与欧洲人的交往也让他学会了欣赏红酒和火腿的品位,只不过他对在头发上敷粉的欧洲时尚有一种难以解释的厌恶。[10]

法国人并没有把海德尔成功招募"最活跃、最聪明的法国士兵为他服役"当作有趣的消遣。但1761年东印度公司攻占并摧毁了本地治里后——大约是在克劳德·马丁和其他很多人叛变为英国人服务的同时——法国军械师、木匠、炮兵专家,以及建筑师纷纷转而任由海德尔调遣。1760年代初期,海德尔废黜了在位的拉者,自己掌握了迈索尔的控制权。他建都于塞林伽巴丹这个高韦里河(Kaveri River)河心的岩石小岛,距离迈索尔城不远,是个防御要塞的绝佳地点。法国工程师用城墙、防守阵地、棱堡和排炮在塞林伽巴丹周围层层设防。[11]萨伏依人雇佣兵拉勒等欧洲军官训练了海德尔的印度指挥官,并领导一支至少有400人的欧洲(大部分是法国人)军队,驻扎在城北数英里远的"法国山"上。海德尔散布谣言,说这些"残忍的人吃人肉",以此来恐吓他的印度敌人。[12]

欧洲顾问、技师和军官出现在迈索尔只是整个次大陆到处重复的模式的一个实例而已,并且在穆斯林世界愈演愈烈。[13]特别是像安托万·波利尔这样的非英裔欧洲人发现,他们为本地王公服务的回报更高,而在东印度公司军队，他们的选择总有些受限。很多印度王公也乐于利用这些欧洲人的技能，而不怎么想与欧洲势力建立正式的联盟。

然而，迈索尔与法国关系特殊。首先，它非常持久：由于蒂普苏丹不断贯彻和加深，这种联系维持了将近 40 年，直至 1799 年塞林伽巴丹陷落。另外，它还非常成功。海德尔和蒂普采用欧洲人特别是法国人的技术之后，可以说变成了英国在南印度扩张道路上最显眼的军事障碍。在英国人看来，印度各邦的欧洲顾问所构成的危险不言而喻。法国顾问与印度统治者分享了欧洲的方法，使得公司军队相对于其印度对手本来就极其微小的技战术优势更加无足轻重。甚至"增加那一点点法国士兵"，一位英国军官后来评论道，"都会非常实质性地增加蒂普的军力"。[14] 他和同僚们大概有理由知道这一切：公司也正是以同样的原则来管理其印度土兵军队的。

但让法国与迈索尔之间的纽带尤为重要的，是它有赖于为数不多的变节顾问。这个纽带大概可以算作一个多国联盟。在遥远的法国，政府部长们致力于培养与迈索尔的联系，他们把联盟看作法国在南印度收复领土和权力的最佳机会。1769 年，法国在"七年战争"遭遇大败后不久，舒瓦瑟尔公爵就派遣一小群军官去海德尔的宫廷，与这位崭露头角的反英头目发展更加紧密的联系。（同年，舒瓦瑟尔还向路易十五提议入侵埃及。）整整 30 年后，塔列朗和拿破仑仍然在热烈地讨论与迈索尔达成正式联盟的前景。两国关系的遗产也是如此。在动身前往埃及的一个月前，拿破仑为了与迈索尔联络，召来曾在蒂普苏丹手下服役的一个法国顾问加入他的远征军。[15] 尽管强迫欧洲雇佣兵效忠可能是一桩危险的生意，某些雇佣兵无疑将他们为迈索尔服务看作一种爱国的行为。在迈索尔服役"激起了我向法国证明我不可侵犯的忠诚的欲望"，海德尔的雇佣兵指挥官拉勒写道，"而绝不是让我放弃了法兰西民族的利益……"——因为拉勒其实（和伯努瓦·德布瓦涅一样）是萨伏依人而并非正式的法国人，这样的声明就尤其令人深思。[16]

没有哪一个事件像 1780 年 9 月的伯利鲁尔战役那样，迫使英国人痛苦地面对法国—迈索尔联盟的力量。这场战役是东印度公司与迈索尔的第二次战争的初期冲突之一，它本身也是始于 1778 年的英法战争的一个分支。海德尔·阿里自称是法国财产在马拉巴尔的守护神，1780 年 7 月，他在蒂普和拉勒将军的陪伴下进军英国人保护的阿尔果德省。在佛都甘吉布勒姆①数英里之外的伯利鲁尔，迈索尔人包

---

① 甘吉布勒姆（Kanchipuram），又称香至，位于印度泰米尔纳德邦，曾是跋罗婆王朝（Pallava）的首都，是重要的梵文研究中心之一。

围了由贝利①上校指挥的东印度公司军队的一支分遣队。公司军人一边抵抗蒂普的攻击，一边焦急地等待赫克托·芒罗②将军的援兵。当"身穿猩红色（军装）……奏着英国掷弹兵进行曲的"生力军在他们后方出现时，贝利的手下发出了喜悦的欢呼，但却惊恐地发现那些印度土兵根本不是芒罗的手下，而是海德尔·阿里的人。[17] 贝利的军队四面受围，退守成一个方阵，抵御迈索尔骑兵的冲锋。拉勒随后发起了致命一击（coup de grace）。他命令火炮朝着英国人的两轮弹药车开炮，炸毁了三辆弹药车，戏剧性地粉碎了英国人的希望。

赫克托·芒罗爵士未能抵达现场是这场灾难的主要原因，他称伯利鲁尔一役是"英国人在印度遭遇过的最沉重的打击"。[18] 大约有 3000 名公司军人阵亡，贝利和 200 名欧洲人，其中有 50 个军官，都被镣铐加身地带到塞林伽巴丹。俘虏们的苦难成为英国描写迈索尔的一个情感主题，1799 年，一个名叫戴维·贝尔德（David Baird）的伯利鲁尔战俘率兵向塞林伽巴丹冲锋，开启了个人的复仇之战。

---

① 威廉·贝利（William Baillie，?~1782），英属东印度公司军队上校。1780 年，他在伯利鲁尔战役中被海德尔·阿里俘虏，最终死在塞林伽巴丹的狱中。

② 赫克托·芒罗（Hector Munro，1726~1805），第八代诺瓦领主，英国军人，巴斯骑士，第九任驻印度总司令（1764~1765）。

"你的胜利全靠我们的灾难（即失误），而不是打败了我们。"贝利充满苏格兰人的自豪，对海德尔·阿里自夸道。[19] 但不那么乐观的评论家对此看法不同：英国之所以能继续赢得战争并保持其在印度的地位，完全仰仗对手的混乱。"如果法国人及时向敌人增援，"一个分析者总结道，

> 因为有充分的理由期待这一点，并且如果马拉塔各邦以及印度斯坦的其他土著不再安静地旁观……而是加入联军一致行动，英国人无疑必会失去半岛上几乎所有的定居点。如果海德尔在打败贝利后乘胜追击，考虑到剩余的军队四分五裂，士气低落，它完全有可能随着圣乔治堡（Fort St. George）这个几乎毫无防御的猎物一同落入敌手。[20]

总之，如果迈索尔加强尤其是与法国的联盟，那么结果可能对英国人更糟。

这场战役同样让塞林伽巴丹士气高涨，蒂普苏丹以非同寻常的方式在那里庆祝了他的胜利。他命人把这场战役画在他的夏宫达丽娅·道拉特·巴格宫（Daria Daulat Bagh）的墙上。这座宽檐的宫殿坐落在城墙外大约一英里的一处柏树林荫环绕的凉爽围场里，是蒂普追求个人宁静的避难所。在这里的这所

"幸福花园"中,有一处用深红色和金色油彩描绘的战争纪念。伯利鲁尔战役的壁画盖满了宫殿西侧的外墙,骄傲地呈现了磅礴的场面。行进于整面墙上的迈索尔军队由手执长枪的骑兵和马背上的弓兵、顶盔贯甲的重骑兵、头顶鲜艳头巾的步兵的壮丽队伍,以及在蓝幽幽的重炮后面的欧洲炮手组成。面对这种巨大冲击的英国军队只有两排无力叉开的白腿和僵直的红色脊背。很多英国士兵被长枪搠翻在地,垂死挣扎,或是被蒂普挥舞着军刀的手下斩首。拉勒在右上角的制高点用望远镜俯瞰着战况,他已下令炸毁了一辆英国的两轮弹药车,正让他的炮兵直接瞄准公司军的队伍。[21]

这是一幅热烈、暴力、壮观的场景,并且毫无疑问是胜利的场面。画面右侧英军方阵中央的一小块空

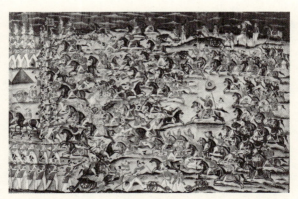

印度艺术家在塞林伽巴丹达丽娅·道拉特·巴格宫的墙壁上所画的伯利鲁尔战役(局部)

地上，贝利上校躲在一顶轿子里。他负伤了，藏在木头的阴暗狭小空间里几乎不见身影，焦虑地啃着手指。轿子四面封闭，他实际上已经是个俘虏了。而在画面的右侧与之形成对照的，是开阔的空地上整装待发的迈索尔指挥官。蒂普和海德尔骑着盛装大象徘徊于战场之上，庄严地冲向战场，他们手持玫瑰凑近细闻，坚定不移，毫不留情。无论意图和目的如何，他们都已经获胜了。

难怪英国人看到这幅壁画时表示非常厌恶（尽管 1799 年阿瑟·韦尔斯利以一种病态的迷恋修复了它，1854 年达尔豪斯①勋爵又命人重画了这幅壁画）。[22] "这是他们品味幼稚的证明……"一位英国军官厉声说道，"无论是想象力还是画工都不怎么样，跟蹩脚的猴子一样的男人在卡那提克随意涂抹的那种最普通的佛塔没什么两样。"[23] 在活泼欢快的少女夏洛特·克莱武（罗伯特·克莱武的孙女）看来，这幅壁画"非常滑稽……当地人毫无距离或透视感"，她和母亲及姐姐在塞林伽巴丹陷落刚刚一年后住进了这座

① 詹姆斯·安德鲁·布朗－拉姆齐（James Andrew Broun-Ramsay，1812~1860），第一代达尔豪斯侯爵，苏格兰政治家、英属印度官员。拉姆齐曾在 1848~1856 年担任印度总督。支持者认为他是一个极具远见的出色官员，巩固了东印度公司的统治，为日后的管理体制立下了基石。反对者则认为他是令东印度公司财务、军事状况恶化的鲁莽官员，为 1857 年的叛乱埋下了种子，使得公司转盈为亏。

宫殿的后宫。[24]

　　但苏格兰贵族胡德夫人[①]在 1812 年悠闲的素描之旅中曾在塞林伽巴丹短暂停留,"忍不住评论本土艺术家在法英两国士兵的面容上所表现的民族性格的明显差别"。[25]在如今的观者看来,这两群不同的红衣白裤军队之间的对比或许并不明显,但与胡德夫人同时代的人会立即明白她的意思:髭须——卷曲、柔和、印度气派的髭须——每一个法国士兵都是这样,像他们的迈索尔盟友一样,与一丝不苟地把脸刮得干干净净的英国人形成了强烈的对比。另一方面,印度评论者也许会在法国人身上注意到一个不同的特征:帽子。在一个以头巾为王的国度,这是欧洲人的专属物。这就是在原本会让人注意到差异的场面里的一种融合。通过故意显摆印度人的络腮胡子和欧洲人的顶戴,迈索尔的法国人既两者皆非,又同时都是。

　　海德尔·阿里死于这场战争结束前的 1782 年。据法国史家米肖(Joseph-François Michaud)说,他"在弥留之际"告诉蒂普,"可以让欧洲国家彼此敌对来征服他们;而综观印度斯坦,却只有摇摇欲坠的土邦,优柔寡断的君主,以及不知该如何像他一样仇恨

---

① 玛丽·麦肯齐(Mary Mackenzie,1783~1862),第一代锡福斯男爵弗朗西斯·麦肯齐的长女和继承人。因为嫁给了海军中将塞缪尔·胡德爵士,她也被称作"胡德·麦肯齐夫人"。她是沃尔特·司各特的叙事诗《湖上夫人》(The Lady of the Lake,1810)中埃伦的原型。

英国人的王公，他再一次把目光转向了法国"。[26] 蒂普凭着忠诚和决心与法国结成了联盟。1787 年，他决定直接派遣使节前往凡尔赛宫。（两年前，他曾冒险涉足海外外交，派使团前往君士坦丁堡，请求奥斯曼苏丹以其哈里发的身份正式承认他是迈索尔的国王。）[27] 这是 18 世纪印度的统治者派去欧洲的第一个使团，也是一个明显的标志，证明蒂普苏丹的野心远远不只在军队中招募法国雇佣兵。他希望路易十六同意攻守同盟，并在塞林伽巴丹永久驻扎一支法国的万人军队，遵守迈索尔的法律并由蒂普个人指挥，以此来加强两国的同盟。[28] 蒂普还请求法国国王给他派来各类职业人士和工匠，在塞林伽巴丹工作：园丁、吹玻璃工、织布工、钟表匠、瓷器匠，以及在当时很引人注意的"东方语言的印刷工"。蒂普的另一项非常有前瞻性的提议是，派他的一个儿子去法国接受教育。[29]

　　1787 年 7 月，三位大使及其随员从本地治里乘坐一艘挂着蒂普旗帜的法国船出海了。[30] 整整一年之后，他们抵达巴黎，1788 年 8 月 10 日，国王在凡尔赛宫的海格立斯厅（Salon d'Hercule）接见了他们。路易十六收下了他们送来的黄金、钻石和珍珠等礼物，并倾听了一篇长篇演讲，历数英国在印度的不义行为。但法国当时正处于经济危机之中，那场危机最终推翻了君主制。劝说国王延长他的承诺，花上一大笔钱，并发动另一次与英国的全球战争，至少可以说没多大希望。路易的大臣们礼貌地推诿了蒂普所有的实质性要求。大使们是来请求继续军事援助的，但在旧制度最后的拮据日子里，"法国政府能给他们的只有表演和节日"。[31]

不过表演倒的确是神气十足。单从表现力上来说，使团取得了巨大的成功——大使们多彩的突出表现一定大大加深了法国人对印度的兴趣，想要保持与迈索尔的联盟。夹道的人群目瞪口呆地看着来访者一路走访了马赛、格勒诺布尔（Grenoble）和里昂；当他们走进圣克卢的公园时，侍者不得不在团团转的女士们的真丝长裙中间为他们清理出一条道来。[32] 巴黎热爱这些大使："他们是所有谈话的主题，所有的人都盯着他们，而蒂普·萨希卜这个名字一时间在无忧无虑的民众间家喻户晓，亚洲服饰的创意给他们带来的震惊远远多于他们对自己在印度的财产的重视。"[33] "他们的皮肤是古铜色的，但（他们）却有着最出色的容貌。"艺术家伊丽莎白·维热-勒布伦（Elisabeth Vigée-Lebrun）滔滔不绝地说道。她为其中的一位大使穆罕默德·达尔韦什汗画了一幅威严的肖像，那是一个身穿长袍的严厉人物，紧紧握住弯刀的刀首圆头。另一个同行者的形象被做成了陶像。所有三位大使的形象出现在各种商品上，从塞夫尔（Sèvres）的咖啡杯到女士的扇子，甚至上衣纽扣。[34] 或许最不同寻常的还是他们出现在当时哲士的小册子里，他们在书中作为代言人参与了关于专制统治和君主制的讨论，在革命前的巴黎各个沙龙里，到处都是对那些讨论的呼应。[35]

而大使们也热爱巴黎。实际上，人们颇费了一番功夫，才最终说服他们在 1788 年 10 月离开那里。他们在首都逗留的三个月里，蒂普给他们的津贴超支了五万里弗尔①；算上（乘法国船）航行的费用，招待蒂普使团的开销花了法国王室逾 80 万里弗尔（当时大致相当于同样金额的英镑）。[36] 然而，迈索尔人回到塞林伽巴丹时，却只给蒂普带回了路易十六为他准备的 98 名工匠，一些法国的种子，以及一大套塞夫尔瓷器。这套瓷器价值逾三万里弗尔，是特别为蒂普设计的，没有动物图案（因而不致冒犯他伊斯兰教的感情），包括脸盆、水烟筒、痰盂，以及国王和王后的几座半身像。蒂普勃然大怒。[37] 瓷器无法取代军队。但尽管如此，他还是颇有风度地致信路易十六，感谢他送来的工匠和瓷器。"尽管共同的破坏者英国一直蠢蠢欲动，"他说，"但皇帝陛下和我们之间良好的谅解和友谊的基础源远流长，牢不可破……"[38]

路易的不愿承诺之后紧跟着就是法国大革命，这意味着蒂普不得不在没有法国援助的情况下打响第三次迈索尔战争（1790~1792）。在他与东印度公司

---

① 里弗尔（livre），法国的旧货币单位，一里弗尔的价值相当于一磅白银。

的所有战争中，蒂普头一次遭到了可耻的失败。[39] 康沃利斯勋爵率领英军攻占了塞林伽巴丹岛的东侧部分，并向蒂普提出了惩罚性的条约，迫使他放弃了半数领土，交纳了一大笔赔款，还把两个小儿子送去当人质，算是弥补了勋爵早年间在约克敦战败的难堪。

此刻，蒂普比以往任何时候都更需要法国的援助。就像拿破仑对埃及民众的呼吁在战败后更上一层，紧迫性也随之增加，蒂普在1792年战败后也对法国持续示好。他与本地治里和毛里求斯的法国官员定期通信，并对巴黎的制度更迭了然于胸。（他手写的一张便条显示他得知了"法国瑟达尔［Sirdar，或称长官］的名字。选出的五位瑟达尔在法国拥有至高无上的权威……"——也就是督政府——"议会500名瑟达尔的正式任命，组成了法国的评议机构，并服从于上述五位瑟达尔所组成的元老院。"）他"给这五位法国长官及其夫人们"送去了枪炮、珠宝和"卡拉特"（印度宫廷之间作为仪式礼物相互交换的礼袍）。[40]

整个1790年代，蒂普一直梦想着迈索尔能有一万名法国人，梦想着他们一起把英国人赶出印度的那一天。1797年的一个夜晚，他还真的梦到了这种情况。"有人告诉我，说一个有地位的法国人来了。"他把这些记录在他的梦境书里：

> 我请他坐下并问候了他的健康。基督徒随后
> 说："我带来了一万名法兰克人为真主赐予的统
> 治效劳，我让他们都在岸边离船登岸了。他们都
> 是体格健美结实的年轻人。"我随即对他说："很
> 好。这里为战争所做的准备也都一切就绪，伊斯
> 兰教的大量追随者都热切地等待着参加圣战。"[41]

然后他就醒来了。

但蒂普醒来所面对的现实与他的梦境并非全然
不同。1797年冬，确曾有一个说自己是个重要人物
的法国人抵达塞林伽巴丹。他就是雅各宾党人弗朗索
瓦·里波，他的船在门格洛尔（Mangalore）附近的海
岸失事，被海浪冲上了岸边。里波说他是一名海军军
官，是毛里求斯法国殖民地的代表，并告诉蒂普，说
一万名法国士兵正在那里等着跟随他来迈索尔。[42] 这
当然正是蒂普希望听到的消息。尽管某些大臣不相信
这个法国"无赖"，但蒂普却在1797年秋派两名大使
随里波前往毛里求斯。[43] 和往常一样，他的主要诉求
是人（包括一个"能替我处理法国通信的人，公民里
波自己表达不清，他不是个文书"）。[44] 这座岛屿的法
国总督马拉蒂克（Malartic）热情地接待了迈索尔人，
但像十年前的路易十六一样，马拉蒂克能给蒂普的也
不过是植物和种子而已。[45] 总督能做的最多是张贴告
示，请志愿者去塞林伽巴丹服役。只有不到100人报

名，马拉蒂克又增加了15名军官，在陆军准将沙皮伊（Chappuis）的指挥下出发了。[46]"这一支海陆混杂的克利奥尔人①和欧洲人的援军"于1798年6月到达——又一次让蒂普失望了。[47]

但更多的消息——鼓舞人心的消息——很快就要来了，因为在1798年9月，蒂普得知法国人侵了埃及。现在，那一万个法国人就只隔着一片海！此外，他还听说他们计划跨海过来与他会合。同样让蒂普感到高兴的是，东印度公司显然因为事态的发展而陷入了窘迫。新任总督查德·韦尔斯利致信蒂普，"傲慢而详细地叙述了"（沙皮伊的原话）尼罗河河口海战，并警告他离法国人远一点儿。[48] 蒂普虚情假意地回信说英国人的胜利"给他带来了无法用语言表达的喜悦"，但随后立即开始筹划他与拿破仑的会面。[49] 陆军准将沙皮伊帮助他准备派人前往埃及。

与英国的另一次对峙显然就在眼前，蒂普苏丹有充分的理由期待它的来临。在法国军队的支持下，他有理由希望能逆转1792年的失败并取得实质性的进一步收益。几十年来精心维护的与法国的联盟看来很快就有结果了。蒂普预见到战争即将来临。"里波那条破船的桅杆断裂将会导致一个帝国的覆灭。"据说

---

① 克利奥尔人（creole），一般指的是欧洲白种人在殖民地移民的后裔。

他曾如此期待。[50] 但这话相当隐晦，因为他并不知道，注定灭亡的帝国不是别国，正是他自己的国家。

III. 危险的关系

阅读他人的信件总是令人浮想联翩。至少在这位英国军官读到"东方军"一个士兵的这封情书（billet-doux）时，就有过这样的感受："我再也不认识我自己了，哦，我的（尤斯蒂尼亚娜）！与你远隔的我会变成什么样子？这里灼人的气候似乎引来了吞噬我的热火，还让它越烧越旺。"[51] 以下的内容或许同样让它的英国读者心急难耐：

> （我给你写了）一封像书一样长的信……（但）我不知道那封信是否能到你手里。该死的英国人！如果那封信落入他们的手里……我就会尽我所能地报复他们。

> 至于其他的，不必担心，我最亲爱的，他们会知道我们的一部分过去，但他们永远不会知道我们是谁。我唯一感到不安的是你会不知道我在这里遭遇的一切。……你的肖像丢了，然后又在土耳其妇女手里重新找了回来，一连串的事情既有趣又痛苦。可爱的画像呀！我向你保证过，永远不会和你分离。……[52]

但这封信显然是所有信件中最有趣的：

> 你已经知道，我随着庞大的无敌大军到了红海的边缘，满心希望能在英国的铁轭下把信寄给你。
>
> 在得知你途经马斯喀特（Muscat）和摩卡（Mocha）传来的政治形势后，我热切盼望能抓住这次机会，向你证明我的愿望。我甚至希望你能派遣情报人员带着密信来苏伊士或开罗与我商讨。
>
> 愿万能的真主给你力量，毁灭你的敌人。[53]

这不是一封寄错地方的情书，而是拿破仑·波拿巴写给蒂普苏丹的信。与战时由间谍、士兵和特务拦截的大部分通信不同，这封信似乎传达了一种重要而有用的真正的战略情报。

这封信写于1799年1月26日拿破仑准备向北进军巴勒斯坦之时，打着写给麦加的谢里夫的幌子，表达了拿破仑最深切的希望：与蒂普合兵一处，在印度对英国人开战。（麦加的谢里夫在1799年4月底回复了拿破仑，说他已经把那封信交给"可靠的人手"送达蒂普了。）[54] 当然，对于在塞林伽巴丹焦急地等待那一万法国人的蒂普苏丹来说，这封信也像是美梦成真。但蒂普根本没有收到这封信。因为它落到了东印度公司手里，让后者喜出望外。2月17日，英国人在吉达截获此信，很多人长期怀疑拿破仑与蒂普之间有危险的关系，这封信让英国领导人掌握了铁证。这下进军迈索尔总算有了正式的借口——大军很快便出发了。

这至少是理查德·韦尔斯利的看法，他在1797年被任命为东印度公司的总督。韦尔斯利是个英裔爱尔兰新教徒贵族和政治家，曾在国会的管理委员会花了五年时间监督印度事务。韦尔斯利虽然娶了一位富有魅力的法国天主教女人亚森特，并用法语与妻子鸿雁传书，但他却是个彻头彻尾的讨厌法国的人——他的政治盟友小威廉·皮特在某种程度上也有同样的倾向。[55] 正是厌法情绪主导了韦尔斯利在印度的政策。他把印度看作英法战争的另一个战场，奉行与无数"亲法"印度王公作对的积极扩张的政策，第一个要对付的就是蒂普苏丹。恰是在韦尔斯利担任印度总督期间，英国在印度的政策转向主动扩张，英国的海外文化越来越拘谨，对东西方跨界的宽容度也低于沃伦·黑斯廷斯那个时代。

对于韦尔斯利来说，拿破仑致蒂普的信是个令人高兴的发现，但却毫不意外。韦尔斯利在1797年晚秋来到印度时已事先知道了法国人的阴谋。1798年5月抵达加尔各答时，他迅速扫除了法国在次大陆的一些影响力。第一个目标是海得拉巴，他说雷蒙的人在那里组建了"一个常驻印度的法国小集团的基地"。他迫使海得拉巴的尼扎姆与东印度公司缔结了附属联盟，尼扎姆承诺放弃他的由法国人指挥的军队，转而自掏腰包维持一支 6000 人的东印度公司军队。[56]（韦尔斯利还准许一支军队继续由爱尔兰雇佣兵迈克尔·芬格拉斯指挥，认为"在政策的一般原则上，我知道准许各国建立这种军队的危险，就算由英国臣民指挥也是如此；但法国冒险家为印度各个土邦所建的大量军事机构表明，有必要对他们的危险影响和不断成长的力量有所抗衡"。)[57]

然而，在韦尔斯利看来，法国在迈索尔的影响远要危险得多，并且不易化解。得知蒂普想在毛里求斯招募法国人后，韦尔斯利判断"策划敌对的证据完整了"。[58] 蒂普与法国通信的证据在手，并有进一步的报告说蒂普还向公司的另外两个最积极的亚洲对手阿富汗和马拉塔示好，韦尔斯利给东印度公司的秘密委员会起草了一份备忘录，概述了"为达到挫败蒂普苏丹和法国的共同努力这一目的，最为可取的……手段"。[59] 这是他的战争蓝图，他打算尽快付诸行动。1799 年 2 月初，正当拿破仑准备进军巴勒斯坦之时，21000 人的东印度公司军队聚集在韦洛尔（Vellore），准备攻打蒂普。3 月 5 日，在哈里斯①将军的指挥下，他们入侵了迈索尔。

---

① 乔治·哈里斯（George Harris，1746~1829），英国军人，第一代哈里斯男爵。他参加过第三次迈索尔战争，并在第四次迈索尔战争时指挥陆军击败迈索尔王国，攻克了塞林伽巴丹。他的成功为他建立了指挥干练的声望，其政治重要性给他带来了爱尔兰贵族的封号。1815 年，他获封英格兰贵族头衔，被称为塞林伽巴丹、迈索尔及肯特郡贝尔蒙特的哈里斯男爵。

单看理查德·韦尔斯利的论点，似乎显然是英法战争加速了英国人采取进攻行动。问题在于韦尔斯利就希望他的解读者这么认为，他是个老练的宣传家。他对法国与迈索尔相互勾结深信不疑，实际上在1798年8月12日就完成了这个战争计划，也就是在印度的公司官员听说拿破仑入侵埃及整整两个月之前。[60]的确，在每一个阶段，韦尔斯利的行动都要早于他的证据，以至于必须要怀疑他的证据到底有多少意义。[61]韦尔斯利特别强调与法国的联系，因为他面临着伦敦上级的反对。对于东印度公司的董事会来说，发动战争、公开征服非其所愿，他们一直小心提防着那种昂贵、混乱而血腥的战役。入侵迈索尔后，韦尔斯利立即开始撰写发回伦敦的长篇快信，为自己的决定以及因此而"为你们的财政带来的高昂费用"进行辩解。"法国以及苏丹的计划，"他向董事会争辩道，"比印度的大英帝国自最初创立以来面对的一切颠覆它的企图都更加宏大可怕。"[62]

韦尔斯利对蒂普苏丹的这场圣战，其偏执、先入为主，并且坦白说是操控他人的性质——他的好战成性——被普遍认为更多源自他个人的偏执狂和对权力的渴望。但把这个插曲放到同时代的事件和世界观的背景中来看，就会得到不同的解读。在1799年，革命中的法国对英国所造成的危险再明显不过了。在韦尔斯利作战与谋划的同时，英国本身也面临着自西班牙无敌舰队以来最严重的入侵恐惧。1798 年，一支法国军队竟然在爱尔兰登陆，联合爱尔兰人会①计划在那里举行一场反对英国统治的叛乱，全英国成千上万的平民纷纷加入志愿国民军保家卫国。与此同时，英国在印度的力量十分脆弱，主要依靠印度土兵军队以及和几十个有武装的强大邻邦签订的脆弱条款。1799 年，没有谁能从英法全球战争的隧道望下去，看到英国及其帝国在滑铁卢战役后的相对安全性。在韦尔斯利那一代人成长的年代，英国受到与法国交战及帝国扩张的双重影响。无论是否"合乎情理"，他与其他很多人都相信，进攻之举——以及它们引发的政策变化——都是十分必要的。这种规模、风险、史诗般的冲突感——这种英国本身，而不仅仅是英国在印度的力量，命悬一线的感觉——将会让第四次迈索尔战争触动后方广大英国人的心弦。

英国、法国和迈索尔最终的致命碰撞也是三个势均力敌之人的个体生命的碰撞。63 拿破仑、蒂普和韦尔斯利都各自继承了早先的政治关系。拿破仑继承了旧制度入侵埃及的计划，寄望于法兰西帝国的复兴。蒂普苏丹继承了父亲对英国人的敌意和与法国人的友谊；他还继承了最近获得的王位，他几乎终年征战，

---

① 联合爱尔兰人会（United Irishmen），成立于 18 世纪的政治组织。最初是一个自由主义组织，寻求英国国会的改革。不过由于受到美国独立战争和法国大革命的影响，该组织很快变为一个爱尔兰共和主义的组织。

就是为了保卫它。理查德·韦尔斯利则继承了英国与法国激战几十年来的伤痛。他还继承了一个被许多英国人长期怀疑的印度政府，以及对迈索尔的看法：就算是在最好的状况下，对于英国统治希望代表的一切，迈索尔也是其不共戴天的仇敌。

此三人都是权力掮客，还共有着另一个决定性的特征：他们都感觉自己是边缘人物。法语有口音的脑膜的科西嘉岛人拿破仑把埃及看作通向法国权力顶层的阶梯上的另一级踏板。"篡位者"的继承人蒂普的深切忧虑就是申明自己作为一个印度教省份的穆斯林统治者的合法性。韦尔斯利是个爱尔兰贵族，像前辈罗伯特·克莱武一样，渴望公正地跻身于英国贵族的中心，在上议院拥有一席之地。

与克莱武相似并非偶然，因为与他的对手、同为边缘人的拿破仑和蒂普一样，他也是一位收藏家。这三位作为比喻意义上的收藏家，都是领土和权力的征服者。他们也是严格的具体意义上的收藏家。蒂普苏丹与他近乎同时代的阿萨夫·乌德－达乌拉一样，建立了大型图书室和塞满了欧洲物品的宝库。拿破仑和韦尔斯利两人除了共有的对权力的个人爱好之外，还把国家资助的收藏提高到一个新的水平，他们在征服之后，系统地获取艺术品、工艺品和标本。入侵埃及和迈索尔使得这三个人的帝国和个人目标实现了彻底的融合，也迫使两种帝国收藏合而为一：占领土地与侵吞物品。

IV. 陷落及其后果

毋庸置疑，塞林伽巴丹是个美丽的目标。1791 年 5
月，一个年轻的上校随康沃利斯大军逼近蒂普的首府，
用他的话来说，"乡间的土地……衬托着这座岛屿，岛
上当时覆满了最美丽的翠绿植被，城池也尽显其最辉
煌的光彩；明亮的阳光照在城墙上，以及城内很多华
丽的建筑，太阳的光线在苏丹宫殿的镀金穹顶上闪闪发
光"。[64]"在暴君的闺房破门而入，"他幻想道，"让他忧
郁的小鹿们重获自由，是个多么荣耀的消遣啊——带着
我成袋的佛塔重返加尔各答，又是多么满足！"[65]

八年后的现在，在高韦里河的北岸挖壕沟的人
看来，河中这座光辉之城的场景一定更迷人了。这一
次，英军与迈索尔第四次开战，塞林伽巴丹已成为传
奇之城。城堡里的某处潜伏着魔鬼蒂普苏丹本人，他
们从俘虏和老兵那里听说了这个恶棍的故事，对他又
怕又恨。那里还有宝物，有他们做梦也想不到的金银
珠宝；有女人，美丽的小姐和"忧郁的小鹿们"等待
自由地跳跃。还有食物！他们的食物迅速耗尽，可能
没几天就要闹饥荒了。在等待了将近四个星期后，他
们饿得几乎要因为虚弱和病态的饥饿感而倒下，城墙
后面的隐秘王国似乎就是应许之地本身。

1799 年 5 月 4 日攻打塞林伽巴丹，从头开始制造
神话的时机已经成熟。有数十年关于迈索尔的战争和

著述打头阵，这场冲突有着史诗般的性质。（规模也是如此：理查德·韦尔斯利自夸说，这支军队是"印度这片土地上有史以来最出色的"，有逾20000名东印度公司士兵，并增补了王室的军队——其中包括理查德的弟弟，33步兵团的上校阿瑟·韦尔斯利——以及成千上万名海得拉巴的印度土兵。）[66] 个人恩怨也给当天的事件添加了戏剧性，下午一点钟领导冲锋的是健壮而深受爱戴的苏格兰将军戴维·贝尔德，他本人就曾在塞林伽巴丹被俘。一天多以来，英国人的火炮一直对着塞林伽巴丹的城墙猛轰，炸开了一个至关重要的突破口。贝尔德率领手下顶着毛瑟枪和火箭枪的火力网蹚过坚硬的河床，但只用了几分钟，他们就奋力冲过缺口，在城堡的墙头升起英国的旗帜。数千名公司军和海得拉巴士兵按照事先制定的周密计划攻击了防御工事，并拥进城市的街巷。

当夜晚些时候，经过几个小时的战斗后，有人报告贝尔德说蒂普苏丹已经被杀，他便主持了塞林伽巴丹陷落传奇的另一个插曲。贝尔德一路穿过成堆的尸体——有些已经死了，还有的血流不止，还差最后一口气——来到据说躺着蒂普尸体的大门口。在那个穹拱低垂的通道里，"场面令人震惊，尸体的数量太多了，这个地方又过于昏暗，分不清那些都是谁的尸体"。[67] 但尽管如此，"因为此事政治意义重大"，必须要一一查验。他们逐一翻查每一具尸体，在烛光下仔细检查面孔。最后，他们找到了他，他身上既有刀伤又有枪伤，珠宝也被抢个精光。用亚历山大·比特森①少校类似于墓志铭的话来说："他早上离开宫殿时还是个强大专横的苏丹，满是野心勃勃的宏大计划，被带回来时却成了一抔黄土，被整个世界抛弃，王国被推翻，首府被攻克，宫殿被曾经……手铐脚镣，身陷囹圄的……少将贝尔德所占领，而后者曾经被关的监狱距离苏丹尸体如今躺着的位置只有区区三百码。"68

戴维·威尔基（David Wilkie）爵士，《1799 年 5 月 4 日，戴维·贝尔德将军占领塞林伽巴丹后发现了苏丹蒂普·赛义卜的尸体》，1839 年。这幅创作于战役结束 40 年后的油画描绘了在大英帝国的传奇火炮下，塞林伽巴丹的戏剧性场面

① 亚历山大·比特森（Alexander Beatson，1758~1830），东印度公司军官，圣赫勒拿岛总督，也是一位实验农学家。

英国人一定倾向于把夺取塞林伽巴丹看作命中注定，才使得他们如此痴迷于蒂普苏丹最后一天的细节。根据他们的资料，对他而言，命运也是循环往复，徒劳无功。在袭击前最后的日子里，蒂普曾考虑离开塞林伽巴丹，抛弃这座首府，任它自生自灭。但他决定不能如此，他不愿逃避必然发生之事。他"仰头望天，长叹一口气说：'我完全顺从真主的意愿，无论那会是什么。'"[69] 5 月 4 日上午，蒂普拜访了印度教的上师（尽管他是个虔诚的穆斯林，却习惯于这么做），并得知了对他不利的征兆。虽然他向神庙奉献了一头大象，做了布施并与上师们一同祷告，但除了面对现实之外别无选择。[70] 他与入侵者交战时"勇敢得像一头狮子"，并"以身殉难"。蒂普的波斯文墓志铭有一种悲恻的凄美：

> "啊！这位王公及其王国毁灭之际，
>
> 世界流下了血泪。"
>
> "日月为之同悲，
>
> 天堂为之颠倒，大地为之阴郁。"
>
> "当我看到为他的悲痛弥漫天地，
>
> 我问苦难他在哪一年去世。
>
> 一位守护神答道，让我们以悲叹和眼泪来悼念他的逝世吧——

> 伊斯兰教之光离开了这个世界，
>
> 伊斯兰教之光离开了这个世界①。" 71

法国人又如何？蒂普的大臣曾建议他不要依靠法国人来保卫塞林伽巴丹，"因为这两国人（英国人和法国人），"他们说，"都认为他们出自同一个部落，在思想和语言上也是同类。" 72 但英国人冲进塞林伽巴丹的缺口时，迎面遭遇的正是法国军人：迈索尔指挥官被英国人用贿赂解决了。（这也是英国人赢得相对轻松的一个原因。）据沙皮伊说，蒂普的最后一天是和一个爱妾在帐篷里度过的，而沙皮伊本人尽忠职守苦战到底，持续战斗直至被俘。73（就连一个轻视蒂普的法国"无赖杂牌军"的英国军官也勉强承认，这个"老家伙……的确有老兵的风范"。） 74 沙皮伊在朴次茅斯入狱两年后回到法国，向拿破仑汇报了 5 月 4 日的情况，从而履行了"我向蒂普苏丹的四个儿子做出的正式承诺"，请求忠实可靠的法国人解救他们。因此，事实上拿破仑和蒂普苏丹最终还是以某种方式联系上了，尽管对两者来说都为时已晚。

总的来说，或许法国历史学家米肖为蒂普写的墓志铭最为公正：

---

① 此处原诗句为 nuru'l islam din az dunya raft，是印度斯坦语的英文转写。

　　如果迈索尔政府像欧洲人那样，有历史学家公开他们的委屈并替他们申诉的话，他们就不会不谴责英国人，任由他们入侵与他们毫无罅隙的国家，违反最神圣的条约，以及藐视自然第一法则赋予每一个国家一块神圣不可侵犯的故土。我发表这番评论不是为了替蒂普·赛义卜的野蛮行径辩护；但最公正的作家总不免对一位忧郁的王公抱有一份隐秘的同情，他的记录者却只有那些入侵他的帝国并毁了他的生活的人。[75]

米肖强烈批评英国人对蒂普和迈索尔耀武扬威，说得的确没错。英国人早先关于迈索尔和整个印度帝国的讨论强调的都是交战的危险和陷阱，战胜蒂普苏丹则激励了朝着公然赞美公司和英国统治转变——蒂普与法国合作如今已是公开的证据，也大大促进了这种转变。攻陷塞林伽巴丹后，韦尔斯利及其僚属迅速没收了在蒂普王宫里发现的文件——诸如雅各宾俱乐部壮观的控告诉讼等——为他们的行为开脱。韦尔斯利的助手威廉·柯克帕特里克（William Kirkpatrick）检查了蒂普的波斯语文件，称心如意地回来报告，说那些文件"清楚明白地证明了蒂普苏丹从他执行《门格洛尔条约》①（1784 年）之时直到他死前那一

---

① 《门格洛尔条约》（Treaty of Mangalore），1784 年 3 月 11 日蒂普苏丹和英属东印度公司在门格洛尔签署的条约。该条约结束了第二次英国—迈索尔战争。

刻，从来没有停止策划颠覆印度的英国势力"。[76] 柯克帕特里克继而翻译了20份有关蒂普和法国的文件——据说"只是卷帙浩繁的通信往来的一小部分……证明了对英国怀有同样的不解之仇"，这些立即成为迈索尔官方历史的基础。[77] 如果历史是胜利者书写的，在这个例子中，历史简直就是韦尔斯利本人坐下来编写的。

伴随胜利而来的便是一种特别的、新近充满爱国情怀的改写。但蒂普苏丹的声音，以及与之相伴的对英国扩张的另类解读，就全然静寂无声了吗？没有。在各种物品——战利品、奖品、纪念品——中，蒂普的迈索尔将会以各种方式，有时甚至是相互矛盾的形式抵达英国。因为5月4日攻占塞林伽巴丹只是一种帝国现象的开始，通过传说，最重要的是通过物品，这种帝国现象会不断扩大，令人始料未及。

1799年5月5日上午，戴维·普赖斯①上尉蹒跚着走进塞林伽巴丹要塞。这座首府陷落一天后，他所面对的场景几乎无法用语言描述。一个军官写道，尸体"在城墙上、水沟里，在镇子的各个部分都堆积如山，无法

---

① 戴维·普赖斯（David Price，1762~1835），东印度公司威尔士裔军官，东方通。他初到印度便参加了纳格伯蒂讷姆和锡兰亭可马里的两次攻城战，后指挥孟买印度土兵第二营，参加过第二、三、四次迈索尔战争。著有《印度军队退役名单上的一位陆军校官的早期和戎马生涯回忆录》（*Memoirs of the Early Life and Service of a Field Officer on the Retired List of the Indian Army*，1839）等。

以平常视之"。[78] 英国人估计迈索尔的阵亡人数在 6000
到 10000 人。[79] 无论数字是多少，这场杀戮给普赖斯留
下了深刻的印象："语言简直不可能描述这种恐怖的景
象，这种呈现在眼前的可怕场面，到处都是各种姿势的
被杀害的尸体，每一个方向上都是；（他们）躺在大街
两侧的游廊里。"[80] 尽管普赖斯 5 月 4 日当天一直安全
地留在英国战线后方，这幅景象却让他感到特别痛苦：
第三次迈索尔战争期间，他企图攻占蒂普的一座山上堡
垒时，曾在迈索尔人的炮火下失去了一条腿。[81]

　　英国人无法统计死亡人数，但显然能够清点财
宝。普赖斯是军队任命的七名"奖品事务官"之一，
负责合计蒂普的财富——如今这些都是他们的了，按
照英国的战争传统，将会根据军阶分发给军人们。他
艰难地穿过满是尸体的塞林伽巴丹街巷，来到蒂普的
王宫，走进堆放着财宝的庭院。这就像是从噩梦走进
了美梦一样："哪怕在那些比我们更习惯见到如山宝
藏的人看来，王宫的财富也足够让他们眼花缭乱了，
此刻在我们看来，钱币、首饰、金条，以及大包的昂
贵物品让所有的人目不暇接。"[82] 单是第一天结束时，
普赖斯和同事们就清算出价值将近 50 万英镑的现金，
而宝库仍是满满当当的。几天后，清点终于结束时，
战利品的总额达到了 1143216 英镑——大约合现在的
9000 万英镑——无疑是英国武装力量有史以来获得的
最大一笔财产。要知道这支军队数天之前还像蒂普的

朝臣基尔马尼（Kirmani）所写的那样，"被物资匮乏和高价食品所迫，在死神的门口徘徊，被迫付……两个卢比来换一小把草根"，事态的转变竟剧烈如斯。[83]

对于熬过 5 月 4 日那个可怕之夜的人来说，时运的逆转就像整个夜晚一样暴烈而明显。英国军官习惯于睁一眼闭一眼，允许手下进行一段时间的掠夺，随后再强调纪律并派遣奖品事务官。在塞林伽巴丹，攻城的士兵带着复仇之心大肆掠夺。"屠杀迈索尔人之后，便是掠夺他们的财产，而侵犯他们女人的事情最好还是略过不谈了。"基尔马尼如此悲叹道。[84] 坚忍克己的阿瑟·韦尔斯利上校被任命负责这座陷落要塞的纪律。"指望经历过如此艰难的军队……不掠夺此地是不可能的，"他向兄长理查德报告说，"因此应以 4 日夜晚所做之事为限。城里几乎没有哪座房子没被抢过。……我在 5 日上午前来接管指挥，并以最大的努力，用绞刑、鞭笞，如此等等，终于在那天恢复了军队的秩序。"[85] 在半岛战争 ① 的猛烈战

---

① 半岛战争（Peninsular Wars），拿破仑战争的主要部分之一，1808~1814 年发生在伊比利亚半岛，交战方分别是西班牙王国、葡萄牙王国、大英帝国和拿破仑统治下的法兰西第一帝国。西班牙称其为"独立战争"，葡萄牙称其为"法国入侵"，而加泰罗尼亚地区的人则称之为"法国战争"。这场战争被称作"铁锤与铁砧"战役，"铁锤"代表的是数量为四万到八万的英葡联军，指挥官是威灵顿公爵；同另一支"铁砧"力量——西班牙军队、游击队及葡萄牙民兵——相配合，痛击法国军队。战争从 1808 年法国军队占领西班牙开始，至 1814 年第六次反法同盟打败拿破仑军队终告结束。

火延续了四年之后的 1812 年，韦尔斯利将会在艰苦围攻葡萄牙边界的巴达霍斯（Badajoz）一个月后，再次看到类似的情况，得胜的英国士兵在那座西班牙城市胡作非为，用了整整三天——以及主广场上的绞刑架——才控制住他们。

没有人知道 5 月 4 日当夜有多少财富易手，但好运和奢侈浪费的传说迅速成为塞林伽巴丹传奇历久弥新、引人遐思的一部分。据说在几天以后"还可以……看见士兵在街上用手中的佛塔做赌注来斗鸡"。[86]"在集市上，用一瓶烈酒就可以从士兵手里买来一批最有价值的珍珠，此等丑事众所周知。"[87]一个人的鲁莽就是另一个人的财富。那个时代最有名的逸事就是一个苏格兰军医用 100 卢比从一个士兵手里买来一对珠宝手镯，后来发现其价值超过了三万英镑。[88]这是威尔基·柯林斯①在英语文学的第一部侦探小说《月亮宝石》（1868 年）的开篇想象出来的震撼场景，全书就是围绕着从塞林伽巴丹掠夺来的一颗受到诅咒的钻石展开的。

这类迅速致富的故事自有其吸引力，但它们的流行一定另有原因。"掠夺"实际上就是穷人的奖品，是一名普通士兵可以希望从胜利中致富的唯一途径。在这

---

① 威尔基·柯林斯（Wilkie Collins，1824~1889），英国著名小说家、剧作家、短篇故事作者。其代表作为《白衣女人》（*The Woman in White*，1859）与《月亮宝石》（*The Moonstone*，1868）。他的作品在维多利亚时代取得很大成功，很受市民的欢迎，后来被认为是推理小说的先驱者之一。

笔 1143216 英镑的战利品巨款中，一名普通列兵，如果他运气好是白人的话，可以分得大约七英镑四先令，而如果是印度人的话，就只能分得五英镑。这是平常工资的一笔可观的补充，尽管绝对算不上是一辈子享用不尽的财富。[89] 但军官们在离开塞林伽巴丹时，都带走了从数百到数千英镑不等的金钱。例如阿瑟·韦尔斯利收到了他那一份 4300 英镑，足够他偿还哥哥理查德任命他做军官的价格。[90] 理查德·韦尔斯利明智地拒绝了公司给他的十万英镑，"免得有人说（他）作为印度总督……因为一己私利而对土邦王公开战"。[91] 但总司令哈里斯将军一个人就毫不犹豫地捞走了总数的八分之一——逾 14 万英镑。[92] 1801 年，他买下了肯特郡贝尔蒙特庄园，退役时的身份是贝尔蒙特和塞林伽巴丹的哈里斯男爵。如今，掠夺（plunder）一词被不加区分地用于表示各种形式的据为己有，却往往失去了它在战争背景下的特别意义。不过我们有必要思考一下，它的贬义中有多少可以归因于那种深层次的等级制度，它把普通士兵造就成"掠夺者"，却向其军官——有时极其贪婪的一群人——发放合法的"奖金"。

5 月 4 日之后的世界好比天翻地覆，如此规模的财富转移也只是其中一例而已，更不用说围绕着它的种种混乱了。如果说塞林伽巴丹的失守预示了巴达霍斯的暴力与浩劫，那么蒂普的整个王国与它一起陷落则预见了 1815 年滑铁卢战役来之不易的终结。正如滑铁卢战役一样，占领塞林伽巴丹结束了一段漫长而不确定的战乱期。英国对迈索尔的最终胜利付出了逾32年的四场战争的代价；就连1799年的战役，虽然速度很快且相对流血较少，也因为严重的供应短缺而濒临被迫撤退。诚然，蒂普的王国、资源和声望因为他在1792年败于康沃利斯而严重受损。但与法国展开世界战争的危险为与迈索尔为敌注入了新的紧迫感——多少有点儿像在1991年海湾战争十年之后，"反恐战争"复活了美国人对萨达姆·侯赛因的敌意。在此之前的几十年里，历史、战争回忆，以及俘虏的叙述让英国民众对海德尔和蒂普的大名闻之战栗。直到1799年5月4日前，蒂普依然逍遥法外，迈索尔再度复兴，而法国还在对英属印度的大门施加压力。随后在5月5日，蒂普死了，塞林伽巴丹失守，而整个迈索尔帝国

攻打塞林伽巴丹，根据罗伯特·克尔·波特（Robert Ker Porter）所绘的全景画而作

也落入英国人之手。恐怖之地响起了胜利的号角。

综上所述，因为事件本身的强烈戏剧性，因为它迟迟未来，因为敌人如此遭人唾骂，并且尤其因为它是英法战争的一个插曲，占领塞林伽巴丹立即在英国民众中产生了巨大反响，没有哪一场在印度的胜利，甚至可以说没有哪一次在陆上的帝国胜利曾经取得过这样的影响。[93]（军队取得这场胜利之时，适逢英国人特别担心其陆上的战斗能力之时，因而扩大了它的影响力。）攻打这座城市至少催生了六出戏剧，一幅全景画，无数的版画、小册子和目击者的回忆录。从 J. M. W. 特纳（Joseph Mallord William Turner）到罗伯特·克尔·波特，英国艺术家们都看到了现场军官所画的素描，并深受其影响，后者画了这场战役的一幅全景画，取得了巨大的成功，1800 年，这幅画在莱塞姆剧院（Lyceum）的大厅展览。[94] 各种言过其实并充满戏剧性的第一手证词都拼凑在一本题为《占领迈索尔概述》（*Narrative Sketches of the Conquest of Mysore*）的哗众取宠的小册子里。《概述》一书一炮而红，在 1801 年重印了三版。它在全景画的展览中当场销售，并随着这幅画一起在英国巡回展售；它的第三、四和五版分别印刷于爱丁堡、巴斯和赫尔①。[95]

这场胜利也在整个帝国引起了反响。1799 年底

---

① 赫尔（Hull），全名为赫尔河畔金斯顿（Kingston upon Hull），英国约克郡－亨伯区域东约克郡的单一管理区。

在都柏林，印度－波斯旅行家阿布·塔利布汗（他是土生土长的勒克瑙人）看到了"舞台上《占领塞林伽巴丹》（The Capture of Seringapatam）的主要事迹，并大为感动"。[96] 在西印度群岛，克利奥尔孩子们围绕着同一主题表演了童话剧。[97] 1801 年与爱尔兰联合时，英国人得意地发现了他们最近打败的亲法派敌人"公民"沃尔夫·托恩①与"公民蒂普"之间的相似之处，托恩是 1798 年联合爱尔兰人会叛变的一个领导人。[98]

总之，占领塞林伽巴丹标志着东印度公司——以及大英帝国——史上的一个转折点，原因有二。首先是因为它实际的本质：一种因为与法国的战争而正当化的帝国征服行为。迈索尔本身被"收藏"进公司的帝国。蒂普的全部财产都被英国以战利品据为己有。公司自命不凡地把他的王位交还给据说合法的继任者：年仅五岁、"性格怯懦"的傀儡国王克里希纳拉贾·瓦迪亚尔②。[99] 公司瓜分并吞并了蒂普的部分领土。就连他的 25 万头役用牛也被英国人很快征作军用，在公司后续的针对马拉塔人的扩张战争中帮助提高了机动性。1800 年，近乎完全模仿拿破仑的专家在埃及

---

① 沃尔夫·托恩（Wolfe Tone, 1763~1798），爱尔兰革命的领导人物，联合爱尔兰人会的创始人之一。

② 克里希纳拉贾·瓦迪亚尔（Krishnaraja Wodeyar, 1794~1868），又称为克里希纳拉贾·瓦迪亚尔三世（Krishnaraja Wodeyar III）。

的研究，公司任命了两位代理人弗朗西斯·布坎南[①]和科林·麦肯齐[②]，对其近来征服的领土进行全面的测绘。和麦肯齐后来领导的印度土地测绘一样，迈索尔的测绘收集了国家权力所需的信息。作为一个收集和分类的制度，测绘后来成为19世纪殖民地国家的一种重要的统治工具。[100]

占领塞林伽巴丹还标志着如何表现帝国胜利的一个转折点。胜利之后出现的对蒂普的描述显然有很多方面符合世代沿袭的穆斯林或东方"他者"的形象。然而，对于蒂普的感性认识同样受到了与法国交战的（或许有所夸大的）真实背景的影响。关于占领塞林伽巴丹的连锁反应以及表现这场胜利的范围和种类，或许没有哪个方面比来自这座失守之城的物品的流通更为明显了。5月4日和5日的疯狂劫掠期间，迈索尔也通过来自这座失守之城的偷窃、交换、购买、寻找、拍卖以及奖赏的数百件物品，被实质性地收藏起来。军人、平民和公司本身均以前所未有的渴望收入塞林伽巴丹的物品。就像历史事件的有形碎片一样，它们一举完成了那种小册子

[①] 弗朗西斯·布坎南（Francis Buchanan，1762~1829），苏格兰地理学家、动物学家及植物学家。后来被称作弗朗西斯·汉密尔顿（Francis Hamilton），但人们通常称他为弗朗西斯·布坎南－汉密尔顿。

[②] 科林·麦肯齐（Colin Mackenzie，1754~1821），英属东印度公司的苏格兰裔军官。

和绘画用一代人的时间才能做到的事情：它们把帝国征服的直接见证放到英国平民的手中。它们触及的英国民众人群的广泛性也远胜此前任何其他印度工艺品所达到的范围。

用更加隐喻的话来说，正是通过这种有形物品的收藏，才能最为精准地衡量帝国对塞林伽巴丹的收藏。从在伦敦公开展示的战利品，到蒂普本人精致的个人财物，来自塞林伽巴丹的物品为占领迈索尔赋予了物质的形态。它们的收藏家同样各不相同。一个极端是东印度公司，它将塞林伽巴丹的战利品摆放在它在伦敦新建的博物馆里，专门用来做自我宣传；另一个极端则是以种种个人理由捞走塞林伽巴丹物品的人们。这些私人收藏家里最热衷于此的就是亨丽埃塔·克莱武[①]夫人及其丈夫：马德拉斯总督、罗伯特·克莱武之子和继承人爱德华了。关于在这个变化的时代大英帝国的形象、人员和对手的情况，我们能从塞林伽巴丹的收藏品中获知些什么呢？

[①] 亨丽埃塔·克莱武（Henrietta Clive，1758~1830），英国作家、矿石收藏家、植物学家。她出生于奥克利庄园，是第一代波伊斯伯爵亨利·赫伯特之女。因为其父将其出生地卖给了罗伯特·克莱武，所以她是在祖产波伊斯城堡里度过的少女时期。1784 年，亨丽埃塔嫁给了克莱武勋爵的长子和继承人爱德华·克莱武。

第六章　胜利的收藏品

I.　战利品

1808 年在伦敦展览的一件物品时至今日仍是大英帝国最引人注目的博物馆展品之一。这件展品是一套真实尺寸的木制模型，躺卧在地的欧洲士兵——想必是英国人，因为上衣是红色的——正被一只老虎撕咬，大概是印度虎，因为这件展品就来自印度。老虎的胁腹内部是一个机关，当时的展品说明解释说，它的"声音""旨在模拟遇难之人的喊叫，混以老虎可怕的咆哮声"。机关发动后，"欧洲遇难者的手时而会举起来，头也会痉挛后仰，以表现他无助的极端痛苦和悲惨处境"。[1] 这件奇异的展品被称作"蒂普之虎"，是英国士兵在蒂普苏丹王宫的音乐室里找到的。其意象极其诱人。年底之前，这只老虎被运来英国，以飨伦敦的广大观众。（它实际上是第一件记录在案的特地运往英国以供展示的印度物品。）[2] 公司在印度大楼最新开放的"东方库"里展览了老虎，这只野兽很快就作为导游指南中的一个伦敦观光景点而得到了关注。大量访客前来观看，开动它聒噪的机关，吵得隔壁图书馆的读者们抱怨不已。有一个对这只老虎留下深刻印象的人就是青年诗人约翰·济慈，他后来在诗里描述了专制的东方统治者的玩物"人—虎—机关"。³

"蒂普之虎"。此物出处不明，但机关是欧洲制造的

毋庸置疑，"蒂普之虎"是作为一件帝国宣传工具而展示的。"这件纪念品表现了蒂普苏丹特有的傲慢而野蛮的残酷。"随它一起来到英国的小册子对这只虎如此描述，一举加深了英国人对迈索尔的穆斯林恶人的全部既有印象。（据说）蒂普"经常看着这件象征真主创造的国家打败英属萨尔萨卡^①的玩物"，"自娱自乐"。⁴ 这个物品是蒂普的

① 萨尔萨卡（Circar），主要在莫卧儿帝国使用的一个历史行政区域，是苏巴或省的下辖级别，相当于专区。

"象征品"，因为他认为老虎就象征着他本人。蒂普自夸"宁愿像虎一样活两天，也不愿像羊一样活200年"，他有个著名的绰号就是"迈索尔之虎"。[5] 他的周遭都是虎形装饰图案，简直到了痴迷的程度：他的王座上环绕着黄金和水晶的虎，他的花押像一张虎脸，而从他士兵的军装到他陵墓石膏内饰的一切物品上都装饰着抽象的虎形条纹。[6] 如今，这只老虎被搬进了印度大楼，却成为英国成功的"象征品"：恶虎已屠，欧洲人获胜。1808年，也就是"蒂普之虎"展出的同一年，公司分发给老兵的塞林伽巴丹勋章直接呼应并反转了老虎的形象，大概绝非偶然。勋章上有一只健壮的英国狮子在撕咬匍匐于地的老虎。其上飘动着一条横幅，用阿拉伯字母写着"上帝之狮"（ASAD ALLAH AL-GHALIB）：征服者是狮子而不是老虎。[7]

今天，"蒂普之虎"在维多利亚和阿尔伯特博物馆（Victoria and Albert Museum）里吸引了大量游客，它所代表的东西如今被认为是过时且令人反感的帝国式傲慢。对于那些想对帝国的偏见和掠夺指手画脚的人来说，这不啻是一个头号目标。当然，在某种程度上，那样的反应也合乎情理：偏见和掠夺正是其掠夺者希望表现的态度。所以，这只老虎——第一件以这种方式展示的印度战利品——强调了塞林伽巴丹战役在更普遍的意义上代表了帝国扩张的转折点：它吸引了民众的广泛注意，一方面提供了有关东方人野蛮成性的说辞，另一方面又宣传了与公司和英国军队紧密相连的爱国情怀。

但和所有的政治宣传一样，"蒂普之虎"也有几分欺诈。公司通过老虎来强调蒂普的施虐癖、偏执狂，以及他十足的"他者"性质，还掩盖了一个事实，那就是蒂普事实上在很多方面与欧洲人有着惊人的相似，而不只是在军事技术或对技术的热爱上。这只老虎差不多是英国的塞林伽巴丹物品中唯一一件明确揭露了蒂普苏丹的"野蛮"一面的。而塞林伽巴丹的绝大多数物品则与之相反，证明了蒂普其人的贵族品位和修养。此外，这只老虎在印度大楼，也就是东印度公司自己的地盘上展出，而没有像某些军官起初提议的那样，在伦敦塔的皇家专用区域展出。这只虎的宣传价值中有不小的部分在于它推动了公司的力量，而不是普遍意义上的英国的实力。它改善了公司武装征服的形象，这一形象，正如崇拜韦尔斯利的瓦伦西亚子爵所说，是"一位王公的思想，而不是那些贩卖平纹细布和蓝靛的零售商的想法"塑造的。[8]

尽管这只老虎或许强化了蒂普苏丹残忍的形象，但理查德·韦尔斯利选择送回英国的其他战利品，其主要的作用却是提升了公司作为统治者的形象，并拉近了公司与王室之间的距离。其中可以说最动人的一件战利品，就是蒂普苏丹光彩夺目的黄金宝座。夺取被击败之敌的宝座别具象征意义（例如，波斯统治者纳迪尔沙阿就曾证明了这一点，1739 年，他夺走了莫卧儿帝国著名的"孔雀宝座"。英王爱德华一世①也曾如此，1296 年，他从苏格兰抢走了斯昆石②，并将其安放在威斯敏斯特修道院的加冕椅下）。韦尔斯利旋即产生了一个想法：把蒂普的宝座献给英王乔治三世，它可是件"如此壮观的战利品，彰显了英国在印度的武力之光"。可惜，当韦尔斯利得知它的存在时，奖品事务官已将其上的装饰物拍卖了，还把包覆的黄金剥下来分发给部下作为奖品。因此，公司的处境多少有些难堪，不得不尽量从自己的军官手里一片片买回这些碎片。⁹但尽管代价不赀，韦尔斯利的愿望还是占了上风：管理委员会和国王每人都收到了一只黄金的虎头；宝座上瑰丽的胡玛鸟③华盖献给了国王，后来被威廉四世④用作国宴上的中央装饰；而在加尔

① 爱德华一世（Edward I, 1239~1307），英格兰国王，1272~1307 年在位。人称"长腿爱德华"，又称"苏格兰人之锤"，因征服威尔士和几乎征服苏格兰而闻名。然而死后其子爱德华二世即位，最终并未能征服苏格兰。

② 斯昆石（Stone of Scone），通称"命运石"或"加冕石"，是苏格兰历代国王加冕时使用的一块砂岩。斯昆石色淡黄，呈长方形，重 336 磅。据凯尔特人传说，雅各看见天使时正是头枕此石，因此又名"雅各的枕头"、"雅各的支柱"或者"酋长石"。该石曾被保存在现已废弃的珀斯郡的斯昆修道院中，并因此得名。

③ 胡玛鸟（huma bird），伊朗神话寓言中的一种神鸟。

④ 威廉四世（William IV, 1765~1837），英国国王和汉诺威国王，1830~1837 年在位。他 13 岁加入海军，曾参加过美国独立战争，人称"水手国王"。

各答的新总督府里，韦尔斯利把自己的椅子放在"绯红色和金色的地毯上，这块地毯曾是蒂普苏丹宝座装饰品的一部分"。[10]

克莱武家族的家庭女教师安娜·托内利（Anna Tonelli）想象中宝座上的蒂普苏丹

总之，只从沙文主义文化信息的角度来看待"蒂普之虎"，或是导致它被收藏的一系列事件，就等于接受了实际上精心编造，并多少带些欺骗性的表面文章。亚洲的"他者性"只是一整套说辞中的一部分，这套说辞既丑化了蒂普的形象，也着重提升公司的形象。理查德·韦尔斯利运用这些物品的方式确立了一个先例，公司在未来也如法炮制；到19

世纪中期,"迈索尔之虎"的著名遗物中又加进了被打败的锡克教统治者"旁遮普之狮"兰吉特·辛格① 的黄金宝座和其他财物。如果收藏事关再造,那么在迈索尔收集的物品则让东印度公司炫耀了它全新的统治风貌。很多人倾向于认为它的样貌庄严而带有罗马的气息:骄傲、尚武、崇高,以及最重要的,大获全胜。(韦尔斯利在再造自我方面不太成功。这位被某个友人开玩笑地称作"塞林伽巴丹的皇帝"的人曾经希望得到的奖赏是获封英格兰贵族并在上议院获得一个席位。他得知自己获封了令人垂涎的侯爵头衔,却发现这个头衔仍是爱尔兰的!"镀两层金的土豆啊。"② 他冷笑道,然后因荨麻疹身体不适而卧床十日。) [11] 就像攻占塞林伽巴丹标志着公司进入帝国征服者的时代一样,那些战利品也大胆地宣示了公司的帝国收藏家身份。从现在起,公司就是印度之王了——至少它开始以这样的形象示人和自况了。

塞林伽巴丹物品在军人和平民之间的流通极其广泛,那些战利品的官方公开展览只是其中的一部分。

① 兰吉特·辛格(Ranjit Singh,1780~1839),19 世纪上半叶统治西北印度次大陆的锡克帝国开国君主。1801 年,他自称旁遮普国王,开创了称雄印度的锡克王朝。他是 18 世纪前半期印度最杰出封建统治者,他以蕞尔小邦之地建立起强大的锡克王国,并与英印帝国并驾齐驱,称雄一时。
② 理查德·韦尔斯利已在 1781 年继承了其父莫宁顿伯爵的头衔(也是爱尔兰贵族头衔),故此称这次获封爱尔兰的侯爵只是再镀一层金而已。

正是在陷落之后那个混乱的抢劫之夜，数百名普通士兵才得以收集他们自己的塞林伽巴丹私人藏品。无处不在的掠夺让负责城市纪律的阿瑟·韦尔斯利非常紧张。他担心所有这些物品如果落入不法之徒的手中可能非常危险。"奖品事务官们，"1799年8月，他致信兄长理查德说，

> 得到了一大批属于已故苏丹并由他穿过的衣物，如果不加以阻止，他们就会在公共拍卖会上出售这些，而不满的本地摩尔人则会将它们作为遗物购入。这不但丢脸，还可能引发令人不快的后果；因此，我建议政府买下整批衣物，或是交给王公，或是按照你认为合适的任何方式来处理它们。[12]

阿瑟·韦尔斯利的担心绝非毫无道理。七年后，在蒂普家族在英国人的监护下居住的韦洛尔，公司的印度土兵哗变了，他们用蒂普之名作为战斗口号，还用在塞林伽巴丹缴获的蒂普的一面旗帜当作军旗。[13] 按照蒂普本人遵守的苏菲派传统，与某位受尊敬的人有关的一切物品都可以作为他的福祉或个人魅力的宝库而受到尊崇。这时印度的某些穆斯林仍然认为，蒂普的个人财物充满了一种极其伟大的精神力量，尤其是他的衣物。

但阿瑟·韦尔斯利不必担心过久，因为他的英国同胞们无须鼓励便自行获取了蒂普充满个人魅力的物

品。由于害怕迈索尔人突然动念搜寻遗物，在这种古怪的映射下，英国人自己贪婪地收集了与蒂普有关的一切。头一个患上"蒂普狂"的不是旁人，正是印度总督本人，他请求自己的兄弟"试着给我找一找蒂普的小印或戒指，并为威尔士亲王和约克公爵 ① 找一些刀剑和漂亮的火枪：蒂普用过的任何刀剑都好"。[14]

英国人的迷恋始于蒂普的尸体。这具尸体被放在宫殿外，直到 5 月 5 日傍晚才下葬。与贝尔德一起发现尸体的本杰明·西德纳姆（Benjamin Sydenham）中尉详细记录了尸体的情况，像是一份清单：右耳上方有一道刀伤，左颊嵌进了一颗子弹，躯干和四肢有三处砍伤。中等个头，深色皮肤，整体"肥胖、短颈、高肩，但腕踝纤细精巧。双眼大而微凸，两眉短小拱起，连鬓胡非常少"。蒂普身穿"上好的白亚麻布衣"和绯红色的宽腰带，都是简单得体的日常服装，"头巾丢了，身上也没有防身的武器"。让他在死后还显得与众不同的是他脸上现出一种不可言喻的优雅："他的容貌表明他绝非常人，而他的表情则有一种傲慢与决绝的复杂情感。"[15]一整天里都有英国人前来看这位王公的尸体。奖品事务官戴维·普赖斯也在其中。普赖斯用一条好腿站着仔细

---

① 约克公爵（Duke of York），英国贵族头衔，除非已由一名前任君主的儿子所拥有，否则此头衔通常授予英国君主的次子。时任约克公爵是英王乔治四世的弟弟弗雷德里克王子（1763~1827）。

观察这位死去的苏丹时，他身边的军官探身过来"问我是否可以把小刀借给他，我照做了"。随后，这个军官的动作快似闪电。"我还没回过神儿，"普赖斯说，"他就割下了苏丹的一侧髭须，说这是他答应为他的朋友、我们军团的克鲁索医生这样做的。"[16]

胡须是蒂普尸体上最后一件，也是最私人的战利品，但它绝非唯一的一件。据说，蒂普实际上死于抵抗掠夺的自卫：他是被一个企图抢走他珠宝装饰的剑带的士兵一枪毙命的。[17] 从如今收藏的据说是来自蒂普尸体上的所有物件来推断，这位国王裹着头巾，身穿棉外套，顶着头盔，腰缠饰带，踉踉跄跄地进入战斗；身上到处挂着手枪、火枪、匕首和军刀；还令人费解地揣着各种小件饰品和玩意儿——从折叠的木制望远镜到欧洲产的金怀表。毋庸多言，这些说法大都毫无事实根据。它们显然是编造出来的。与蒂普有直接的联系，为这些物品注入了一种特殊的纪念价值，在某种意义上，堪比英俊王子查理①的几绺头发，或

① 英俊王子查理（Bonnie Prince Charlie），本名查尔斯·爱德华·斯图亚特（Charles Edward Stuart，1720~1788），是詹姆斯·弗朗西斯·爱德华·斯图亚特的长子、英格兰国王詹姆斯二世（苏格兰国王詹姆斯七世）之孙，1766 年以后是大不列颠的斯图亚特王位宣称者。他在生前又被称为"小王位觊觎者"、"小僭王"和"小骑士"。他在 1745 年起事，1746 年 4 月卡洛登战役失败，随后如 1759 年的法国入侵等尝试也都无果。后人对他事败后逃离苏格兰的经历进行的一些描述赋予他失败英雄的浪漫形象。

是乔治·华盛顿睡过的床。

尽管无法统计攻占塞林伽巴丹之后人们搜罗了多少物品——就像无法准确估算5月4日到5日这一夜发生过多少起抢劫一样——但有一点很明确，此前从未发生过类似的事件。1799年5月和6月，奖品事务官们举办了一系列拍卖，散发了大量物品来为支付奖金筹资。"在塞林伽巴丹'绿帐篷'"发生的所有交易都没有任何记录，但留存至今的收据表明，几十位军官购买了诸如银质蒌叶盒、丝质地毯，或是饰品武器等"收藏品"。[18] 军人的这种自觉的收藏本身就不同寻常。但更引人注目的是英国平民对塞林伽巴丹物品的渴望程度，其中很多人与印度根本没有任何直接的联系。

塞林伽巴丹的碎片很快就通过英国精英的沙龙分散开去。审美家、作家和怪人威廉·贝克福德（他还拥有安托万·波利尔的一些画册）把蒂普的翡翠水烟筒加进他哥特风格的梦幻宫殿丰特山修道院那些奢华而凌乱的收藏之中。著名的建筑师和文物鉴赏家约翰·索恩爵士在他林肯律师学院宅邸的客厅里摆放了蒂普的象牙桌椅，如今仍可在那里看到它们。小说家沃尔特·司各特爵士得意地把蒂普的一把军刀收入他阿伯茨福德庄园蔚为可观的军械库中。还有一位收藏家巧妙地把来自蒂普宝座基座上的一只金虎爪放进鼻烟盒里。而第十代林赛伯爵则享受了独一无二的特权，他在蒂普的一个塞夫尔带盖陶瓷汤盆里受洗，那是路易十六送给蒂普的礼物。[19]

从这些物品中表现的蒂普是个怎样的人？与"蒂普之虎"形成鲜明对照的是，这些物品在展出时是丰富多彩的王公财产，表现的是财富、教养和等级。就连蒂普的武器也因为工艺复杂、制作精美、材料宝贵而受到收藏家的仰慕（至今仍是如此）。塞林伽巴丹物品迅速融入了英国客厅，也表明消费者的品味可以跨越表面看来巨大的文化差异。与蒂普狂热相似的另一事件发生在 1860 年，在中国的第二次鸦片战争后，作为对一些英国特使被杀而采取"郑重的报复行动"，英国高级专员下令劫掠中国皇帝的夏宫并将其付之一炬。抢劫规模浩大，那些物品在英国（以及同样参与行动的法国）的散布也十分惊人。在这两次事件中，大英帝国的敌人都尤其因为亚洲式的残暴而被妖魔化了，皇帝的财产也被欧洲平民热切收藏，既因其美学的吸引力，也因其新奇的价值。王公的物品让英国和亚洲的消费文化跨越了天南地北的距离。[20]

尽管某些英国人认为蒂普苏丹是个"野蛮人"，但和他的英国同辈人贝克福德、索恩和司各特一样，此人也是个文物鉴赏家。他整齐标注并收纳在王宫一翼的收藏是他的桃源乡。据说，"他大部分的闲暇时光都在观赏这个五花八门、灿烂夺目的宝藏"。[21] 蒂普与他的同辈人阿萨夫·乌德－达乌拉遵循同样的皇家收藏传统，那种文化认为藏品是权力的宝库和象征。[22] 阿萨夫·乌德－达乌拉曾利用收藏加强他在面对若干挑战时的权威：他受到莫卧儿帝国和东印度公司统治的挤压，以波斯什叶派的少数派身份统治阿瓦德，还是统治时间相对较短的王朝的一员。蒂普苏丹至少有同样充分的理由捍卫自己的正统性。英国人常常给海德尔·阿里和蒂普扣上"篡位者"的帽子——这当然不公平，因为"正统"的印度教瓦迪亚尔王朝建立的时间也不长。不过，海德尔和蒂普倒都是新即位的统治者——是一个绝大多数人都信奉印度教的地区的外人和穆斯林，并且四面受敌。

因为蒂普苏丹并非生而富贵，他就不得不自力更生。他把印度—波斯与本地的印度传统综合起来，并创造出诸如独特的迈索尔历法（这是他与法国革命朋友的另一个共同之处）等全新的象征和制度，以各种创新的方式来表现自己的权力。但正如其收藏所表明的那样，他继续依靠莫卧儿王公的权力风格并取得了出色的效果。在看到他的收藏后，就连英国人都惊叹于他的影响力无远弗届："这个了不起的收藏里有权力可以控制的，或是金钱可以买到的一切：配有镜子的望远镜以及各种规格和度数的光学眼镜，无穷无尽的图画；而瓷器和玻璃器皿则足以塞满一本大型的商业杂志。"[23] 他作为收藏家，可以同时既展现其对各个偏门领域的精通，又表明自己与本地传统的紧密联系，还能宣传他的现代性。

如果说蒂普的收藏在某种程度上与英国人宣传的他的好战野蛮人形象有所出入的话，那么攻占塞林伽巴丹的人在发现他的图书室时就更加震惊了。那里有两千多册数种文字的书籍，有充分的理由相信蒂普读过这些书。"毕竟，"一位军官承认，"这个可怕而凶猛的存在，这头凶残的老虎据说是个有些学识的人。"所有的手稿都妥善保存，很多都有着"旧时修道院里罗马天主教祷告书那种风格的非常华丽的装饰和插图"。[24] 它们涵盖了广泛的主题，从《古兰经》和先知的语录（圣训），到莫卧儿古代史；从苏菲派禁欲神秘主义和宇宙学，到医学、烹饪和礼仪。这是个让莫卧儿王公为之自豪的图书室，也是东印度公司的东方通们渴望运回英国，在那里成为"迄今为止介绍到欧洲的最奇特、最有价值的东方知识与历史收藏"的图书室。[25] 奖品事务官戴维·普赖斯本人就是个波斯手稿的收藏家和学生，他的同事和手稿收藏同好塞缪尔·奥格（Samuel Ogg）受命评估蒂普图书室的价值，并为公司选择一些书目。当他们开始工作，从存放图书的箱子里拿出卷册时，注意到蒂普的一个儿子正在看着他们。年轻的王子"被人偷听到用小到刚刚能听见的耳语对他的侍从说——'只是想看看这群猪猡怎样玷污我父亲的图书。'"[26] 结果只有大约 300 册图书被送往伦敦，在那里成为大英图书

馆东方手稿收藏的核心藏书。²⁷ 蒂普其余的大约 3500
册华丽手稿都散佚了。

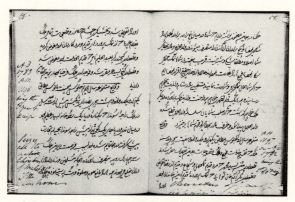

蒂普苏丹回忆录中的一页，威廉·柯克帕特里克在页边批注
道："是他本人所书"

正如王子的话所暗示的那样，跨文化收藏并不一定等同于跨文化和解。但塞林伽巴丹物品在英国的种类和流通表明，东西方彼此相遇曾经有多真实，其形式又是怎样的多样。塞林伽巴丹的战利品给公司的领土收集者形象提供了直观的证据，同样，那些抢来的物品也让成百上千个英国人实实在在地触摸到了原本只存在于头脑中的印度帝国。要理解这一切实际上是如何发生的，不妨仔细考察一下或许是最贪婪的塞林伽巴丹收藏家——亨丽埃塔·克莱武及其丈夫、罗伯特·克莱武的长子爱德华的生活细节。他们的故事是印度克莱武家族故事的延续，为帝国如何在这一转型期间触及个人生活开启了一扇窗户。

II. 热带的壮游

总督的妻子怀着"最不可名状的愿望"想去看看塞林伽巴丹，那就足够了。因此，1800 年 3 月初，马德拉斯总督克莱武勋爵爱德华的妻子亨丽埃塔·克莱武夫人，从马德拉斯出发前往蒂普的首府。她带上两个女儿亨丽埃塔和夏洛特同行，两人的年龄分别是 14 岁和 13 岁，随行的还有她们的意大利家庭女教师安娜·托内利，一个有绘画天赋的神经质女人。[28] 爱德华无法和她们一起出游，但女人们并不缺乏同伴：她们随行的有大象、阉牛、骆驼、四人大轿、护卫、马夫、洗衣工、厨师、克莱武夫人的蒙师、男仆、男仆的男仆，还有负责抬女孩们的钢琴的人，林林总总合计 750 人——"这在印度还不算特别多的，考虑到一切因素后，也没什么可奇怪的，"夏洛特评论道，"因为在印度旅行和在欧洲可不一样。"[29]

夏洛特·克莱武记录了这次旅行的日志以 19 世纪中期手稿本的形式保留了下来，其中还复制了安娜·托内利的水彩画。这是一本动人的天真记录，也是非常罕见的日志——大概是维多利亚时代之前印度唯一的一本后来存入主要档案馆的儿童日记。夏洛特对于这次旅行的叙述与她致父亲的信件和她母亲与姐姐写的信件一起，为我们提供了一个罕见的机会，对 18 世纪末印度的英国家庭生活一窥究竟。克莱武一家的旅行之所以引人注目，不只是因为她们花了整整七个月进行了总计 1153.5 英里的环游（夏洛特的计算），从马德拉斯出发朝西南方向抵达坦焦尔（Tanjore），再途经班加罗尔和迈索尔，然后沿海岸线北上回到马德拉斯——比她们在 1798 年从朴次茅斯到马德拉斯五个月的穿行时间，或是她们将在 1801 年乘船返回英国的六个月时间还要长。这次旅行引人注目，就是因为她们最终成行了。克莱武一家都是纯粹的旅游者——并且是女性旅游者——当时鲜有欧洲人在印度旅行只是为了观光的。在印度旅行或许与在欧洲不同。不过，克莱武一家优雅从容地穿过南印度，实际上就是一次热带的壮游：一次为了追求愉悦和自我提高的贵族式的漫步。

她们旅程的重点——可以说是她们的罗马——是塞林伽巴丹。她们是有史以来第一批到访的欧洲旅游者，并且穿越了蒂普的影响仍无处不在的国土抵达那里。在韦洛尔，她们遇到了蒂普的成年儿子们（他们从 1792 年蒂普战败后便被公司羁押在此），并查看了公司为蒂普的女性亲属准备的宿舍。在班加罗尔，她们瞻仰了已故统治者"壮丽非凡"的宫殿。她们在 8 月抵达了旅程的中点塞林伽巴丹，还借住在达丽娅·道拉特·巴格宫的闺房里，阿瑟·韦尔斯利如今把这里当作他的府邸。她们在岛上短暂停留期间，遇见了蒂普其他的儿子和他的部分妻妾。战败者的家庭遇上胜利者的家庭想必是个凄美的情景，蒂普的妻妾们"给妈妈很多很多祈求信，其中一两封还是用英语写的，其中一封信的抬头写着'克莱武勋爵夫人阁下'"。夏洛特非常喜欢乡下，"像什罗普郡一样……这里是我们到目前为止看到的最可爱的地方"。[30] 在迈索尔的乡下看到故乡的影子，爱德华·克莱武的女儿既不是头一个，也不是最后一个。但克莱武家的女士们却是头一批试图有组织地把它带走的人。[31] 像壮游一样，她们的旅行重在收藏。

所有四个女人都痴迷于收藏，尤其是石头和植物。在"安娜女士"的鼓励和指导下，女孩们无论去哪里都会拣选样本和标本："我们忍不住要收集，我们的马身上装满了这些收集品。"年轻的亨丽埃塔如此说道。[32] 克莱武夫人是她女儿最好的榜样，因为与同时代的很多英国贵族妇女一样，她也是个自然历史标本的狂热收集者。这种广泛开展的"适合女人"的追求，在 18 世纪英国的收藏界和科学界看来，都显然是边缘化的，这绝非巧合。（"以牛顿的能力，显然不适合在散步时找些贝壳和花朵。"塞缪尔·约翰逊[①]不

---

① 塞缪尔·约翰逊（Samuel Johnson，1709~1784），英国文评家、诗人、散文家、传记家，英国史上最有名的文人之一。前半生名声不显，直到他花了九年时间独力编出《英语大辞典》（*A Dictionary of the English Language*），为他赢得了声誉及"博士"的称呼。英国传记作家詹姆斯·博斯韦尔的《约翰逊传》记录了他后半生的言行，使他成为家喻户晓的人物。

以为然地说道。）[33] 自然科学被认为是女人和外行的专属，以至于当著名的博物学家和皇家学会主席约瑟夫·班克斯（Joseph Banks）爵士在 1760 年代开始他本人的植物学研究时（在母亲卧室里找到的一种草药启发了他），他能找到的最合适的老师就是为药剂师收集野生植物的本地妇女了。[34] 班克斯为提高自然科学在英国的地位起到了决定性的作用，但波特兰公爵夫人（Duchess of Portland）拥有仅次于班克斯的英国第二大自然标本收藏，而邱园① 也从植物学学生夏洛特王后的赞助中受益良多。[35]

克莱武夫人离开印度时带走了大量的贝壳、岩石、植物、鸟类标本和活的动物，其中有很多都得自她的南印之旅。（事实证明，把它们从印度运去英国要比从船上搬运到她家里容易得多。因为财政部的官僚纠纷，她的箱子被扣在印度大楼。"鸟啊贝壳啊这些，"她恨恨地向爱德华报告，"都……为了估价而公开出售。去那里的犹太人往往会偷走其中最好的，真气人啊。"）[36] "我全部的贝壳都很安全，我现在开始取出所有其他的财宝，这真让我高兴。" 1802 年，她在他们的什罗普郡庄园写信给爱德华说。她把印度的种子种在温室里，把坦焦尔公牛

----

① 邱园（Kew Gardens），位于英国伦敦西南郊的泰晤士河畔，原是英国皇家园林。那里收集了约五万种植物，约占已知植物的七分之一。现在是联合国认定的世界文化遗产。

养在庄园的院子里，还把天堂鸟的标本安放在起居室里。"置身于自己的财宝中间"让她感到"像一位东方的公主一样伟大"。[37] 她有充分的理由扬扬得意：她个人的印度标本收藏比东印度公司本身的收藏还要早，或许规模也更大。[38]

PALANQUIN with Bearers, and a MESSAGE CAMEL.

印度旅行的一幅小插图，出自夏洛特·克莱武的日记

然后就是那些动物了！克莱武一家从马德拉斯出发时只有一只可爱的鸟"科卡卡托"①相伴。（他们把自己的狗蒂普留在故乡了。）但现在无论他们去哪里，人们都会强迫他们接受宠物作为礼物。女孩们很开心，但她们的母亲有时不愿接受。她让亨丽埃塔拒绝了一只小狗，"因为她说家里就像诺亚方舟

① 应是一只凤头鹦鹉（Cockatoo）。

一样";而夏洛特期盼已久的猴子（她母亲觉得它们
是"可恶的魔鬼们"）则被委托给一个仆人照管。但
总的来说，克莱武夫人还是很愿意接受这些新伴侣
进入家庭的。"我们的动物收藏增加了很多。"亨丽
埃塔在 10 月向父亲报告说。那时她们已经收到了一
头梅花鹿、两头羚羊、一只绿鹦鹉、一只云雀、两
只吸蜜鹦鹉（"可怜的科卡卡托一生的困扰"），送给
克莱武夫人的一只獴，还有给夏洛特的一只小瞪羚，
这只小瞪羚驯良得可以随她一起坐轿子，睡在她的
床边，还"像一条狗一样"跟着她到处去——直到她
们回到马德拉斯后的一天早上，它四处闲逛，失足
落下屋顶摔死了。"这是件让人难过的伤心事。"夏
洛特写道。[39] 同样令她难过的是，她们离开印度时，
她看到母亲婉拒了一头"还没断奶的美丽小象。……
我们渴望能留下它，它那么年幼那么小，身上还穿着
漂亮的衣服和长长的流苏，但有人认为它要喝很多
水，带着它走很不合适"。[40]

这群野生动物跟着它们的新主人四处闲荡，缓缓
经过印度东南部葱郁的甘蔗田和岩坡的场景，在我们
的头脑中留下了一个美好的意象。夏洛特一定认为她
们遇见的人都非常友好慷慨，或许的确如此。但就像
当时印度的符号经济中的任何礼物一样，所有这些动
物也都承载了其赠予者的希望和名誉。克莱武一家这
种人脉深广的人收到的礼物源源不断，因为东印度公

司职员被禁止接受个人礼物。因此，克莱武家的女人就被看作打通公司官员的中间人。两年后，年轻的贵族瓦伦西亚子爵不落俗套地选择在印度进行壮游时，那些把他（正确地）看作理查德·韦尔斯利的后门的人送来的礼物压得他喘不过气来，他决定一件也不接受。（他的决定被认为是"非常光荣的英国品质"；不过这也意味着公司承担了他应该回礼的礼仪性礼物的费用，这对他的预算来说非常重要。）[41] 送给克莱武家女眷的礼物，其惊人之处在于，它们揭示了这种礼仪文化中带有性别色彩的一面。瓦伦西亚与所有男性（无论是欧洲人还是印度人），赠予和接受"卡拉特"、武器，有时还有珠宝。[42] 但克莱武一家收到的是动物而不是刀剑，特别是可爱的雌性动物。我们并不清楚她们的回礼是什么，但不太可能是大多数英国官员赠予印度统治者的精美欧洲手枪。

标本和动物特别证明了克莱武夫人收藏的两个独特的种类，并证实了这一时期更普遍意义上的收藏文化。她收集植物和矿物标本时所凭借的，恰恰就是同一阶层的"壮游"男子收集希腊花瓶或大师油画作品时所使用的直觉。收集自然历史藏品是淑女的成就之一，而克莱武夫人培养女儿们用和她一样的方式来从事搜集。同时，作为要人之妻（"克莱武勋爵夫人阁下"），克莱武夫人接受礼品几乎是外交义务。她和随从们形成了一种使团——为半皇家的印度总督打头阵，后者在维多利亚时代会乘坐装饰着金流苏的象轿，笨重地穿行于印度的各个土邦。（一个较早的例子是埃米莉·伊登①和她哥哥、印度总督奥克兰勋爵②在 1830 年代后期的北部印度之旅。）理查德·韦尔斯利打算建立地方总督辖下的贵族帝国政府，她们出色的行程是朝着这个目标迈进的一大步。

克莱武夫人收藏的第三类最突出：她的印度工艺品收藏。尽管她喜欢动物，但她也收集武器，特别是与蒂普苏丹有关的武器。蒂普对克莱武夫人有一种磁石般的吸引力，她充分利用自己的地理位置和社交地位沉迷其中。"至于备受关注的蒂普苏丹这个人物，"她在马德拉斯写道，"我如今听说了大量有关他的事情。"她甚至"为了娱乐英国的民众和我自己"，开始记录蒂普的逸事。⁴³克莱武夫人对蒂普遗物的热情收集使得她不仅是第一位同时也是最著名的塞林伽巴丹物品收藏家，而且还是当时收集印度工艺品的少数英国女性之一。⁴⁴克莱武丰富的蒂普藏品证明了各个文化中贵族品味的相似性。

---

① 埃米莉·伊登（Emily Eden，1797~1869），英国诗人和小说家。她对 19 世纪初的英国生活有很多诙谐的叙述。著有《国家的北方：在印度北部省份写给姐姐的信》（*Up The Country: Letters Written to Her Sister from the Upper Provinces of India*，1867）等。

② 乔治·伊登（George Eden，1784~1849），第一代奥克兰伯爵，英国辉格党政治家、殖民地官员。他曾在 1836~1842 年出任印度总督。

武器是出自塞林伽巴丹的流传最广泛的收藏品，克莱武一家拥有蒂普的三把长刀和一支火枪。[45]（这些武器几乎落入他人之手，詹姆斯·柯克帕特里克[①]"给萨克雷家的孩子们［这位小说家的外甥们］寄去一箱玩具"时，"与装着克莱武勋爵的武器盔甲的箱子弄混了，后者打开箱子后发现里面全是玩具时大感惊奇"。）[46] 所有的藏品上都有优雅的雕花，铭刻着阿拉伯书法，并覆有虎纹。部分的吸引力显然来自审美；但还有一部分来自逸闻趣事，据说其中的一把长刀曾被死去的国王本人使用过。类似的关于个人魅力的联想可以解释看起来更不可能出现在克莱武收藏中的苏丹的卷趾拖鞋、"为蒂普定制的（旅行）床"，以及一顶精心制作的印花棉布大帐篷，据猜测，他打仗时的司令部就设在这顶帐篷里。和众多的塞林伽巴丹物品一样，某些藏品与蒂普的实际联系无从考证。但有这种想法就已足够。拥有国王的财产就像是与历史擦肩而过。

而这正是克莱武一家因为起过作用而为之自豪的历史。与众多的帝国收藏品一样，这些藏品映照出了它的收藏者。爱德华·克莱武和蒂普苏丹两人（和

---

① 詹姆斯·柯克帕特里克（James Kirkpatrick，1764~1805），威廉·柯克帕特里克的弟弟，1798~1805年间是海得拉巴的英国居民。他在海得拉巴建造了科蒂府（Koti Residency），如今是那里的观光景点。

他们的同辈人韦尔斯利与拿破仑一样）都是新兴贵族
和文物行家，两人都是第二代统治者以及白手起家的
父辈的继承人。克莱武一家收藏的最有价值的蒂普
宫廷工艺品是后者宝座上的一个翡翠虎头装饰，这件
物品象征着统治者王者风范的个人魅力。拥有了它就
让克莱武一家跻身于拥有王座碎片的精英收藏家群体
之中，国王乔治三世也在此列。但克莱武收藏中最打
动人心的藏品倒也没有那么浮华：路易十六赠予蒂普
的餐具中的一套塞夫尔咖啡杯。这套精美的瓷器在漫
漫旅途中幸存下来：从法国经波斯湾抵达印度，又从
印度绕过开普敦来到英国。它们横越的历史距离更长
久。从法国大革命前夕点燃的窑炉，经过塞林伽巴丹
的狂暴劫掠，这些杯子经历了它们的给予者和拥有者
都未曾体验过的劫难而幸存下来。如今，这些杯子平

蒂普苏丹的塞夫尔陶瓷茶杯，如今保存于波伊斯城堡的克莱武收
藏品中

静地退隐于威尔士边境上的波伊斯城堡，颇为精彩地证明了物品能够跨越文化、地理和时间的鸿沟，始终被掌握在精英消费者的手中。

克莱武一家如何获得那些藏品的细节不得而知。尽管某些藏品是克莱武夫人在旅途中得到的，更多的或许是朋友们在塞林伽巴丹的奖品出售时为她和她丈夫买下来的。[47] 至于她对蒂普"最不可名状的"痴迷的深层原因，如今我们也不比她自己当时清楚多少。但数十年后另一位贵族女性——锡福斯伯爵（Earl of Seaforth）的长女玛利亚·胡德夫人，她的丈夫被任命为东印度舰队司令——在塞林伽巴丹的旅行，却让我们得以一窥克莱武夫人的收藏习惯，或许能让我们得出结论。

1812 年，胡德夫人在此地旅行了七个星期，她的丈夫没有随行，但她却携带了素描装备和一双敏锐的眼睛。她的到访——和克莱武家的女士们一样是娱乐性质的——表明了塞林伽巴丹是如何走进浪漫游客的想象的，就像多年后的滑铁卢战场一样。[48] 7月 23 日，随着傍晚渐趋凉爽，她"抵达前，从五英里外的一座小山上第一次见到这座名城，虽然我长途跋涉就是为了来到这里，真正看到这个如此有名的地方时，却禁不住满心惊喜"。她在达丽娅·道拉特·巴格宫盘桓了几日，"在已故帝王空寂无人的宫殿里走来走去"，因为这种"人世间的沧桑变迁的可怕实例"而心事重重。"一个伟大王公的这些如此愉悦和壮丽的场所，如今落入一家贸易公司之手，这家公司位于远在天边的岛上，印度土著对岛的存在难以理解，早在半个世纪前，他和他的父亲便曾威胁要毁灭那座岛屿。"[49]

胡德夫人大致是追随克莱武一家的足迹亦步亦趋的，她也知道这一点。正是在访问蒂普苏丹的陵墓时，她最直接地感受到了前辈的影子：

> 陵墓的穆夫提或曰大祭司告诉我们，一位英国的大夫人（Burra Bibi）曾经非常想要一本他们的《古兰经》，而他当时不能照办。她似乎非常尊敬这位老穆夫提，给他留下了深刻的印象，但他记不起她的名字了。我觉得这一定是波伊斯夫人，并提到了克莱武这个姓氏，他立即报以最美妙的颂词。波伊斯夫人似乎是唯一一位让这些地区的人感受到先天优越感的旅行家。[50]

"先天优越感"：这是个奇怪的措辞，也是个发人深省的说法。（胡德夫人明白什么是先天的优越感：1815 年父亲过世后，她就是麦肯齐家族的女族长了，并被沃尔特·司各特爵士形容为"每一滴血都包含着女族长的灵魂"。）[51] 的确，当时已是波伊斯伯爵夫人的克莱武夫人是个贵族女性——或许单凭这个便已让有些人感受到她的"优越"了。但她绝非普通的女贵族。她是克莱武家的人，并为此深感自豪。

对于那些地区的印度人和欧洲人来说，克莱武家族成员意义非凡。夏洛特·克莱武（她出生时，祖父罗伯特早已过世了）快乐地写到了在大约50年前"担任过祖父勤杂兵之人的拜访"，她继续写道："他见到我们高兴极了，提到了'大人思考问题的时候，总是把手帕咬在嘴里'这个他们家全都熟悉的习惯，来证明他对克莱武勋爵有多了解。"[52] 塞林伽巴丹陷落当日的一个月后，爱德华和亨丽埃塔·克莱武在马德拉斯主持了一天的胜利庆祝活动。庆典从早上四点在圣乔治堡升起被俘获的蒂普旗帜开始，继之以直至深夜的胜利舞会。"那是我平生最快乐和劳累的日子之一。"克莱武夫人写信给她哥哥说。她由衷地汇报说，高潮是在晚宴上，"莫宁顿勋爵（理查德·韦尔斯利）说了一些让我非常开心的话。他说这个国家似乎没有一场伟大的胜利是与克莱武家族无关的"。[53]

总之，亨丽埃塔之所以成为塞林伽巴丹物品的收藏家，正是因为她是克莱武家族的成员。她在自己所在阶层所受的教育和远见影响之下，以一位女贵族的身份收藏岩石和植物。作为总督的妻子，她也发挥了社交和半政治的作用，参与了与她的地位相伴的赠礼礼节。但亨丽埃塔是克莱武家族的一员，她自己也意识到了这一点，在收集与塞林伽巴丹及蒂普苏丹有关的物品时，她对印度有着更为具体的所有权意识。这些工艺品属于与她的家族有密切联系的一个地方、一段历史，以及一个社会阶层。它们是她和她丈夫都热衷于加强的纽带。

而爱德华正是作为一个收藏家和贵族，才最像是克莱武家族的成员。爱德华继续了始于罗伯特的社会地位上升，最终光荣并有条不紊地完成了阶级跨跃。1774年，他继承了父亲的财产、庄园和头衔。1784年，他娶了亨丽埃塔，岳父波伊斯伯爵是因为庄园相邻和政治利益联盟而与罗伯特·克莱武成为密友的。通过爱德华和亨丽埃塔的通信来判断，他们婚姻幸福，并因收藏、园艺和家居装修的共同爱好而历久弥新。1794年，主要出于对罗伯特·克莱武的成就和财富迟来的认可，爱德华被授予了他父亲垂涎已久的英格兰贵族头衔。而在1804年，亨丽埃塔唯一的哥哥去世三年后，爱德华自己也成为了波伊斯伯爵。

罗伯特·克莱武是个白手起家的人，为获取贵族身份投入了大量的时间和金钱。但爱德华虽然非生来就是贵族，却最终被培养成为贵族的一员。他在伊顿公学接受绅士教育，并以1773~1777年在瑞士的四年学习和一次"壮游"完成了绅士的训练。艺术欣赏和收藏当然是这种贵族教养的核心内容。1788年，爱德华和他的家人去意大利旅行后寄回家的装箱清单可以让人对他们的艺术品位有一些了解。[54] 两箱子画作包括在罗马由爱尔兰画家休·道格拉斯·汉密尔顿（Hugh Douglas Hamilton）和安杰莉卡·考夫曼（Angelica Kauffman）所画的家庭肖像画，以及按照当时的标准最有价值的大量油画："滕佩斯蒂亚①的四幅风景画。阿尔贝托·杜雷尔②所画的一幅降下十字架的耶稣像。萨尔瓦托·罗萨的两幅风景画。曼佩尔③的一幅风景画。汉密尔顿的阿波罗梳洗头发的素描。席德因（Schidein）的一幅神圣家庭的画像。吉莫·博尔戈尼奥内④的两幅战争画，以及罗

① 滕佩斯蒂亚（Tempestia），即安东尼奥·滕佩斯塔（Antonio Tempesta, 1555~1630），意大利画家、雕刻家，他的艺术在罗马巴洛克风格与安特卫普文化之间起到了连接的作用。

② 阿尔贝托·杜雷尔（Alberto Durer），即阿尔布雷希特·丢勒（Albrecht Dürer, 1471~1528），德国中世纪末期、文艺复兴时期著名的油画家、版画家、雕塑家及艺术理论家。他在二十多岁时高水准的木刻版画就已经使他称誉欧洲，一般也认为他是北方文艺复兴中最好的艺术家。

③ 曼佩尔（Memper），即约斯·德蒙佩尔（Joos de Momper, 1564~1635），老彼得·布吕格尔（Pieter Brueghel the Elder）与彼得·保罗·鲁本斯之间最著名的佛兰德风景画家。在德蒙佩尔的很多作品中可以清晰地看到布吕格尔的影响。

④ 纪尧姆·库尔图瓦（Guillaume Courtois, 1628~ 1679），吉莫（Gie.mo）是他的名字纪尧姆的意大利化写法古列尔莫（Guglielmo）的简写，而博尔戈尼奥内（Borgognone）则是他的外号，意为"勃艮第人"。纪尧姆·库尔图瓦出生于法国东部勃艮第 - 弗朗什 - 孔泰大区的圣伊波利特，是个法国 - 意大利画家、打样师、蚀刻师。他作为历史题材和风景画人物点景的画家，主要活跃于罗马，并得到了大量的赞助。

萨·迪蒂沃利^①的一幅画。"克莱武一家还购买了提香（Titian）、委罗内塞（Paolo Veronese）、罗萨的画，以及佛罗伦萨的布兰卡契小堂^②的壁画；皮拉内西的《罗马风景》（*Vedute di Roma*）；"克莱武夫人的五箱子素描"；还有三个古董花瓶，以及"一个标着 I.P. 字样的小箱子，里面安放着克莱武夫人的伊特鲁里亚花瓶"——这是威廉·汉密尔顿爵士送给她的礼物。

这个清单里的每一件东西都可以在任何一位从大陆回国的乔治王时代绅士的行李里找到。这些艺术作品都是上乘之作而非晦涩难懂，是教养之作却没有学究气质，富有个性但绝非不通情理。更确切地说，它们正是补全了爱德华从父亲那里继承的遗产的东西：罗伯特在外部顾问的大力帮助下，在晚年接连不断的收购活动中购买和收藏了大量绘画大师作品和欧洲工艺品。作为罗伯特曾经如此渴望的贵族，爱德华真是有其父必有其子。

具有讽刺意味的是，作为帝国的建设者，爱德华

---

① 罗萨·迪蒂沃利（Rosa di Tivoli），本名菲利普·彼得·罗斯（Philipp Peter Roos，1655~1706），罗萨·迪蒂沃利为其后用名。罗萨·迪蒂沃利是一个德国巴洛克画家，从 1677 年之后活跃于罗马及其周边地区。

② 布兰卡契小堂（Brancacci Chapel），佛罗伦萨卡尔米内圣母大殿内的一座天主教小教堂，由于其绘画的时代，有时被称为"文艺复兴初期的西斯廷小堂"。

却丝毫不像他的父亲。爱德华·克莱武几乎没有任何行政管理或印度事务的经验，却在1798年被任命为马德拉斯总督，这大半是他姓氏的力量。从那时直到1803年，他一直是理查德·韦尔斯利的直接下属，在那里度过了东印度公司统治史上最具决定意义的时期之一。但他职业生涯的主要特点就是无足轻重。东印度公司或许不再是他父亲所熟悉的那个冒险家的狩猎场了。然而，就算是在理查德·韦尔斯利——如此致力于建立秩序和提倡贵族特权——的公司，爱德华·克莱武似乎也明显格格不入。阿瑟·韦尔斯利对于这个"温和、谦虚……相当矜持的"新总督显然无动于衷，这位新总督"糟透了，明显理解力不佳。他肯定不适应如今面临的重大问题，但我怀疑他是否真的像他表现的那么迟钝，还是这里的人认为他就是如此"。[55] 残酷的真相是，至少是在国务事项上，他实际上就是这样。理查德·韦尔斯利马上亲自南下去马德拉斯，在整个迈索尔战争期间都留在那里。"如果不是我到了那里，亲手接管了军队的全盘指挥的话，"他说，"迈索尔大概没有一个人或一门炮。"[56] 克莱武夫人显然比她的丈夫机敏得多，她对韦尔斯利的到来愤愤不平，说"最高领导人前来接替我们，这全然是件尴尬之事"。[57] 但爱德华却如释重负。

　　爱德华在印度就像在英国一样，闲暇时间都在玩那些绅士的消遣。理查德·韦尔斯利的观察十分正确，他作为政治家明显"不够格"，"因为他的全部心思都在公职之外的私人生活这个封闭的频道上"。[58] 韦尔斯利忙于拓展东印度公司的帝国时，克莱武任职总督期间主要关心三件事：装修总督府和花园，收集植物和工艺品，以及尽快回英国去。（他的妻女在 1801 年春回国了，而他极度想念她们。他写信给亨丽埃塔说："你知道，我们从来没有太珍视东方的奢华享受，但这些奢华却可以因为与妻子家人团聚而得到充分的补偿。"）[59] 如果有人问他作为总督的最大成就是什么，他的答案之一必定会是总督府大会议厅的翻新工程，他告诉妻子说，那里的石灰膏装饰"风格高雅，你一定会喜欢的"。[60] 另一个答案会是成功嫁接了一棵杧果树，他后来把这棵树运去邱园了。"如果它们能成功"在英国茁壮成长，他告诉亨丽埃塔说，"而你又不介意被叫作我的杧果夫人的话，我也许会为此造一间（温）室"。[61]

当然，爱德华仍在继续收藏。罗伯特·克莱武的印度收藏主要是他的印度职业生涯的纪念品。但爱德华和亨丽埃塔却积极搜寻印度的工艺品。我们很难找出实证来证明人们对当时欧洲收藏中的印度艺术有什么审美欣赏。但克莱武一家的品味却可以在他们在马德拉斯获得（也许是委托购买）的 20 尊印度神铜像上得到证明，那些神像大多是毗湿奴的造像。[62] 克莱武一家从印度带走的很多东西都相当传统，诸如编织繁复的织品、象牙盒子之类，但欧洲人收藏印度的塑像在当时仍然极其罕见。少数几个收藏这类物品的人（如波利尔、黑斯廷斯、查尔斯·威尔金斯，以及威廉·琼斯爵士）都毫无例外地对印度教有着某种学术或古文物研究的兴趣；印度塑像的第一个重要的私人收藏将会在稍晚些时候由一位鲜为人知的跨界者、少将"印度人"查尔斯·斯图尔特建立起来。与之相反，克莱武一家可能是并非东方通的英国人收藏印度雕塑的第一个记录在案的例子。他们像贵族和"壮游者"一样，发自内心地欣赏在南印度看见的建筑和雕塑。（"希望你不要因为我向神灵奉献了一件珠宝和一块金线织锦而觉得我是个异教徒。"爱德华在参观完甘吉布勒姆的大神庙后，和妻子开玩笑说。）[63]

夏洛特·克莱武的旅行日志则是她父亲对印度艺术感兴趣的更加私密的证明。1800 年 10 月，克莱武家的女性到达马德拉斯附近，她们的旅程行将结束。自从她们起程后，爱德华有将近七个月没有见过她们了，他出发去马德拉斯南面沿海的马哈巴利普拉姆（Mahabalipuram）与她们团聚。那是个平和美丽的所在，是跋罗婆①的国王在公元 7 世纪和 8 世纪建造的，以其在自然状态的岩石上雕凿的浮雕和神庙，还有矗立在海浪汹涌的岸边的海岸神庙（Shore Temple）而闻名。全家人看到此景都很高兴。夏洛特写道："爸爸

———————

① 跋罗婆（Pallava），古代南印度的一个王朝，首都是建志补罗（今甘吉布勒姆），统治泰卢固地区和北部泰米尔地区长达约 600 年。

看到那些雕刻图案非常开心，他希望能买下一个雕着神气活现的两只猴子的雕刻，但本地人舍不得与它们分离。"[64] 克莱武没有成功（与他同时代的埃尔金勋爵① 不同，后者的代理人正打算动手切下帕特农神庙的长幅石雕呢），文物保护者应该对此感激涕零。

爱德华收拾自己的印度物品——象牙雕刻、一套黄金萎叶器具、各式武器，以及精细的织品——时，他的思绪是否飘向了父亲留给他的那口印度宝箱？父子各自收集的物品显然有相似之处。但也有一个重大的差别。和罗伯特不一样的是，爱德华·克莱武的社会地位稳固：他是个在印度的英国贵族，而不是在英国的"印度"纳勃卜。罗伯特急于把他在印度的大部分过去掩盖在贵族的公共形象背后，他把印度收藏作为个人纪念品保存起来，远离大众的视线。但对于爱德华来说，与印度的联系毫无可耻之处——实际上，情况恰恰相反。在塞林伽巴丹之后，在普拉西战役的整整一代人之后，参与迅速发展的英属印度历史的缔造是值得赞美和广而告之的事情。例如，克莱武勋爵

---

① 托马斯·布鲁斯（Thomas Bruce，1766~1841），第七代埃尔金伯爵（Earl of Elgin），英国贵族与外交官，以掠夺雅典帕特农神庙的大理石雕（埃尔金大理石雕）闻名。诗人拜伦对他的谴责最为严厉。1810 年，他发表了一份《备忘录》，为自己的行动进行辩护。1816 年，在一个议会委员会的推荐下，英国以 3.5 万英镑（大大低于埃尔金所花的钱）买下这批大理石雕刻品，保存在大英博物馆，至今仍在展出。

和夫人就把蒂普的帐篷用作举办游园会的大帐。[65]

爱德华这位被人遗忘的克莱武家族成员并没有什么对他钦佩不已的传记、发表的论文，或是大理石的纪念碑。但他却是罗伯特希望他成为的克莱武：一个成功的贵族。此外，他的贵族形象中也为印度帝国、为他家族在帝国建设中的特殊贡献留有一席之地。罗伯特·克莱武力图成为"克莱尔蒙特的克莱武"并抹去与印度的联系，而爱德华——这位他父亲从来没能当上的英格兰伯爵——却委托约翰·马尔科姆[①]爵士为其父写了一部不朽的传记，促成了对"印度克莱武"的神化。（此书就是麦考利在其《论克莱武》一文中所评论的那部著作，麦考利的文章也有助于回顾罗伯特·克莱武的一生。）爱德华还力图保证克莱武、印度和贵族地位的结合能长盛不衰。爱德华的儿子继续继承了赫伯特家族的大本营波伊斯城堡，如今那里是展示印度藏品的"克莱武博物馆"——罗伯特、爱德华和亨丽埃塔的遗产在那里集结。它跨越了性别和世代，把不列颠印度帝国在定义上的变迁，以及印度在定义那个帝国的形象中所起的作用都囊括其中。

---

① 约翰·马尔科姆（John Malcolm，1769~1833），苏格兰军人、东印度公司行政官员、政治家、历史学家。他是英国海外统治的早期三原则的设计人之一，也是多位英属印度政治家的导师。著有《印度政治史概论》（1811 年）、《印度中部回忆录》（1823 年）、《印度政府》（1833 年）等书。

III. 从高韦里河到尼罗河

随着数百名游客鱼贯而入，在印度博物馆启动"蒂普之虎"的开关，随着克莱武一家把他们的印度藏品安顿在波伊斯城堡，塞林伽巴丹的物品凸显了1800年后民众对英国统治印度的看法和回应与一代人之前有多大的不同。不到50年之前，沃伦·黑斯廷斯因其身为印度总督的明目张胆的贪婪行为而受到引人注目的弹劾；再往前推15年，克莱武及其"印度"同僚还都是社会的贱民。如今，印度藏品和印度的金钱都已经被英国大众接受，甚至在某种程度上颇受欢迎。用军国主义的手段获得印度的领土也是如此，在拿破仑战争中培养的爱国风气支持了这种手段。如果有访客参观理查德·韦尔斯利在加尔各答的新总督府，就会发现，英国在印度的帝国统治雄伟壮丽、闪闪发光。总督府以德比郡的凯德尔斯顿会堂（Kedleston Hall，这是寇松家族在1760年代初建造的，后来这个家族的一个后裔成为印度最有名的总督）为模板，把一座英式豪华宅邸移植到热带芬芳的绿地上：那是一栋锃明瓦亮的帕拉第奥式的白色宫殿，火炮和石狮列于两翼，里面满是华丽的抛光大理石和新古典风格的大英帝国要人的半身像。各个大厅里安放着从克劳德·马丁的勒克瑙庄园买来的镜子和多枝烛台。[66]

当然，大革命－拿破仑战争或征服印度的浪潮绝不意味着直接帝国统治得到了英国人的一致拥护。不信任的一个根源是东印度公司的董事们自身，他们在1805年因为韦尔斯利的战役耗资巨大（以及奢侈浪费的总督府）而召回了他，更不用提他的飞扬跋扈了。但就连他们也知道，不列颠印度帝国的性质正在发生根本的变化。最简单的事实就是它领土的扩张。1801年，东印度公司将迈索尔、海得拉巴和阿瓦德纳入其正式或非正式的控制之下。1803~1805年对马拉塔人来之不易的胜利在另一个"亲法"的本土对手面前宣扬了英国的武力。在1817~1818年的马拉塔战争中，联盟军落败，英国的统治扩展到旁遮普邦的边界。另一个变化的标志是民众对这种征服的态度。国会对克莱武和黑斯廷斯的质疑曾经让东印度公司的统治本身受到审判，如今（在部分程度上也是那些辩论的结果）英国政府则越来越多地参与管理印度领土了。国会通过管理委员会来监督公司的事务，常驻印度的皇家军队逾两万人，此外还有东印度公司的逾20万军队。[67]韦尔斯利被召回，与其说是由于英国人对统治印度小心翼翼，倒不如说是公司担心其财务收支。在帝国没有任何个人利益的英国人或许要比公司股东们更热衷于领土的扩张。

攻占塞林伽巴丹及其对英国文化的实质性影

响造成了两个明显的转变：转向公开的征服，以及提高了公众的参与程度。但要完全理解该事件的全部意义以及它对不列颠东方帝国的性质所造成的影响，则还要考察塞林伽巴丹战役的最后一幕，以及公司国家所进行的帝国收藏的进一步行动。塞林伽巴丹的完整故事将会在它开始的地方收尾：埃及。

迈索尔战争是由拿破仑入侵埃及所引起，并由于担心法国进一步侵略印度而发生的，在某种程度上也可以算是与法国的一场代理战争。在印度前线，英国取得了决定性的胜利：蒂普被杀，迈索尔被部分吞并，英国在印度次大陆上的力量得到了扩展和巩固。但在埃及，"东方军"仍然在逃——如果说法国的侵略教会了英国战略家一件事情的话，那就是法国人在那里的影响事关重大。英属印度的安全部分取决于埃及的安全。因此，1801 年 3 月（正是亨丽埃塔·克莱武和她的女儿们带着她们的物品和标本乘船离开印度的时候），东印度公司和英国政府准备直接对抗埃及的法国人以保卫印度。英国在三条不同的前线对埃及进行反向侵略，旨在将埃及交回给奥斯曼帝国控制，并确保这个地区在英国的影响范围之内。埃及将会是英国自己的塞林伽巴丹领土收藏中最后也是最大的一块。

1801 年英国入侵埃及是大英帝国史上鲜为人知

的一段插曲，但这并不公平。就英国与法国的全球战争而言，这场成功的战役终结了自 1793 年以来，让英国及其盟友深感威胁的在欧陆和其他地方的一长串陆战败绩。它还代表了大英帝国扩张在目的和位置上的重要转变。这是英国在埃及的第一次帝国干预，该地区将从 1882 年开始由大英帝国以军事占领将其纳入版图，并在 1914 年被赋予保护国地位。疯狂而有预见的乔治·鲍德温直接感受到了时代变迁的微小征候。他早先提出全面干预埃及的呼声大都被置若罔闻，如今他被英国指挥官召至马耳他，来为反向入侵献计献策。[68]

继塞林伽巴丹之后的埃及战役成为英国在东方总体转向领土扩张的一部分，这也在印度境外的锡兰（1795 年）、毛里求斯（1810 年）和爪哇（1811年）等其他战役中得到了证明。它与迈索尔战争的关系更加密切。皇家军团曾在塞林伽巴丹的城墙下与公司的军人合兵一处，如今东印度公司派遣 8000名士兵前往埃及，与那里的英国皇家军队会合。站在这支印度分遣队前列的不是旁人，正是塞林伽巴丹的英雄戴维·贝尔德将军。"在攻打塞林伽巴丹之后，找不到比这更能与阁下的天才和勇气相配的后续战事了，"理查德·韦尔斯利以他特有的气势宣称道，"愿保护着你冲向蒂普苏丹王宫大门的天意能引导你去开罗，愿你能愉快地一举把法国人驱逐出印度，当前的任务，其高贵的源头就在迈索尔。"[69]

自从拿破仑在 1798~1799 年的冬季进军巴勒斯坦以来，情况发生了变化——一切变得更糟糕了。巴勒斯坦攻势在阿卡（Acre）的城墙下以失败告终，从 1799 年3 月到 5 月，法国人发动了血腥的围攻却未能取得成功；战斗造成的损失重大，瘟疫这种新的威胁也迫在眉睫；士气降到非常危险的程度，特别是在 1799 年 6 月途经西奈的撤退过程中。与此同时，埃及的"东方军"面临本地人的广泛反对，反对者中既有法国任命的埃米尔哈吉①，他是负责领导朝圣队伍去麦加的，也有发生在三角洲地区的千禧年运动。在上埃及，马穆鲁克继续与德塞及其部下作战；而在地中海地区，英国海军也继续封锁和轰炸亚历山大港。这可不是个鼓舞人心的场面。[70]

拿破仑也不想长期身陷这个泥潭。1799 年 8 月 23 日，拿破仑在黎明时分离开了埃及，就像他当初在曙光中抵达这里一样。他在英国封锁的短暂休止期间溜出了阿布基尔，扬帆直奔法国而去。他只给自己抛在身后的军队留了一封信，声称他是为了"祖国（la patrie）的利益、光荣，（以及）服从"而离去的。[71] 10 月 9 日，拿破仑在弗雷于斯（Fréjus）登陆，维旺·德农——陪同他从埃及

---

① 埃米尔哈吉（emir al-Hajji），意为"朝圣指挥官"，是从 7 世纪直至 20 世纪的历任穆斯林皇帝任命的一年一度前来麦加朝觐的朝圣者车队指挥官。在阿拔斯王朝时期，每年主要有两支车队分别从大马士革和开罗出发前往麦加。

返回的几个支持者之一——形容蜂拥而来见他的人群的"崇高动力"时说："似乎是整个法国在朝着恢复她的荣光之人奔去，而她四面八方的疆界已经在呼吁雾月十八日（Eighteenth Brumaire）了。"[72] 拿破仑不加掩饰地无视对他的隔离限制，直接冲向巴黎，与住在胜利街的约瑟芬重聚，并参与了进展顺利的阴谋，推翻督政府。11 月 9 日——即法兰西革命日历上的雾月十八日——在他从埃及归来一个月后，拿破仑坐镇指挥巴黎的军队封锁了这座城市。第二天，他的军队聚集在圣克卢宫外的花园里，而他则走进圣克卢宫的元老院会议上，强迫元老院投票选举他与两个合作者当选三执政。大革命结束，拿破仑的时代开始了。

对于拿破仑来说，埃及是他获取法国执政权的垫脚石，也是他个人的一种胜利。[73] 但对于被他留在身后的"东方军"来说，在让-巴蒂斯特·克莱贝尔（Jean-Baptiste Kléber）的指挥下，前景委实黯淡。破产、愤怒、士气低落、四面受敌——敌人包括巴勒斯坦的奥斯曼帝国、地中海的英国、上埃及的马穆鲁克，以及开罗的起义，法国人或许完全可以把自己看作古代瘟疫之地的当代受害者。1800 年 6 月，克莱贝尔被一名"穆斯林狂热信徒"刺杀，并由大家一致厌恶的梅努（自从他皈依伊斯兰教后，便被众人称为阿卜杜拉）继任后，他们仍旧麻烦不断。英国指挥官约翰·希利-哈钦森（John Hely-Hutchinson）在

1801 年法军撤退后主政，他评论道："整个法国军队对于与埃及有关的一切都有着巨大的反感，对这个国家有着最根深蒂固的厌恶……"[74] 就连拿破仑最热情的支持者，那些学者，也都幻想破灭，日益消沉。才华横溢的年轻博物学家弗鲁瓦·圣伊莱尔来埃及的第一年曾对一切都赞赏不已，对从与他为伴的杰出人士（"我觉得自己身处巴黎"）到他留的"东方式的"髭须都连连称许，如今却觉得埃及"难以忍受。……我一想到为了当前的职位所放弃的一切，就不由得悲从中来，我离开了真正的好友，投身于这样的一个社会……这里就像是个外省小镇。我一直染病……我怕自己再也没有机会见到我最亲爱的亲朋好友了"。[75] "每个人都想再次回到法国，我们甚至连那里的音信都收不到，"爱德华·德维利耶·杜戴哈日（Édouard de Villiers du Terrage）写道，他 17 岁时激情燃烧地来到埃及，"我们的形势……越来越危险了。"[76] 天堂变成了炼狱。

这不是符合拿破仑本意的那种征服，就连他也对此不抱什么幻想了。而在拿破仑的英国对手看来，法国的入侵绝非完全失败了。只要法军仍在埃及，哪怕只是一小支军队，拿破仑就保留了一个重要的战略据点，只要时机成熟，他就可以派兵增援。1800 年夏，拿破仑确立了在法国的个人威望后，他的军队横穿欧陆，而他的目光也从未远离入侵英国，法国对印度的威胁是否即将发生是个尚在争议之中的问题。重要的是那种威胁始终存在。"就我们而言，消灭他们才是万全之策，"一位英国军官捕捉到当下的情绪，在日记里写道，"而坐等他们来到印度半岛这开放、富足、不设防的一侧，实在荒谬至极。"[77]

那该如何行事呢？按照英国地中海舰队指挥官悉尼·史密斯（Sidney Smith）爵士的意见，"在非洲彻底根除这支穆罕默德的法国人追随者，唯有同时在四面八方发起一次联合的总攻才可实现"。[78] 一面是巴勒斯坦，从 1798 年末以来，英国的奥斯曼盟友便在那里与法国作战。一个英国的顾问使团到那个地区敦促土耳其人前进，并帮助他们训练军队。但当其领导人在 1800 年 7 月与雅法（Jaffa）的奥斯曼指挥官们会合时，看到"军队竟如此混乱"，毫无纪律，没有组织，而且一派死气沉沉，把他吓坏了。"自从他们上一次受到冲击以来，"

拿破仑的学者们在黄金时代，测量斯芬克斯像

（他们曾于那年3月在赫里奥波里斯①惨败于克莱贝尔之手）"土耳其人的冷漠就无法克服了，"他总结道，"我们如今的希望完全仰仗于英国援军能够火速到达。"[79]

这些令人沮丧的报告有助于表明，英国也不得不开拓与法国作战的第二条战线：在埃及的地中海沿岸全面登陆。这个行动危险、昂贵而没有把握，要么一举获胜，要么满盘皆输，可见英国把拥有埃及看得有多重要，为此不顾一切。1801年3月8日，拉尔夫·阿伯克龙比（Ralph Abercromby）爵士率领一支逾15000人的英国远征军，冒着法国人的炮火，开始在阿布基尔登陆。阿伯克龙比的军队向西进军，与"东方军"在马雷奥提斯湖（Lake Mareotis）的盐碱地与大海之间开战。两个星期后，上午在亚历山大港以东沙丘的一场恶战之后，英国人终于打败了法国人，确保了对这座城市的控制。在1400名伤亡人员中也有阿伯克龙比本人，他在一个星期后因伤势过重而死。（他的遗体被带去他心爱的马耳他，葬在圣埃尔莫要塞［Fort St. Elmo］，俯瞰着大海。）阿伯克龙比的继任者希利－哈钦森将军沿着尼罗河向南继续与法国人战斗，一直打到开罗。两个星期的围城之后，希利－哈钦森在6月底进入开罗并开启了和平谈判。梅努在亚历山大港做最后的垂死抵抗，8月底

---

① 赫里奥波里斯（Heliopolis），古希腊人对古埃及城市昂的称呼，意为"赫利俄斯城"。现为开罗的一个郊区。

终于落败；9 月 2 日，法国签署了投降条约。

　　英国在埃及的胜利在振奋士气和培养公众对英国军队的信心方面起到了重要的作用，长期以来，人们都认为英军比起法国人来大为逊色。这场胜利表明陆军完全可以作为英国海上力量的补充，从而打破两个国家之间形成的僵局——一个拥有强大的海上力量，而另一个却称霸陆地——并可以预期英国将在未来的战争里连连获胜。[80] 但从帝国史的视角来看，英国的埃及战役最持久的后果形成于红海之滨。贝尔德将军及其印度土兵——其中的一些人和他一样，都是参加过塞林伽巴丹战役的老兵——正是在那里开启了与"东方军"作战的第三条战线，同时也打通了印度与埃

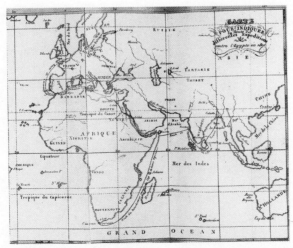

英国入侵埃及的地图，由陪同军队从印度出兵的一名法国流亡贵族所绘

及之间的连接，其存续的时间与大英帝国一样长久。

1801 年 6 月中旬，贝尔德与他的手下抵达红海小镇库赛尔（Quseir）。[81] 他们受命向正西方进军，穿过沙漠，直抵尼罗河，然后顺河而下，从南方进攻开罗，而希利－哈钦森的人则从北方行动。计划听起来大体上很简单，但事实上极其莽撞：沙漠路线危险而艰难；淡水供应不定，大部分地区的水井位置也不得而知。第 16 兵团的查尔斯·希尔（Charles Hill）上尉在日记里记述了每天的痛苦行军："尽管现在的气候如此炎热，我的笔在书写时都裂开了，我还经常把它浸在水里，要是我不这样做的话，里面的墨水很快就会干涸。"风刮了一整天，在风中盘旋的沙子磨掉了他们的嘴皮。干燥的空气让他们流鼻血；至于喉咙，他们只能喝积水，"那（远不能解渴！！）只会越喝越渴！！！"——还会让他们腹泻不止。[82] 四面八方到处都闪烁着银色的海市蜃楼。有一次，他们还看到沙子里露出了人类的干尸。[83]

当他们抵达时，尼罗河看起来一定像一场好梦成真。7 月初，他们从基纳（Qena）走出沙漠，大口吞下河里那花蜜一样的淡水。但他们到达时喜忧参半。事实证明，这支印度军队一步一步穿过沙漠时，希利－哈钦森早已攻进开罗。梅努将军已同意撤离埃及，有关和平的谈判正在进行之中。在印度军还没机会开战前，英国就已经赢了。7 月 9 日正午，军队鸣礼炮 21 响来庆祝胜利，但他们尽管高兴，很多人嘴里却咕哝着倒霉。[84] 就像一个不满的陆军中尉抱怨的那样:"我们跨越了遥远的距离来到此地,却连一枪也没开,这对于为了这个目的跋山涉水的志愿军来说相当难以接受。"[85]

印度军在法国的投降上没有起到任何作用,它在埃及的出现也基本上被遗忘了。但印度人参与战役,表明了当时开始成形的 19 世纪大英帝国的重要特征。此前,东印度公司和皇家军队只在海外合作过一次,那就是 1762 年远征马尼拉。现在,就像皇家军队在印度次大陆上起到了更加明显的作用一样,公司军队在南亚以外参加的战斗也越来越多,如缅甸、阿富汗和中国等地。同样,埃及战役也是印度西帕依军队第一次以如此众多的人数在海外参战。对于他们中间的印度人来说,这意味着要克服一种广泛的看法,也就是禁忌①,据说如果一个人漂洋过海,就会失去原有的种姓。对于他们的英国军官来说,这意味着要保持人文关怀的极高标准,不考虑这些,印度人为英国服役就无从谈起。没有人比贝尔德更了解这一点了,他坚决反对把手下的印度土兵与皇家正规军混合编队的建议。"由于长期关注他们的习俗和偏见,"他说,"我们已经让他们达到目前的纪律状态,并信任我们,还使得他们长期为外国服役。"但他提醒希利－哈钦森,"如果让对他们完全陌生,不懂他们的语言和习惯的

① 禁忌(kala pani),在印度文化中,kala pani 意为"黑水",指的是禁止漂洋过海。

指挥官来领导他们，他们必然会感到厌恶，回到印度后，他们就会在军中散播这种厌恶，那时我们将不得不永远放弃已经说服了他们同意的意见，再也无法让他们出海远征了。"[86] 把印度土兵派遣到海外，直到20世纪都是大英帝国防务的支柱——但它有一定的哗变风险，有时也会变成现实。

这是塞林伽巴丹战役和埃及战役成为不列颠东方帝国形成过程的一个焦点时刻的最后一个方面。帝国边界的拓展拓宽了帝国内部可以容纳的人事以及条件。印度和埃及结合成为单一的地缘政治视野，把国家安全与商业合在一处，创立了当地各民族的联合体。尽管英国入侵埃及为帝国干预开辟了新的领域，并反映了帝国使命的迫切感，但它也以惊人且持久的新方式把大英帝国的臣民、野心和大师们融为一体。一个关于文化碰撞的小插曲就传神地描述了这个过程。

贝尔德的军队驻扎在基纳，隔着尼罗河的对岸就是黄色的石头建筑群丹德拉神庙（Temple of Dendera）。这座哈索尔 ① 的大神庙是埃及最壮观的

---

① 哈索尔（Hathor），古埃及女神，她是爱神、美神、富裕之神、舞蹈之神、音乐之神。哈索尔关怀苍生，同情死者，同时也是母亲和儿童的保护神。在不同的传说中，她是太阳神拉的女儿，王权守护神荷鲁斯的妻子，或者是拉的妻子。对哈索尔的崇拜早在公元前 27 世纪便已开始，她的形象是奶牛、牛头人身女子或长有牛耳的女人。传说哈索尔女神曾化身为无花果树，并把果实送给地狱的死者。

古代遗迹之一，也是文物保护上的奇迹，赫然耸现的天花板和浅短的楼梯都几乎完好地保存了下来，蓝、绿、红色的颜料条纹仍然依稀可见。1798 年的圣诞前夜，法国艺术家维旺·德农走进这座神庙空洞多柱的大殿后张口结舌："我觉得自己……身处艺术与科学的圣殿。……在丹德拉的废墟里，古埃及人在我看来就是巨人。"[87] 这里是天神与凡人相会之地：墙壁上雕刻着比真人还大的国王和天神的形象；天花板上，婀娜多姿的女神努特（Nut）在星座间盘旋；楼梯上的众神列队缓缓走上神庙屋顶的神龛。站在房顶上，沐浴在鲜亮的阳光中，郊野看上去像一幅徐徐展开的地图，而尼罗河就像荒漠中一个绿色的巨大切口。维旺·德农正是在那里，在丹德拉最高处的墙上，刻下了自己的名字，就像是在对这块土地宣称主权。

1801 年 7 月的一天清晨，贝尔德的一个随从武官约翰·巴奇恩（John Budgen）上尉和两个英国朋友以及"两名婆罗门种姓的印度土兵"一起过河去参观废墟。就算"房间内部几乎塞满了垃圾，多到什么都看不清的地步"，巴奇恩和朋友们还是花了好几个小时来研究雕刻和那时仍未破译而让人急不可耐的象形文字。他们发现了希腊语的铭文；"在天花板上"，他们"可以分辨出黄道十二宫的几种符号；而射手座的样子和如今世上的一模一样"。两名印度土兵也在忙着研究。巴奇恩说，印度土兵在神庙外"发现了他们的毗湿奴神像，神像残缺不全，他们评论说，刻在墙壁和柱子上的形象在他们印度的神庙里几乎都有"。[88]印度土兵与众神的交流被一个埃及人打断了，他大概是住在神庙周围的小屋和披棚里的人。阿拉伯人"评论说这座神庙不怎么样"。印度土兵被此人的不敬言论激怒了。"一个印度土兵说，他们有纪律约束，不能与土著争吵，但如果他们是在孟加拉的话，那个人就会因为他的话而被痛打一顿。"[89]后来在开罗传播的版本里，据说印度土兵"被军官们费力地控制住，才没有袭击那些阿拉伯人，袭击的理由是他们觉得，祂的（毗湿奴的）神庙没有人照管，破破烂烂地留在那里"。[90]

尼罗河上的毗湿奴？这似乎是一幅不大可能的景象。但却是可以理解的：隼头人身的神祇荷鲁斯[①]以及胡狼头阿努比斯[②]与象头人身的印度神祇葛内舍[③]或猴子哈奴曼[④]相去甚远吗？18世纪的古文物研究者曾猜想过古印度与埃及的联系，以及各自的神

---

① 荷鲁斯（Horus），古代埃及神话中法老的守护神，是王权的象征。

② 阿努比斯（Anubis），埃及神话中一位与木乃伊制作与死后生活有关的胡狼头神。

③ 葛内舍（Ganesh），印度教中的智慧之神，主神湿婆与雪山神女之子。他的外形为断去一边象牙，并有四条手臂的象头人身，体色或红或黄。

④ 哈奴曼（Hanuman），印度史诗《罗摩衍那》中的神猴，拥有四张脸和八只手。

祇与神话的相似性。这些理论恰与当今的伪科学合拍。然而在这样一个非凡的时刻，当现代印度人与古代埃及人——记录在案的头一次——突然迎头遭遇时，现存文化曾经接受过消亡文化的看法似乎更有道理一些。当众神依旧活灵活现时，古代与现代之间的鸿沟就没有什么意义了：侮辱他们的形象或任其领地腐朽都是最直接的亵渎。

这个关于埃及的转瞬即逝的印度视角如此生动地表明，与帝国扩张相伴而来的是各种各样的人的声音和视野。尽管在当地、在政治政策中，也在英国公众的心目中，东方大英帝国的轮廓日趋明晰，帝国的扩张也显然涉及新的混合与融合。几个月后，印度、英国和埃及的另一次明显跨越就凸显了大英帝国扩张的多元文化后果。1801 年 8 月，希利－哈钦森将军在开罗宴请军官们，庆祝初步的和平。他们在尼罗河中林荫茂密、凉爽僻静的罗达岛（Rhoda Island）上进餐。要不是一场沙尘暴即将来临，他们就会看到西面沙漠中耸立的金字塔了。在东面，点缀着宣礼塔的开罗天际线一直延伸到沿河航行的那些二桅小帆船的新月形船帆之后。

宴会是个铺张的活动，军官们身着猩红色的正装，白色的裤子，还挂着金色的饰带；桃花心木的桌子上，瓷器和银器叮当作响地闪着亮光。席上的一位宾客是年轻的剑桥矿物学家爱德华·丹尼尔·克拉克

（Edward Daniel Clarke），他在斯堪的纳维亚、俄国和黎凡特等欧洲外围地区的两年期旅行已到了尾声。[91] 克拉克愉快地回忆道，与会宾客"痛饮英国波特黑啤酒，吃了烤猪肉和其他英式饭菜，还佐以波尔图、波尔多和马得拉的葡萄酒"。这在某种程度上非常熟悉，而在另一些方面又多少有些奇怪，克拉克继续道，因为"晚餐是印度仆人煮的。……餐后，军官们抽起了水烟筒。……在旁伺候的仆人主要是黑奴，他们戴着白色的头巾，身穿平纹细布的上衣，但没穿鞋袜"。总而言之，克拉克判定，这个"来自印度和英国的人在此聚餐"的背景"发生在一望无际的沙漠边缘，置身于……尼罗河……的中间，与这个国家那种自然的野蛮……如此不协调……以至于或许在这个宜居的星球上没有一处会再次出现类似的贸易和征服的成果"。[92]

当然，克拉克大错特错了。这种会合——大英帝国的军官和大英帝国的臣民在双方都很陌生的海外领土上的会合——这种"贸易和征服"的结合将在未来的一个世纪里反复重现，不只是在埃及这个从1882年起就被印度军队驻守的地方。英国的敌人拿破仑和蒂普苏丹都曾利用其他文化来支持其势力；如今大英帝国的安全取决于想办法让外国的"他者"加入更广泛的英国政体。在某种程度上，英国统治在东方的扩张强化并推行了文化的界线。但如果只把帝国扩张看作一个排斥的过程，或是与文化融合格格不入，那就大谬不然了。随着帝国的发展，它们会包容更多的人，更多的文化，更多的地区，还有更多的交换。在英国兼容并蓄的收藏世界观里，印度与埃及，帝国与文化将会携手并进，一同踏入新的世纪。

帝 国 往 事
三 部 曲

EDGE

〔美〕马娅·亚桑诺夫 / 著

朱邦芊 / 译

OF

EMPIRE

II

英国在东方的征服与收藏
1750—1850 年

Conquest and Collecting
in
the East 1750-1850

社会科学文献出版社
SOCIAL SCIENCES ACADEMIC PRESS (CHINA)

上　册

下　册

Contents /

第三部分　**埃及 1801~1840**

第七章 对手

I. 隐蔽下的扩张

每年都有逾 500 万双脚踏上它宽阔的石阶, 逡巡于凹槽柱间, 穿过它厚重的大门。大英博物馆前面有咄咄逼人的三角楣饰, 雕的是身穿罗马长袍的要人, 进去后是诺曼·福斯特 (Norman Foster) 设计的铺满石材的明亮大中庭, 头上是玻璃和钢铁的穹顶。大英博物馆半是帕特农神庙, 半是通往古典世界的万神殿。但向左转穿过人群, 就会进入一个大不相同的古代王国。在这里, 沿着博物馆的西翼站着一支巨人的军队。法老阿蒙霍特普三世 (Amenhotep III) 的头颅是从一块抛光的红色花岗岩切凿而来的, 大约有九英尺高, 他头戴上下埃及的双冠, 三千多年来一直扬扬得意地凝视前方。他的前臂和紧握的拳头放在一旁, 单是这条手臂就有成人一样大。阿蒙霍特普身后赫然便是他的后世也更伟大的继任者拉美西斯二世（Ramses II），他大概是最有名的埃及法老了。雕像是用一块重逾七吨的双色石块雕成的，体积过于庞大，以至于试图移动它的第一批现代收藏家——拿破仑的学者们——只能在它的胸口留下一个钻开的大洞。埃及雕塑走廊两侧站着一样惊人却又古怪得平常的其他物件：蚀刻着象形文字的文书和官员雕像；曾经装殓过染色制型纸匣里的木乃伊的整块花岗岩石棺；公羊、狮子、狒狒，还有用抛光的石头做的巨大的圣甲虫金龟子。一个壁龛里安放着世上最有名的埃及文物之一：罗塞塔石碑——一块雕刻着希腊文、世俗体和埃及象形文字的黑色花岗岩石板，这块石碑成为1822年破译未知的埃及字符的关键。对于很多访客来说，大英博物馆就是一座埃及博物馆，他们对这些不可思议的、神秘莫测的、保存相当完好的来自遥远过去的遗物铭感不忘。

每年越过英吉利海峡来参观巴黎卢浮宫的600万人会更直接地与埃及相遇。卢浮宫庄严从容的文艺复兴馆坐落在中世纪城堡的基座上，拿破仑及其后的法国统治者纷纷扩建。卢浮宫首先是一座宫殿，其次才是博物馆，是对文化和王权的颂扬。但就连穿过鹅卵石道路，直奔卢浮宫最有名的展品《蒙娜丽莎》而去的那些游客，也免不了在拐弯犄角处瞥一眼埃及。如今的游客不是通过宫殿的那些大门，而是从最新扩建的入口走进博物馆的：贝聿铭完成于1989年、备受争议的金字塔。这座金字塔也是玻璃和钢铁混合结构的，将埃及实实在在地放在了卢浮宫正面中心的位置上。这个参考了埃及风格的建筑位于协和广场上的方尖纪念碑正东大约一英里处，真是经过深思熟虑的妥帖之举。（卢浮宫三个侧翼中有一个以维旺·德农命名，他从埃及回来后，主理博物馆长达 12 年。）卢浮宫有三层的展览场地，所展出的埃及文物是世上最全面的收藏之一。人们可以看到杏眼的法老埃赫那吞（Akhenaton）的面庞，他脸上颧骨倾斜，还有心形的丰厚嘴唇，一眼就能认出来；还可以与立在地上的一排石棺盖比一比高矮。沿着卡雷庭院一侧嘎吱作响的镶木地板走过一连串的华丽画廊，一路可以看到彩色的石灰岩浮雕，写满微小的象形文字的莎草纸，黄金珐琅珠宝，还有代替死者躺在坟墓里的巫沙布提俑（ushabti）。这是个馆中馆：其中的四个房间在 1827 年留作埃及博物馆之用，装饰着定制设计的壁画，庆祝法国与埃及两国之间的联系。

埃及是如何移形换影，被搬到伦敦和巴黎的画廊的，又为何如此？在某种程度上，这个问题的答案几乎与这些物品一样古老。从古代开始，埃及的文物就被帝国统治者们视若珍宝了。奥古斯都以降的罗马皇帝至少把十几座方尖碑运过地中海，竖立在自己的首都。16 世纪后期，野心勃勃的教宗西斯都五世（Sixtus V）就曾把一座方尖碑立在圣伯多

禄大殿（St. Peter's）前面；古罗马废墟上发现的方
尖碑很快就再次出现在教宗的罗马：在纳沃纳广场
（Piazza Navona）上贝尼尼（Gian Lorenzo Bernini）
的四河喷泉（Fountain of the Four Rivers）中央，在
弥涅耳瓦广场（Piazza della Minerva）一头暗笑的
大象身后，在拉特朗圣若望大殿（San Giovanni in
Laterano）的前庭上。4世纪的罗马皇帝狄奥多西大
帝（Theodosius the Great）在君士坦丁堡的竞技场里
立起一座来自卡纳克神庙（Karnak）的粉红色花岗岩
方尖碑；如今它的顶部仍在那里，被蓝色清真寺 ① 细
如铅笔般的宣礼塔的阴影所笼罩。

　　埃及文物在现代世界的流散更是远至四海。单是
方尖碑，如今它们耸立在协和广场曾经安放断头台的
位置上，在伦敦的泰晤士河河堤上，纽约的中央公园
也有。19世纪从埃及运走的文物过多，以至于这被称
作"收割众神"或更耸人听闻的"强奸埃及"。¹就
像曾经的罗马一样，英国和法国在埃及的收藏与帝国
脱不了干系。但罗马人是作为埃及的主宰而收藏文物
的，而英法两国则以收藏取代了帝国统治。法国入侵
之后的几十年里，文物变成了真实权力的替代品，而
英法两国的收藏家则为了各自国家的荣光，也为了他

---

① 蓝色清真寺（Blue Mosque），指伊斯坦布尔的苏丹艾哈迈
德清真寺（Sultanahmet Camii），是土耳其的国家清真寺，
因室内砖块所用的颜色而被称为蓝色清真寺。

们自己，争相获取它们。

又延续了 12 年的英法战争以及滑铁卢战役后的和平结果大大改变了帝国背景下的埃及文物之争。1801年9月2日，坚守被围的亚历山大港的"东方军"雅克·"阿卜杜拉"·梅努将军与英国和奥斯曼的指挥官们签署了投降条约。旅行家和剑桥地质学家爱德华·丹尼尔·克拉克在法军投降后不久便骑马进城，他描述了一幅可怕的场景：

> 在外城城门与内城要塞间的砂砾和废墟的荒凉景象里，一队可怜的土耳其人正竭力爬向他们的军营。他们当天上午被放出地牢。这些可怜人的腿肿胀到真正可怕的地步，上面满是巨大的溃疡；他们的眼睛也因为发炎而异常狰狞。

在闹饥荒的城里，克拉克发现，"一个父亲被他的孩子们围在中间，得知英国人还没进城的消息后哭了起来。他们全靠发黑的腐烂大米维生，这种东西非常不适合作为食物。……"对于亚历山大港的人来说，英国人的到来就意味着食物和水——差不多相当于重返和平。[2]对于法国人来说也是如此，投降不啻为一种解脱。埃及还有逾一万名法国军人以及 700 个平民——其中包括被困在那里的学者们——都得到了回家的许可。按照协定的条款，英军也从此撤军，埃及回到了奥斯曼帝国的完全控制之下。

　　1801 年的停战协定成为正在进行之中的谈判的一部分，谈判很快便给整个欧洲带来了和平。1802 年 3 月，英国、法国、西班牙、荷兰签署了《亚眠和约》，正式结束了将近十年的冲突。条款对法国有利，允许它保留——甚至在某些情况下收复——其在海外的大部分殖民地，并在意大利、荷兰以及瑞士参与执政。马耳他被交还给圣约翰骑士团，埃及被交还给奥斯曼苏丹。尽管合约迁就了法国，但英国人却为和平而欢欣鼓舞。激进的辉格党人查尔斯·詹姆斯·福克斯等人抓紧这个机会，第一次走访了拿破仑的法国。艺术家们争先恐后地跨过英吉利海峡，去观赏因为战争而无缘一见的欧陆大师作品，并对拿破仑得意扬扬地安放在卢浮宫的所有意大利艺术作品赞赏不已。画家约瑟夫·法灵顿（Joseph Farington）在日记里记录了他和朋友及艺术家同行亨利·富泽利（Henry Fuseli）、本杰明·韦斯特、约翰·弗拉克斯曼（John Flaxman）、罗伯特·斯默克（Robert Smirke）、约翰·霍普纳（Johann Hoppner），以及约瑟夫·马洛德·威廉·特纳在巴黎的六个星期里观赏艺术的美妙经历；还从雷卡米耶夫人①声

----

① 雷卡米耶夫人（Madame Récamier, 1777~1849），是继乔芙兰夫人传统沙龙模式后又一位法国著名沙龙主办人，托克维尔就曾是她沙龙里的座上宾。她的一生经历了法国大革命，目睹了法兰西第一共和国、法兰西第一帝国的兴起和覆灭，又亲历了波旁王朝的复辟和七月王朝的建立，最后在法兰西第二共和国建立的第二年死去。

名远扬的沙龙，到拿破仑本人的餐桌，到处品味了巴黎人的社交（和美食）。[3]

很多人希望《亚眠和约》会让欧洲（以及整个世界）重归宁静。例如，在伯努瓦·德布瓦涅这个背井离乡留在英国的欧陆人看来，和平对他个人而言就是个悲壮的机会：总算可以回家了。但欧洲和其他地方的平静只是昙花一现。1802 年成为终身"第一执政"的拿破仑·波拿巴（并且从此刻起，他就像个君主那样自称"拿破仑"了）行使权力，吞并了皮埃蒙特（Piedmont），把英国的贸易排除在欧陆之外，并密谋在中东实行进一步的掠夺和战争，对大英帝国的利益形成了特别的威胁。鉴于法国的这些花招，英国拒绝按照合约的规定，从马耳他撤军。（作为重要的地中海基地，马耳他直到 1964 年仍是英国的殖民地。）双方实际上都在故意挑衅。1803 年 5 月，英法两国又回到了战场上，战争一直（只有拿破仑在厄尔巴岛[Elba]时曾短暂停歇过一段时间）持续到 1815 年 6 月的滑铁卢一役。

就像过去一样，英法重新为敌，对英国和大英帝国都有着广泛的影响。（这也深刻影响了另一个现代帝国的形成：在与英国重新开战的前夕，拿破仑决定放弃法国对密西西比的主权要求，并把路易斯安那领地卖给了美国。）在战争的第一阶段，英国在陆战中惨败，结盟无效，领导层也不团结，朝令夕改。如今，英国的目标（特别是在 1804~1806 年威廉·皮特的最后一任政府期间）显然是一举剿灭拿破仑的帝国。鉴于法国在欧陆压倒性的军力，海外的胜利（并且依旧是英国海军力量至高无上的海上的胜利）对于英国人至关重要。在加勒比地区，1790 年代的大规模攻势以死伤惨烈而告终，英国现在采取的是零星战役，希望能获取大量法国与荷兰殖民地，并导致海地独立。1808 年，随着西班牙半岛战争的开始，英法的较量延伸到了拉丁美洲。尽管英国未能在南美洲赢得新的殖民地（没有实现它的企图），却有助于确保新一代后殖民时期的美洲国家的独立，并最终把它们整合进它的非正式帝国之中。帝国的战争范围最明显的正是在东方。印度的理查德·韦尔斯利在马拉塔战争中追求他的帝国愿景；继任印度总督明托勋爵（Lord Minto）延续了主攻扩张的原则，并接连战胜了法属毛里求斯及荷属爪哇。这些年也见证了大英帝国的政策在地中海东部的初次成形。[4] 实际上，微小的马耳他（及其具有战略意义的港口）成为破坏《亚眠和约》的和平的战争借口（casus belli）这一事实表明，该地区对于英国（以及法国）的国际安全来说有多重要。

滑铁卢一役之后的几十年见证了大英帝国霸权的巅峰时期。没有哪股力量可以在全球军事、经济，或政治及外交方面与英国相抗衡。然而尽管英国表面上占据了从大西洋到太平洋的主导地位，但中东——特别是埃及——却仍是纷争之地，在某些方面限制了欧洲的扩张。从阿尔及利亚延展到保加利亚再到波斯边境的奥斯曼帝国内忧外困，似乎时时都有崩溃的危险。但它的存在对欧洲的力量平衡至关重要，这种力量的平衡是滑铁卢战役后在维也纳谈判桌上苦心达成的。大家担心的是，一旦苏丹帝国的某个部分落入外国之手，欧洲就会再次爆发危险的战争，各国都要在这个四分五裂的帝国分一杯羹。这个所谓的"近东问题"——如何保护奥斯曼帝国的完整并维护欧洲的和平——是贯穿 19 世纪欧洲的主要外交问题。

埃及在这些外交考量中占据了核心的位置。一方面，1798~1801 年的系列事件促进了大英帝国在该地区的利益，并开启了热火朝天的英法竞争的另一个战场。另一方面，两国都认识到，彻底征服埃及（哪怕这在军事上是可能的）会颠覆奥斯曼帝国的权威并有可能释放出危险的连锁反应。埃及在理论上应该回到战前的状态（status quo ante bellum），几乎就像英法的入侵从未发生过那样。但现实情况看来并非如此。埃及并没有做一个听话的奥斯曼属国，而是在五年之内落入了一位名叫穆罕默德·阿里 ① 的新帕夏之手，

---

① 穆罕默德·阿里（Muhammad Ali，1769~1849），奥斯曼帝国在埃及的一名帕夏（总督），穆罕默德·阿里王朝的创立者。他常被认为是现代埃及的奠基人。

他在 1805 年到他去世的 1849 年期间，把这个奥斯曼帝国的省份变成了一个具有自己的帝国野心的自治的现代工业化国家。英法两国并没有从该地区撤兵，而是在 19 世纪的大部分时间里彼此争夺对埃及的战略、贸易和文化的影响。实际上，埃及在 1882 年被英国占领之前，一直正式独立于欧洲的控制之外；它直到 1914 年才以受保护国的身份加入大英帝国。

就英法干预的性质而言，埃及名义上的自治有两个重要的结果。它意味着英法两国之间的竞赛从未结束。拿破仑或许失败了，但法国并未放弃它对这个地区的渴望，也没有放弃在这个地区的利益。实际上，尽管大英帝国之星在东方冉冉升起，成为阿拉伯世界的主要欧洲力量的却是法国，其正式的统治始于 1830 年入侵阿尔及利亚。埃及的独立还意味着英法对抗被掩盖了起来。英法两国不再有能力征服埃及——至少无法公开征服，转而争夺一种更具象征意义的影响。他们开始争夺文化优势。这场新的战争将会为声望和影响力而发动，文物就是它们的战场。在其前线有三位边缘人士和收藏家：入籍英国的詹巴蒂斯塔·贝尔佐尼①，以及英法两国的领事亨利·索尔特和贝尔纳迪

---

① 詹巴蒂斯塔·贝尔佐尼（Giambattista Belzoni，1778~1823），高产的意大利探险家和埃及古文物的考古学先驱。他把重达七吨的拉美西斯二世半身像搬到英国，清除了阿布辛拜勒神庙大门口的沙子，发现并记录了塞提一世的陵墓，并第一个深入了吉萨的第二座金字塔。

诺·德罗韦蒂①。英法两国在中东唯一公开的战争结束了，在这表面的和平之下，帝国竞争和欲望的一个全新的竞技场即将出现。

II. 战争与物品

如果说1798年拿破仑在亚历山大港登陆开启了欧洲人企图殖民埃及的新阶段，那么法军的撤退就标志着争相收藏埃及的开始。文化战争始于投降条约本身，始于乍看之下相当无害的一个节点：学者们建立的收藏将会如何？根据投降条约的第16条，法国学者可以"随身带走他们从法国带来的全部艺术和科学器械，但阿拉伯手稿、雕像，以及为法兰西共和国收藏的物品将被认为属于公共财产，并由联军的将军们处置"。[5]学者研究的来之不易的所有成果——理应让法国人的征服不同于其他所有征服的全部学术成就——全都无声无息地落入胜利的英国人之手；用动物学家艾蒂安·弗鲁瓦·圣伊莱尔的话说，它们就要被"摇身一变成为报关代理的一群军人"没收了。[6]

英国人这种窃取胜利果实（本质如此）的做法说出去要比攻陷塞林伽巴丹之后自由放任的掠夺得体多

---

① 贝尔纳迪诺·德罗韦蒂（Bernardino Drovetti，1776~1852），意大利文物收藏家、外交官、政治家。他以取得了"都灵王表"以及在收藏古埃及文物时的有待商榷的行为而闻名。

了。但对于法国学者来说，被抢劫的感受刻骨铭心。"我们都反感这个条款，"青年工程师爱德华·德维利耶·杜戴哈日回忆道，"并提请梅努将军注意，如果他有权处理有关政府和军队的一切，那么我们的收藏和手稿都是私人财产，除了我们之外，谁也没有权利处置它们。"[7]收藏属于他们，并且只属于他们。他们把这些收藏几乎看作是一种知识产权。用弗鲁瓦·圣伊莱尔激动的言辞来说，那份产权是他们

不顾阿拉伯人的阻挠，不顾烈日直射，不顾黄沙蚀骨，不顾自己的军人常常取笑这种毫不妥协的热情，他们用自己的辛勤劳动，光明正大"赢来的"（财产）。所有这些都是他们的——或

詹姆斯·吉尔雷所作的一幅讽刺法国学者的漫画《两栖动物研究所的起义》

者说实际上，这些属于法国和全世界；但如果被人拿走，全世界和法国就都失去了这些，因为只有他们拥有钥匙。[8]

圣伊莱尔坚称，如果这些收藏要去英国，那么他也会陪同前往。

他们的抗议被置若罔闻。就暴躁易怒的梅努而言，如果学者们愿意跟着他们的箱子一起去英国，那就太好了。的确，他烦躁地建议说："如果他们吃饱了撑的想要达到这个目的，我绝不拦着。"[9]因此，他一定是带着某种乖戾的幽默感，才让代表团直接向希利－哈钦森将军请愿的。带头的弗鲁瓦·圣伊莱尔以相当生动的方式施加压力：

> 我们花了三年的时间，一个个征服了这些宝藏，花了三年的时间到埃及的每一个角落收集它们，从菲莱①到罗塞塔；为了收藏其中的每一件，我们都要克服一个深铭于心的危险。……我们宁愿毁掉自己的财产，也不愿发生这种蓄意破坏的不公平抢劫：我们要把它扔进利比亚沙漠，或是扔进大海。……[10]

————————

① 菲莱（Philae），位于尼罗河中的一座岛屿，也是埃及南部一个有古埃及神庙建筑群的地方。

但哈钦森也不为所动。他派爱德华·丹尼尔·克拉克和后者的旅伴威廉·理查德·汉密尔顿（英国驻君士坦丁堡大使埃尔金勋爵的私人秘书）去"调查有哪些国家财产……落入法国人之手"，并威胁学者们，如果不交出来，就把他们作为战犯逮捕。[11] "不，不，我们不会屈服的！"圣伊莱尔满怀"爱国的义愤"高喊道，"我们会自己烧掉我们的财产。这就是你们想要得到的名声吗？那么好吧！历史会记住你们：你们也将在亚历山大港烧毁一座图书馆！"[12] 不过，对于两个严肃的收藏家和文物研究者克拉克和汉密尔顿来说，学者们的诉求最终还是奏效了。汉密尔顿劝说将军让受到威胁的学者们保留了 55 箱标本和科学论文。圣伊莱尔把自己的收藏带回巴黎的自然历史博物馆，在那里，他通过研究自己制作和保存的标本，开始形成关于脊椎动物生理结构的理论，至今仍因此而闻名遐迩。

但最适合展览的大型文物战利品仍被送到了英国。学者及数学家让－巴蒂斯特·傅利叶后来为《埃及记述》撰写序言，开列了亚历山大港的法国财产清单，共有 15 项重要物品。[13] 超过一半的物品来自遥远的底比斯（Thebes）和上埃及，其中有两座小型的方尖碑和几尊兽头雕像的碎片。这份清单里还包括三口巨大的覆满象形文字的石棺，其中一口是在亚历山大港的阿塔林清真寺①发现的,(包括克拉克在内的)某些人认为,那就是"亚历山大(大帝)之墓"。[14]

然而,最珍贵的物品无疑是"发现于罗塞塔,刻着三列希腊文字和埃及象形文字的黑色花岗岩石板":著名的罗塞塔石碑。当时,埃及象形文字还无人能懂:近古以来,没有人知道该如何解读它们。因为罗塞塔石碑将无法解读的埃及文字与清晰可读的希腊文对等文字一起展示出来,人们普遍认为它可能是解读象形文字密码的钥匙。就连梅努将军也了解它的价值,并声称罗塞塔石碑是他的个人财产,以免它落入英国人之手。"我要求你们交出阿拉伯手稿、雕像、各种收藏和文物,不过是遵循你给欧洲留下的好榜样,"希利-哈钦森反驳道,"你是在与观景殿的阿波罗②、拉奥孔③,以及你们从罗马带回去

① 阿塔林清真寺(Attarine Mosque),又名圣亚他那修清真寺(Mosque of St. Athanasius)或千柱清真寺(Mosque of a Thousand Columns),是亚历山大港的一座由天主教堂改造的清真寺。原来的建于公元370年的教堂是献给亚历山大的圣亚他那修的。伊斯兰教进入埃及后,教堂被改造成一间小清真寺。

② 观景殿的阿波罗(Apollo Belvedere),一尊高2.24米的白色大理石雕塑,制作于古罗马时代,现藏于梵蒂冈。该雕塑以希腊雕塑家莱奥卡雷斯完成于公元前350~前325年的铜雕为蓝本复制而成,复制时对残缺的右臂和左手进行了修补。最早的铜雕在15世纪文艺复兴时期出土,18世纪中叶的新古典主义者认为其是最伟大的古代雕塑,乃完美的典范。

③ 拉奥孔(Laocoön),一尊描绘拉奥孔之死的著名大理石雕刻,现存梵蒂冈博物馆。特洛伊人拉奥孔是海神波塞冬的祭司,因违反神的旨意而死。

的其他几件精美物品为敌吗？"[15] 克拉克和汉密尔顿在掩藏处找到并没收了罗塞塔石碑，并将其迅速带回伦敦，"以免法军一气之下将其毁掉"。[16] 就这样，这块石碑去了大英博物馆，至今仍在那里，大概是英国战胜法国的最著名的象征。

1801 年法国让渡的文物清单。第八件就是罗塞塔石碑

在英法两国，没收学者们的文物为此后数十年戏剧性的埃及收藏史奠定了舞台。1798~1801 年的入侵从

根本上改变了欧洲人对古埃及的态度，也让他们对古埃及的认识大为改观。在那之前，欧洲人对古埃及的了解主要局限于古典作家笔下的古希腊和罗马时期——例如安东尼和克莱奥帕特拉的那个时代。对于古典时期之前的法老时代的埃及，除了希罗多德的《历史》和《圣经·旧约》等少数几部关键文献所谈到的之外，几乎一无所知。欧洲人对于埃及地形的了解也同样偏颇。亚历山大大帝的首都亚历山大港位于面对欧洲的地中海沿岸，而法老们的伟大纪念碑却躺在遥远南方的中埃及和上埃及的尼罗河谷。1798 年之前，只有寥寥数位胆大的欧洲人曾去开罗以南探险，描述并画下了这些地点，像热情的圣公会主教理查德·波科克和丹麦海军军官弗雷德里克·诺登（Frederick Norden），两人均在 1737 年到过埃及。另一位曾经一睹法老时期的埃及建筑物的是著名的游记作家、苏格兰地主詹姆斯·布鲁斯①，1768 年，他在赶往阿比西尼亚② 的途中匆匆路过此地。但在拿破仑入侵埃及之前造访过那里的最有名的游记作家们——法国思想家康斯坦丁·沃尔内③ 和艾蒂安·萨瓦

---

① 詹姆斯·布鲁斯（James Bruce，1730~1794），苏格兰旅行家和游记作家。他花了十几年的时间在北非和埃塞俄比亚追寻青尼罗河的源头。

② 阿比西尼亚（Abyssinia），埃塞俄比亚帝国的旧称。

③ 康斯坦丁·沃尔内（Constantin Volney，1757~1820），法国哲学家、废奴主义者、历史学家、东方学家、政治家。著有《废墟：帝国革命调查》（*The Ruins: Or a Survey of the Revolutions of Empires*，1796）等。

里①——都没有去过上埃及。关于法老时期的埃及的现有资料也不十分可靠：诺登是第一个正确地说出斯芬克斯没有鼻子的人。17

1743 年，理查德·波科克（Richard Pococke）错画的斯芬克斯像，鼻子完好无损

　　欧洲人对于法老时期的埃及普遍缺乏认识，这在收藏中也显而易见。一个体面的近代百宝格里一般都会有埃及的小物件，如护身符、圣甲虫、木制和铜制的雕像等。得益于 16 世纪和 17 世纪的一种普遍看法，木乃伊成了特别流行的一种收藏品，据说它具有非凡的药效——但需服用。（欧洲药剂师的"木乃伊"提取物的生意很好，盗墓人和文物贩子令人毛骨悚然地用被处决犯人的尸体来伪造木乃伊。）18 但在 1798 年以前的欧洲，那些不朽的石像、雕板、石棺、绘画，以及与古埃及人

① 艾蒂安·萨瓦里（Étienne Savary, 1750~1788），东方学家、埃及学先驱，以及《古兰经》的译者。

的日常生活有关的陪葬品——如今的博物馆爱好者耳熟能详的关于埃及的一切——几乎无人知晓。

因此，维旺·德农在 1802 年出版他关于埃及战役的插图版记述《上下埃及游记》（*Voyage dans la basse et la haute Égypte*）时，该书对全欧洲的读者都如同天启。这本书头一次配有上埃及那些惊人神庙的相当准确的详细图像，并配以热情而动人的描述。此书一炮打响，旋即被翻译成英语和德语，被认为引发了"埃及热"，欧洲人对埃及的一切如痴如醉，钟表、烛台、墨水瓶、壁纸，以及家具腿等各式东西的设计都受到了这种影响。德农个人鼓励塞夫尔瓷器工厂生产了一种精美的"埃及"风格成套餐具，最终献给了沙皇亚历山大一世。拿破仑为他的皇后约瑟芬订购了另一套餐具，算是他们离婚的分手礼；但前皇后（她本人也是个埃及物品的狂热爱好者）发现最终的产品"过于朴素"而退货了。后来事情出现了变化，这套餐具又由路易十八送给了威灵顿公爵，也算恰如其分。[19] 这种对于古埃及的普遍热情明显提升了当时的现代埃及在英法两国的形象。同时也加深了古埃及与现代埃及之间的分裂，前者日益被拥戴为西方传统的一部分，后者则被欧洲列强认为是可以进行政治和帝国干涉之地。

对法国人来说，1801 年失去文物就意味着要面对战败这个令人不安（在当时也相当陌生）的现实，更不用说失去埃及本身了。回到巴黎后，学者们的注意力转向了被抢救回来的 55 箱笔记和论文，力图挽回他们的损失。从 1802 年 2 月起，他们开始把自己的埃及研究成果汇编成大型文库，旨在覆盖从文物到动物学的每一个领域，囊括古代、现代和自然世界的一切。结果就是 23 卷本的《埃及记述》，在 1809~1828 年陆续面世。单以耗费的金钱、人力、纸张和油墨来算，它都可称作 19 世纪最宏大的出版物了。直至今天，还有人赞美《记述》和学者们的苦心经营证明了法国式入侵的积极意义。[20] 为该出版项目提供资助的拿破仑及其继任者当然积极支持智识上的胜利能够补偿军事失败这种看法。[21] 从这种意义上来说，《记述》是一项彻头彻尾的政治的、帝国的东方主义项目。

《埃及记述》的卷首插图

然而，《埃及记述》的主导观念与其说是笼统地将东方置于西方的从属地位，不如说是为了颂扬法国，特别是拿破仑，这一点在让－巴蒂斯特·傅利叶言过其实的史学研究序言中尤其明显。[22]此外，《记述》实际上几乎与现代的"东方"埃及没什么关系：与专门讲述古埃及的高达九卷的文字和图像相比，关注现代埃及的只有四卷，剩下的十卷都是讨论自然历史的。[23]这部汇编特别注重在法国与古埃及之间建立联系。关于这一点，没有什么比这部出版物的卷首插图更能说明问题了。很容易辨认，这幅画的前景里放着学者们被没收的全部文物，包括罗塞塔石碑。整幅图被框在一个充满了爱国象征的厚重画框里：写着"东方军"胜利名称的徽章，一个顶着皇冠的字母 N，以及画着星星和蜜蜂的涡卷花饰，那是拿破仑的私人纹章。这幅插图反映的不仅是东方主义，而且是波拿巴主义，法国的民族和帝国野心合为一体。整体而言，《记述》是补偿损失的一次重要尝试——是一种替代的收藏，也是一次智识上的收藏。

拿破仑和学者们忙着把他们的战败转化成政治宣传的胜利时，在英吉利海峡的另一侧，埃及物品的到来也有着同样影响深远的后果。与塞林伽巴丹的战利品把东印度公司的博物馆变成了帝国力量的陈列柜一样，埃及的战利品也有助于把大英博物馆变成一个真正平民的、国家的，实际上是帝国的机构。1802

年，一箱箱的文物抵达伦敦时，大英博物馆还很像它
1753 年初次面世时的样子，不过是个珍品陈列室。[24]
该博物馆始自外科医生和博物学家汉斯·斯隆（Hans
Sloane）爵士的大量私人收藏。（斯隆甚至也算是个帝
国收藏家，他曾在牙买加待了一年，收集各种植物标
本。）斯隆在遗嘱里把他庞大的陈列室——当时有大
约七万件"珍品"——捐赠给国家。值得注意的是，
大英博物馆并非皇家机构，而是个国家机构。然而，
博物馆被安置在实际上属于贵族宅邸的蒙塔古公府 ①
里，只对某些获得司书主管 ② 批准的访客开放，事实
上更像是一座豪华大宅，而不是如今的公共博物馆。

　　1801 年的战利品在两个主要的方面改变了大英博
物馆的收藏。与 18 世纪的很多收藏家一样，汉斯·斯
隆在他的职业生涯中也得到过几件埃及的物品，但都是
小物件——青铜制品、陶俑，以及护身符——大多出自
希腊 - 罗马时期。大英博物馆还有四具木乃伊，展示在
其他自然史的标本旁，符合收纳百宝格的惯例做法。[25]
法国战利品的到来标志着埃及重要雕像在英国的第一次
露面。它们不仅在规模上与欧洲的其他大多数埃及文物
全然不同——也要古老得多——而且与欧洲观众熟悉

―――――――――――

①　蒙塔古公府（Montagu House），17 世纪第一代蒙塔古公爵
　　拉尔夫·蒙塔古建于伦敦布卢姆斯伯里区的一幢大厦。火灾
　　焚毁后重建，1759 年售与大英博物馆。
②　司书主管（principal librarian），大英博物馆馆长的头衔。

（并喜欢）的希腊－罗马物品也大相迥异。它们对当时的访客与未来的收藏家产生了巨大的审美冲击。

这批战利品标志着大英博物馆的整个收藏的一个新方向。除了库克船长航海时期从太平洋收藏的工艺品外，博物馆在1801年之前的全部馆藏都来自私人。埃及古物实际上是第一批到达大英博物馆的公共藏品，它们是由国家获取的，也向整个国家展览。十年后，这种博物馆作为"国家"收藏宝库的全新意义在臭名昭著的"埃尔金石雕"（Elgin Marbles）案中大出风头。埃尔金伯爵在出任驻君士坦丁堡大使期间得到了奥斯曼苏丹的费明（firman，敕令），批准他拿走雅典帕特农神庙的长幅石雕。（当时希腊还是奥斯曼帝国的一个行省。）1811年，埃尔金联系英国政府，希望出售这些雕刻。埃尔金用上一代人绝不可能说出的语言表示，他以大使的官方身份收集的藏品是代表英国而进行的，因而理应属于大英博物馆。这在当时是个充满争议的观点和收购，至今在很大程度上仍然如此，对"国家"收藏的局限和定义发起了一个强有力的挑战。[26] 值得一提的是，埃及战利品作为大英博物馆的首批国家收藏，在当时激烈的"埃尔金石雕"辩论中帮助确定了条款。

但转变鲜有一夜之间完成的——至少大型机构做不到。1802年夏，埃及文物到达伦敦时，博物馆无处存放它们。"它们被放在大英博物馆的露天空地上，并被认为是有趣但无足轻重的埃及艺术纪念品，对国家而言是彰显其英勇的光荣奖杯，但现代人无法对它们黑暗神秘的传说一探究竟，激发起解读者的绝望而不是希望。"因此，爱德华·丹尼尔·克拉克悲叹着指出，如果像亚历山大大帝（所谓的）石棺这样的文物改而"被运到法国的大都会"，"巴黎的市中心就会立起一座宏伟的神庙，以完成波拿巴对腓力二世之子 ① 的效仿，曾经装殓过那位英雄尸体的坟冢将会留着存放其模仿者的尸骨。"[27] 抛开讽刺不谈，克拉克的话完全正确：埃及文物在法国的确比在英国更受欢迎。在英国，单是它们的异域美学特质便足以让它们不入主流鉴赏家的法眼。就连克拉克为埃及雕像辩护也着眼于它们的历史和纪念意义，而不是艺术表现力。对于习惯把希腊和罗马的雕塑看作艺术典范的历代观众来说，这些东西即便令人印象深刻，也最多不过是奇怪的罕见之物而已。埃及文物在随后的几十年里一直处在英国古董界的边缘。

然而，正是为了给这些文物提供空间，大英博物馆才在 1803 年破天荒地专门建造了厢房，并以将收藏捐给博物馆的著名古文物家查尔斯·汤利之名，将其命名为汤利美术馆。直到此时之前，大英博物馆一直是一位绅士的市内府邸；如今它变成了真正的博物馆，一座与其收藏相呼应的建筑。1808 年 6 月，汤

---

① 指亚历山大大帝。

利美术馆向公众开放，埃及的物品占据了它的中央大厅。在印度大楼展出"蒂普之虎"的同一年，汤利美术馆最重要的内容同样是战利品，也同样是来自与法国在东方的战争，访客们显然不会看不到这一点。

汤利美术馆里的埃及文物，约 1819 年。注意那两位"东方"访客

如此说来，1801 年的投降条约构成了古代和现代埃及与西方之间关系的框架，这种关系将在整个 19 世纪发展成熟。对于法国而言，1801 年失去这些物品就像失去埃及本身一样，并没有终结法国在这一地区的野心。法国再次表达出它的抱负。在《埃及记述》中，法国咄咄逼人地向埃及发出了民族主义主张，这种主张立足于古代，在一定程度上弥补了它征服这块现代土地所经历的失败。希腊和罗马早已被熟悉、研究、模仿、批

评、收藏过了。在埃及,《记述》一书像是在说,法国向西方展示了另一部分它的遗产,另一种值得研究和收藏的古代文明。埃及的符号以其共济会的意象和方尖碑与金字塔的喜庆组合,也有助于把拿破仑的帝国与法国大革命联系起来。与此同时,法国声称古埃及属于他们,也确定了古代与现代、古典与东方的断层线,这条断层线至今仍然活跃,也仍然令人担忧。

在英国,赢得这些奖品就像赢得了在埃及的非正式影响力,扩展了帝国的公众形象,也有助于这种形象的重塑。与 1798 年法国的入侵将埃及置于大英帝国的版图上大相仿佛,1801 年的战利品也将埃及固定在英国的文物世界里,对于文物鉴赏家和广大观众来说皆是如此。这些文物给英国带来了一个全新的埃及:一个法老、巨石和象形文字的埃及,远比希腊或罗马更加古老。与它们相伴而来的,还有百宝格风格的老式大英博物馆日渐动摇,慢慢地重新界定,成为一家公众机构,比从前更能包容各种文物和访客。博物馆功能的这种转变伴随着帝国比以往更加多元和包容的重新定义,也塑造了英国的特征。

但埃及本身又如何呢? 当然,1801 年的效果在那里是最明显的。不管英法两国的希望如何,三年的战争与法国的占领都让该地区无法回到从前的老路上去了。随着埃及的新帕夏穆罕默德·阿里巩固了自己的势力并把埃及变成实质上自治和扩张主义的国家,埃及在奥斯曼帝国和世界上的地位也都发生了变化。而法国和英国在埃及的地位也将发生变化，它们各自的代表贝尔纳迪诺·德罗韦蒂和亨利·索尔特不久就将发现这一点。

III. 个人与政治

1803 年 5 月，英法在《亚眠合约》的短暂和平之后重返战场的同一个月，两个年轻的法国人在亚历山大港登岸，就职驻埃及的正副领事。两人中年长的马蒂厄·德莱塞普（Mathieu de Lesseps）也不到 30 岁；作为领事，他将以开罗作为总部，并试图在这个仍然因为战争而满目疮痍的国家扩大法国的政治利益。德莱塞普的大名后来与埃及长久地联系在一起，这多亏了他的儿子费迪南，后者追随其父亲在埃及从事外交，并在开建苏伊士运河时起到了主要的作用。但那天新来的比较年轻的贝尔纳迪诺·德罗韦蒂将会实现他自己不朽的功勋。德罗韦蒂在埃及持续待了将近 30 年，在那里逐渐成为法国的代表，并因为密友穆罕默德·阿里帕夏的青睐，为法国确保了一席之地。他还通过来自尼罗河谷的文物所组成的第一个重要的收藏，保证了法国在古埃及研究领域的主导地位。[28]

正如他的名字所示，德罗韦蒂并不是生而为法国人。1776 年，他出生在都灵北部的一个皮埃蒙特村庄，（和伯努瓦·德布瓦涅一样）是萨伏依王朝的臣民，而他的母语是意大利语。18 岁时，他在都灵大学取得学位，并准备随其父兄进入法律界。但德罗韦蒂、皮埃蒙特，以及整个欧洲的未来都将发生剧烈的变化。1796 年初，拿破仑率领"意大利军"越过阿尔卑斯山横扫而下，迅速征服了皮埃蒙特并夺走了萨伏依国王摇摇欲坠的王位。德罗韦蒂加入法国的军队。他在来年被任命为军官，并很快又被任命为参谋。1799 年法国吞并皮埃蒙特时，德罗韦蒂及其同胞一夜间成为法国公民。两星期后，对法国的"坚定的爱国精神的证明"为德罗韦蒂在法国临时政府赢得了一个小职务。他作为一个能干而称职的管理者，在官僚系统中稳步升迁，1802 年，他被提拔进外交部。他在接受了这个工作后，才得知自己的目的地是埃及。

贝尔纳迪诺·德罗韦蒂

后来某些人认为德罗韦蒂起初是以"东方军"军官的身份去埃及的。事实并非如此，但他的身份的确是拿破仑的手下。他成年后的生涯都花在为皮埃蒙特的法国政府服务上了。他的家族是亲法的，而他是个法国公民并为此自豪。我们有时很难体验到当时整整一代年轻人崇拜拿破仑的那种巨大热情。德罗韦蒂像司汤达小说《帕尔马修道院》（*The Charterhouse of Parma*）里的主人公一样，大概是被那位既是革命理想主义者又是个守纪高效的领袖的青年军人吸引了。德罗韦蒂的平稳升迁，就代表了拿破仑倡导的"事业的大门为才能而开"，代表了一个不受世袭特权的束缚、只等能人来运作的充满机会的世界。

德罗韦蒂和德莱塞普到来的时刻是个多事之秋。就在两个月前，最后一批英军撤离了，只留下了一位军官欧内斯特·米塞特（Ernest Missett）上校作为英国的现场负责人。撤离结束后，或许在英法两国的官员看来，法国入侵的所有痕迹都消失了。但战争和占领的岁月让埃及的政府混乱不堪，更不要说经济和社会情况了。马穆鲁克的敌对派系为了权力彼此纷争，而奥斯曼帝国则寻求维护苏丹任命的帕夏（总督）的权威。一支奥斯曼的万人大军驻守在埃及，把饱受战争蹂躏之国的资源推到了崩溃的边缘。

奥斯曼的军队由穆罕默德·阿里领导，他是个阿拉伯裔的军官，于 1801 年率领着盎格鲁—奥斯曼远征联军首次到达埃及。穆罕默德·阿里后来喜欢说他出生于 1769 年，与拿破仑和威灵顿公爵同年。这是个诗意的描述，但穆罕默德·阿里幻想自己与同时代的两位伟大的欧洲指挥官有共同之处却并非毫无根据。他非常聪明而有天分，同时也满怀雄心壮志，很快便扩大了埃及的权力真空，并玩弄手段自行填补了这个空间。在短短两年内，他就升任了奥斯曼驻埃及军队的司令，还在分裂的马穆鲁克阵营里缔结了重要的联盟。穆罕默德·阿里通过一系列合作、对抗、背叛——甚至还曾被怀疑下毒——成功地消灭了他在争夺权力道路上的主要对手。1805 年，奥斯曼苏丹一道敕令，他被任命为埃及的帕夏。[29]

德罗韦蒂从他在亚历山大港的高位上观察着这些事件的展开，并将其写成富有洞见的报告，送交巴黎的外交部。他坚信穆罕默德·阿里是唯一一个能在埃及维持权威之人；并不顾巴黎有关不要插手当地政治的指示，努力地尽可能巩固新任总督的地位。在德罗韦蒂看来，埃及的未来和法国的利益显然都取决于穆罕默德·阿里。但米塞特领事和英国人的看法正好相反。

尽管如今距离英法在埃及签署停战协定已有五年了，英法在支配地位上的竞争却远未结束。实际上，旅行家瓦伦西亚子爵报告说，他在 1806 年春从印度返回途中造访埃及时，"两国间的对立在亚历山大港全面肆虐"。[30] 法国公开鼓励穆罕默德·阿里，而英国则支持其长期对手、马穆鲁克军阀阿勒菲贝伊。阿勒菲甚至在 1803 年与最后一批占领军一同前往英国，并在那里逗留了几个月，试图获得支持。（"他是个很有教养的人，会说意大利语。"画家约瑟夫·法灵顿在日记里写道。）[31] 米塞特不无道理地相信，只要有一点点机会，拿破仑便会再次入侵埃及；如今穆罕默德·阿里担任帕夏，"完全在法国的影响之下"，这几乎就像是对法国发出了请柬。米塞特认为，防止法国又一次入侵的唯一方法便是英国介入其中，并以阿勒菲贝伊取代穆罕默德·阿里。（后来因为阿勒菲在 1807 年 1 月过世了，也可以用他的支持者来取而代之。）"除去这些优势之外，"米塞特补充道，"因为我在这个不幸省份竭力恢复安宁，英国之名越来越受欢迎，只会让人们未来更加看好国王陛下的政府对埃及的影响。"[32]

米塞特得到了他希望的任务。1807 年 3 月，由苏格兰将军亚历山大·麦肯齐·弗雷泽（Alexander Mackenzie Fraser）率领的一支 6600 人的中型军队在亚历山大港登陆，展开了英国军事和帝国史上的一个很少有人叙述的片段。城市立即投降；当天晚上，德罗韦蒂戏剧性地逃出亚历山大港。"因此我们没费什么麻烦就控制了亚历山大港，"来自苏格兰高地的军官帕特里克·麦克劳德（Patrick MacLeod）中校如此吹嘘道，"并且有充分的理由认为，人们很想冲锋，与土耳其人敌对的马穆鲁克会加入我们,我们的势力很快就会统治整个国家。"[33] 看上去就像是埃及很快便会突然满足英国人的一切愿望一样。

但一个月后,麦克劳德就死了。弗雷泽将军试图向罗塞塔推进,但两次都被埃及人血淋淋地击退了。1807 年 4 月 21 日,军队被发生"在哈米德(El Hamed)的灾难性事件""完全切断":麦克劳德及 350 名英国士兵全部阵亡,还有逾四百人被当作俘虏押往开罗。[34] 不是别人,正是德罗韦蒂向他的朋友帕夏建议"奖赏他(帕夏)捉来活口的士兵两倍于此前对(割下)头颅的赏赐,这样更人道,也更慎重",显然救下了这些英国囚犯的性命。[35] 德罗韦蒂自掏腰包,帮助赎下"被卖作奴隶"的英国士兵。[36] 总之,英国远征军就是一场灾难。10 月,英国从亚历山大港撤军,带着米塞特悄悄驶向西西里,他被革职流放,在那里过了四年。

这场计划拙劣的入侵在帝国史书上几乎总是被略过不提:原因很明显,大英帝国的史家并不希望强调这种难堪,在大多数情况下,他们有的是胜利场面来赞颂。然而这样的插曲(另一次是两年后发生的英国入侵布宜诺斯艾利斯未遂)证明了大英帝国的野心志在全球,及其始终存在失败的可能性。失败也有严重的后果。英法两国在埃及的代理人将会在未来的几十年里体会到 1807 年战役的影响。

随着穆罕默德·阿里从 1807 年事件的胜利中脱颖而出，法国——特别是德罗韦蒂——和他一起节节胜利。在穆罕默德·阿里对抗英国入侵结果难以预料的初期，德罗韦蒂的建议、情报和支持居功厥伟；可以说，如果没有德罗韦蒂的帮助，帕夏或许就败了。据说，"帕夏从来没有忘记他的效劳。帕夏就他希望引入该地区的管理形式征询德罗韦蒂的意见，正是因为有了他（德罗韦蒂）的建议，帕夏才把一切都处理得井井有条"。[37] 这种私交有时会在历史记载中消失，但它们会对政治和国际事务产生深远而不可预测的影响。帕夏和外交官之间——也就是埃及和法国之间——的关系十分密切、牢固、持久。这是英国及其代表从来未能复制的关系。

德罗韦蒂初到埃及时，对此地还十分陌生，也是个国际外交上的新手。四年之后，他如今已是帕夏的密友，老练的政治操纵者，并且从 1806 年德莱塞普因健康原因被调到里窝那（Livorno）后，他还是法国在埃及的唯一代表。德罗韦蒂也开始以两种方式在埃及扎下了个人的根基，这对他自己的职业生涯以及他入籍之国的事务都将产生影响：他娶妻生子，也产生了对文物的热情。

德罗韦蒂来埃及后，几个月内就为一个名叫罗西纳·雷伊·巴尔塔隆（Rosine Rey Balthalon）的法国已婚女人所倾倒。罗西纳是在埃及长大的（很可能也是在此地出生的），她父亲最晚从 1775 年起就是开罗法国社区的面包师。[38] 德罗韦蒂在亚历山大港安顿下来时，罗西纳已与一个名叫约瑟夫·巴尔塔隆（Joseph Balthalon）的马赛商人结婚十年有余，脾气暴躁的丈夫经常虐待她。这场爱情戏始于 1804 年初，罗西纳告诉丈夫说她怀孕了，这个通知似乎来的很不是时候。巴尔塔隆暴跳如雷，说德罗韦蒂才是孩子的父亲，并暴打妻子致其流产。罗西纳收拾细软逃进了领事的官邸——也就是德罗韦蒂的家——寻求保护。关于这个丑闻的报告很快便涌进了巴黎的外交部。巴尔塔隆写了若干封恐吓信，指控德罗韦蒂"诱奸我的妻子……开始迫害我"并"剥夺了我绝大部分的财产"。[39] 德罗韦蒂坚称自己向罗西纳提供的是她理应得到的安全，而马蒂厄·德莱塞普则竭诚为他作了担保。与此同时，领事馆的两名怨气冲天的译员却肆意污蔑德罗韦蒂和德莱塞普。这是一个丑闻，而它或许能够解释德罗韦蒂为何在德莱塞普走后，从来无法从副领事正式升任领事。[40]

约瑟夫·巴尔塔隆显然是一个魔鬼，但德罗韦蒂也非无辜的受害者。巴尔塔隆夫妇在 1804 年末正式分居，德罗韦蒂和罗西纳也开始公开同居。1807 年，弗雷泽将军称她为"德罗韦蒂夫人"，但实际上巴尔塔隆直到 1817 年才同意离婚，到 1818 年 4 月 12 日——他们的风流韵事开始了大约 15 年后——贝尔纳迪诺和罗西纳才在亚历山大港领事馆喜结连理。[41] 此事发生得如此之晚，也意味着如果德罗韦蒂想在 1818 年前回欧洲去，他就不得不抛家离子，或是带着情妇和私生子（出生于 1812 年的乔治）一起回去。外交史很少把外交官的私人生活考虑进去，但这个阴暗的家族故事一定在很大程度上促使德罗韦蒂献身工作并立志留在埃及。罗西纳是个有钱的女人也起到了一定的作用：她拥有亚历山大港领事馆的租约，后来，德罗韦蒂一家也有幸以高昂的价格把房子租给了法国政府。[42]

　　浪漫主义作家、旅行家和贵族弗朗索瓦－勒内·德夏多布里昂曾在 1806 年底之前与德罗韦蒂一起待过一段日子，他为这一时期的德罗韦蒂，这个被派驻海外，过着跨国侨居生活的人，写过一篇很美的人物概述。[43] 夏多布里昂非常仰慕这位军人－外交官，两人总是在德罗韦蒂家屋顶上他养的鹌鹑和松鸡笼子之间大谈特谈"我们的祖国"（notre patrie）法兰西。夏多布里昂说，"我们全部谈话内容的结论"就是德罗韦蒂梦想寻求"作一些小规模的让步"，好在法国退休，他显然认为那是他的祖国。夏多布里昂还提到了这位副领事的另一个兴趣，大概是最近刚刚发展起来的：德罗韦蒂开始收藏文物了。夏多布里昂见过那些小件物品的收藏，德罗韦蒂最有可能是从埃及农夫那里买来的，那些人会在当地搜罗工艺品卖给欧洲人。[44] 法国入侵后，这种毫无条理的文物交易越来越引人注目：

例如，1806 年的早些时候，瓦伦西亚子爵就曾经从吉萨和三角洲地区的"贝都因阿拉伯人"手里买过很多文物。[45]

德罗韦蒂已经在政治与个人两个方面将大量的时间和精力投入埃及，很快就通过他对文物的热情与埃及形成了最紧密的联合。贝尔纳迪诺·德罗韦蒂真正发现古埃及是在 1811 年的秋天。他的顿悟是由樊尚·布坦（Vincent Boutin）上校到访所引发的，后者是拿破仑派来的间谍，负责侦察法国是否有可能再次入侵。布坦和德罗韦蒂以"为科孚岛获得小麦供应"和满足考古好奇心的双重借口，前往上埃及旅行。[46] 这对布坦来说可不是单纯的观光之旅——他秘密记录了马穆鲁克和穆罕默德·阿里帕夏的军事实力——但对于德罗韦蒂这位老于此道的本地外交官而言，就是一次单纯的观光而已。两人在两个月的时间里沿着尼罗河一路向南，一直走到阿斯旺（Aswan）；如今在卢克索神庙（Luxor Temple）的墙上仍能见到布坦豪爽的签名，那是他们行程的一份冻结下来的记录。我们只能想象这次旅行一定给了德罗韦蒂极大的启发。他在埃及住了八年，收藏文物也至少有五年了。但上埃及法老时期的惊人遗址却属于与亚历山大港和开罗截然不同的世界。丹德拉和菲莱的壮丽神庙，卡纳克神庙散乱的废墟，古底比斯的陵墓：这是一个他从未见过，或许也从未梦见过的埃及。而这也是他永生难忘的景象。[47]

　　在上埃及的陵墓和神庙之间，德罗韦蒂似乎感受到了诱惑过他的学者前辈们的同样荣耀的异象：拥有了这一切就等于宣告了对历史、文明，对帝国过去和现在的主权。这里仍在拿破仑的统治之下，埃及文物所拥有的声望在法国浩瀚无边。它们也蕴含着个人的回报——职业发展有望更进一步，社会红利，或许还有金钱的回报——对于这个白手起家、全靠自我推销的皮埃蒙特人来说，这一切充满了显而易见的吸引力。出于任何一个或所有这些原因，上埃及之旅都让德罗韦蒂大受启发，从此认真收藏，不再像此前那样到处乱买，而是为自己挖掘埃及的宝藏。

　　夏多布里昂是第一个提到德罗韦蒂的收藏的人，但他绝不是最后一个。[48]德罗韦蒂新发现的热情在十年之内便为欧洲各大博物馆提供了大量的文物收藏。这将给他带来巨大的财产和名望，也将带来英国同行亨利·索尔特的敌意和竞争。

IV. 海外玩家

　　在夏多布里昂造访埃及并与德罗韦蒂在鸟笼之间愉快闲聊的同一年，另一位欧洲贵族在休闲之旅中途经埃及。瓦伦西亚子爵乔治·安斯利——最近获封的爱尔兰贵族蒙特诺伊斯伯爵（Earl of Mountnorris）的长子，即将结束他在印度和红海为期三年的愉快旅行。瓦伦西亚早已略过这些阶段了，因为他是 18 世纪初就曾探访并描写过这些地区的少数几个旅行家之一。他非常满足地在印度花了一年时间游遍整个次大陆，还受到他大为欣赏的理查德·韦尔斯利的资助，以及阿萨夫·乌德－达乌拉的继任者萨达特·阿里汗等几位印度统治者的关心。如今，瓦伦西亚在埃及受到了穆罕默德·阿里帕夏的热情欢迎。欧内斯特·米塞特领事自豪地在一份急件中报告说："没有哪位欧洲人，也没有哪个军队指挥官在这个国家受到过像那位贵族那样引人注目的关照或恭维。我提到这种情况的唯一动机，"他补充道，"是想……证明，我一直竭力让埃及总督摆脱对法国的兴趣，看来总算有了一定的效果。"49

作为绘图员和助手陪同瓦伦西亚的是一个叫亨利·索尔特的年轻人。我们不知道索尔特和德罗韦蒂是否在 1806 年见过面，但他们后来有大量的机会来弥补任何可能错失的机会。那时他大概怎么也不会想到，十年后，索尔特将会作为英国的领事回到埃及，开始他的政治和收藏事业，并在这两个方面同时成为德罗韦蒂的对手。

这两位竞争对手看起来是迥然不同的两个人。德罗韦蒂有一种与众不同的调皮气质，弹性十足的黑色卷发，蜷曲的小胡子，下巴中间有一道沟，鼻孔开阔，目露凶光。他的右手终身残疾——据说是在马伦戈（Marengo）的战场上遭受的刀伤所致。索尔特的形象更优雅一些。他身材高瘦，神态倦怠（他自幼多病，经常健康不佳），有个漂亮的椭圆形脸蛋，嘴唇丰满，眼睛又大又圆。外表并不完全是骗人的。但这两个人有一个共同的明确特征：两人都意识到自己是热切希望重塑自我的边缘人物，也都把收藏作为实现这个目标的主要方式。对于亨利·索尔特来说，收藏文物是在英国社会出风头的一种方式；而对于德罗韦蒂来说，这是在他从未见过的法国赢得金钱、权力和影响的手段。

亨利·索尔特

德罗韦蒂的职业生涯是拿破仑式能人统治的典范，而索尔特从外省中产阶级背景一路升迁到驻埃及总领事职位则说明了 19 世纪初，一个人在关系和保护人的有力支持下能走多远。1780 年，索尔特出生在利奇菲尔德（Lichfield）的一个成功的医生家庭，是八个孩子里最小的一个。索尔特医生为家人提供了良好的生活条件：1817 年他去世时，给亨利留下了 5000 英镑。对于最小的儿子来说，这可是一笔非常丰厚的遗产。但令他大失所望的是，亨利·索尔特不是一位绅士，他并不富裕，也没有念过大学，最糟糕的是，他还不得不自谋生路。

年轻的亨利被迫自寻生计，他决定当艺术家，幻想自己或许能成为上流社会的肖像画家。（索尔特的父亲支持儿子的选择，他认为儿子或许能成为制图师，后来证明他的看法更加现实一些。）1797 年，索尔特去了伦敦，先是跟随约瑟夫·法灵顿，后来又跟肖像画家约翰·霍普纳学画。他的表现最多也只能说是平庸。他的朋友、传记作家和画家同行约翰·詹姆斯·霍尔斯（John James Halls）对他的坦率评价是，索尔特既非天才，品行也不端正（"他总是言行失检"），又不够勤奋："就像野蛮的印度人一样，他任意消磨时光，直到危急时刻或听到野心的呼唤，他才会从昏睡中醒来。……"[50] 然而，他野心勃勃。这个年轻人在伦敦凝视着他渴望加入其中的那个富裕、奢华、时尚和气派的世界。"好友们不难发现……对声名的渴望和根深蒂固的野心是他的主要行为动机。"

霍尔斯回忆道：

> 为了满足对卓越的热切追求，他绝不放过任
> 何有可能保证最后成功的机会，也不惜采取任何
> 不体面的手段来获得关注。……在危急时刻，他
> 总会对我说，如果在他生命结束前没能被奉在先
> 贤祠的话，那就太痛苦了。[51]

索尔特毫不怀疑自己注定会出人头地。关键在于如何
实现。

1799 年 6 月的一天，一次偶然的邂逅给索尔特带
来了巨大的转机。他在参观瑞士裔画家亨利·富泽利
的画展时，碰巧遇到一个舅舅，后者是陪同雇主之子
瓦伦西亚勋爵一起来的。索尔特立即与这位比他大十
岁的子爵培养友谊。在得知瓦伦西亚计划去东方做一
番长期考察后，索尔特恳求带他同去，他可以作为艺
术家和负责一切事宜的随员。令人吃惊的是，子爵居然
同意了。索尔特突然间"看到通往名望的道路在他面前
徐徐开启"，这次远航将会改变他人生的轨迹。[52] 1803
年 1 月，瓦伦西亚一行人到达加尔各答，接下来的三
年里在南亚、阿拉伯和非洲的红海沿岸蜿蜒而下，最
终到达埃及。瓦伦西亚全程都记录日志，而索尔特则
努力用画笔把远行记录下来。1806 年回到英国后，瓦
伦西亚以《印度、锡兰、红海、阿比西尼亚和埃及

等地航游记》(*Voyages and Travels in India, Ceylon, the Red Sea, Abyssinia and Egypt...*, 1809)为名，出版了洋洋洒洒的三卷本故事体笔记，并配以独立发行的索尔特所画的 24 幅整页彩色插图画册。索尔特的画作算不上才华横溢，却尽职尽责并大受欢迎，为他赢得了相当的知名度。

在欧洲人很少去海外旅行的时代，瓦伦西亚沿印度洋的漫长旅程至少可以说极不寻常。那就像是一次"壮游"，欧陆因战事而被封锁，因此被东方取而代之。但把瓦伦西亚看作大英帝国的首批游客之一或许更加准确。（他已游历过欧陆，至少在 1793 年去过一次。）首先，他的环游证明了把如此不同的地点连在一起的帝国地理。瓦伦西亚也想象自己的旅行是一次帝国之旅。他把自己看作一个绅士探险家和非官方的外交官，贡献出自己的财富和闲暇时间来为国家服务。他的个人计划是刺激英国人在阿拉伯和阿比西尼亚的贸易。为此目的，他绘制了红海沿岸的地图；尽管这些图表从未完成，然而厄立特里亚沿岸马萨瓦（Massawa）附近的安斯利湾（Annesley Bay），却成为向子爵的虚荣心致以持久的敬意。他还希望与埃塞俄比亚的地区统治者们建立公开关系，其中最强大的统治者，提格雷（Tigray）的拉斯[1]，邀请瓦伦西亚去

① 拉斯（Ras），意为"头目"，强大的非帝国领袖的称号之一。有历史学家认为它等同于公爵。

那里访问。考虑到自己"太重要了，不能用自己的生命来冒险"，瓦伦西亚派"相对不太重要"的索尔特去阿比西尼亚。这是索尔特的第一个外交使命，帮助他开启了未来的职业生涯。[53]

瓦伦西亚的游记被广泛引用，称它表现了19世纪初出现的爱国主义和占领道德制高点的大英帝国的态度。瓦伦西亚痴迷于种族纯洁性和社会等级制度，坚信白人优于非白人，基督徒优于异教徒，英国人优于其他一切人等，并像《航游记》一书所体现出来的那样，显然是个维多利亚时代末期帝国主义的"白人的负担"派的先驱者。他的大部分观点都显示在他对克劳德·马丁的人格毁损，他在1803年走访勒克瑙时便开始动笔，同时攻击了法国、暴发户、文化融合，以及放荡的性习惯。瓦伦西亚的这些态度仿效了他的偶像理查德·韦尔斯利，很像1820年代印度的"英国主义者"帝国行政官员的手段，后者力图将西方文明强加于娑提（sati）等"野蛮的"印度做法之上，娑提这种印度风俗是指寡妇会在丈夫葬礼的火葬柴堆上自焚殉夫。

但在道德说教的子爵看来，事情远比外表上见到的更加复杂。1796年，在索尔特遇见他之前不久，瓦伦西亚对妻子安妮提出了"通奸"的诉讼，他们成婚已有六年了。这种诉讼难免丢脸，这一桩尤其令人不悦。瓦伦西亚声称他的妻子曾与他的酒友，一个名叫约翰·贝伦登·高勒（John Bellenden Gawler）的著名浪子关系暧昧。安妮声称她丈夫的行为更加荒唐。她的律师们辩护说，高贵的子爵"极其厌恶"自己的妻子，却与男仆乔治"亲密无间"。"他们经常在一起互相戏耍玩弄"，瓦伦西亚夫人作证说，她"看到上述子爵掐住上述乔治，并用最下流的爱抚对待上述乔治"。[54] 与此同时，因为瓦伦西亚"曾反复声明希望有继承人……并说只要有子嗣，他才不在乎是谁的"，他邀请高勒来为他代劳。总之，根据这份辩护词，爵爷是个同性恋，夫人出卖贞操，而继承人却是个私生子。

情况属实吗？法庭否决了，并判给瓦伦西亚 2000 英镑的损害赔偿金。但此事委实惊人。离婚判决过去整整 15 年后，诗人拜伦勋爵——他本人也实在不是个行为规范的榜样——颇为尴尬地发现"由于人人都和他（瓦伦西亚）说话，难免有人会提及此事"。[55] 显然这个丑闻给了子爵很大的刺激，让他去东方避避风头。这或许也解释了简明扼要的《国家人物传记大辞典》（*Dictionary of National Biography*）为何没有他的词条（但其中有索尔特）。[56] 挖掘瓦伦西亚不光彩的过去给了我们一个新的角度去看待他的"帝国"态度：鉴于他此前声名狼藉，他有强烈的个人理由高声公开坚持他的道义公正，并谴责缺乏道德之人。

我们不清楚亨利·索尔特对他赞助人的过去了解多少，但他显然知道该如何最大限度地利用关系。索尔特满怀着野心和梦想与瓦伦西亚一同旅行归来。他开始在伦敦的知名人士圈子里发展赞助网络，其中包括颇有影响力的皇家学会主席、非洲协会（建于1788年，专门资助非洲探险）主席、大英博物馆理事，以及英国科学与自然收藏界的万能神经中枢约瑟夫·班克斯爵士。多亏瓦伦西亚对外交部的敦促以及非洲协会的财政支持，1809年，索尔特接受委托回到了阿比西尼亚，再次力图实现瓦伦西亚荒诞不经的红海贸易计划。这会是又一次没有结果的使命，但对索尔特却很合适。（当时的英国人主要是通过詹姆斯·布鲁斯的作品来了解阿比西尼亚的，布鲁斯是一个名誉扫地的苏格兰旅行家，虽然有些诽谤对他可能并不公平。）索尔特利用数次旅行的异域魅力，当选非洲协会和皇家学会的会员，并出版了一本小书介绍他的冒险经历。

　　这些成功为索尔特在他渴望加入的社交圈子里赢得了认可。但上流社会代价高昂：他不得不从父亲那里借钱才能收支平衡，他还需要一份有偿的工作。因此，索尔特在1815年4月初听说米塞特辞去了埃及总领事的职务后，抓住了这个机遇。这正是吸引他的那种职位：给了他官衔、声望、重要地位，以及最关键的，体面的收入。他立刻发动熟人为他游说这个岗位。约瑟夫·班克斯爵士致信外交大臣卡斯尔雷勋爵，热情推荐"我的朋友索尔特先生……他曾在阿比西尼亚之旅为自己赢得很多声望，也积极投身公共服务"。[57] 三个星期之后，这个位子就是他的了——还有 1700 英镑的年薪（尽管这笔钱还得用于支付领事馆的运营开销，索尔特后来估算高达 1950 英镑），并很有可能获得一笔终生养老金。[58]

从艺术世界的边缘，到伦敦精英层的边缘，再到外交界的边缘，亨利·索尔特的早期生涯让我们得以一窥下层视角中的摄政时期上流社会。显然，他并不缺乏天资或个人魅力，但无论从哪一点来看，索尔特都是个职业的玩家，几乎没有资格从事任何一个特定的职业。他成功赢得埃及领事的职务，得益于当时英国非正式的赞助人网络的影响和力量。它也凸显出英国领事人员一贯的临时性质，与海峡对岸官僚体制的正规结构截然不同。[59]

埃及不再像 1798 年以前乔治·鲍德温时期那样，处于英国政策的边缘地带。比如说，约瑟夫·班克斯爵士认为埃及领事的职位是"埃及自从法国入侵以来，成为欧洲政治高度关注的国家，因此这个职位具有……很高的公共重要性"。[60] 这个直到最近还让英国人难以理解的地中海东部的鲜为人知的角落，这个英国或多或少乐于见到其贸易被法国和地中海其他国家所控制的国家，如今被认为对英国的贸易和战略利益至关重要。

自 1798 年以来，埃及另一个方面的声望也在英国迅速飙升。如今在大英博物馆的汤利美术馆昂然展示的埃及文物，在大众的眼中赢得了一席之地。索尔特动身前往埃及前不久，与约瑟夫·班克斯爵士会晤了一次。班克斯以其大英博物馆理事的身份鼓励索尔特为博物馆搜罗文物。[61]（但他们讨论的具体细节未能记录下来，这个失误在索尔特后来的职业生涯中一直困扰着他。）索尔特在接受外交指令后旋即收到外交部转来的古文物学会的请求，要他寻找"据传落在圣朱利安堡 [①] 废墟上的罗塞塔石碑的其余碎片"。索尔特被告知，"无论成功还是失败，工作的费用……均由一个开明的国度给予最愉快的支持，这个国家急于领先对手，履行对文学和科学的最大利益"。[62]

索尔特很快就准备动身了。1815 年 7 月，他前往伯明翰（在那里向一位"T 小姐"求爱，但以失败告终），并花了外交部 150 英镑为埃及官员购买外交礼物："两对土耳其手枪"，各种宝石，"4161 号银质咖啡罐"，还有一个镀银的面包篮子。[63] 他随后去斯塔福德郡（Staffordshire）与瓦伦西亚勋爵道别，后者是特地从爱尔兰赶来给他送行的。"一想到我们可能要分别多长时间，以及此生或许再也不会相见，"瓦伦西亚悲哀地写道，"我们结交多年，我无法想象你临走前会

---

① 圣朱利安堡（Fort St. Julian），1799 年法军占领尼罗河左岸罗塞塔附近一座年久失修的 15 世纪堡垒，并以拿破仑的一位副官托马·普罗斯珀·朱利安的姓氏将其命名为圣朱利安堡。罗塞塔石碑正是在这次改建中发现的。

不来看我。……"[64] 会晤也让索尔特有机会得知瓦伦西亚所有"关于文物等等你希望我在埃及为你购买之物品的愿望"。[65] "如果有任何阿比西尼亚物品,你现在不想要了,"瓦伦西亚补充道,"我会考虑将它们作为珍贵的物品补充进我的家族博物馆。"那座博物馆在他阿利庄园(Arley Hall)的家里。[66]

就这样,1815 年 8 月,亨利·索尔特带着双重任务从布赖顿(Brighton)出航了。作为领事,他要在埃及谋求英国的政治利益,对抗法国从未间断的任何阴谋。他还受委托搜罗文物,既要丰富大英博物馆的国家收藏,也要代表他自己的赞助人,那些训练有素、懂得欣赏这些文物的富裕贵族。这个官方与私人之间、政治与文化之间的灰色地带,在他以前曾被埃尔金勋爵所占据;并且和埃尔金一样,索尔特也会与这种模棱两可发生冲突。他也会发现,与他身为领事的政治角色相比,他的文化使命会让他陷入与德罗韦蒂和法国人更残酷的冲突中。

但此时他还沉湎于自己的新职位。索尔特途经法国前往埃及,正好赶上目睹 1801 年英法投降条约第 16 条以某种方式重演:再次没收法国所掠夺的财物,这次的规模更大。滑铁卢战役刚过去三个月,英国人在他们最可怕的敌人的土地上扬扬得意、明目张胆地出尽风头。索尔特心满意足地想到,作为一个英国人,作为一个要人,并且身处法国,这是个多么美好的时刻啊!部分归功于他的新职位,他才得以与海军上将悉尼·史密斯爵士等显贵并肩同行，甚至还曾短暂地与威灵顿公爵本人会面。但他在巴黎的短暂逗留中最值得记忆的一刻，或许是参观卢浮宫。

索尔特在艺术界的很多师友都在 1802 年拥向巴黎，去欣赏拿破仑抢来的欧陆艺术作品。如今，根据英国及其盟友给法国规定的和平条款，全部战利品都要归还原国。索尔特在一封给瓦伦西亚的信中幸灾乐祸地写道：

> 没有什么能像从卢浮宫把油画和雕像拿走更让法国人悲痛欲绝的了。这种极为合理和明智的举措让部分邪恶的民众勃然大怒，因为它立刻就在世人面前贬低了他们的自尊，还会成为他们落败的永久证明。

观景殿的阿波罗、拉奥孔、美第奇的维纳斯①、佛兰德人的油画、来自普鲁士和维也纳的成百上千件艺术作品、圣马可之马②——"从放置它们的那座拙劣的凯

---

① 美第奇的维纳斯（Venus de Medici），希腊爱神阿芙洛狄忒式的一尊希腊风格大理石雕塑。现存雕塑是原希腊青铜塑像的大理石复制品，大约在公元前 1 世纪制作于雅典。

② 圣马可之马（horses of San Marco），一组古希腊鎏金铜驷马雕像，原是驷马双轮战车雕塑的一部分，从 13 世纪起一直放在威尼斯圣马可大教堂里面。1797 年，拿破仑强行将马从威尼斯搬到巴黎，放在卡鲁索凯旋门。1815 年，骏马回到威尼斯圣马可大教堂。直到 1980 年代初由于空气污染而改用复制品代替，原件在教堂内部展出。

旋门上把它们拿下来，真是一种仁慈"——都归还给了原来的主人。[67] 这实际上就是收藏帝国的反向做法：卢浮宫收藏的解体强化了拿破仑帝国的崩溃，正如纳粹掠夺的艺术品在二战后纷纷被送回本国一样。"我离开巴黎时，破坏的工作行将结束"，索尔特总结道，但"法国（以及英国）幸运的是，正如我相当恶意地对一位法国画家所说的那样，他们依然拥有大卫 ① 的宏伟作品来抚慰他们的损失"。[68]

作为曾经的艺术家，索尔特当然对这些作品的命运特别感兴趣。但他不可能猜到，腾空卢浮宫与他自己的人生会有多密切的关系。因为正是为了填补这些空虚的美术馆，法国才会再次转向埃及，转向如同国家复兴一般带来荣誉与喝彩的文物收藏。数周之内，亨利·索尔特就会就哪个国家拥有更好的收藏，以及由谁来提供，与贝尔纳迪诺·德罗韦蒂交战了。

① 指雅克-路易·大卫（Jacques-Louis David，1748~1825），法国画家，新古典主义画派的奠基人和杰出代表，他在 1780 年代绘成的一系列历史画标志着当代艺术由洛可可风格向古典主义的转变。他除去在艺术领域的建树之外，还是罗伯斯庇尔的朋友、雅各宾派的一员，活跃于法国大革命之中。罗伯斯庇尔失势之后，他又投靠了拿破仑。

第八章　搬运

I. 同党

亨利·索尔特在1816年3月抵达亚历山大港。对历经磨难的米塞特上校来说，他的到来是一种真正的解脱。上校在不宜居住的气候里长期工作，"健康受到了很大损耗，以至于四肢都无法动弹"。[1]即将卸任的领事近乎完全瘫痪，只能缩在轮椅上忍受着可怕的痛苦。与此同时，新任领事索尔特精力旺盛地南下开罗，在6月初首次正式会晤了穆罕默德·阿里。索尔特上一次见帕夏是在1806年局势动荡的日子里，当时内战肆虐埃及，英法两国都怀疑对方正在计划入侵。如今两人再次相见，世界已经变了。

穆罕默德·阿里帕夏起初因为强大的马穆鲁克派系（比如阿勒菲贝伊所领导的）发起的挑战而情势危急，如今已是埃及的最高统治者。1811年，他一举巩固了自己的权力，做法既决绝果断又相当卑鄙：他貌似出于善意，要求所有的马穆鲁克领袖——与他争权的对手们，有时又是公开的敌人——来开罗要塞参加他一个儿子的婚礼。这座要塞与大多数宏大堡垒一样位于安全的山顶，只有少数几个可以轻易封锁的入口，当然出口也一样。婚礼结束后，贝伊和卡谢夫（即省级行政官员）们开始迂回走出要塞，帕夏却封锁了出口，把他们困在院子里。重重包围的军队将他们杀得一个不剩。（德罗韦蒂和其他人一样，对这种背信弃义大感震惊；但曾经面对过强大的耶尼切里军团①反对的苏丹马哈茂德二世（Mahmud II），却对穆罕默德·阿里面对内乱的这种勇敢而果断的做法表示了祝贺。）²

穆罕默德·阿里以这种方式消灭了埃及境内的对手后，开始向外扩张影响力。他的第一次海外冒险是在奥斯曼治下阿拉伯半岛的汉志（Hijaz）省。1803年，"清教徒式的"穆斯林神职人员穆罕默德·伊本·阿布德·瓦哈卜②的信徒们占领了麦加和麦地那两座圣城，他们赶走奥斯曼当局，建立自己的政权，并打出"原教旨主义"宗教解释的旗

---

① 耶尼切里军团（Janissary corps），又称土耳其新军或苏丹亲兵，是奥斯曼土耳其帝国的常备军队与苏丹侍卫的统称。

② 穆罕默德·伊本·阿布德·瓦哈卜（Muhammad ibn' abd al-Wahhab，1703~1792），中阿拉伯半岛汉志的宗教领袖、神学家，是如今被称作瓦哈比派的伊斯兰教派创始人。

号。（一个世纪后，瓦哈比派[①]在此地复活，并成为今日沙特阿拉伯的国教教义。）苏丹命令穆罕默德·阿里帕夏作为其附庸国，镇压叛乱的瓦哈比派并为哈里发帝国收复圣城。穆罕默德·阿里起初迟疑不前，但随后认定这是扩大势力的机会。入侵汉志是穆罕默德·阿里及其儿子们第一次在中东各地征战。尽管起初表面上是代表苏丹作战的，实际上，穆罕默德·阿里却力求建立帝国内的帝国，而让奥斯曼负责大部分的开销。1831 年，他的儿子易卜拉欣大举入侵叙利亚，并继而进军穿过安纳托利亚（Anatolia），几乎打到君士坦丁堡的郊外。从 1822 年起，穆罕默德·阿里便占领了苏丹，并曾短暂地企图组建与东印度公司的印度土兵军队类似的苏丹黑人民兵军队。他还希望在红海开启自己与印度的贸易，并在与索尔特领事首次正式会晤时提起了这个话题。[3]

1816 年索尔特回到埃及时，穆罕默德·阿里也开始了一系列的国内项目，计划在埃及实现类似于欧洲的"现代化"。他积极致力于开发埃及的农业潜力、工业生产，并发展教育、医疗和军事制度。主要

---

① 瓦哈比派（Wahhabism），又称瓦哈比运动，是兴起于 18 世纪中期的原教旨主义伊斯兰教逊尼派的一脉，以首倡者穆罕默德·伊本·阿布德·瓦哈卜而得名。但其信徒一般自称为"认主独一者"，意即称自己为唯一真神的信徒。

的措施包括建造连接地中海和尼罗河的马赫穆迪亚运河（Mahmudiyya Canal）；开设大量学校、医院，以及发行第一份阿拉伯语报纸；以及（1820年）在埃及引进并广泛种植了长纤维的朱梅尔①棉，到1823年，该作物便年产逾1600万磅。[4]为了达到这些目的，帕夏急需各类欧洲顾问，特别是法国人。（但他绝对更偏好意大利的医生。）就像索尔特在1816年报告的那样，"每天都有新的欧洲冒险家拥进这个国度"。[5]与上一代的阿萨夫·乌德－达乌拉一样，穆罕默德·阿里治下的埃及像磁铁一样吸引着寻找工作和新生活的欧洲人。

在这三个方面——赢得最高权力和埃及的自治，为建立埃及帝国而在中东征战，埃及及其军队的"现代化"——穆罕默德·阿里帕夏无疑是他那个时代最具创新和能力的领袖之一。索尔特在1816年与帕夏再次会面后不久，便傲慢地判断他是个"聪明人，并且作为一个土耳其人，他品格非凡，如果不是被他周围的偏见所阻碍的话，我们很快就会看到埃及的样貌会大为改观"。[6]在某个层面上来说，这个评价属于东方通经典的屈尊俯就；但在另一个层面上，它表明索尔特和很多欧洲人一样欣赏穆罕默德·阿里，承认他

---

① 路易·亚历克西斯·朱梅尔（Louis Alexis Jumel，1785~1823），法国实业家，他以自己的姓氏命名了一种在1817年面世的长纤维棉花。

是个极其不落俗套的统治者，几乎不像是个东方人。帕夏绝非欧洲政府或其代表期待庇护的那种卑微小国的平庸之辈。他（至少在此时）是个需要结交和尊重的人物。此外，作为在相当缺乏适应性的奥斯曼帝国之内崛起扩张的一个近乎自治的国家，埃及让相关的欧洲外交官越来越担心起来，觉得它的力量有可能会打破帝国的稳定。欧洲外交官们既要支持埃及及其西化的统治者，又要以保持奥斯曼帝国的完整为目标，他们始终必须在这两者间确保平衡。1840年，英国和其他欧洲列强采取行动维护奥斯曼帝国，剥夺了穆罕默德·阿里的大部分占领地，并削减了他的军队规模时，他不幸沦为自身成功的受害者。但当时他是欧洲——特别是英法两国——关照的受益者，两国都热衷于支持他的现代化计划，并渴望在滑铁卢战役之后的世界里赢得他这个盟友。

自从1806年索尔特首次到访埃及以来，英法两国在那里的相对地位也发生了变化。尽管法国的影响力一度明显占优（特别是在1807年英国战败后），但索尔特如今惊喜地报告说："法国的影响处于低潮，而英国人骄傲地处于主导地位。"[7]诚然，在索尔特写报告时，他的话或许在世上的每一个角落都适用。滑铁卢战役六个星期后，拿破仑被流放到东印度公司在圣赫勒拿岛的殖民地。在法国，波旁王朝复辟了，国王路易十八（被砍头的路易十六的弟弟）被安排登基。

国际上，对于泛欧乃至囊括全世界的法兰西帝国的恐惧在短短几年前还那般明显，如今却烟消云散。当然，迫在眉睫的法国入侵埃及也一样灰飞烟灭了。德罗韦蒂和法国人社区也把革命时期的三色旗换成了如今成为国家象征的波旁白旗，尽职尽责地标示了波旁复辟。但（据米塞特上校说）他们在内心深处"曾经深情地希望看到这个国家被交由法国统治，但某个事件毁掉了这些希望，（他们）对此深感遗憾"。[8]

拿破仑的落败对贝尔纳迪诺·德罗韦蒂个人产生了特别的影响。与每一次政权更迭一样，波旁王朝复辟也牵涉到行政人员的重大变更。在包括领事人员在内的整个政府里，波拿巴派都被清洗一空，代之以同情（至少是愿意容忍）新国王之人。德罗韦蒂的整个职业生涯都是在拿破仑的官僚体制下度过的，他被立即解雇并勒令到巴黎去。他咬牙接受了自己被免职的事实，并承诺："我要在最后这段日子里尽职尽责，以此来证明自己无罪……并以我为法国服务时始终如一的热情和忠诚来自勉。……"[9]他坚守岗位，直到接替者——职业外交官鲁塞尔（Roussel）和泰德纳（Thédenat）——赴职后，才按照指示交接了领事馆的管理。[10]但德罗韦蒂拒绝受命离开埃及，亨利·索尔特很快就明白这将造成怎样的后果。

法国新领事们住在亚历山大港，索尔特自夸道："这让在开罗的我成了本领域无可争议的大师。"[11]就赢得英国对帕夏的影响而言或许的确如此，这是索尔特受命的第一部分。（穆罕默德·阿里就在开罗，索尔特可以随时求见他。）但至于他的第二部分使命，即搜罗文物，索尔特很快就发现天平完全倒向了另一侧。他几乎在甫一上任时便开始寻找文物了，但可选择的严重不足。原来是因为"前任法国领事德罗韦蒂先生在上埃及买进了全部的文物，完成了他在几年前便已筹划好了的收藏"。谈到文物，贝尔纳迪诺·德罗韦蒂才是该领域无可争议的大师。

自从 1811 年和布坦一起对上埃及进行了首次重要访问之后，德罗韦蒂每年都去尼罗河旅行，还雇用欧洲代理人代表他去挖掘。他是第一个在那里不断挖掘的人，尽管在埃及的挖掘仍然远远算不上"科学"的工作，但那里的发现本身却十分惊人。德罗韦蒂的发现被带去开罗，1816 年索尔特到来之时，他的藏品数量已经十分庞大了。他从未明确表示过自己为何开始挖掘和收藏，但我们可以举出两个动机。他显然知道埃及文物在 1798 年之后的世界里的文化和社会价值，并且作为一个波拿巴党人，大概对此还特别欣赏。文物可以为他赢得声望，还可能获得升迁。此外，代表法国搜罗文物或许可以让他——一个皮埃蒙特人，因而属于法国的外人——展示自己对法国的忠诚。第二个动机显然是有利可图。《埃及记述》或德农的《游记》这样的书，大英博物馆里的埃及文物，以及装饰艺术一类的埃及图案都在整个欧洲掀起了对埃及文物的兴趣（美国在某种程度上也是如此，不过严肃的美国收藏在 1840 年代才真正开始）。博物馆和私人收藏家越来越渴望获得这种文物，这意味着搜罗文物是个极佳的现金来源。

德罗韦蒂担任领事期间，收藏只会消耗他的部分精力。如今他失业了，那就变成了他存在的理由。十几年来，他和罗西纳以及他们的儿子都生活在埃及。他有时会说要收拾起藏品搬回法国，却总是回心转意。德罗韦蒂显然不信任波旁王朝的法国，那个解雇了他的国家。但"他从不怀疑自己与帕夏的友谊"，他们长期以来一直亲密无间。德罗韦蒂还很欣赏穆罕默德·阿里最亲近的顾问博戈·贝（Boghos Bey Yousefian）的坚定支持，后者显然认为德罗韦蒂起初把他介绍给帕夏，对他有知遇之恩。"没有谁比他更了解埃及了，"德罗韦蒂的继任者鲁塞尔（总的来说，他对德罗韦蒂这个在埃及显然最有影响力的"法国人"相当顾忌）评论道，"他简直就是这个国家的活字典……"[12]

1816 年底，索尔特去参观德罗韦蒂在开罗的收藏。他发现那些收藏"包罗各种新奇的物品，其中一些价值连城"。"全部藏品都有意出售……（并且）我猜总价不会低于三四千英镑。"[13]（根据零售商品的通货膨胀率，该金额相当于如今的大约 200000 英镑。）

尽管价格昂贵，但这批收藏却对索尔特有着强烈的吸引力。他急于实现约瑟夫·班克斯爵士的愿望，并为英国采购文物，因而"试图劝说（德罗韦蒂）向大英博物馆开价"。（虽然他"不清楚"博物馆"是否有足够的钱买下它们"。）[14] 如果德罗韦蒂的文物能去伦敦，它们就会让大英博物馆的埃及藏品成为迄今欧洲最庞大的收藏。当然，这属于最高级别的投机钻营（arrivisme）了：1801 年之前，英国在埃及及其文物上几乎没花什么心思，如今却想一举得到法国代理人苦心经营多年的事业（就像此前没收学者们的文物一样）。但这对于德罗韦蒂和索尔特个人来说也会是个尽善尽美的安排：索尔特完成了他的社交和文化使命，而德罗韦蒂也收到了钱。

德罗韦蒂和助手们

有那么短暂的一刻，两个人以及他们各自服务的两个敌对国家之间似乎情投意合。但那正是问题所在。这不仅事关金钱，也关乎个人与国家的声誉。德罗韦蒂无意让他的文物像以前的罗塞塔石碑那样，落入大英博物馆之手。据曾在 1817 年访问过埃及的卢浮宫负责人福尔班伯爵（Comte de Forbin）说，德罗韦蒂"最热切的愿望……就是（用他的藏品来）布置巴黎的博物馆"。正是"因为这个愿望，他才不断拒绝出售那些藏品，不理睬向他提出的那些极高的报价"。[15] 德罗韦蒂直截了当地拒绝了索尔特请求他把收藏卖给英国的提议。如果英国想要埃及的文物，那么索尔特就该自己去挖掘。

因此，在索尔特抵达埃及后的短短数月之内，两人之间延续十年的竞赛舞台便已准备就绪了。在某个层面上来说，索尔特和德罗韦蒂两人不和似乎是个很奇怪的事。毕竟，正像鲁塞尔领事所说，德罗韦蒂的"文物品味似乎与索尔特先生十分一致……后者也有同样的爱好，被伦敦的文物收藏家赋予全权，要他不惜任何代价收购埃及的古文物"。但他以明显的惊讶口吻说，两人并未因文物而结缘，"德罗韦蒂先生想打击他。结果便是相互敌视与仇恨"。[16] 德罗韦蒂如何负担得起"与索尔特先生之间为了文物而进行的耗资巨大的战斗"，对于鲁塞尔来说是一个谜。[17]

然而，一定正是两人的一致爱好，才让他们的争斗如此激烈。和很多帝国收藏家一样，索尔特和德罗韦蒂都是急于求成的边缘人物。他们对新出现的国家利益的执着追求,演变成在一个更广阔的领域里追求自我提升的过程。德罗韦蒂并非生而为法国人;由于波旁王朝复辟,他如今又是个政治上的外人了。如果他想重返政府工作,就不得不竭力巴结新政权,更不用说获得更多的荣耀和更高的地位了。至于索尔特,自从他少时第一次到伦敦开始,就一路奋力挣扎,从普通的外省中产阶级往上爬,渴望加入贵族和行家的迷人世界。担任领事的职务后,他达到了到那时为止的最高点,并为利用新的职位继续爬到顶端做好了充分的准备。就算欧陆已进入和平时期,埃及却聚集了另一种英法战争的各种元素:英法之间在一个崭露头角的东方国家建立非正式帝国的竞争,以及两个边缘人物为了地位、认可和金钱的较量。

事态愈发紧张。1816 年夏,新的代理人卷入了国家与个人野心的旋涡。他名叫詹巴蒂斯塔·贝尔佐尼,是另一个想要再造自我的边缘人物。贝尔佐尼将把挖掘和运出埃及文物提升到一个新的水平。他还会把英法之间的紧张关系变成厚颜无耻的公开冲突。

II. 爱国者

马耳他岛如此渺小,在欧洲地图上几乎都看不清楚,这里似乎是个神秘僻静之地。岛上的瓦莱塔天然港口被高耸的石墙与大海隔开。但这座岛也是个天然的战略要地，就连马耳他语这种受意大利语严重影响的阿拉伯语，也能证明这一点。马耳他岛位于北非与欧洲之间，是旅客和候鸟的中转站。1814 年晚秋，有不少流浪汉在瓦莱塔街头闲逛，其中就有出生于帕多瓦（Padua）、现年 36 岁的詹巴蒂斯塔·贝尔佐尼。他无所事事，前途渺茫。[18]

贝尔佐尼鹤立鸡群，因为他有一个明显的特征：他是个巨人。他身高约有六英尺八英寸①，就算按照今天的标准看也格外高大，加之胸膛开阔，体格魁梧，强壮到足以举起十个人。首先吸引到埃及海军上将伊斯梅尔·直布罗陀（Ismael Gibraltar）目光的，一定是贝尔佐尼硕大的身形。伊斯梅尔是来马耳他招募欧洲技工为穆罕默德·阿里帕夏工作的。四海为家的无业游民贝尔佐尼很高兴能被招募。他告诉伊斯梅尔，说他精通水力学，可以为帕夏设计水车，改善农业灌溉。伊斯梅尔正式承诺给予贝尔佐尼一份工作，1815 年 5月（就在亨利·索尔特为了领事的职位而四处游说之时），贝尔佐尼和他的妻子出发前往亚历山大港。[19]

贝尔佐尼介绍自己是个"水力工程师"，这最多不过是他想象出来的说法。实际上，剃头匠之子贝尔佐尼 18 岁以后就在欧洲四处干零活。1796 年法国入侵他的祖国意大利后，他有七年时间在欧陆到处游

---

① 约合两米。

荡，后来又在 1803 年《亚眠合约》期间越过海峡去了英国。他仗着自己的魁伟体格，在那里尝试了另一种新的职业：哑剧演员和流动露天游乐场的表演者。贝尔佐尼人称"巴塔哥尼亚的参孙"，表演了各种力量技艺，比如用特制的铁马具扛着 11 个人在舞台上走上走下。[20]他跟着游乐场剧团走遍了大半个英国，也在伦敦的萨德勒之井剧院（Sadler's Wells Theatre）定期参演。他正是在那里通过帮助剧院管理层创造了"真水"的舞台效果，再现了美国革命期间西班牙人的直布罗陀围城大战，才获得所谓的"水力工程"经验的。

身着东方服饰的詹巴蒂斯塔·贝尔佐尼

贝尔佐尼的早期生涯，为一窥战时欧洲普通百姓的生活提供了难得的机会：很多平民跨越国界去寻找工作，逃离战争。转到英国对贝尔佐尼未来的旅行和身份产生了决定性的影响。从那时起，他在英国妻子萨拉的陪伴下，主要在可以被称作英国的影响范围内周游。[21]（他们没有孩子，"也不想有"，贝尔佐尼后来写道，"因为孩子会彻底妨碍我的旅行"；不过从 1810 年开始，一个名叫詹姆斯·柯廷［James Curtin］的"爱尔兰小伙子"作为打杂的仆人跟随他们一同旅行。）[22] 1812 年，贝尔佐尼前往英国的盟国葡萄牙；1813 年，贝尔佐尼夫妇来到刚刚被英国人解放了的马德里；当他们在 1814 年抵达马耳他时，那里已经根据《巴黎条约》被正式确立为英国的殖民地。但说到底正是在埃及，贝尔佐尼才明确地对他的入籍国有了归属感。

贝尔佐尼夫妇是在 1815 年的瘟疫季节到达埃及的，他们留在法国人聚居区（*okel*）里，一直等到疫情结束才前往开罗，博戈·贝在那里把他们安排在布拉格 ① 一幢快散架的木头房子里。整整一年以后，贝尔佐尼才有机会为穆罕默德·阿里帕夏展示他的牛拉水车。设计看来是成功的，但展示却不尽如人意。"如同儿戏。"帕夏希望看到的是人力驱动的水车，而不是用牛；在尝试时，年轻的詹姆斯·柯廷被抛到地

---

① 布拉格（Bulaq），埃及开罗的一个区，毗邻开罗市中心、埃兹贝基亚区和尼罗河。

上，摔断了胯骨。贝尔佐尼企图进入水力工程领域的尝试就这样受到了诅咒。"所有这一切都是因为我被帕夏置之脑后了。……"[23]贝尔佐尼突然间发觉自己身处一个陌生的国度，一文不名，也没有工作，尽管他不是第一次面对这样的窘境了。他将以全新的化身摆脱这种困境：假装成来自英国的冒险家。

最终，另一位归化的英国人、出生于瑞士的探险家让-路易（或"约翰·刘易斯"）·布尔克哈特[①]向贝尔佐尼伸出了援手。虽然布尔克哈特年仅 31 岁，却早已跻身无畏的东方旅行家的名流中了。他伪装成名叫"谢赫·易卜拉欣"的穆斯林，是在如今的约旦南部邂逅古城佩特拉（Petra）的第一个欧洲人，那座城像魔法王国一样出现在粉红色岩石狭谷的尽头。1816 年 6 月，布尔克哈特在逾两年的旅行后刚刚回到开罗，那次旅行中，他向南行至努比亚（Nubia），在那里发现了阿布辛拜勒神庙（Temple of Abu Simbel）；然后又横穿红海到达阿拉伯半岛，成功完成了麦加朝圣。布尔克哈特在沿尼罗河北上的途中，曾在卢克索的拉美西姆祭庙（Ramesseum，拉美西斯二世停尸之处）被他看到的一个陷在沙子里的巨

---

① 让-路易·布尔克哈特（Jean-Louis Burckhardt，1784~1817），又名约翰·路德维希·布尔克哈特（Johann Ludwig Burckhardt），瑞士旅行家、地理学家和东方通，以重新发现了约旦的纳巴泰王国古城佩特拉而闻名。

石半身像迷住了。这个雕像被称作"年轻的门农",也深受法国学者们的欣赏,他们企图搬走它但失败了,只在它的胸膛上留下一个大洞。布尔克哈特想,如果英国人能宣称拥有这座雕像,那该是怎样的辉煌之举啊!贝尔佐尼本人几乎也是块巨石,有着无穷的精力,显然还足智多谋,这一切让布尔克哈特认为贝尔佐尼正是尝试这项工作的不二之选。[24]

　　布尔克哈特和贝尔佐尼在制订计划时,亨利·索尔特来到了开罗。布尔克哈特和索尔特在伦敦时便已相识,他们两都是非洲协会的会员,也有很多共同的朋友。(索尔特实际上对比他小四岁却更有名也更受人崇拜的"谢赫·易卜拉欣"相当嫉妒。)布尔克哈特建议大家把资源合在一处,雇用贝尔佐尼来搬运"年轻的门农",把这座半身像送给大英博物馆。索尔特立即同意了。"这真是天赐的好事啊!"布尔克哈特把他介绍给贝尔佐尼时,他欢呼道。1816年6月28日,两人交给贝尔佐尼一份搬运头像的书面指示。[25]索尔特还给了他"大约1000皮阿斯特(约合25英镑),让他挖掘并单独为他(索尔特先生)购买文物"。[26]

　　这份协议开启了两人在埃及收藏文物的生涯。索尔特为大英博物馆获得了一件珍贵的藏品,还得到了一个以他的名义挖掘和采购的代理人。贝尔佐尼不仅得到一份急需的工作,还得到了更多的东西。对于贝尔佐尼来说,与索尔特的协议标志着爱国任务和个人使命的开始。"我正在做文物研究，那些文物将会安置在大英博物馆。"他自豪地说道。27 两人都不知道的是，两人看来和谐的业务关系后来却将以争吵和公开指责来结束。

贝尔佐尼后来写道，在接下来的三年里，"我的固定工作就是寻找文物"。他被文物迷住了，浑身充满了"热情……这种热情可以追溯到我年轻时在罗马的时候"。28 他在寻找和搬运文物方面也格外走运。布尔克哈特对贝尔佐尼的天分估计得没错。1816~1819 年，贝尔佐尼成功地设法打开了黄沙淤塞的阿布辛拜勒神庙，发现了帝王谷中法老塞提一世（Seti I）装饰华丽的陵墓，还找到了吉萨第二座金字塔入口的准确位置。除了把"年轻的门农"海运到伦敦之外，贝尔佐尼还负责搬移和运出了如今英国的某些最大也最有名的埃及文物，其中包括塞提一世的雪花石膏石棺，这具石棺如今安放在伦敦的约翰·索恩爵士博物馆的地下室里，还有阿蒙霍特普三世巨大的红色花岗岩头像和手臂，与"年轻的门农"一起陈列在大英博物馆内。

贝尔佐尼在《埃及与努比亚的金字塔、神庙、陵墓与挖掘行动及近期发现大事记》（*Narrative of the Operations and Recent Discoveries in the Pyramids, Temples, Tombs, and Excavations, in Egypt and Nubia…*，1820）一书中描述了他的冒险经历，该书在三年里印刷了三次。他的功业如今读来仍像首次出版时一样动人心魄，当时的英国民众非常喜欢冒

险和考察的故事。但正如贝尔佐尼所述，在埃及搜罗
文物的故事绝非普通的异国游记。这是一部战争纪事：
与德罗韦蒂和法国的战争。

　　从他在 1816 年沿着尼罗河北上旅行的最初那些日
子起——当时有人威胁他说"不要染指这桩生意，因
为我会遇上很多糟心事，还会碰到很多障碍"——直
到 1819 年他在埃及的最后几周与德罗韦蒂的两个亲
信打一场毫无结果的法律诉讼为止，贝尔佐尼动辄便
会感受到法国妨碍他的黑暗势力。在挖掘现场，法国
代理人企图夺走他的最佳挖掘地点，干扰他的补给
和运输，甚至破坏他的发现，打伤他的手下。埃及政
府官员收受了法国代理人的贿赂，拒绝向他发放许可
证。这个卑鄙圈子的头目就是贝尔纳迪诺·德罗韦
蒂，贝尔佐尼初到埃及时曾向他申请资助，但在四年
后离开埃及时对此人却只剩下了诅咒。[29] 实际上，贝
尔佐尼在整本书里的反法论调如此执着，让读者不得
不怀疑他是在爱国情怀或偏执狂的心态下采取行动
的。他在多大程度上有意断章取义地叙述"法国的"
邪恶行为，来迎合英国的读者，也是一个悬而未决的
问题。[30] 但他的意思本身已足够清楚。他搜罗的每一
件文物都是一个胜利的奖杯：战胜了时间，战胜了阳
光与黄沙，战胜了埃及人，尤其是战胜了法国。

　　"年轻的门农"就是一个很好的例子。贝尔佐尼就
像布尔克哈特描述过的那般，在拉美西姆祭庙的废墟

上找到了这座半身像，斜插在它破碎的"身体和椅子的残余物"旁边的黄沙里，"它的脸朝上，显然在对我微笑，想到自己就要被带去英国了"。[31] 花岗岩头像有大约 9 英尺高，重达 11 吨，想到搬运它的办法就绝非易事。贝尔佐尼成功地把这块巨石抬高到一个滚动的平台上，并由一队工人艰难地以每天数百码的速度将其拖向河边。1816 年 10 月，正好利用上尼罗河的季节性涨落，半身像被安置在河岸上，随时可以出发前往开罗了。贝尔佐尼因为如此快速地完成了这项工作而暗自庆幸。

但"德（罗韦蒂）先生的两个法国代理人"，也就是德罗韦蒂的主要代理人、马赛人让－雅克·里福（Jean-Jacques Rifaud），以及一个名叫弗雷德里克·卡约（Frédéric Cailliaud）的矿物学家，却很不高兴。"一看到那座头像，"贝尔佐尼说，"他们就明确表示……法国入侵者之所以没有拿走它，是因为他们认为这不值得拿！"贝尔佐尼说他们的尼斯人向导约瑟夫·罗西尼亚纳（Joseph Rossignana）是"一个法国叛徒，他对我说，如果我还坚持自己的研究，就割喉自尽算了"。法国人显然还跟村民们说，"如果他们把任何一件文物卖给英国人"，法国人就会让卡谢夫（地方官员）"把他们痛揍一顿"。[32] 尽管他们诡计多端，贝尔佐尼还是通过"两小瓶凤尾鱼和两小瓶橄榄"的礼物，得到了卡谢夫的许可，在 11 月中旬把这座半身像装船。[33]

搬运"年轻的门农"

一个月后,"年轻的门农"与贝尔佐尼一家一同抵达开罗,历史学家贾巴尔蒂随布尔克哈特("西迪·易卜拉欣·迈赫迪·因克利齐")一同前往索尔特家去看它。贝尔佐尼随后陪伴着它继续前往亚历山大港,从那里装船运往英国。[34]"在埃及的英国人对于……把这座头像从卢克索运到亚历山大港来非常重视,"法国领事鲁塞尔发牢骚说,"他们说,法国军队做不到的事情,我们(自夸的英国人)资助的单枪匹马一个人便可完成。"[35]英国在亚历山大港的商业领袖塞缪尔·布里格斯(Samuel Briggs)"看到埃及艺术最精美的纪念物之一随时可以装船运往他的祖国时,感受到了作为一个真正的英国人的快乐"。[36]索尔特同样欣喜非常。贝尔佐尼的"伟大天赋和在力学上非同寻常的天才",他写道,"使得他在底比斯和其他地方都获得了非凡的成功,发现了古迹中最珍稀的宝物……

并运用微不足道的手段搬运了庞大的碎片，而它们看来不证自明就让法军能干的随军工程师的努力付之东流"。[37]"年轻的门农"在 1817 年底装船，翌年在大英博物馆展出。[38]

这在任何一个方面都算得上是一场大胜，却只是贝尔佐尼在寻找文物方面屡屡战胜法国人的头一次而已。索尔特对贝尔佐尼的成功非常高兴，以至于"看到了'趁热打铁'（引用一句俗话）的必要性，全世界都开始寻找文物了，而德罗韦蒂已经雇用了好几位代理人，我成功地挽留贝尔佐尼再待上一年"。[39] 1817 年冬，贝尔佐尼再次出发前往卢克索。和以前一样，法国人还是紧追着他不放，他们"急行前往底比斯……到得比我们还早，并买下了阿拉伯人在上一季度积攒下来的全部东西；因此我们到来之时已无物可买"。[40] 就像淘金热时的申索人一样，双方都冲向卡纳克和卢克索的废墟，打桩标出最"明显藏有值得冒险挖掘的物品"的小块土地。争夺空间的竞赛如此激烈，以至于法国人和英国人在后期都会预先安排铺设草皮，"以便明白地指出"谁可以在哪里挖掘。[41]

这将是贝尔佐尼壮举和发现最多的一季。1817 年 10 月 16 日，"大概是我人生中最美好的（日子）之一"，他在帝王谷发现了塞提一世陵墓的入口。这座装饰华丽的陵墓已经有三千年了，但看上去"就像我们进去那天刚刚完工一样"。贝尔佐尼因为"发现了长期以来一直寻找却没找到的地方所带来的快乐，还向世界展示了一个全新而完美的埃及文物丰碑"而兴奋不已。在陵墓深处，他们发现了一口光滑细腻、晶莹剔透的雪花石膏石棺，"世上独一无二，让我们简直不知道该怎样把它运出去。……我对这件美丽的无价之宝一无所知，只能说迄今为止从埃及运到欧洲的一切都无法与之媲美"。[42] 这座陵墓如今仍被称作"贝尔佐尼之陵"，这一发现让贝尔佐尼不无公正地跻身于早期文物猎人之列，在某种意义上，也被认为是埃及学家。（德罗韦蒂的代理人里福也是如此，他挖掘了 12 年，并对那些文物进行了详细的绘图记录。）[43]

总的来说，这是英国人挖掘文物的一段美好时光。索尔特一直"力图从帕夏那里取得购买和出口古代雕像的独家权利"，1817 年底，帕夏授予他挖掘文物的"全权委托"（carte blanche）。[44] 英国人以"大量金钱和礼物"赢得了"阿拉伯人的喜爱"。（索尔特还向穆罕默德·阿里充足供应据说是他最喜爱的欧洲产品波尔多葡萄酒。）[45] 但冲突从未远离，因为"与此同时，德罗韦蒂先生坚持不懈地与埃及的这些新主人作斗争"，卢浮宫负责人福尔班如此评论道——贝尔佐尼很快也会感受到其后果。[46]

1816 年夏，贝尔佐尼沿尼罗河南下至第一瀑布，来到阿斯旺附近菲莱岛上迷人的托勒密神庙。在那里，他"以英王陛下驻开罗总领事的名义"，"占有"

了 16 个浮雕石墩和一座 22 英尺高的花岗岩方尖碑。他付钱给阿斯旺的阿迦①，派驻了一名卫兵看守那些文物，直到他带着一条足够大的船回来把它们运走。来年春，贝尔佐尼准时回到菲莱，准备带走那些石头。但等待着他的却是一个沉重的打击。石刻被"毁了，上以法语写着'行动失败'（opération manquée）"。幕后的黑手确定无疑：贝尔佐尼谴责了他们的破坏行为，在他搬运"年轻的门农"时，拦住去路的正是这法国三恶人。[47]

更糟的还在后面。索尔特曾答应过多塞特郡的绅士旅行家威廉·约翰·班克斯②，后者请求贝尔佐尼为他把菲莱方尖碑运到亚历山大港去。贝尔佐尼"高兴地接受了"这个工作，"我很高兴能有机会看到另一件文物被送往英国"，并在 1818 年 11 月第三次，也是最后一次回到菲莱去搬运方尖碑。但他刚一到场，一个老人就贸然上前搭讪，把一张纸塞到他脸前。那是德罗韦蒂的另一位代理人莱博洛（Lebolo）写的一张来意不善的便条，他声称这座方尖碑属于法国，绝不允许任何人搬走。莱博洛看来"耍花招"说服了当地人，让他们相信这件东西属于

① 阿迦（Aga），又写作 Agha，意为"主人""兄长""首领"，是对奥斯曼帝国文武百官长官的敬称。
② 威廉·约翰·班克斯（William John Bankes，1786~1855），英国政治家亨利·班克斯之子，重要的勘探者、埃及古物学家和冒险家。

他："他假装自己能读懂方尖碑上的象形文字，说上面写的是这座方尖碑属于德罗韦蒂先生的祖先；所以他有权拥有它。"随后，他贿赂当地的法官颁布了相关法令。[48] 幸运的是，贝尔佐尼也有现成的"礼物"：给阿斯旺的阿迦的一块金表。阿迦支持贝尔佐尼的主张。贝尔佐尼无视德罗韦蒂阵营的反对，把方尖碑装上船运回卢克索，在那里热火朝天的挖掘现场旁，就在法国人的"鼻子底下"把方尖碑包装了起来。[49]

贝尔佐尼在1818年的节礼日①回到卡纳克的挖掘现场，骑着驴走进神庙。"我们的对手和他们的指挥官德罗韦蒂先生都暂住在卡纳克废墟附近的一些泥坯房里"，贝尔佐尼说；他发现"德罗韦蒂先生的工人"正在他自己标记的几块空地上工作呢。贝尔佐尼感到事情不妙，却悄悄地骑驴穿过了废墟。莱博洛和罗西尼亚纳突然带着三十几个埃及人向他冲来。莱博洛抓住贝尔佐尼的驴缰绳，挥舞着一根大棍子，质问贝尔佐尼为何带走了菲莱方尖碑。贝尔佐尼的仆人被打翻在地，而"叛徒罗西尼亚纳离我不到四码远，像个暴徒一样愤怒地举着一支双管猎枪冲着我的胸膛，用恶棍能想得出的所有诅咒来骂我。……罗西尼亚纳用枪指着我的胸膛说，是时候要我偿还对他们做过的一切了"。此时，德罗韦蒂本人率着另一队埃及人出现了，

———————————

① 节礼日（Boxing Day），英国与大多数英联邦国家在12月26日（圣诞节翌日）庆祝的公众假期。

他"以不亚于其下属的恶劣语气，强烈要求我道出让他的手下人停止工作的理由或授权。……"仆人被打得倒在地上，几十个怀有敌意的人围着他，还有一支枪指着他的胸膛，就连贝尔佐尼这个巨人也为之战栗。[50]

最后，贝尔佐尼从这场混战中全身而退。他是被——"谁能想得到！"——卡纳克的埃及人救出来的："那些野蛮的阿拉伯人（我们就是这样称呼他们的）厌恶欧洲人的所作所为而代我干预。他们包围了叛徒罗西尼亚纳，他们认为他的行为非常蛮横卑鄙，别说欧洲人，就连最糟糕的阿拉伯人都干不出来。"但这次摩擦让贝尔佐尼也有些心灰意冷。他决定，文物不再值得他为之拼命了。他收集起最近的发现，与坚定的萨拉、惹麻烦的方尖碑，以及旧恨新仇一起顺河而下。他在亚历山大港起诉了莱博洛和罗西尼亚纳，但"法国领事……只是说这两个被告不是法国人，而是皮埃蒙特人，便结了案；如果我们想要赔偿，就得去都灵索赔"。[51]这简直是莫大的侮辱。

事已至此，詹巴蒂斯塔·贝尔佐尼在1819年谢天谢地地离开了埃及，"并不是我不喜欢那个我生活过的国家，恰恰相反，我理应对它心怀感恩；我对一般的土耳其人或埃及人也没什么抱怨，而是那个国家里的某些欧洲人，他们的所作所为和思维方式都让人性蒙羞"。[52]两年后，他还对那次受袭记忆犹新。"尽管自从企图杀死我以来，时间已经过去两年了，"他

给埃及的一个朋友（用他极其罕见的未经编辑加工的英语）写信说道，

> 我在回顾往事时仍然忍不住恐惧，也鄙视那些导致其发生之人，德罗韦蒂先生与我为敌并没有止于埃及，（他的）（支持者）甚至在巴黎也曾企图杀了我，虽然那本应取得成功，但他发现在巴黎，法律和正义的权利不像在亚历山大港那样容易被吓退。[53]

当然，法国领事坚称莱博洛和罗西尼亚纳"不是法国人"，突显出这场戏剧性事件的核心悖论。贝尔佐尼和德罗韦蒂两人的血管里也没有一滴英国或法国的血液。就像贝尔佐尼在他的著作第一页所说的，"我不是英国人"；而他也从没有切断自己与帕多瓦的家族和家庭的联系。然而他却以英国之名自豪地收集文物，1819年他带着文物返回的目的地也是英国。他对法国的敌意在在皆是，又因为与德罗韦蒂及其代理人的私仇而有所加强。但贝尔佐尼对英国宣誓效忠也使得他在意想不到的地方与敌人陷入冲突。贝尔佐尼的人生中还有一个对手，那个对手不是旁人，正是亨利·索尔特。

III. 再造自我的碰撞

毋庸置疑，亨利·索尔特早就开始装腔作势了。

作为英王陛下驻埃及领事，索尔特变成了一个有头有脸的人物。1817年春，他从父亲那里继承了5000英镑的遗产——相当于如今数十万英镑——这也让他成了一个有钱人。有什么比收藏文物更能炫耀他新得到的财富和他受人尊敬的职位呢？两位杰出的外交界绅士收藏家的榜样人物立即出现在脑海中：英国驻那不勒斯特使威廉·汉密尔顿爵士如饥似渴地收藏（并出售）了伊特鲁里亚花瓶和其他文物；当然还有臭名昭著的埃尔金勋爵，他利用与奥斯曼当局的外交筹码，获得了从帕特农神庙运走带饰雕刻"埃尔金石雕"的费明。

亨利·索尔特的敕令准许他挖掘和搜罗文物

1816 年底，索尔特"非常成功地"为瓦伦西亚勋爵收购了各种文物，"因此，我开春就要给您寄去一船我相信您从来没见过的这类物品"。（瓦伦西亚近来继承了其父的头衔蒙特诺伊斯伯爵，并从此被称作蒙特诺伊斯。）不过索尔特继续写道：

> 然而我必须通知您，我十分痴迷于应该还能在上埃及做些什么，以至于我觉得避免不了要自行收藏文物；但您可以来分得一大杯羹，并且，虽然我的收藏或许会让您的显得不那么独一无二，但如果我不要了，您可以拥有优先购买权，如果我死了，也会把它留给您。[54]

这是一份轻快的声明，实际上也的确表达了一种相当轻快的情绪：索尔特人在埃及，既有钱，又能找到文物，还有极大的社会抱负。他来埃及的本意是为国家和赞助人搜罗文物，如今却也开始为自己打算了。

但正如索尔特在一封信里暗示的那样，这份漫不经心的声明显然让蒙特诺伊斯伯爵大吃一惊。"您在信里说，我们谈到这个话题时，我没有通知您有关我意欲收藏之事，而您对此感到遗憾，并对此事大感失望，"索尔特戒备地脱口而出道，"但事实上我并无此意。自我到来之后所发生的事情让我觉得大有可为，我因此而试图做一个大胆的尝试——趁着德罗韦蒂还没有防备。""我之所以会产生收藏的想法,"他在信末附言中补充道,"是因为我发现这是在此地生存的唯一慰藉,这个社会着实令人不适。"此外,索尔特得知"领事们从来都没有养老金",而他希望"能收藏一些有价值的东西,如果我因为健康原因或有意归国而被迫离开埃及,这些收藏或许可以供我……在欧洲的某些僻静之处或角落里生活下去。……""如果我在(收藏)这方面走运的话,"他总结道,"您就会承认,哪怕和我最好的朋友相比,我也应该更有优势,这才合乎情理。"[55]

蒙特诺伊斯显然并不作如是观。在他们第一轮充满敌意的通信过了数月之后,索尔特仍在为自己的行动辩解:"您来信的内容让我很受伤害,因为(根据我的记忆)我从未作过任何承诺,只为您一个人搜罗文物,而仅仅是将此作为为您效劳的一个手段而已。"[56]的确,他坚称自己把最好的一切都寄给了蒙特诺伊斯,自己只保留了一些二流货色:

> 我认为这些东西的价值足以支付我当年的全部费用。我自忖完全有权这样做,您在上一批信件中的一封里也完全承认这一点……(我)相信您随后会声明放弃"您相信自己收到的只是些垃圾(糟粕?),那些值得收藏的落入我的收藏"这种看法,否则"我们就必须拔剑较量,分道扬

镳了”。[57]

听说索尔特为自己收藏的打算，为何会让蒙特诺伊斯如此不快地坐立不安呢？部分的答案大概就是贪婪。索尔特热情洋溢地报告他（或是他的代理人）在底比斯的伟大发现，让伯爵耿耿于怀，后者希望自己的收藏在英国是独一无二、无可匹敌的。还有部分原因无疑是出自势利。在蒙特诺伊斯看来，索尔特是他的助手，社会地位显然低于他，却有可能在收藏这个重要的文化竞技场上超过他，着实令人担忧。这个此前不过是他的受保护人的暴发户正打算加入绅士的行列。

蒙特诺伊斯并非唯一一个对索尔特僭越的有趣想法提出批评的人。住在那不勒斯的威廉·盖尔（William Gell）爵士——偶尔担任外交官和信使的一位著名的古文物学家——在1820年写了一首打油诗，巧妙而又不失残酷地讽刺了索尔特在社交上的矫揉造作。盖尔给他的诗取名为“盐水诗篇”：

如果你去埃及旅行，在尼罗河上被人看到
却没有带上给索尔特的信，那可大错特错。
但一定要拿出凭据来说，你前几天刚在旅客俱乐部碰上密友
鼎鼎大名的卡斯尔雷托你带话。
他一想到好家伙索尔特，替过去的法老统治

开罗，

　　就面露宽慰之色……

　　至于蒙特诺伊斯，最好一字不提——那种兴

趣不可能

　　赢得好感，也不太可能持续。

　　还要注意不要提及，一个字也不要提及绘画

　　除非你能让伟大的领事昏倒

　　如果你想逃过他的偷窃和搜刮

　　最好还是锁起你的画纸，藏好所有的素描

　　无论你做什么，都要趾高气扬地昂着头

　　不然就会着了索尔特的道。[58]

盖尔刻薄的歪诗表明，索尔特幻想自己是体面的英国
外交官和学者圈子的一员，而那个圈子的人又是如何
看待他的——就是含沙射影。盖尔本人从未去过埃及
（不过他认识索尔特，也和他通过信），但他把自己
的嘲讽传给了曾在 1820 年代到访过埃及的一些年轻
的英国绅士旅行家，以便这冷嘲热讽早日传到领事的
耳朵里。（这些人里比较出名的詹姆斯·伯顿［James
Burton］把《盐水诗篇》抄录在笔记本里。）

　　蒙特诺伊斯和盖尔等高高在上、对索尔特嗤之
以鼻的人，显然都对他渗透进精英收藏界感到坐立
不安（特别是因为他们本人所处的地位更接近于那
个圈子的边缘而非中心）。但谁都没有他自己的助

手、社会地位更低的詹巴蒂斯塔·贝尔佐尼更有理由
抱怨索尔特。两人之间的问题始于 1817 年，当时索
尔特与一位贵族贝尔莫尔伯爵萨默塞特·劳里 - 科里
（Somerset Lowry-Corry）一起，首次造访南方传说
中的神庙。（和蒙特诺伊斯一样，贝尔莫尔也是个爱
尔兰贵族，属于贵族中的边缘人物。）伯爵当时在其
夫人、同父异母的兄弟、子女（既有婚生子，也有私
生子）、牧师，以及私人医生、自大的罗伯特·理查
森（Robert Richardson）的陪伴下，在地中海东部地
区旅行，那位医生是为伯爵治疗痛风的，缓解痛风症
状正是此行表面上的目的。[59] 这是第一次有英国家族
单纯作为游客前来埃及，更不用说如此上层的一群人
了。照料他们让索尔特得到了一个绝好的机会来炫耀
自己作为外交官和绅士文物行家的天赋。在开罗略作
停留（索尔特在那里把贝尔莫尔引介给穆罕默德·阿
里，还带这一家人去金字塔露营）之后，领事陪同贝
尔莫尔一家前往上埃及进行了一次豪华之旅。[60]

他们五条船的小船队在 11 月中旬停泊在底比斯，
在那里，索尔特看到贝尔佐尼正在一个月前刚刚发
现的塞提一世陵墓奋力工作。每个人都被这座陵墓
震慑住了：德罗韦蒂显然毫不吝惜溢美之词，以至
于"当他来到真正值得喝彩和羡慕的东西面前时，
他头脑中的语言都用光了，唯有惊立当场，无言以
对。……"[61] 至于索尔特，他对于这个发现高兴得飘

飘欲仙，说这是"在我的主持之下"完成的。"在这座新陵墓里，我发现了一口白色雪花石膏的石棺，上面满是象形文字。"他得意地写信给蒙特诺伊斯说（注意代词是"我"），并开列了"他"的其他发现。[62] 的确，看到那一切让他"欣喜若狂"，以至于他在底比斯待了四个月，亲自监督挖掘工作。[63]

但索尔特对底比斯发现的独占态度让贝尔佐尼非常不高兴，索尔特对待他不比对他日日吹捧的男仆好多少，也让他深感受辱。贝尔佐尼可不是为这个脸色苍白、自命不凡的官员挖掘，他是为英国而挖的！他浑身上下充满了正义的愤怒。贝尔莫尔一家离开卢克索不久后的一天，贝尔佐尼无意中听到索尔特对另一队英国游客说这个帕多瓦人"在我手下"干了有多久。到此为止吧！贝尔佐尼厉声说道。"突然间"，他"以最暴力的方式爆发了"。他"让我非常惊讶地宣称"，索尔特后来回忆道，"'他从来没有受雇于我，而是为英国这个国家工作的（这可是他头一次开始有这种想法），而且……他是个完全独立的人'，如此等等"。索尔特被彻底惊呆了。从那时起，他说，"贝尔佐尼先生的行为发生了奇怪的变化：反复发生非常令人不快的口角，他在争吵中表现出自命不凡，我告诉他我对此绝不认可，而他对于我把所有这些发现都归功于自己，始终表现出一种毫无来由的嫉妒"。[64]

贝尔佐尼的爆发当然充满了戏剧色彩；但他的

担心果真像索尔特认为的那样，是"毫无来由的"吗？[65]"我对他的天赋和发现一贯给予公平对待……"索尔特坚称，"总之，我发现他身陷困境，几近绝望，就为他提供了出人头地的方法；通过我，他的人生际遇完全变了，他也因为自己的发现而成为公众崇拜的对象。"然而，就连这个派头十足的解释也清楚地表明，索尔特这个自称绅士收藏家的人也无疑把贝尔佐尼看作他的跟班："我自视对待他正如一位绅士对待自己雇来盖房子的建筑师一般，除此之外别无其他。"[66] 没有什么比这更让贝尔佐尼不舒服的了。他与德罗韦蒂和"法国人"展开全面竞争，是在为英国，而不是为亨利·索尔特搜罗文物。贝尔佐尼后来不厌其烦地指出："说我长期受雇于索尔特先生的说法大错特错。……我坚决否认自己曾以任何形式受聘于他，既无口头承诺也无书面聘书。"在贝尔佐尼看来，他从未服侍过哪位主子，而是为英国和大英博物馆工作的，"并且……如果我此前意识到自己的所有发现都是为了某个绅士的利益，还是个我此前从未有幸见过的人，我绝不会不顾千辛万苦（来到上埃及）"。[67]

和处于帝国边缘的其他很多人一样，索尔特和贝尔佐尼在寻求社会地位和财富时，也都转向收藏，将其作为一种再造自我的方式。问题在于，他们的再造自我是相互排斥的。索尔特终其一生都渴望成为绅士。在埃及的收藏给他带来了最好的机会：如今，他可以拥有他的贵族朋友们垂涎和重视的那些藏品了，他可以向贝尔佐尼这样的小喽啰施恩了。而贝尔佐尼寻求的是一种更倾向于公益的声望和保障。他坚持认为自己是为大英博物馆以及英国的大众搜罗文物，这表明了他渴望受到大众的欢迎和赞扬，渴望被他归化的族群接受。两人都仰仗对方来完成自己的自我塑造：索尔特需要有自己的雇员和奴才，而贝尔佐尼需要英国领事的盖章批准。然而，两人各自的野心也都在妨碍着对方。这是两人想象的身份之间的冲突。

两人最终在1818年4月以一纸安排薪酬并分配文物的协议，解决了彼此的纠纷。贝尔佐尼承认，他"关于在亨利·索尔特阁下主持和资助下，在上埃及搜罗的文物……曾产生了一些错误的看法，认为那是为大英博物馆搜罗的；并且……这些看法完全是因为一个错误"。索尔特也因贝尔佐尼到那时为止所进行的挖掘工作，向其支付了500英镑，并将发现之物分给他很大一部分。唯一由两人共同持有的物品就是塞提一世的雪花石膏石棺，索尔特承诺在三年之内将其卖给大英博物馆，并将部分所得分与贝尔佐尼。

最后，他们亲切友好地分手了——"我希望可以继续我们的友谊。"贝尔佐尼在两人签署文件时说道——两人也都各按规定回到了自己的挖掘现场。[68] 贝尔佐尼（经由索尔特）致信约瑟夫·班克斯爵士，提议"与大英博物馆理事会签约，雇用我本人在埃及挖掘和搜罗文物"，为期两年，预算为 1500 英镑，外加"他们认为与我本人在这些场合的努力相当的任何报酬"。[69] 索尔特则继续靠自己的资金，并按照自己的兴趣来搜罗文物，他毕竟已经独立开创了自己的收藏事业。就这样，两人分道扬镳，各自回到了文物收藏领域：贝尔佐尼旨在大众接受和有利可图的工作，索尔特意图在上等绅士圈子里提高个人的社会地位。他们会取得怎样的成功？

Ⅳ. 绅士与资本家

公元前 13 世纪皇权巅峰时期的埃及法老拉美西斯二世认为，竖起巨大的纪念碑是寻求不朽的好办法。他的很多建筑都历经 3000 年仍屹立不倒，其中的拉美西姆祭庙位于底比斯的法老下葬地。这座祭庙应该是他最持久也最神圣的建筑，是在他死后数个世纪后受人礼拜并经宗教仪式而重生之地。与他的各种大建筑物一样，这座祭庙也是颂扬他本人的。他带军凯旋的场景画满了墙壁。第一塔门处排列着他的巨大雕像，摆着俄西里斯（Osiris）神的姿态，两臂在胸前交叉，被紧紧地裹在裹尸布里。拉美西斯的一座巨大的雕像横亘在祭庙前面，像是对所有进入之人的警告和挑战。这座祭庙是为了追求永恒。

但祭庙的建造之地距离尼罗河过近，古代时洪水便曾涌进庙里。今天的拉美西姆祭庙是个空荡荡的伤心之地。俄西里斯庙柱的头颅都被砍落在地。落石与破碎的雕塑就像一个年轻巨人的玩具一样四处丢弃。
詹巴蒂斯塔·贝尔佐尼正是在这里发现了"年轻的门
农"头像的，它躺在黄沙里，仿佛对他自鸣得意地笑
着。曾经守卫着庙门的另一座拉美西斯雕像，其更加
庞大的头肩部分至今仍躺在那里。它仰面朝天，被
水、风和黄沙刷洗得面目全非。"门农"是拉美西斯
二世的一个名字。他的另一个名字是"奥西曼德斯"，
浪漫派诗人珀西·比希·雪莱正是以此名，在同名的
十四行诗里指代这些残破雕像中的一尊。[70] 雪莱描写
了一位不可一世的古代皇帝为后世建造的一尊巨石像：

> 在那石座上，还有这样的铭记：
> "我是奥西曼德斯，众王之王。
> 强悍者呵，谁能和我的业绩相比！"
> 这就是一切了，再也没有其他。
> 在这巨大的荒墟四周，无边无际，
> 只见一片荒凉而寂寥的平沙。①

这是一个消失的王国的傲慢自夸，雪莱对破碎巨像的
描述之辞，道出了帝国和其他人造物品的脆弱与无常。

此诗写于1818年，当时英国的全球霸权远胜以
往，《奥西曼德斯》表达了对帝国的一种适时而动人的

---

① 译文选自查良铮译《奥西曼德斯》，《穆旦译文集》第4卷
第54页，人民文学出版社，2005年。

控诉。英国在拿破仑战争中取得了胜利，但战争也留下了巨额债务、广泛失业、大量复员军人、工业界牢骚满腹，以及有待改革的国会明显缺乏代表性。1819年发生了"彼得卢屠杀"，士兵们对曼彻斯特圣彼得广场上显然没有任何武装的和平工人集会开枪，预示着和平也会呈现出丑陋的面目。在某些人看来，这就像是英国或许也要走上专制、黩武、反对自由主义的道路——这些正是拿破仑所代表的一切。在这样的一刻

在大英博物馆汤利美术馆安置"年轻的门农"

援引古埃及因而别具意义。《奥西曼德斯》为英国举起了一面镜子，映照出一幅可怕的景象：法老们在专制帝国的无情暴政就体现在这些用成千上万个奴工的血汗建造而成的纪念物中。这样一个帝国是不会持久的。

"年轻的门农"在《奥西曼德斯》创作的同一年抵达大英博物馆。这是自1801年的战利品之后抵达英国的头一件重要的埃及文物；至少对贝尔佐尼和索尔特来说，这也算是一种标志着英国战胜法国的战利品。然而，正如雪莱的十四行诗本身所示，这种收购绝不会受到清一色爱国主义的欢迎。博物馆刚刚在1816年采购"埃尔金石雕"时遭到一片责骂。那次收购遭到希腊文化爱好者的强烈反对，他们支持刚刚起步的希腊独立于奥斯曼帝国的主张，认为埃尔金的"收藏"无异于盗窃。其中最著名的有雪莱的朋友拜伦爵士，他无情地嘲弄那位不走运的伯爵，据说后者的鼻子因为梅毒而烂掉了："没有鼻子的他本人带来了没有鼻子的石像／来展示哪些是时间造成的，哪些是梅毒的结果。"[71] 希腊文化爱好者的反对声在现代人听来是再熟悉不过了：只要大英博物馆保留"埃尔金石雕"，关于它们归属何方的论战就不会停息。然而当时鲜有人知的一个反对之声，却是原本应该最为热情地支持收购的人发出的：古文物收藏者和鉴定行家。当时的很多古文物收藏者都受过欣赏古罗马和古希腊艺术的教育，他们觉得这些更加古老的古希腊雕

塑既原始又难以欣赏。例如，德高望重的鉴赏家理查
德·佩恩·奈特（Richard Payne Knight）认为"石
雕"既粗俗又丑陋，几乎导致收购的终止。

如果连"埃尔金石雕"都不入鉴赏家的法眼，那
么埃及文物又如何呢？如果它们符合鉴赏家的高雅情
趣，它们又如何顺应不断扩大的英国公共投资并进一
步参与到帝国乃至更大范围的东方世界中去？这些都
是在索尔特和贝尔佐尼试图把他们的收藏带进英国
时，等待着他们的问题。索尔特将在英国收藏文化的
既有堡垒面前遭遇出其不意的失败，而与此同时，贝
尔佐尼却在新的领域发现了巨大的成功。

1818 年，亨利·索尔特与贝尔佐尼分道扬镳后，
曾希望自己在收藏上的社会和财务投资能很快得到充
分的回报。他已在挖掘上投入了逾 2000 英镑。"但取
得的成功已经超出了我的期待，"他说，"我一点儿也
不担心最终的回报。"[72] 他写信给老相识、曾经担任过
一届外交大臣的威廉·理查德·汉密尔顿（就是陪同
爱德华·丹尼尔·克拉克向法国学者们索取罗塞塔石
碑的那个人），附上了藏品描述和目录。其中的重要
藏品有红色抛光花岗岩的阿蒙霍特普三世头部和臂膀；
"著名的法国石头"，即《埃及记述》中提过的一块雕
刻石板；狮头女神塞赫迈特（Sekhmet）的几尊精良的
雕像；一尊黑色玄武岩坐像，"实物大小，与'门农
像'的姿态相同，因为精雕细琢而风格独特"；以及

"这些雕像非常精美的木制样品（我认为相当独特）"。最可贵的宝物自然就是塞提一世的石棺了，"其精致的工艺无与伦比"，价值也相当"令人难以估价"。

目录中总共列出了 23 件藏品，索尔特在其中 10 件旁边标记了一个 X，这是埃及文物被明确归类为"艺术"的一个罕见的早期例子。"拥有这种标记的雕像都是可以给皇家艺术研究院增光的艺术珍品，"他解释道，"其他的都是适合博物馆的罕见物品。"[73] "现在，"索尔特继续对汉密尔顿说，

> 如果政府能以公平的估价……收购这些，我将会很乐意在亚历山大港做出安排。……至于价格，我非常愿意把这个问题留待您来处置。……福尔班伯爵（卢浮宫的负责人，他曾在 1817～1818 年造访过埃及）在这里的时候，曾向我施加压力，让他为法国的国王获得一部分藏品，而我知道他们有意付一大笔钱；但如果我看到这样的藏品流落到英国之外，会倍感遗憾。[74]

索尔特毫不掩饰他对法国人的兴趣。他在另一个细节上就更肆无忌惮了。他自己就可以轻松地为文物定下价钱，何必还等着英国的古文物学家去为他的藏品咨询定价呢？索尔特在每件文物的旁边都写下了建议的价格：石棺 3500 英镑，拉美西斯坐像 400 英镑，

阿蒙霍特普三世的头像 500 英镑，如此等等。除了送去英国的运输费用后，总价达到 8210 英镑——是他后来计算的收集这些藏品所花费用的两倍。

这显得太直截了当，商业气息也太浓厚了。然而，没有什么能比索尔特在致汉密尔顿的信中写下那些数字更失策（faux pas）的行为了。价目单违反了绅士间交易的基本规则：永远不要提钱。例如，与蒙特诺伊斯对文物的价值泛泛而谈是一回事，因为他实际上雇用了索尔特作为他的代理人来处理人工和运输等可以度量的费用；索尔特与贝尔佐尼谈论钱数也可以接受，因为后者一度是他的雇员与合作者；但接洽伦敦的古文物界——更不用说英国政府本身了——时，难道把他们当成肉铺子里的一群顾客了吗？此举着实荒唐。绅士绝不遵办。

索尔特的清单在汉密尔顿及其友人之间激起了共同的愤慨。领事立刻便被贴上了"文物贩子、犹太人、第二个埃尔金勋爵"的标签。这最后一个是个特别恰当的侮辱，因为埃尔金刚刚被认为不该得到丰厚的酬劳，并以身为（用索尔特的朋友、艺术家同行和传记作者 J. J. 霍尔斯的话来说）"希腊神圣领土上的石棺掠夺者"而名誉扫地。[75]对领事的粗鄙提议做出"冷静而相当讽刺"的答复的这项工作，就交给起初曾经鼓励索尔特搜罗文物的约瑟夫·班克斯爵士了。"虽说我们这里对于门农相当满意，"他表态道，并认为它是埃及雕塑中的杰作（chef-d'oeuvre），但我们并没有将其置入艺术品之列。它立在埃及厅里。在埃及发现的任何雕像是否可以与汤利美术馆的伟大作品一争高下仍有待证实；然而，除非它们确实如此，否则阁下在物品旁所标的价格就不大可能在欧洲实现。[76]

诚然，班克斯本人远非"艺术品"的专家：尽管这位博物学家曾跟随库克船长的首次航行去过南太平洋，他却从未去过欧陆，而他收集种子和叶子的兴趣也强过收藏油画和雕塑。尽管如此，作为皇家学会的主席、大英博物馆的理事，以及英国科学界的关键人物，班克斯仍然担任着舆论领袖、潮流引领者，以及品味仲裁人的角色。抛开索尔特建议价格这种纯粹的不当举止不谈，他的要价也实在太高了。威廉·理查德·汉密尔顿比班克斯在评判文物方面更擅长一些，他把班克斯的信转给索尔特，并附上了一个忠告："我只能与约瑟夫爵士一样建议你，不要在寻找埃及雕塑的秘藏里陷得过深，因为当前的经济形势很容易导致约翰牛按紧荷包，就算要冒着失去你发现的独特纪念物的风险也在所不惜。"[77]

可怜的索尔特大为震惊。他在给班克斯的信里回复道："我对我自己的意思……被全然误解而感到极度受伤和痛苦。"他立即收回了那份"愚蠢的清单"，并把"我的全部收藏献给大英博物馆……没有任何条件，并将在今后对保持该收藏的完整而感到无比自豪"。[78]他还给伦敦的各位赞助人和保护人都写了很长的道歉信。但在给蒙特诺伊斯的信中发泄了最绝望的情感：

> 您终将发现，我既非贩子，也非犹太人。如果朋友们因此而以我必定认为来自敌人的话来诋毁我……如果阁下愿意如此，我可以牺牲一切，但请让我安静地生活——如果我怎样都无法获得自己寻求的东西，我将立即停止除了公文之外的一切通信，从此不再与人来往。[79]

他的道歉奏效了。"索尔特的解释很让人满意，"汉密尔顿致信蒙特诺伊斯说，"我们在城里会面时，我无疑该为他做点儿什么。"[80]大英博物馆同意接收索尔特的收藏（除了塞提一世的那口石棺，共有人贝尔佐尼坚持要对其单独估价出售）并支付了从亚历山大港运来的运输费用。毕竟也要考虑国家荣誉。索尔特的一个支持者写信给约瑟夫·班克斯爵士说："如果这些藏品……得到准许进入任何外国的博物馆，将会是一个令人无法忘怀的耻辱。……当然绝对不能如此；就算事实证明下议院就是如此缺乏品位、得过且过，我相信摄政王也绝不会容忍国家荣誉落上这样大的污点。"[81]1820年，约瑟夫·班克斯爵士（和疯狂的老国王乔治三世一样）在这起事件后不久便去世了，索尔特令人不快的清单适时地为人所遗忘。

但尽管恢复了名誉，索尔特的补偿却来得既慢又少。他听命把文物运去亚历山大港，在那里等候"政府承诺的轮船。……但博物馆或约瑟夫爵士都没有直接给我任何指示——人们真的会认为我在要求而不是在商讨自己的义务"。[82] 他的一百多件文物在亚历山大港过了一年后才被一艘海军运输舰带去英国，又等了一年才开始正式讨论大英博物馆实际该为它们付多少钱。"为您能尽全力谈定我与博物馆的事宜而祈祷，"1822 年 5 月，索尔特在信中对蒙特诺伊斯无奈地说道，"这是我有朝一日能离开埃及的唯一希望。"[83] 1823 年，通过索尔特的代理人宾厄姆·理查兹（Bingham Richards）旷日持久的谈判，博物馆终于为索尔特的藏品报出了区区 2000 英镑的总价，只及他搜罗费用的一半。又过了一年，索尔特和贝尔佐尼才将共同拥有的塞提一世石棺以另外 2000 英镑卖给了建筑师和收藏家约翰·索恩爵士。[84]

从开始到结束，索尔特的文物一共花了六年的时间才算卖掉。"我曾希望能有人在我经历这一切之前，在我面临的风险和人们对我丧失了兴趣之前，对我的努力略表谢意，"他在此期间对宾厄姆·理查兹抱怨道，"但他们在英国的做法与其他国家不同，抱怨终归无用。"[85] 他开始时满怀这样的激情，热衷于在埃及代表他的国家；并通过埃及的文物，在自己的国家代表埃及。如今，亨利·索尔特对埃及、对大英博物馆、对英国政府都充满了厌恶。但他尚未腻烦收藏——一段时间后，他会再次尝试以此获利。

就在索尔特的文物被迫滞留亚历山大港的码头之时，《泰晤士报》却提到1820年3月回到伦敦的"著名旅行家贝尔佐尼先生"刚从吉萨、底比斯等地凯旋，并带着他自己的埃及战利品。他离开英国时籍籍无名，只是个巡回演出的外国演员；归来时却成为街谈巷议的话题人物。"贝尔佐尼是一个伟大的旅行家，他的英语蹩脚得可爱。"拜伦勋爵如此说。[86] 伯爵夫人们邀他赴晚宴；沃尔特·司各特爵士满面红光地提到要见到"这位知名人士——在各个方面都名副其实……是我平生所见最气派堂皇之人（对于一个巨人而言）"；他正式加入了一个特选的共济会分会。出版商约翰·默里（John Murray）公司的客户包罗万象，从浪漫派诗人到异国风情的旅行家应有尽有，该公司立即与贝尔佐尼签约了一本关于他的冒险的书籍。1820年末，《挖掘行动与近来发现大事记》出版了，甫一问世便大受欢迎：初版1000册，紧接着就在1822年又添上了两版，另有法语和意大利语的译本。[87]

贝尔佐尼享受着声名的喧嚣，他有一本书即将出版，而"年轻的门农"也安坐在大英博物馆。这个老牌艺人往日的戏剧经验如今又派上了用场。他在埃及时便已酝酿了一个方案。既然英国人鲜有能造访埃及的，何不在伦敦复制一个让他们看看？贝尔佐尼计划复制一个塞提一世的陵墓，在里面展览他发现的所有文物。他选择的场地是皮卡迪利街（Piccadilly）上的埃及会堂，这个地方再恰当不过了。这座会堂是 1812 年部分根据《埃及记述》和德农的《游记》中的插图建造的，是"埃及热"建筑的一个奇妙样本，并佐以莲花造型的石柱、拱形的入口，以及外立面两侧巨大的伊西斯（Isis）和俄西里斯神像。

它是由爱出风头的威廉·布洛克（William Bullock）建造的，此人把自己的"自然历史博物馆"开在此处，并展出五花八门的古董，他还在此举办各种特展，比如取得了巨大成功的拿破仑相关物品展览，其中有这位皇帝在滑铁卢时乘坐的四轮马车。埃及会堂吸引了大量观众并举办了"广受欢迎的"展览，与大英博物馆的门可罗雀和枯燥无味的收藏相比简直是天壤之别。1820 年，贝尔佐尼从布洛克手里租下了这座会堂，着手在伦敦的心脏地带再造一小片埃及。[88]他和萨拉在帝王谷炎热的天气里不眠不休地工作了数月，复制了塞提一世陵墓中的雕像，并制作了那里浮雕的蜡模。贝尔佐尼利用这些模子和图样，精心地原样重建了这座伟大陵墓的两个房间，还制作了其余部分的缩尺模型。他把自己的文物陈列在色彩华丽的房间里：护身符、珠宝、小雕像，当然还有木乃伊——开幕前不久，贝尔佐尼还以天生表演者的禀赋，当众拆开了其中的一具。1821 年 5 月，单是开幕第一天，就有将近 2000 人付资半克朗（相当于如今知名景点的票价）前来参观。[89]

贝尔佐尼埃及展览的巨大成功适逢大英博物馆对是否买下索尔特的收藏犹豫不决之时，这表明英国对古埃及的看法和介绍出现了分歧。作为一个自称的绅士收藏家，索尔特的目标是让古埃及融入鉴赏家的世界：一个基于大英博物馆和皇家艺术研究院，由收藏家、贵族、古文物学家和艺术家所支配的世界。事实证明那是不可能的。对他们而言，埃及永远不过是希腊和罗马可怜的乡下亲戚，显然不是英国的社会精英会出大钱购买的东西。贝尔佐尼则向全然不同的观众推销埃及。访客在埃及会堂参观的东西并不像大英博物馆展出的那种说教性的艺术品。他们纯粹是奔着壮观场面来的：规模、新奇、神秘，以及这种

遥远文化的大量文物。在这里，在贝尔佐尼仿造的埃及，他们得以一窥古埃及的模样和感觉，以及埃及人的生与死。贝尔佐尼的主顾们前来参观的理由，如今也在继续吸引着全世界屡创纪录的人群前去观赏埃及展览。而这正是贝尔佐尼成功的秘诀。他发现博物馆外的埃及比被鉴赏家压缩进审美范畴的馆内的埃及更加活跃、热烈、受人喜爱——而索尔特却没有发现这一点。

索尔特向大英博物馆的要价几乎毁掉了他如此苦心营建的绅士风度。与之相反，贝尔佐尼广受欢迎的展出却有助于让他的自我重塑得到认可，并成为英国广为接受和喜欢的名人和公众人物。他为大英博物馆搜罗文物的爱国梦想或许只实现了一部分，但他却获得了梦寐以求的全部赞誉。

但表演的效果转瞬即逝。1822 年，贝尔佐尼的展览尽显陈旧。社交邀请日渐稀落，他有几次在受到轻视和被人暗示他的平凡过往时大发雷霆。如果贝尔佐尼想要保持自己新得到的名望，就不得不改变做法。因此在 1822 年 6 月，展览开幕的整整一年之后，贝尔佐尼把它卖了。从仿建陵墓的巨大镶板到展示柜本身的一切都拍卖殆尽。从当时佳士得拍卖行经手的埃及文物相对稀缺来判断（这是它们在精英收藏文化中的边缘地位的另一个标志），贝尔佐尼的拍卖一定是英国到那时为止举行过的最大的一场埃及文物销售。留存至今的某些价格记录表明，那是一场利润相当丰厚的盛事：比如说，陵墓两间主室的复制品卖了490英镑。拍卖图录中吹嘘说是"埃及最佳工艺"的两尊略有破损的塞赫迈特雕像，以及"贝尔佐尼先生发现的……如今存放在大英博物馆"的两尊类似的雕像卖了380英镑（人们也许会注意到，这个价格与索尔特在其臭名昭著的清单里开列的400英镑大致相当）。[90]总之，这次拍卖一定让贝尔佐尼捞到了不止2000英镑，这正是索尔特倾注了多得多的时间和努力最终从大英博物馆获得的金额。

贝尔佐尼落袋为安，又准备动身进行另一次冒险了。他炮制了一个计划，作为向其好友和恩人约翰·刘易斯·布尔克哈特的某种悼念，后者在1818年死于开罗，年仅33岁。布尔克哈特的死让贝尔佐尼、索尔特，以及其他很多人大感震惊，他们不但喜爱并深深地景仰着他，而且还期待他像曾经在麦加、佩特拉和阿布辛拜勒等处一样，成就更多的发现。布尔克哈特去世前曾计划随阿拉伯商队前往非洲中部，希望造访廷巴克图（Timbuktu）这座妙不可言的城市。如今，贝尔佐尼替他接受了这个挑战。

此前从未有欧洲人拜访过这座非洲城市并活着回来讲述它的故事，传说它是黄金打造的。非洲协会已经赞助过几次深入西非的探险，目的是在尼日尔河航行并找到廷巴克图。他们最成功的探险家是苏格兰外科医生芒戈·帕克（Mungo Park），他在

1796 年和 1797 年冒险溯尼日尔河远上，却在 1806 年殖民地部赞助的第二次探险中失踪了。1815 年，贝尔佐尼的出版商约翰·默里公司出版了帕克时运不济的第二次航行的日志。翌年，约翰·默里公司又出版了一个叫罗伯特·亚当斯的美国年轻水手关于廷巴克图的故事，1810 年，他在毛里塔尼亚海岸遭遇海难，被"黑人"俘虏并带去一座城市，捉住他的人说那里就是廷巴克图。据亚当斯说，这座名城是泥巴造的，绝非黄金。亚当斯的叙述在英国广受质疑，但贝尔佐尼显然读过（甚至约翰·默里公司可能还把他介绍给了亚当斯）并被说服了，他准备前往摩洛哥，随撒哈拉商队南下廷巴克图。[91]

1823 年春，萨拉·贝尔佐尼勇敢地陪同丈夫远至非斯（Fez），并在留存至今的一封致其友人、小说家简·波特（Jane Porter）的珍贵信件里描述了他们的进展：

> 回到巴黎后，从那里赶往马赛，上船去直布罗陀，从那里去丹吉尔（Tangier），再前往摩洛哥北部的非斯。穿过一个花园后就到了我们的住处，那是个迷人的天堂，空气里弥漫着橘子园的香气，在桃金娘的荫蔽下，其他很多芳香的植物竞相加入这场轻快的甜美旋律的竞赛中。[92]

但贝尔佐尼发现，从摩洛哥南下的沙漠路线被阻断了。回到直布罗陀（萨拉从那里回到了伦敦）后，他转道加那利群岛，搭乘英国海军的一艘运输船去了西非海岸。萨拉从伦敦给他写信说："我亲爱的乔瓦尼，我在 7 月 24 日星期四到了这里……满脑子想的都是你，我们分开得太突然了，都没有说声再见。……不要太冒险了，想想可怜的芒戈·帕克。……愿上帝祝福你，保护你，你要相信上帝，我亲爱的乔瓦尼，还要开心地回英国来。"[93]

"乔瓦尼"很可能并没有收到她的信。1823 年 10 月中旬，他到达了加纳海岸的英国要塞，并继续前往贝宁河畔的英国代理店。他从那里向内陆的贝宁城进发，那是个精美的青铜浮雕环绕着王宫的壮观首府。（1897 年，英军掠夺走了那些长幅雕饰，它们最终落脚在大英博物馆，至今仍在那里。）[94] 但詹巴蒂斯塔·贝尔佐尼不再想继续前进了。他患上了痢疾，感到自己传说中的力量和意志都在一点点地流走。1823 年 12 月 3 日，他死在贝宁的加托镇（Gato）。他的英国同伴把他葬在一棵枝繁叶茂的巨树之下，并为躺在地下的"勇敢的著名旅行家"立了一块墓碑。[95]

说到底，或许正是自我塑造的压力杀死了贝尔佐尼：为了加强他新的公共形象——一个备受赞誉的冒险家，并在此过程中再次让荷包鼓起来。廷巴克图是一趟太过遥远的旅程。"我最后死得像个乞丐。"贝尔佐尼在非洲最后的日子里如此写道。他的遗孀萨拉除了丈夫在发现方面的声望之外，别无其他的遗产。她一度想重开埃及文物展览，然而收效甚微，于是便全身心地投入到对他的回忆中去了。萨拉的贫困变成了一个广受争议的问题：大西洋两岸的报纸都以她的名义发起了慈善呼吁；从 1851 年到 1870 年去世，她每年都从王室年俸中领取 100 英镑的年金。[96] 但贝尔佐尼的确被奉为天神。萨拉在他去世后不久委托制作的一幅版画中对此进行了图解说明。这幅版画与贝尔佐尼在其《大事记》的卷首插图中的形象截然不同。《大事记》中的他身穿全套的东方服饰，柔滑的长须卷垂于胸前。版画中的贝尔佐尼则是相当拜伦式的外表，身穿高领外衣，高雅的白色阔领带，还留着时髦的卷髭。他的形象高悬云中，身后环绕的云朵形成了一种光环。在地上，他带来英国的重要文物清晰可辨。

然而，对贝尔佐尼最长久的颂扬或许是以不太可能的形式出现在一本童书中的。贝尔佐尼在英国大获成功的巅峰时期，一位作家以萨拉·阿特金斯（Sarah Atkins）之名出版了他的《大事记》的改编本，名为《贝尔佐尼在埃及和努比亚旅行所体现的进取的果实：一位母亲给孩子们的点评》(*Fruits of Enterprize Exhibited in the Travels of Belzoni in Egypt and Nubia, interspersed with the observations of a mother to her children*）。这本童书将《大事记》一书中偏执而戒心重重的贝尔佐尼改写成一个坚持不懈、精力过人、自我激励、不达目的绝不罢休的典范。"耐心可以战胜困难，让我们所有的努力都戴上成功的王冠。"当贝尔佐尼的一个令人振奋的故事讲述完毕后，一个孩子如此说道。[97] 这个贝尔佐尼体现了一种白手起家的英国新英雄的勇气和美德。《进取的果实》大受欢迎，他去世 20 年后仍在出第九版。《进取的果实》的少年读者被敦促要效仿贝尔佐尼的耐心和献身精神，年长一些的读者也可以从《自学成才者传》（*Biography of Self-Taught Men*, 1832）中描述的贝尔佐尼身上汲取经验，在这本书里，这位旅行家与伊莱·惠特尼 ①、汉弗里·戴维 ②，以及亨利·克莱 ③ 等人并列。[98] 贝尔佐尼是个自我引

---

① 伊莱·惠特尼（Eli Whitney, 1765~1825），活跃于美国 18 世纪末至 19 世纪初的一位发明家、机械工程师和机械制造商。他发明了轧花机，联合发明了铣床，并提出了可互换零件的概念，为人类工业的发展做出了重要贡献。

② 汉弗里·戴维（Humphry Davy, 1778~1829），英国化学家。是发现化学元素最多的人，被誉为"无机化学之父"。一般认为戴维是灯泡和第一代矿工灯的发明者。

③ 亨利·克莱（Henry Clay, 1777~1852），美国参众两院历史上最重要的政治家与演说家之一，辉格党的创立者和领导人，美国经济现代化的倡导者。他曾经任美国国务卿，并五次参加美国总统竞选。尽管均告失败，但他仍然因善于调解冲突的两方，并数次解决南北方关于奴隶制的矛盾，维护了联邦的稳定而被称为"伟大的调解者"，并在 1957 年被评选为美国历史上最伟大的五位参议员之一。

导、积极进取，并在财务上取得成功之人，他充分符合维多利亚时代英国和美国的价值观，他的游记在这两地拥有广泛的读者。（例如，拉尔夫·沃尔多·爱默生就在好几篇文章里提到过贝尔佐尼；1832年，一位名叫阿尔瓦雷斯·菲斯克［Alvarez Fisk］的富裕的密西西比种植园主被这个探险家深深打动，随即把自己的种植园命名为贝尔佐尼。如今，这个名字依然存在，密西西比州的贝尔佐尼小镇是"三角洲地区之心"和"世界鲶鱼之都"。）[99]

然而，《进取的果实》展望维多利亚时代后期价值观还有另一个不那么光彩的方式，就在于它对埃及的刻画上。贝尔佐尼本人在《大事记》中把英法冲突作为叙事核心，但《进取的果实》却把他的故事变成了与埃及的一场战役。贝尔佐尼对法国人的很多具体的抱怨都被删去，遭人唾骂的索尔特只在谈到搬运"年轻的门农"时被提及了一次。相反，"东方人"的刻板形象却比贝尔佐尼本人书中的更加粗鲁和普遍。读者得知，"埃及人与生俱来地有一种娘娘腔的懒惰，这种惰性随着他的成长而发展，一直随着他走进坟墓"；"土耳其人以怠惰而闻名"；"没有什么事情比用阿拉伯人自己的利益来规劝他，对他看法的影响更大了"；如此等等。[100] 另一个显著体现欧洲礼仪的是全部插图中的贝尔佐尼都没有东方化的络腮胡子。贝尔佐尼的故事从他本人呈现的一场英法冲突变成了欧洲对抗东方的故事。这才是最重要的改写。

英法两国在埃及的持久对抗一直延续了数年，实际上还愈演愈烈。但正如欧洲接受埃及文物和收藏家的态度所示，在 1820 年代逐渐建立起来的另一种叙事将在欧洲对埃及的反应中占据长期的优势。现代埃及被阐述为一个堕落、腐败和萧条之地。与之相反，古埃及却是个与奇迹、神秘和古典（更不用说关乎《圣经》了）相关的所在——而那里需要欧洲人的拯救。

至于索尔特和贝尔佐尼之间的个人较量，今天仍可以在拉美西姆祭庙看到一个悲壮的遗迹。在一个多柱的院落中的一面墙上，浅浅地刻着几个小字母，拼出了"索尔特"之名。这是个谨慎的标记，作为涂鸦，它是对子孙后代最温柔的眨眼。但在它的上方，

索尔特和贝尔佐尼在底比斯的拉美西姆祭庙墙上的涂鸦

是用强劲清晰的字符深深刻在石头上的名字"贝尔佐尼"。此事没有什么可谦虚的：贝尔佐尼也去了那里，并希望未来的游客知道此事。在这里找到他的宣言尤其贴切。贝尔佐尼正是在这座神殿策划将"年轻的门农"运走的，如今它仍安坐在大英博物馆里，标签上却只有其捐赠者亨利·索尔特和约翰·刘易斯·布尔克哈特的大名。因此，索尔特在大英博物馆如其所愿地赢得了不朽。尽管贝尔佐尼成为广受赞誉的"英国"冒险家的自我再造或许导致了他的死亡，但在这里，在他刻下名字的地方，他的大名依然清晰可辨。

第九章　复苏

I. 两个埃及

1822 年 9 月中旬的一个上午，巴黎电闪雷鸣。32 岁的学者让－弗朗索瓦·商博良坐在自己三楼的书房里，凝视着象形文字碑文的花框，身旁放着他的笔记。他辛苦工作，想拼读出这些字母。音节从他眼前这些难懂的形象中浮现出来，随后是名字：拉美西斯，阿蒙①的宠儿；图特摩斯②。为了这一刻的顿悟，他已经苦心研究了数年。如今，在早上的电光石火中，商博良终于能够证明他发明的翻译"众神言语之圣书"的语音理论，因为罗塞塔石碑对埃及象形文字

---

① 阿蒙（Amon），一位埃及主神的希腊化名字，他是古埃及的八元神之一。起初，他仅是底比斯的地方神祇。直到第十八王朝的统治者们把他们胜利的军队从各个方向开往边境的时候，阿蒙才开始成为埃及普遍承认的神，排挤着埃及的其他神祇，甚至走出埃及成为宇宙之神。

② 图特摩斯（Thutmoses），古埃及第十八王朝法老之名，该王朝以图特摩斯为名的法老一共有四位。

的称呼翻译成希腊语就是"圣书"。失传的埃及语言在逾千年来头一次又能解读了。他冲过大街去告诉哥哥，随后便瘫倒在地神志不清，五天说不出话来。[1]

商博良取得重大突破的《象形文字体系概论……》
（*Précis du système hiéroglyphique...*）中的
象形文字表，他把自己的结论与英国对手
托马斯·扬①的猜测并列

① 托马斯·扬（Thomas Young，1773~1829），英国科学家、医生、通才，曾被誉为"世上最后一个无所不知之人"。在语言和文字方面，他曾对 400 种语言做了比较，并在 1813 年提出"印欧语系"。此语系曾在 1647 年由荷兰语言学家马库斯·祖依斯·范博克斯霍恩首次提出。他同时也是最先尝试翻译埃及象形文字的欧洲人之一（另外两人分别是法国人安托万·德萨西和瑞典人约翰·戴维·阿克布拉德）。

人们后来认为，商博良的成就是命中注定的。据说这个天才小子九岁的时候就在一份《埃及信使报》上读到了发现罗塞塔石碑的消息。几年后，这个格勒诺布尔的早熟学生就在一位学者的膝头直接了解埃及了，那位学者就是为《埃及记述》撰写历史序言的让－巴蒂斯特·约瑟夫·傅利叶，正是他用莎草纸和碑文让这个小伙子神魂颠倒的。如果说破译文字看来就是商博良的个人命运，也有很多人将其看作法国的国家命运，这是"法语文字的永恒荣誉"。[2] 1798 年，法国人让埃及向西方开放；如今又是法国人让现代人看到了古埃及文化。正如商博良本人所说："战无不胜的法国（la France guerrière）让现代埃及得到深入的了解。……也正是法国……搜集了镌刻在这些（古代）丰碑上的回忆，成为原始文明的见证者……"[3] 用另一位同时代人物发人深省的话来说：

> 对于法国来说，埃及考古学是一种版权，就像印度考古学是英国的版权一样：通过各自旅行家的千辛万苦、学者们的热情，以及各自政府的保护，这两个人类学问的重要分支在这两个王国归化（为公民）了。[4]

鉴于法国在埃及完全没有扮演过什么正式的角色，将其与英国在印度的统治进行类比十分出人意料，但在文化和历史领域，仿佛埃及理所当然地属于法国，而法国也相应地对其负有责任。

象形文字的破译是埃及与西方之间——以及收藏与帝国之间——的关系将在1820年代和1830年代得到重新认定的两种重要方式之一，并预测了延续到19世纪后期及其后的趋势。破译为正式的埃及学和古埃及研究的发展开辟了道路。（埃及学一词在1870年代才被广泛使用，但这一领域的基础在此之前便已奠定了。）[5] 商博良反复申明法国的知识产权，他的发现也为英法在埃及土地上展开文物和影响力的竞争注入了新的活力。这种对抗也受到了另一个转型事件的影响。希腊因谋求从奥斯曼帝国独立而爆发的战争对欧洲与埃及的关系产生了始料不及的影响。英法两国暗地里支持希腊人，苏丹则要求属臣穆罕默德·阿里巩固土耳其的势力。事态发展进入了一个吊诡的局面，英法两国竟联手控制穆罕默德·阿里，以防其势力蔓延到埃及之外；同时，各自又力图连同帕夏一起，巩固本国在埃及的地位。象形文字的破译与希腊独立战争合力加深了古代埃及与现代埃及之间感性的鸿沟，对于古埃及，如今西方可以看清并以新的活力大肆搜集；而现代埃及则日益卷入欧洲政治和英法干涉内政的安排。这种分割对埃及和西方之间的关系，对埃及与自身古老历史的关系，以及英法对古代和现代埃及的控制，都有着长久的影响。

索尔特和德罗韦蒂均以各自国家之名采取行动，但他们的搜罗手法大同小异。然而从 1820 年代起，英法两国人对收藏的看法开始发生明显的差别。索尔特和贝尔佐尼作为个体企业家把埃及呈现给伦敦人；而另一方面，尽管复辟后的政治和文化环境发生了变化，法国的埃及研究却继续得到国家的支持。的确，正是拿破仑的取代者、波旁王朝的国王路易十八，支付了《埃及记述》庞大出版费用的大部分。大约在同一时间，大英博物馆心不甘情不愿地为亨利·索尔特的收藏支付了 2000 英镑，而比利时皇家图书馆和卢浮宫却共同出资三倍的价格（150000 法郎，大致相当于 6000 英镑），买下了来自丹德拉神庙的黄道十二宫巨型石雕，那是两个法国人在 1821 年拆下来的。[6]

但尽管贝尔纳迪诺·德罗韦蒂极力推进，法国的文物收藏仍然落后于其他国家。1819 年，德罗韦蒂把他的庞大收藏用船运回欧洲，并提出希望法国政府收购。然而，他 400000 法郎的要价——比索尔特卖掉文物所收取的金额高八倍——让当局踟蹰不前。[7] 1821 年，德罗韦蒂转而将其收藏卖与撒丁岛的国王（他统治着德罗韦蒂的故乡皮埃蒙特），换来了现金付款、一笔年金、价值 450000 法郎的土地，甚至还有额外增补的一套骑士装饰。[8] 1824 年，也就是商博良出版他关于象形文字的权威著作的那一年，伦敦和都灵的埃及文物收藏都比巴黎的强。考虑到"成群的外国人被法国探险队的声望吸引到巴黎",以及法国人在埃及研究上的突出表现,《埃及记述》的编辑埃德姆－弗朗索瓦·若马尔(Edmé-François Jomard)抱怨说,事态的发展非常令人尴尬。[9]

1824 年,路易十八去世,他的保守派弟弟查理十世(Charles X)继位。查理登基引起了广泛的紧张、厌恶和愤恨。但对于埃及爱好者来说,新国王却是个出色的赞助人。1826 年,他被人说服,在卢浮宫里开设了一家重要的埃及美术馆:查理十世博物馆。商博良被任命为馆长,并拥有采购文物的国家基金。埃及美术馆沿着卢浮宫的卡雷庭院延伸开去,此格局一直保留至今,那里装饰着一圈壁画(部分仍然完好),庆祝古埃及与法国波旁王朝的联合。[10] 臭名昭著的保守派查理十世居然会接受他十分痛恨的革命派和波拿巴派前任宣传普及的象征,进一步令人信服地证明了埃及已经成为法国国家身份的一部分。欢迎埃及进入王室收藏就像是一种政治大赦,也是对拿破仑遗产的一种心照不宣的接纳。[11]

法国人对埃及收藏的新一波兴趣加剧了与英国人在尼罗河谷的竞争,商博良后来对其中的很多方面都有过亲身体验。卢浮宫首批埃及收藏的来源不是旁人,正是亨利·索尔特,更是令人意外。索尔特的第一批收藏蒙受了重大损失,又陷入困境,左右为难。遗产花尽，也不能确定是否能指望得上政府的年金，他比以往更加依赖文物所得的收入了。在某种程度上，他只想离开埃及。他在那里心情沮丧，感觉如同流放，被他心爱的伦敦社会拒之门外。"像这样远离一切科学、文学、艺术、知识、精致或品位，停滞不前，"他哀怨地致信蒙特诺伊斯说，"这种惩罚足以让人发疯。"[12] 与此同时，他被困在那里的部分原因是他自己的野心。只有在埃及，他才会拥有总领事的身份、地位和特权，承担得起优雅的生活方式，并带着绅士的财富回到英国。与克劳德·马丁为了维持他绅士鉴赏家的生活而必须留在勒克瑙一样，亨利·索尔特也被禁锢住了，像寄生虫一样依赖在这片让他成为有钱人的东方土地上。

待在埃及倒也并不总是如此可怕。令人痛苦的价目表事件刚过去几个月，索尔特就发了一笔意外之财。"我敢说，得知我即将与一位年轻而非常和蔼的女士结婚的消息，你一定会吃惊不小。"1819 年 9 月，他对一位朋友滔滔不绝地说道。[13] 这位"女士"是个年仅 16 岁的女孩，一个名叫彭萨的托斯卡纳商人之女，她父亲把她带来埃及，显然期望她能嫁给一个奥地利熟人。关于索尔特太太的情况所知甚少，甚至连她的名字也不得而知——这真是讽刺，因为记录里倒是保留着一个奴隶女孩马赫布的名字，索尔特与马赫布还在不到一年前生了一个儿子。[14]

38 岁的索尔特年纪比他的新娘大了不止一倍。而且还病入膏肓。"轻微的腹泻在婚礼当天"迅速恶化，把他带到了死亡边缘。[15] 从那时起，他就遭受"肠道频频松弛便血的病根"康复与复发不断循环的痛苦，实际上他最终是死在了前列腺病上。[16] 但他却在妻子身上找到了前所未有的慰藉："这些不幸的病症对我年轻的妻子来说实在是难以对付，阁下也可想而知，但感谢上帝，这只能让我确定我以前对她性格的良好印象是正确的。我可以自豪地说，她确实是个非常和蔼可亲的好女孩，让我非常高兴。"[17] 或许这对配偶看起来难以置信，但熟悉索尔特的人却说"从来没见过更幸福的婚姻，也没见过更一往情深的夫妻"。[18] 1821 年，他们有了一个女儿，并以索尔特的好友和赞助人蒙特诺伊斯勋爵的名字，给她取名乔治娜·亨丽埃塔·安斯利。1824 年 4 月，索尔特太太再次临盆（第二个女儿朱莉娅由于早产而在出生两星期后夭折了），索尔特对于另一个女婴的到来非常高兴。

但随后他的家庭就猝然解体了，像它的组成一样突然。五天后，腺鼠疫肆虐亚历山大港，索尔特的少女新娘死于产褥热。他们的婴儿也在几个星期后夭折了。索尔特因为悲伤而哭红了双眼。甚至在他写给外交部的信件中都能听到他的长号："上帝想用最大的灾难给我带来折磨。"[19] 他决定把小乔治娜和她的意大利外祖母送回托斯卡纳去，她们在那里至少可以摆脱沉重笼罩在领事馆家之上的埃及瘟疫。1824 年 7 月，乔治娜和年迈的彭萨太太从亚历山大港启程，索尔特再也没见过女儿一面。

她们走后，他埋头于领事馆的工作，企图从中找到慰藉。他一门心思地写长诗《埃及，一首描述诗》。词句极其笨拙，南方卢克索的一个名叫罗伯特·海伊（Robert Hay）的年轻绅士旅行家给朋友们大声朗读"索尔特先生所作的关于尼罗河及其诸多奇迹的好诗片段"，引来阵阵大笑。[20] 但索尔特的每一行诗句都是他一本正经地写下的，"作者遭受了巨大的折磨，此举全然是为了分散注意力"。[21] 他还倾尽全力破译象形文字，并就该主题撰写了一篇长文，却得知商博良此前已在很多问题上领先于他了。[22]

悲剧开始后一年，索尔特的第二批收藏也待价而沽了。这批收藏和他的小女儿一样，都在里窝那由他妻子的姐夫、银行家彼得罗·圣托尼（Pietro Santoni）监管。那些文物"会让（大英）博物馆的收藏成为世上最佳的埃及藏品"。索尔特如此说道，并且很高兴以它们为自己换得 600 英镑的年金。[23] 然而这一次他没有耐心讨价还价了："它如果可以去英国的话，那将会是我的荣幸；但不要再与大英博物馆交涉了，*索恩家族才是合适的对象*。"[24] 索尔特在这里引用了德罗韦蒂著作的一页内容：他首先会把自己的收藏献给自己的国家，但如果他们的行动不够迅速的话，他很乐意把收藏卖给出价最高的人，无论那人是谁。

让-弗朗索瓦·商博良听说索尔特的收藏在里窝那出售时，碰巧就在附近都灵新成立的埃及博物馆（Museo Egizio）研究德罗韦蒂的收藏呢。他亲自奔赴里窝那一探究竟，并对看到的一切十分欣喜："这批收藏绝对比德罗韦蒂的强……"他报告说，"金银雕像和物品的数量相当庞大；很多青铜物品的高度超过两英尺并饰以金银线，怎样赞美都不过分，欧洲此前从未出现过类似的东西。"商博良为了讲明自己的看法，继续写道："法国失去了德罗韦蒂的收藏，但收购索尔特先生的收藏，借之安慰自己的时机来了。要价……金额如此之小，以至于我不得不反复询价了好几次；只需花上最多 150000 法郎便可拥有大致相当于撒丁岛国王付了 450000 法郎才获得的东西。"[25] 参观过索尔特的收藏后，商博良在三个月之内便获得了法国政府的批准，开始和圣托尼议价；1826 年 2 月，法国以 250000 法郎买下了索尔特的收藏（当时约合 10000 英镑，如今则轻松超过 50 万英镑）。[26] "获得了其他任何博物馆都无与伦比的如此美丽的收藏，我与陛下共享欢乐……"彼得罗·圣托尼致信国王的管家时写道，"物主是我的好友……

（他）得知收藏（将要）安置在适合它的地方后，非常高兴能得偿所愿。"[27]

亨利·索尔特最终正是以这种方式得到了他的退休金，这笔钱不是来自他服务十年的英国政府，而是来自他始终与之为敌的法国人。但他就连安然返回英国的愿望也将无法实现。希腊的紧张局势正在紧要关头——英国干预的压力与日俱增，看来要跟在那里打仗的埃及军队对抗了，索尔特为了坚守岗位，不得不推迟动身的时间。"我对埃及彻底厌倦了，"他在 1827 年 5 月悲叹道，"我有大量的速写和笔记，足以让我消遣余生了，经历了这么多的变故，我想自己来日无多了。"[28]那年夏天的晚些时候，他"旧病复发"。索尔特在 10 月"仍非常虚弱"："在种种考虑之下，这最终让我决定到明年 4 月就不再拖延了。……我已为政府做了足够的自我牺牲。"在同一封信里，他告诉彼得罗·圣托尼，自己在当天寄出了第三批文物收藏，"这是一批精选的收藏，其中有趣的物品很多"。[29]

三个星期后，亨利·索尔特去世了。气候、疾病、压力，以及悲痛：看来说到底还是埃及杀死了他。他在最后的日子里饱受精神错乱的强烈发作以及超自然幻觉的折磨。"哦！医生，这是弗兰肯斯坦①！"他在有意识的最后时刻如此惊叫道。[30] 他就这样告别了埃及和他的人生，死时还被另一个人关于发现和重塑的致命实验的幻象苦苦折磨。

II. 法国复兴

索尔特的 117 箱文物抵达法国后，埃及收藏的天平显然倾向于巴黎一方。它预示着法国在埃及的形象，甚至法国在整个北非的影响等未来事件的走向。英国在文物上的优势地位这次转入法国之手，似乎也凸显了外交事务方面的趋势。1821 年，贝尔纳迪诺·德罗韦蒂在埃及从事了六年自己的个人生意后，又被重新任命为法国领事。"律师、军人、副领事、情人、丈夫、农场主、生意人、古文物学家，一切都无法让德罗韦蒂先生满足，他不安分的野心就是他失败的原因。"他的上一任领事、一个厌恶他的坏脾气老人如此抱怨道。但实际上，德罗韦蒂在这些行当里大都干得相当不错。他的复职（外加获颁法国荣誉军团勋章②）

---

① 弗兰肯斯坦（Frankenstein），1818 年玛丽·雪莱同名科幻小说中的人物。弗兰肯斯坦是一位科学家，他通过实验创造了一个怪物。怪物本来心地善良，乐于助人，但因为相貌丑陋，不为人类社会所容，他请求科学家再给他造一个同类，却遭到了拒绝。他的一生悲惨胜过快乐。他不顾一切地向人类复仇，最后与他的创造者一起同归于尽。

② 法国荣誉军团勋章（Legion of Honor），法国政府颁授的最高荣誉勋位勋章，以表彰对法国做出特殊贡献的军人和其他各界人士。1802 年由拿破仑设立，勋章绶带为红色，分六个等级。

证明，这位老波拿巴派人士是法国甚至波旁王朝在埃及多么不可或缺的代表。德罗韦蒂大概是穆罕默德·阿里最亲密的欧洲顾问了。任命他为领事有助于确保法国成为埃及最亲密的欧洲友国。

就算在滑铁卢战役后的这些岁月里，法国似乎仍在埃及四处插手。它指导了在长期看来或许是穆罕默德·阿里最重要的"现代化"计划：栽培长纤维的朱梅尔棉花。里昂人路易·朱梅尔本人负责管理穆罕默德·阿里在布拉格区的纺织厂。另一个引人注目的法国干涉领域就是埃及的军事，从 1820 年起，这个领域就按照欧洲的标准得到了彻底重建，也让英国人十分恐慌。[31] 1822 年，英国旅行家詹姆斯·伯顿看见"驻扎在法尔基奥（Farsiout）的一个阿拉伯军团如今在以欧洲的方式受训。……他们有欧式滑膛枪和刺刀，军鼓也是法式风格的敲法，军鼓队的少校是个法籍马穆鲁克。军官们也都是法国人和意大利人。"[32] 帕夏的顶级军事顾问名叫约瑟夫·塞夫（Joseph Sève），是个拿破仑时代的老兵，索尔特形容他是"一个真正的波拿巴派继承人"。据索尔特说，其他"为帕夏服务的法国军官……当然做了很多工作，但无人能与塞夫上校相比"，他在 1823 年皈依伊斯兰教，借此巩固了他与埃及的关系。"在变成土耳其人以后，"他

被提拔到贝伊（苏莱曼贝伊）的等级。……

> 我不觉得土耳其人是特意如此的……但他在圣诞
> 节上午收到皮上衣，并得到了晋升，就像特地要
> 激怒他宣布与之决裂的宗教一样。他费了这么努
> 力，毕竟还是个傻瓜——他出卖了自己与生俱来
> 的权利，来换取升迁的机会，而帕夏如今可以随
> 心所欲地砍掉他的头颅。[33]

法国人在埃及军队中的影响如此显著，以至于法国报纸授予"在（希腊）迈索隆吉①城墙下战斗的士兵以高卢－埃及人的称号"。这是一份野蛮的控诉，因为关于埃及人在那里实施暴行的报道引起了西欧近乎一致的愤怒。[34]

实际上，就像德罗韦蒂急于表明的那样，1826年，穆罕默德·阿里的军队里只有14名法国军官（还有16名皮埃蒙特人，4名西班牙人，以及5名那不勒斯人），但数目无关紧要。[35]穆罕默德·阿里起初求助的正是法国，他希望法国能提供一切，从"56名乐手以供组建两支法式军乐队，并教导本地的学生"，到接待44名埃及青年在巴黎学习，这是中东派往欧洲的第一批此类交换学生。[36]巴黎与开罗之间礼尚往来，比如巴黎送给穆罕默德·阿里的一辆马车和戈布兰壁

---

① 迈索隆吉（Missolonghi），又译作迈索隆吉翁，位于希腊埃托利亚－阿卡纳尼亚州南部，帕特雷湾北岸。希腊独立战争时曾于此城进行了一场长期围城战。

毯，以及开罗送给法国的文物和挖掘许可等。[37] 在索尔特看来，"帕夏殿下与法国宫廷之间的这种称得上是联盟的关系把两国拉得越来越近，法国政府的计划也不断获得成功"。[38]

索尔特在 1826 年写下这份急件时，那些"法国政府的计划"中包括鼓励穆罕默德·阿里宣布独立于奥斯曼帝国。法国欢迎埃及取得自治权，将其看作潜在的盟友以及英国和俄国在该地区利益的制衡力量。但法国和英国各自与穆罕默德·阿里的关系也开始超越两国之间长期以来在埃及的对立。在希腊迅速展开的各种事件，也对这些关系产生了持久的影响。

自从 1453 年拜占庭的君士坦丁堡落入土耳其人之手后，希腊就成为奥斯曼帝国的一个行省。18 世纪末，在盛行于欧洲的激进潮流的部分支持下，希腊开始形成了一个爱国主义的运动。1821 年初，革命在希腊本土全面爆发，目标在于从苏丹手中赢得独立。欧洲各国不愿介入。毕竟这是一起殖民地的叛乱，而英国虽然曾支持南美反抗其旧日的帝国对手西班牙的殖民地起义，但维持奥斯曼帝国似乎对于维护欧洲和平至关重要。但从俄国到英国，再到美国，公众都强烈同情希腊人。亲希腊人士冲向那里志愿提供支持——最著名的就是拜伦勋爵，1824 年，他在迈索隆吉死于热病。1827 年，希腊人向英国寻求专业的协助，他们聘用了一个英国将军来指挥希腊军队，并雇来了勇猛的海军上将托马斯·科克伦（Thomas Cochrane）勋爵，后者以前曾帮助智利、秘鲁和巴西赢得了各自的独立。与此同时，苏丹马哈茂德二世请求他最强大的下属的帮助。穆罕默德·阿里已为苏丹打败了汉志的瓦哈比派，并在1818年得到了回报：苏丹任命穆罕默德·阿里聪明好战的长子易卜拉欣为该省的帕夏。作为在希腊参战的回报，穆罕默德·阿里希望能得到苏丹赏赐的更多领土和头衔，无论是希腊，还是最让他垂涎的奖品：叙利亚。

在经验丰富的易卜拉欣的指挥下，埃及军队攻入克里特和塞浦路斯，轻而易举地维护了奥斯曼帝国的统治地位。1825年，易卜拉欣利用其父新组建的一支逾50艘军舰的海军，发动了对伯罗奔尼撒半岛的侵略。他一路展开了血腥屠杀。在迈索隆吉的科林斯湾（Gulf of Corinth），为期一年的围攻在1826年终于变成一场大屠杀，易卜拉欣的手下残杀了大约4000名四下逃散的希腊人。这起事件在西欧激发了一片愤怒。欧仁·德拉克洛瓦曾在1824年巴黎沙龙上用他描绘土耳其人在希腊的另一次暴行的油画《希俄斯岛的屠杀》（*The Massacre at Chios*）让观者震惊不已，他随即就在其画作《迈索隆吉废墟上的希腊》（*Greece on the Ruins of Missolonghi*）中讽喻了这一场景，这幅画"为了希腊人的利益"而在巴黎展出。[39]（三年后，德拉克洛瓦将会在赞美 1830 年法国革命的《自由引导人民》中，把全身女性形象"希腊"画成裸胸的自由象征。）在迈索隆吉面前，欧洲列强纷纷却步，不再向希腊人公开提供援助，而选择与奥斯曼人维持一种微妙的现状。如今，易卜拉欣的暴行迫使他们迈过边界，正式与希腊结盟。

索尔特给白厅写信，警告法国支持埃及独立的 1826 年见证了穆罕默德·阿里有绝佳的机会树立自己的威望。他的陆军占领了希腊，而海军——与法国顾问在布拉格区的船坞建造，并自夸有五艘法国造的战舰——则分布在伯罗奔尼撒半岛周围的海上。这一年还见证了英法两国陷入困境。这两个国家长期以来争相帮助穆罕默德·阿里发展和维护自己的势力，如今也各自公开帮助希腊的独立事业——因而也就公然与埃及的陆军和海军为敌。此外，如果希腊和埃及两国都获得了独立，奥斯曼帝国的整体稳定就会大打折扣。身陷西方各利益方的交叉火力之中，穆罕默德·阿里将会发现正是他的实力加速了他的垮台。因为当身在埃及的索尔特和德罗韦蒂还在为促进各自国家的利益而相互争斗时，在埃及境外，法国和英国已经在联手粉碎帕夏的势力了。

东西方的碰撞发生在伯罗奔尼撒东岸① 的纳瓦里诺（Navarino）湾。穆罕默德·阿里扬扬得意地对其

---

① 原文如此，应为西岸。

子易卜拉欣说，1827年9月初集结在那里的土耳其一埃及联合舰队"绝非你此前见过的那种舰队。它现在是一支现代化的杰出舰队，是穆斯林世界前所未见的"。[40]帕夏知道与亲希腊的欧洲联盟对峙在所难免，但他充满自信地认为自己只会损失几条战舰而已。欧洲联盟海军在湾口盘桓，希望能威吓埃及人撤军。

但易卜拉欣绝不让步。1827年10月15日，指挥亲希腊联盟的法国海军上将向在敌方埃及人的军队中服役的全体法国人发布了一封公开信。他建议他们现在就离开埃及海军，否则法国人将会被迫向同胞开火。五天后，盟军舰队驶入海湾，在停泊后的近距离，两支海军交火长达四个小时。傍晚，多亏盟军的火力优势，埃及和奥斯曼一方损失了60条战舰和6000人的性命：这是一场毁灭性的打击，损失至少是尼罗河河口海战的两倍。就这样，穆罕默德·阿里的希望和曾经帮助振兴这支海军的欧洲国家暂时打碎了。最后，索尔特和德罗韦蒂两人都未腾出手来处理英埃和法埃关系的危机：索尔特在战败的新闻到达埃及的前一天下葬，而德罗韦蒂当时正在法国休病假。[41]

希腊战争迫使法国缩减了对穆罕默德·阿里争取独立的援助，至少目前如此。但帕夏并未被自己的战败所动摇，他很快就开始重建海军，这次还是仰仗法国的支援（这进一步证明了欧洲列强在耍两面派）。纳瓦里诺海战后不久——据说穆罕默德·阿里在回顾那场战争时谴责更多的是英国而不是他的法国盟友，他认为后者是为压力所迫——德罗韦蒂促使他的朋友，也就是法国的盟友，执行了新的扩张计划。他提议法国设法控制最靠近的北非国家阿尔及利亚，不能直接入侵并占领这一地区，而应当"利用并协助总督征服那个国家；总督阁下此前已经战胜了另外两个挡住他去路的摄政区（的黎波里和突尼斯）了"！如此便可以让法国尽享殖民占领的好处，而无须付出代价；而穆罕默德·阿里则可以为埃及帝国进一步开疆拓土。这是个大胆的建议，但德罗韦蒂确信这绝不是不可能的。"尽管在我们英国人看来，这个计划极其庞大，甚至荒诞不经，"索尔特的继任者约翰·巴克（John Barker）报告说，"但当法国总领事详述执行细节时，一切障碍都消失了。"[42]（德罗韦蒂为何选择把他的计划与其英国对手分享，至今仍是个不解之谜。）也许德罗韦蒂知道，拿破仑在几十年前就曾考虑过入侵阿尔及利亚，那份草案计划当时仍然保存在巴黎各政府部门的档案中。不管怎么说，在这个拿破仑时期的老兵看来，就法兰西帝国在东方的扩张而言，埃及显然至少跟拿破仑本人30年前认为的同样重要。

最终，埃及在法国1830年春入侵阿尔及利亚的过程中没有起到任何作用。法军断断续续地经过将近20年的战争，才建立起威权并打败了埃米尔阿卜杜·卡迪尔（Abd el-Kader）所领导的抵抗运动；但阿尔及利亚很快便完全接受了法国的统治，先是作为一个殖民地，后来成为法国的一个羽翼丰满的省份。阿尔及利亚之于现代法兰西帝国，有点儿像印度之于英国：是与法国联系最紧密的东方殖民地，是法国首先赢得也是最后失去的领土。占领阿尔及利亚后，法国再次开始追求在海外的领土扩张。在接下来的几十年里，法国再次成为一个横贯大陆的帝国，领土从摩洛哥到马达加斯加，从塞内加尔到西贡，幅员堪与英国媲美；它也成为在中东地区领先的欧洲帝国力量。

然而，尽管 1830 年后成形的法兰西帝国在很多方面与旧制度的殖民事业有所不同，最明显的原因是"文明使命"的原则日趋详尽，但正如德罗韦蒂的计划所表明的那样，新帝国也有着历史悠久的先例。转向北非是法国插手该地区（特别是埃及）的漫长历史上的立足点。可以说，如果法国没有在某种意义上在埃及站稳了脚跟，也就不会转而征服阿尔及利亚了。入侵阿尔及利亚在某种程度上类似于拿破仑入侵埃及：两次侵略都不是全新的计划，而是某种过往计划的延续。这生动地证明了法兰西帝国有着多么强烈和持久的东方野心，这种野心甚至跨越了表面上数十年的静默期，可以一直追溯到"七年战争"时期。

1829 年 6 月，德罗韦蒂离开埃及时，他关于法埃征服力量的那个"庞大甚至荒诞不经"的计划尚未实现。但在他离开一个月后，法国的新领事让－弗朗索瓦·米莫（Jean-François Mimaut）描述了"一个引发深刻思考的……奇异场景"，可以证明法国与埃及之间历久弥新的纽带。那是个晴朗的夏日，作为"法兰西国王领事"的米莫"在亚历山大港古代遗迹的断垣残壁上，坐在总督和他儿子的中间"。他们身后就是亚历山大港少数依然矗立的古代纪念物之一，庞培柱 ①。面前是如今消失了的法罗斯岛灯塔（Tower of Pharos）的原址，那是古代世界的七大奇迹之一，如今，穆罕默德·阿里在那里建造了一座新的宫殿。他们聚在那里"观看从（希腊的）摩里亚 ② 归来的军队游行"。米莫看着士兵从面前走过，满心欢喜，他显然百感交集，"在四面白旗（法国波旁王朝的旗帜）下列队行进，耳边充斥着'亨利四世（Henri IV）万岁'的呼喊声"。[43]

　　德罗韦蒂出发前往欧洲之时，面对英国在奥斯曼帝国和整个亚洲世界的老大地位，法国和埃及之间却长期维系着一种"特殊的关系"。尽管英国和法国或许在共同关心的国际问题——比如希腊的独立——上同心协力，在埃及，他们的政治和文化对抗却愈演愈

---

① 庞培柱（Pompey's Pillar），埃及亚历山大港的一根罗马凯旋柱，也是当时罗马帝国首都罗马和君士坦丁堡以外最大的一根凯旋柱，使用整块红色阿斯旺花岗岩建造，采用科林斯柱式。

② 摩里亚（Morea），中世纪和近代初期希腊伯罗奔尼撒半岛的名称。

烈。法国彻底把埃及变成殖民地在政治上或许不大可能（实际上也无须如此），但它仍然渴望能夺取古埃及。这正是让－弗朗索瓦·商博良个人准备去做的事情，这是从学者们到那里以来在埃及发生的最大规模的法国收藏文物的战事。

III. 保护者与破坏者

1828 年 8 月，商博良"抵达……埃及这片土地，我盼望已久的地方"。纳瓦里诺海战九个月之后，其影响依然清晰可见：商博良看到亚历山大港有欧洲舰船巡逻，其中的一些正准备把埃及士兵从伯罗奔尼撒撤回来；港口挤满了埃及舰队残余的船只，都尽其所能地做了修补。（"这种各国船只不分敌友共聚一堂的大杂烩是一个非常怪异的景象，有可能是史无前例的。"商博良如此评说。）[44] 他这次带领一个学术使团"法国—托斯卡纳代表团"（这么叫是因为托斯卡纳大公也派了几位学者参与），其性质与拿破仑的学者使团相似，从而把另一个国家带到埃及来搜罗文物。这个团体花了 12 个月来研究埃及，在开罗和尼罗河谷的现场努力工作（单在底比斯和卢克索就花掉了他们半数的时间），一丝不苟地制作图纸，复制象形文字。商博良不厌其烦地指出《埃及记述》充满错讹，他的目标是取而代之。

但代表团的主要目的是搜罗文物。商博良得到授权（尽管预算不如他希望的那么多），可以以他的查理十世博物馆的名义进行挖掘和购买文物；德罗韦蒂也为他从帕夏那里取得了挖掘所需的费明。商博良受到国家资助的旅行标志着德罗韦蒂以企业家的方法进行文物收集活动的终止。（两人之间似乎还有些敌意，这很可能是因为尽管两人是同胞，却也是收藏上的对手。）[45] 领事们彼此竞争的时代就要结束了。亨利·索尔特死了（商博良很遗憾自己没见过他），德罗韦蒂的健康状况也日益恶化，他在商博良到来几个月后便永远离开了埃及。[46] 一种围绕着新制度和目标的不同的收藏文化正在埃及逐渐成形，欧洲（特别是欧陆）的博物馆、大学和学术团体通过赞助考古探险，在收藏上起到越来越积极的作用，时至今日依然如此。但更大的变化是，欧洲人头一次开始讨论保护、保存和登记文物，而不仅仅是把它们像被屠杀的大猎物一般拖走。"希望……浪费不是此次访问埃及壮丽遗迹的目标。"《亚洲学报》（*Asiatic Journal*）在报道商博良的探险时如此狡黠地评论道。[47]

这种挖苦的话会出现在英国的报纸上并不奇怪，因为当商博良受法国国家的委托搜罗文物的时候，可想而知，最大的反对之声自然来自英国人。正如商博良学者式的方法取代了德罗韦蒂的收藏风格，埃及的一群移居海外的英国人获取文物的手段也与亨利·索尔特截然不同。这些人浸淫在现代和古代的埃及文化中，开始提倡保护事业，而不是收藏。他们公开反对商博良和法国人的做法，表明自己的观点。在国家出资和私人收藏活动之间，在回家和入乡随俗之间，以及最为持久的，在拿走和就地保护之间，新的二分法围绕着旧时的英法对抗，合而为一。

　　如果说商博良的探险表明了1820年代法国收藏界的民族主义刀锋是如何锐利起来的话，那么这些英国人就与上一代生活在帝国边疆的各种收藏家形成了鲜明的对比。在战前，富有冒险精神的欧洲人来埃及休闲旅行的屈指可数，到了1820年代，埃及成为很多人旅途中添加的异国情调。越来越多的英国军官在往来印度的旅程中途经这个国家——这条路线在1830年代后期轮船面世后变成了常规航线。贝尔莫尔伯爵及其家族，以及夏洛特·克莱武的小叔子普拉德霍勋爵（后来成为诺森伯兰公爵）阿尔杰农·珀西①等绅士古文物学家和贵族都循着15年前瓦伦西亚子爵的足迹展开游历。为《埃及记述》中壮丽的彩色插图和新埃及设计的时尚所吸引的艺术家和建筑师，纷纷来到上埃及绘画，其中便有索恩博物馆的未来馆长约瑟夫·博诺米（Joseph Bonomi），以及后来因

---

① 阿尔杰农·珀西（Algernon Percy，1792~1865），英国海军军官、探险家和保守党政治家。他在12岁时加入皇家海军，并参加过拿破仑战争。1816年因战功而获封普拉德霍子爵（Baron Prudhoe），1847年继承了无后的兄长的诺森伯兰公爵（Duke of Northumberland）爵位。

有关尤卡坦（Yucatán）玛雅遗迹的绘画而出名的弗雷德里克·卡瑟伍德（Frederick Catherwood）。（卡瑟伍德在拉丁美洲的合作者暨雇主约翰·劳埃德·斯蒂芬斯［John Lloyd Stephens］在去墨西哥之前，也曾访问过中东。）总之，英国人来了，人数远胜以往。尽管法国把埃及的一切都奉若神明，从1798年到1850年，英国人却出版了比法国人多一倍的埃及游记——远远超过了100种。[48]

其中的一些旅行家来时计划待上几个月就走，但最终却滞留了数年。"我本该……在1823年6月或7月时抵达英国的。但那年匆匆而过，直到1835年圣诞节前两天，我才踏上了多佛尔（Dover）的码头。"埃及最著名的英国侨民之一詹姆斯·伯顿如此写道。[49]伯顿是一个富有的房地产商之子（詹姆斯的弟弟就是著名的建筑师德西默斯·伯顿［Decimus Burton］），从剑桥毕业后想找件更刺激的事情来做，而不是听从父亲的劝说受训成为律师。英国的现实生活限制重重、单调乏味，而开罗是个诱人的逃离出口。[50]待的时间比预期更长的另一位旅行家是伯顿的朋友、哈罗公学和牛津毕业生约翰·加德纳·威尔金森（John Gardner Wilkinson）。威尔金森在古文物学家威廉·盖尔爵士的煽动下去了埃及，因为那里是古代世界里相对陌生的部分，值得一位富有进取精神的绅士学者去探索一番。他于1821年到达那里，12 年以后才回国。

这些年轻、富有、有教养，而且一般来说出身良好的英国侨民与作为外交官、商人或帕夏的全职雇员而生活在埃及的欧洲人相当不同，并显然和他们保持着距离。伯顿、威尔金森和朋友们避开自给自足的开罗"法兰克人区"，居住在城市曲曲折折的中世纪小巷里，在装饰着迂回的马什拉比亚[①]风格木制阳台的高大的灰泥房子里。他们学习阿拉伯语，穿土耳其衣服，还学会了用手抓饭吃。他们在开罗臭名昭著的奴隶市场买女人，这些人往往会成为他们的情妇，有的则成了妻子——当时正是英国废奴情绪高涨的时期。他们请索尔特的译员奥斯曼·埃芬迪（Osman Effendi）替他们处理一切杂务。奥斯曼是个理想的中间人。他出生在珀斯（Perth），本名威廉·汤姆森（William Thomson），1807 年随英国侵略军来到埃及。他是哈米德战役的 400 名战俘之一，后来皈依伊斯兰教，并在埃及永久定居下来。（在为索尔特服务之前，奥斯曼曾是布尔克哈特忠实的随从；后来他还照看过索尔特那个有一半英国血统的私生子。）

略晚一些，1840 年代住在开罗的约翰·弗雷德

---

① 马什拉比亚（mashrabiyya），阿拉伯住宅的一种独特的建筑风格。它是一种以木雕格子架包围起来的二楼飘窗，往往衬以彩色玻璃花窗。这种阿拉伯传统建筑元素自中世纪沿用至今。英语中将这种风格非正式地称为"后宫窗户"。

罗伯特·海伊所绘的侨民在陵墓里的生活

里克·刘易斯（John Frederick Lewis）在他细节完美的画作中对这个社会环境有过一瞥。但关于英国人在1820年代如何适应了这种东方生活方式的精彩叙述，却是另一位著名的侨民罗伯特·海伊留下的。海伊来自一个拥有悠久传统和广阔土地的苏格兰家族。1812年，他年仅13岁便加入海军——1818年首次随海军巡航游历了地中海东部——但两位兄长的死亡（其中一个在滑铁卢阵亡）让他意外获得了遗产和庄园。海伊是个才华横溢的艺术家，他决定重返东方，为埃及编纂一份视觉记录。[51]

1824年11月，海伊头一次在开罗度过了完整的一天，他写道："今天上午，我的第一个行动是试图剃掉一部分头发，因为我有意观察这个国家的装束。"
他随后拜访了亨利·索尔特，在那里遇到躲在角落里
的索尔特的一个代理人，那人穿着一件领子拉到下巴
的肮脏长袍，这"几乎让我以为那是一头裹着布尔努
斯袍 ① 的猪猡，而不是一个英国人。上的咖啡是土耳
其式的"，在这以后，海伊在奥斯曼的陪同下拜访了
詹姆斯·伯顿。"在伯顿先生宅邸附近，我看见他家
的一位女士正往窗外看，他在这方面活得像个土耳其
人"——让女性亲属远离公众的视野——"但他绝非
是独一无二的。"当时护送海伊回家的奥斯曼，"举止
全然是土耳其人"，"他对我的建议的回答让我觉得，
如果他能回爱丁堡去，也绝不会后悔"。[52]

　　然而，海伊却在埃及非常快乐地又生活了十
年，他在自己的希腊新娘卡利察的陪伴下，生活
在开罗和底比斯两地。到 1826 年，他发觉开罗的
欧洲人社区就像他起初认为的阿拉伯人社区一样陌
生，鄙视地说："我进入法兰克人区的感觉就像进了
新门监狱 ② 一样——与他们保有联系令人羞耻。实际
上，就连看到他们穿的外衣和帽子都让我不快，如果

---

① 布尔努斯袍（bournoose），据《柏柏尔人百科全书》说是一
　种粗毛织物的带风帽长斗篷，通常为白色、米色或深棕色，
　起初是阿尔及利亚的柏柏尔人服装，后传播到马格里布地区
　的其他地方。
② 新门监狱（New Gate Prison），伦敦的一所监狱，重建于
　12 世纪，1904 年拆除。

有人穿着那样品味低俗的服装来我家，我会觉得很难过。"[53] 后来有一次去开罗时，海伊与或许是最大的"东方通"爱德华·威廉·莱恩（Edward William Lane）同住。莱恩的朋友们都称呼他为曼苏尔 ①，他在 1825~1849 年期间断断续续地生活在埃及，对阿拉伯语非常精通，他买了一个名叫内费瑟的奴隶女孩，后来娶她为妻，还为几本关于埃及的著作积累了大量资料。其中就有经典之作《现代埃及人的风俗习惯》（*Manners and Customs of the Modern Egyptians*，1836），莱恩用自己的大量版画作为其中的插图。[54]

这一切在某种程度上都是亨利·索尔特从未梦想过的（用维多利亚时代后期的话来说）"入乡随俗"，而且他也并不完全赞同如此。1824 年 10 月，索尔特在开罗发布了一个通告，按照詹姆斯·伯顿的解读，是"声明他将不会保护那些身穿土耳其服装，或效果大致如此的英国臣民"。[55] 伯顿的总结略有夸张：实际上，发布这份通告是为了回应近来要求英国保护的各种马耳他人的要求的，他们本是大英帝国的臣民，现在却为穆罕默德·阿里工作。"他们一旦为帕夏服务，"外交部指示索尔特说，"就自然取消了由自己的政府提供即时保护的权利。"[56] 然而，伯顿和威尔金森在中世纪开罗的中心地带同住一幢房子里，还特意穿

---

① 曼苏尔（Mansoor），阿拉伯人名，意为"胜利者"。

着土耳其式（*à la Turque*）的服装，他们把索尔特的声明看作对个人的冒犯。他们向领事表示抗议，而后者则粗鲁地回答："只要你们还待在埃及，我就忍不住要强烈建议你们穿欧洲服装，否则你们就要自行承担由于穿着东方服装所引发的任何不愉快的后果。"[57] 伯顿和威尔金森愤怒地回了信。他们穿着土耳其衣服，就像数世纪以来的欧洲旅行家在埃及所做的那样，"为了我们即使在开罗工作时也不致遭遇阻碍"。他们争辩说，穿着欧洲服装招摇过市就是在惹麻烦，这也是帕夏"向他的雇员们提供土耳其服装"的原因。总之，他们"像以往任何时候一样完全坚信"无论他们穿什么样的衣服，也无论他们选择什么样的生活方式，都"有权利作为英国人而受到英王陛下领事的保护。"[58]

这次交流中必定有势利的成分：威尔金森和（随身带着录有威廉·盖尔爵士《盐水诗篇》的笔记本的）伯顿都对社会地位低于他们的索尔特不屑一顾——伯顿尤其如此——也都明显乐于挑战他的权威和对他屈尊俯就。但当这些年轻人享受炫耀其新奇的生活习惯时，这起事件也表现出他们对自己所采用的埃及姿态的认同自有其局限——或者说无论如何都暴露出他们说到底还是英国人。这一切对于他们来说就是戏服。在戏装之下，他们仍是生来自由的英国人，能在他们选择的两种形象之间自由切换。从这个意义上来说，伯顿、威尔金森、莱恩及其同辈都是老练的文化偷窥者，他们在伪装之下观察埃及，这与 18 世纪末期身处勒克瑙的波利尔及其友人颇为不同。

然而，这种东方通的生活方式只是他们在埃及生活的一个方面。其中有很多人像他们生活在现代埃及一样，彻底地沉浸在古埃及中。他们长期生活在众法老的墓场底比斯，这座古城镶嵌在尼罗河畔的一条岩脊上，河对面就是卢克索。从远处看，底比斯就是一条光彩夺目的金红色石带，郁郁葱葱的农田平原将其与河水隔开，其上点缀着椰枣树和泥墙的房屋。靠近一些，就开始注意到石头上的一些小黑点。每一个都是通往一个陵墓的入口：这座山岭被古代亡灵的葬身之地掏成了蜂窝。山脊的另一边就是神奇的帝王谷，法老们被深深地葬在地下的迷宫里，身边堆满了他们在阴世聊以自慰所需的所有财宝和符咒。近侧面对尼罗河的普通坟墓里葬着埃及的贵族，墓室里画着日常生活的场景。没有哪里保留下来的古埃及比这里更加惊人了，也没有哪里得到过比这里更加详尽的研究和挖掘。

亨利·索尔特正是在这里，在贵族的坟墓中间，面对河景建造了一幢房子——这是底比斯山脊上多个世纪以来建造的第一幢房子——坐落在一个叫作古尔纳（Gurna）的村子里。他自己来底比斯时就住在这里，而他的主要代理人、出生于希腊的扬尼·阿萨纳西（Yanni Athanasi）在那里监督挖掘，一直住到

1830年代。但罗伯特·海伊和约翰·加德纳·威尔金森比索尔特更进了一步。与古尔纳的阿拉伯村民古尔纳人一样，他们也在陵墓里面安营扎寨。罗伯特·海伊住在拉美西斯四世的陵墓里，他的艺术家朋友们把营地设在附近的拉美西斯五世和六世的陵墓中。威尔金森在半山腰的一处大陵墓里安置下来，他添加了围墙和大门，把这个地方变成了一座大房子。他们在这里投身于研究和记录遗迹，成为虽无其名却有其实的埃及学家。1831年造访埃及的本杰明·迪斯雷利（Benjamin Disraeli）"在底比斯花了一个星期，听取威尔金森先生等人的进展情况，（威尔金森）是个博学的英国人……他可以为你解读方尖碑侧面或是塔门正面的碑文，其纯熟程度就像我们阅读最新一期的《季刊》一样"。[59] 詹姆斯·伯顿关于帝王谷的笔记是他在1825年的一次长期逗留期间所做的，这份笔记

古老陵墓内外的古尔纳村

在 1990 年代被用来重新发现了拉美西斯二世儿子们的陵墓，那是帝王谷中最大的一座。[60]

1829 年 3 月，让－弗朗索瓦·商博良和他的法国—托斯卡纳代表团在尼罗河卢克索一侧的一个古代码头停泊下来。他们将在此地待上半年，主要是描画和复制帝王谷与古尔纳的碑文。商博良正是在卢克索的这几个月里构想出到那时为止最宏大的法国收藏计划。卢克索神庙前矗立着两座方尖碑，它们是迄今依然屹立不倒的方尖碑中最壮观的，或许也是最精美的。商博良决定把其中的一座带去法国。1828 年 10 月，穆罕默德·阿里在亚历山大港分别向英法两国赠送了两座小型的方尖碑："克莱奥帕特拉方尖碑"①。但"如果政府希望在巴黎拥有一座方尖碑"，商博良坚称，"就该拥有卢克索的某一座，这事关国家荣誉"。[61]在法国人执着的游说之下，穆罕默德·阿里同意调换。1831 年，法国政府派遣由伊西多尔·朱斯坦·塞弗兰·泰勒（Isidore Justin Séverin Taylor）男爵（此人的名字很有些不可思议）率领的特别代表团，用名

---

① 克莱奥帕特拉方尖碑（Cleopatra's Needles），三座古埃及方尖碑的总称，它们在 19 世纪分别重新竖立在伦敦、巴黎与纽约。伦敦和纽约的方尖碑是一对方尖碑，而巴黎的方尖碑则来自不同的地区（卢克索）。虽然方尖碑是真正的古埃及方尖碑，但是有些名不副实，因为与埃及女王克莱奥帕特拉七世没有存在特定的联系，其历史比她的时代还要古老一千多年。

唤"卢克索号"(*Louqsor*)的一条特别设计的船运走
了一座卢克索的方尖碑。1833 年，这座方尖碑竖立在
协和广场（如今仍立在那里），部分是为了纪念商博
良，后者在此前一年便英年早逝，年仅 42 岁。[62]

　　法国自豪地庆祝了这一事件，但英国人则对这种
据为己有的行为冷嘲热讽。正当法国人威风凛凛地载
着纪念碑去巴黎时，英国侨民们开始围绕就地保护文
物这个概念形成自己的观点。英法文物竞赛不再是简
单地掠夺战利品了。这种竞赛还包含着两种不同的国
家身份之间的竞争，表现为相反的意识形态和收藏方
法。"卢克索号"还在路上的时候，威尔金森在底比
斯致信海伊说："我们每天都预料法国人要来，这已经
让我肝火大发了。"[63] 英国侨民们对此十分反感，这种
反感不只是德罗韦蒂的手下击败贝尔佐尼而窃取了重
要发现时，后者所感受到的那种失败的怒火。他们的
盛怒至少部分源于对一个古代遗址的永久毁损。造访
巴黎的游客在看到协和广场的方尖碑时，或许认为它
雄伟壮丽，而看到卢克索神庙前只剩下一座倾斜的方
尖碑时，就像一个人微笑时却看到他缺了一颗门牙一
样。不过夺走方尖碑在威尔金森等人看来并不新鲜。
他们早就见过商博良采取行动了，也知道他会有多冷
酷无情。

　　1829 年春夏，商博良和他的团队都待在尼罗河的
西岸。4 月 2 日，他为祝贺小女儿佐拉伊德（Zoraïde）

的五岁生日，举办了一次聚会。（主菜是"辣酱小鳄鱼"①，但遗憾的是"它在晚上变质了——鳄鱼肉腐烂变绿了"。）64 聚会的场地是如今仍被称作贝尔佐尼之陵的塞提一世陵墓的一间墓室。两个月后，这座陵墓里发生了另一起不那么愉快的事件。詹姆斯·伯顿的朋友，住在古尔纳、与罗伯特·海伊一起画图的艺术家约瑟夫·博诺米向伯顿完整地报道了那次事件。

6 月的一天，一个为英国工作的挖掘者来找博诺米，告诉他说"锯木工们已从开罗来到此地，准备在贝尔佐尼之陵切走各种浮雕——他要求我和他一起阻止商博良切割并拿走他（挖掘者）认为属于英国的东西"。博诺米立即致信商博良：

古尔纳，1829 年 6 月 13 日

先生，

我得知在您的命令下，某些人已经抵达古尔纳，来到由已故英国领事索尔特先生出资、贝尔佐尼打开的（帝王谷的）陵墓切下某些浮雕。如果此事确为阁下的意图，我身为英国人和文物爱好者，觉得自己有责任用一切理由劝阻您野蛮行事，至少要等到您得到现任总领事或穆罕默德·

---

① 原文为法语 *jeune crocodile à la sauce piquante*。

阿里的批准方可如此。

您最忠实的仆人

约瑟夫·博诺米

商博良翌日（以法语）回信：

先生，

　　我也履行法国人的职责告诉您，在埃及，除了帕夏之外，我并不认可任何其他的权威，我不必请求任何人的批准，更不会请求英国领事的同意。……

　　毫无疑问，先生，有朝一日您将有幸在法国博物馆里看到塞提一世陵的某些半浮雕，这是拯救它们免于即将来临的毁灭的唯一方式（陵墓容易受到渗水的破坏），而我只是作为文物真正的朋友才将此计划付诸实施的，因为我是把这些纪念物拿去保存，而不是售卖。

我深感荣幸，余不赘言

小 J. 商博良

　　这可不是个吉利的答复。博诺米勃然大怒，却也无能为力。随后，一位托斯卡纳学者提出了一个妥协的建议：锯木工继续为卢浮宫切割浮雕，但也为大英博物馆切下了一块。这让博诺米心满意足，不再提及此事。[65]

　　但得知这一切的詹姆斯·伯顿对此很不以为然。他与商博良曾经因为开罗一座清真寺里发现的一块三语石碑发生过口角。伯顿是在几个月前发现这块石碑的，并以发现权为由将其视为己有；但商博良直截了当地无视这一传统，从清真寺里切走了石碑。"他擅自侵吞这座陵墓……就像他在三语碑事件中的所作所为一样，如果这不是纯粹的法国式做法，那无论如何就得说，商博良先生是在拿破仑派学校里受的教育了。"伯顿对英国领事约翰·巴克愤怒地说道。至于他声称"把这些纪念物拿去保存"，伯顿继续道，"商博良先生或许保存了纪念碑起初的状态，而那座纪念碑早已经受了 30 或 40 个世纪的考验，他可以在全世界的面前为自己争得更多的荣誉"。[66]伯顿已致信博诺米，让他声明放弃大英博物馆对切割下来的浮雕的权利；巴克"完全同意"他"认为博诺米先生代表大英博物馆提议或接受帝王陵墓亵渎神灵的战利品，都近乎不义"。[67]但肮脏的交易业已达成：陵墓已遭切割。在商博良带回自己的博物馆的"各种规格的全部纪念物"中，他认为来自陵墓的浮雕是"送往欧洲的"两件最"美丽的埃及物品"之一，"这一定要立即送往巴黎，并像是我探险所获的奖杯一样跟随着我：我希望（它）能留在卢浮宫里，作为对我的永久纪念"。[68]

　　事实证明，争论双方所用的语言远比陵墓本身更有弹性。善意的解读或许是，商博良和伯顿两人都很真诚地表现出对文物保护的明显关注。的确，商博良在1829年离开埃及时，向穆罕默德·阿里提交了一份研究报告，敦促他保护几座摇摇欲坠、濒临毁灭的神庙，并停止"挖掘者或其雇员出于无知和贪婪"而对遗址进行的"野蛮破坏"和掠夺（特别是在古尔纳和帝王谷）：也就是文物贩子和埃及农夫的所作所为。[69]如果人们接受伯顿和商博良两人呼吁保护文物的字面意义，那么英法两国人在陵墓上的争论就引出了一场至今仍在进行的论战。是应该像商博良坚持的那样，将文物搬离有风险的原址来保护它呢，还是像伯顿认为的那样，找到一种方法在原地保护文物？换一种说法，把物品从其原本的位置搬走，其本身是否构成了一种破坏？这些当然恰是如今人们围绕大英博物馆的埃尔金石雕，以及世界各地其他有争议的文物所争论的问题。

在埃及背景之下的这种争论在当时是全新的。但在伯顿与商博良之间的敌意中，有往日的因素在起作用，这种因素可以追溯到伯顿对"商博良先生从我手里抢走的"三语碑而生发的愤怒。（在伯顿及其朋友们看来，商博良有把一切功劳都归为己有的倾向。"我认为，这里的少数旅行家最好能把他们的研究以字母表的顺序开列清单……否则，他们的劳动成果便都会变成'我的美丽发现'〔belles découvertes que j'ai fait〕。"伯顿在致威廉·盖尔爵士的信中如此写道。)[70] 这种文物保护的争论为人们熟悉的英法长期冲突穿上了新衣。伯顿毕竟不是无条件地反对所有的收藏。实际上,贝尔佐尼之陵事件让他确信,"商博良有第二次机会自行占有另一项财产的这种非常情况,将促成对帕夏提出申请,把两座卢克索方尖碑中的一座或全部都留给英国政府"——那正是数年后威尔金森等人愤怒地看着法国搬走的那座方尖碑。伯顿判断,在索要这座方尖碑一事上,"我并不认为我们会有充分的理由被控犯下了与我们谴责的对手们同样的罪行"。在他看来,切割陵墓(因为贝尔佐尼的发现,这无疑是属于"英国人"的)是一种肆意破坏之举,与拿走立在露天的纪念碑截然不同。[71]

新兴的文物保护论调中有最后一个相当麻烦的部分。商博良论调中的优劣势十分清楚。在他看来,埃及人对自己的文化遗产并不负责,因此,欧洲人需要介入此事。他在某种程度上是对的。在一本 1841 年出版的充满激情地讨论文物保护的小册子里,美国驻埃及领事乔治·格利登(George Gliddon)列举了自从法国入侵以来被毁灭或严重破坏的十几处知名的遗址,那里的石头被拿走烧制石灰,或是运去建造穆罕默德·阿里制造硝石和蓝靛的新工厂。[72] 和商博良一样,格利登也敦促西方国家采取行动,制止这种破坏行为。然而,虽然看起来和呼吁文物保护一样高尚,它们却与支持法兰西帝国的整个文明使命的家长式言辞一模一样；因此也和当时的英国管理者在印度的政策不分轩轾。对现代埃及一知半解的"埃及人"商博良会采取这种立场，也就绝非意外了。

那种指控落不到海伊和伯顿等提倡文物保护的英国人头上，但他们所提出的问题在某些方面来讲更令人困惑。该怎样调和这样的事实：正是这些最"了解东方"的英国人——他们与现代埃及的关系似乎恰好体现了如今遭到广泛批评的那种居高临下的观点——同时又是最同情文物保护的倡导者？以罗伯特·海伊为例，他经常在底比斯的陵墓家园里穿着全套的土耳其服装四下闲逛，孜孜不倦地反对"破坏埃及的古代纪念碑"！[73] 他悲叹阿拉伯人和欧洲人同样都在破坏神庙和陵墓。说到索尔特的代理人扬尼，海伊批评"他在索尔特先生关于保护陵墓的错误看法下获得的对毁灭它们的热爱，企图把绘画从墙上割下来"。海伊预见到现代考古学的方法，还敦促挖掘者把"每一件东西都登记下来……因为我有理由知道，外表微不足道，但在其他方面非常有趣的东西常常会被扔到一旁，最终因为拥有者的无知而完全不知去向"。[74]

最善意的答案是，伯顿、海伊和威尔金森等人在本质上都是浪漫的，他们完全是出于对埃及的纯粹的爱，无论是现代还是古代的埃及。人们会说，无论他们的理解有多不完整或不完美，他们的意图基本上都是好的。最恶意的答案是，他们说到底还是帝国主义者，用一种傲慢的特权意识将现代和古代的埃及都据为己有。但第三种解读似乎最有说服力。他们或许不是以文物为主的收藏家，但他们仍算是收藏家：是记录考古学资料和文化体验的原始埃及学家和原始人类学家。而且作为这种新式的收藏家，他们也会进行一种自我塑造，过着叛教者那样自我流放的生活，故意藐视英国社会的种种限制。他们是边缘人物吗？在英国的时候不是，至少没有到索尔特或贝尔佐尼曾经的程度。但从某种意义上来说，他们利用埃及来假扮边缘人物，甚至反常地把自己塑造成边缘人物。1836年元旦那天，詹姆斯·伯顿在他位于"海边的圣伦纳德"（他父亲开发的镇子）的新家致信罗伯特·海伊，带着18世纪从印度归来的帝国回归者的那种悲壮写道：

> 我自打归来后仍在<u>沉闷</u>地左思右想。我还无法克服这里令人沮丧的气候，缺乏阳光、阴郁的天空，让人咳得<u>面红耳赤</u>、撕心裂肺的浓雾，这里的伞，还有需要穿双层法兰绒印度橡胶厚大衣的天气。此外，我发觉自己靠波尔多红葡萄酒和松露为生的日子太久了，而你们英国的波尔图葡萄酒、雪利酒和污糟糟的麦芽啤酒会引发胃病，我认为，这大大加重了我沮丧的心绪，并放大了

社会的恼人程度。[75]

对他来说，回到英国显然是个令人不快的后退：一个情愿逃离之人回归了"正常"的生活。

在欧洲势力的扩张下，这样的一个位于帝国边缘的边境地带变成了特权人士以成为边缘人物来寻求慰藉，而不是边缘人物寻求特权之地，又该如何解读？这种东方的探险在很大程度上比前一两代人更方便也更容易。英国的审美家和古文物学家在埃及度过的时光，在某些方面就像美国的大学生如今利用暑期时间在中美洲挖井一样：是非正式的帝国里的人性化行为。与此同时，他们通过适应文化差异来寻求个人的再造，其做法与18世纪印度的更加边缘化的某些前辈差不多。他们绅士风度的自我塑造实验既表明了英国派头和帝国力量的稳定，也体现了置身于东方社会的欧洲人的一种持续的冲动和能力。

1835年，威尔金森、海伊和伯顿都回到了英国，商博良去世了，德罗韦蒂退休去了皮埃蒙特，而贝尔佐尼和索尔特则被葬在非洲的不同地方。但他们合力改变了埃及的收藏文化和帝国。自从1801年英法为了埃及而公然为敌以来，出现了一场文物的战争——随之而来的还有欧洲人对待古代和现代埃及的态度的矛盾。西方对管理古埃及的新主张实际上把一切兜了个大圈又带回到原地：从帝国到搜罗文物，再返回帝国。保护并未终结文物收藏。相反，它在欧洲人对埃及的主张中注入了家长式的正当理由。那些思潮是如何聚合一处的，将在 1830 年代后期，在穆罕默德·阿里最终与英法两国的终极对峙中显现出来。

IV. 收回

时代不同了，一个明显的标志就是亨利·索尔特的领事继任者约翰·巴克发现他的收藏品根本卖不动。"<u>大量……珍贵的</u>文物……因为不知道它们的价值而无人甘愿犯险购买它们。对于埃及文物的嗜好（品味）似乎已经过去了！市场好像存货过多。"[76] 1831 年，他的儿子爱德华如此悲叹道。从某个层面上来讲，爱德华·巴克（Edward Barker）大错特错了：对文物的"嗜好"影响了越来越多的欧洲和美国博物馆参观者、古文物学家和游客，从 1840 年代开始，他们定期乘坐半岛东方公司的轮船前往印度。[77] 但创业式的高利润高姿态的收藏已属于过去。如今，西方的兴趣越来越转向那些无法收藏的文物：埃及的神庙和陵墓。帕夏过去屡屡接到申请挖掘的费明，如今却收到了西方人请求他阻止破坏和掠夺遗址的请愿书。

穆罕默德·阿里如何回应文物保护的呼吁，又如何应对西方人对他们所代表的收藏态度的转变？他的做法既有创意又有新意。1835 年 8 月 15 日，帕夏颁令禁止一切文物出口，并提议在开罗建立一个博物馆。埃兹贝基亚王宫的一个大厅被清理出来为新的收藏腾地方，知识分子后起之秀埃及人里发阿·塔哈塔维（Rifa'a al-Tahtawi）被任命为负责人。塔哈塔维作为埃及与欧洲之间的第一批交换学生，在前学者埃德姆－弗朗索瓦·若马尔的保护下度过了五年的巴黎生活，最近刚刚回国。塔哈塔维在卢浮宫的美术馆里见过埃及的文物；他在1834年出版于开罗的那本流传甚广的旅居法国回忆录里说，埃及人应该"保护祖先留给他们的饰物和作品"。塔哈塔维后来撰写了一部伊斯兰教之前的埃及史，并与他人齐心协力激发同胞对法老时代的兴趣。[78]

该法令是世上第一个由国家通过的保护文化遗产的立法，也是帝国收藏史上的一个关键之举。法令颁布后，埃及实际上在文物领域宣布独立于欧洲干涉，并接手了自己遥远的过去。[79]法令还对大多数国家身份的一个重要方面提出了主张：包装和控制国家历史的能力。但与很多前瞻性的提案一样，这个法令也遭到了质疑，并最终失败了。在美国领事乔治·格利登看来，它像是个"新的垄断行为"，他相信帕夏批准该法令，只是为了自行控制利润丰厚的挖掘生意。事实证明，约翰·加德纳·威尔金森爵士发表的意见在当时是正确的："在埃及建立博物馆纯属乌托邦式的幻想。"[80]"岁月消逝，**博物馆踪影皆无**，开罗空余同样杳无人烟的廊道……文物出口直到此时仍是垄断！"1841 年，格利登如是说。[81]

1842 年，穆罕默德·阿里批准普鲁士埃及学家理查德·莱普修斯（Karl Richard Lepsius）主持自从法国学者 40 年前横扫埃及以来最大的国家资助的研究和收藏探险。穆罕默德·阿里的继任者把埃兹贝基亚博物馆的小股权利拱手让与前来参观的达官要人。直到 1858 年，埃及才建立了埃及博物馆和埃及文物处，总算开始规管文物贸易了——而这两个机构都是由法国埃及学家奥古斯特·马里耶特（Auguste Mariette）主持的。[82]

然而，尽管格利登等人都想当然地把 1835 年法令的失败归咎于穆罕默德·阿里的反复无常，更深层次的原因却不在此处。事实上，埃及文物的主要消费者始终是西方人，而非埃及人。在很多穆斯林看来，纪念碑是先知时代之前的偶像崇拜遗迹——往好了说不值一提，往坏了说就是冒犯了。穆罕默德·阿里提议成立的埃及博物馆显然意在吸引"造访这个国家的旅行者"，而不是埃及游客。[83] "我必须告诉你，此话只在我们之间讲讲，"1838 年，一个英国古文物学家对另一个同好如此说道，"帕夏殿下和博戈·贝两人都远远不如欧洲人想象的那般关心埃及文物和科学。问问威尔金森先生就知道了，顺便代我问候他。"[84] 在帕夏及其继任者看来，文物之所以重要，主要是因为西方人想要它们：它们可以被售卖或交换——或者保存——来换取埃及统治者想要的东西。

人们很容易把1835年法令解读成埃及企图收回自己的古老历史：一个逐步一点点收回的过程。从某种角度说当然是这样。但该法令最终在三个层面上清晰地表明，收藏在埃及变得有多么政治化。欧洲国家竞相为声望和影响而争夺的不只是文物。它们也是欧洲与埃及本身关于谁有权利和责任拥有和保护文物的战役中的抵押物。关于古埃及的冲突最终成为控制现代埃及的替代品，越来越被用来作为该控制合法性的证明。宣称埃及人无力欣赏、理解或照管他们的文物——因而需要西方人的干预——如同在说埃及人无力照管自己的领土和文化，因而需要西方干预一样。（为保护事宜而游说的很多欧洲人也参与了埃及的废除奴隶贸易运动，这绝非巧合。[85] 两个事业形成了西方更宏大的文明使命的一部分。）保护是占领领土等更公开形式的替代品：它代表的是收藏古埃及遗址和地标，将其置于西方控制之下的努力。因此，就在呼吁文物保护达到高潮的时候，欧洲人又竭力宣称现代埃及归他们所有，就不仅仅是巧合了。

尽管英法两国联手遏制其发展，纳瓦里诺海战后，穆罕默德·阿里还是很快便挽回了颓势，继续奉行其扩张主义的征服，并取得了相当大的成功。到1830年代末，他统治的帝国北至安纳托利亚，东临也门，南抵苏丹。1838年5月，帕夏召来法英两国的领事，宣布他意图为埃及和其子易卜拉欣自 1833 年起便统治的叙利亚谋求正式独立。易卜拉欣在 1839 年 6 月的纳齐布 ① 战役中对奥斯曼帝国打了一场大胜仗，以此来支持其父的要求；奥斯曼海军立即叛逃到埃及人一方。埃及再次把奥斯曼帝国的命运掌握在自己手中。

这次新的"东方危机"让这一时期代表着英国国际政策的外交大臣、第三代巴麦尊子爵亨利·约翰·坦普尔大感头痛。巴麦尊全心全意地致力于维持奥斯曼帝国，他对穆罕默德·阿里的厌恶和怀疑，几乎与他对英国在该地区的新对手俄国的恐惧一样严重。"我恨穆罕默德·阿里，"他写道，"我认为他不过是个无知的野蛮人……我把他吹嘘的埃及文明当作彻头彻尾的谎言，而且我认为他是有史以来让人民落入悲惨境地的最大的暴君和压迫者。"[86] 让情况变得更糟的是，帕夏成了大英帝国的一个风险因素。如果他继续快速扩张下去，很快就会控制中东通往印度的两条主要的陆上路线，自从蒸汽动力的船运面世以来，这两条陆路对于英国尤其重要。对埃及人占领红海的忧虑已经导致英国在 1839 年从埃及占领者手中夺取了也门的港口亚丁。[87] 最后，还有法国干预这一始终存在的幽灵。"法国公众整日想着埃及要变成殖民地了"，一位英国专家声称，他坚持认为法国仍在寻求"永久占领……埃及，

---

① 纳齐布（Nezib），土耳其南部一城镇，现名尼济普（Nizip）。

无论是通过外交策略还是战争"。[88]巴麦尊面对着法国的反对，与其他欧洲列强协商出一个协议，彻底逆转了穆罕默德·阿里的征服。"我把这一问题看作决定英国是作为一股实质性的力量继续存在，还是宣布自己是法国的附属国的问题。"他宣称。1840年7月15日，英国、俄国、普鲁士和奥地利共同签署了《伦敦协定书》，要求埃及军队撤离叙利亚，并概述了他们将会采取的迫使穆罕默德·阿里服从的措施。[89]

穆罕默德·阿里坚持了几个月，希望法国施以援手，这倒不是异想天开。"法国的政策是激励那位统治着这个国家的可怜老人抵制英国对其提出的所有建议，这一点日趋明显。"一个当时在埃及的英国人评论道。[90]围绕着埃及，整个夏末，英法两国都处在一触即发的战争边缘。但法兰西国王路易-菲利普对此表示反对，他的士兵已在阿尔及利亚苦战阿卜杜·卡迪尔了；而巴麦尊则派遣战舰，迫使穆罕默德·阿里就范。9月，英国和土耳其联军在贝鲁特（Beirut）附近登陆，开始向叙利亚的埃及人进攻，并夺取了阿卡。1840年11月15日，英国军队出现在亚历山大港的海滩。月底，穆罕默德·阿里签署了协定，同意放弃其（除了苏丹之外的）殖民地，以换取承认他为埃及的世袭帕夏。六天后产下长女的维多利亚女王开玩笑说，或许她该给新生女儿起名叫"土耳其·埃及"。[91]危机过去了。

埃及永远不会成为一个帝国了。它在 19 世纪余下的时间里也始终没有真正地独立。不但帕夏仍是奥斯曼苏丹的属臣，需要年年纳贡，新的欧洲规则对埃及的经济也限制重重，并把埃及的军队从十万大军削减到 18000 人。1849 年，穆罕默德·阿里在计划前往英国访问前不久去世。他留给后嗣的是技术官僚制度、西方化的军事制度、现代工厂，以及可观的农业产能；但他也留给后代一个深受欧洲外交和经济束缚的国家。埃及被困在英国的非正式帝国之中，被宣判处于从属地位。开凿苏伊士运河，以及对英法债权人背上了沉重债务，只会加深这种从属地位。1882 年，埃及对英国的经济和政治依赖将以社会动荡、革命，乃至被英军占领而告终。[92]

随着 1840 年"东方危机"的解决，英国巩固了在中东的帝国影响——这在区区 40 年之前都是难以想象的——展示了英国在欧洲的外交和军事的实力，以及英国人采取行动捍卫帝国利益的决心，就算犯险涉入新的纠纷也在所不惜。它揭示了英国对法国持续存在的焦虑，以及它日益担心俄国会成为帝国行动的催化因素。巴麦尊个人对穆罕默德·阿里的敌意也反映了根植在很多英国自由派心中的天然优越感。而穆罕默德·阿里既没有成功收藏自己的帝国，也未能"收回"古埃及的声望。他的双重失败——确立埃及对文物的权威，以及宣布成立埃及帝国——反映了埃及在两个方面受缚于西方。收藏文物在某种程度上形成了一种文化姿态，正是这种姿态让欧洲势力的主张正当化了，并促进了后者的主张。

总之，伦敦和巴黎的博物馆和公共空间里的埃及遗迹——"年轻的门农"、塞提一世的石棺、卢克索方尖碑——讲述了一个关于在欧洲扩张的东方前线上收藏和建立帝国的沮丧而多层面的故事。它们谈到了购买它们的人，其中很多都是边缘人物，远离如今这些物品本身所在的文化和权力的堡垒。它们还谈到了国家间的对立，以及把它们带到欧洲各国首都来的长期的紧张局势。它们还证明了自己以某种方式促成了在西方塑造埃及的形象并培育了西方对埃及的渴望。如果说它们在埃及未来的正式帝国的历史上有所铺垫的话，那么也有对其后殖民地未来的幽灵般的凶兆：在这种未来里，埃及将努力与其自身被殖民的历史过往达成和解。

这些古代珍宝的原产地情况如何？关于欧洲人对古埃及的态度是如何在当时的社会留下印记的，如今仍可在索尔特、德罗韦蒂和贝尔佐尼曾经最活跃的某个地方看到它们的浮光掠影。在古尔纳的一条底比斯山脊上，索尔特建造的房子依然存在。他在1810年代建造这幢房子时，这一地区没有其他任何现代建筑。但不久以后，木梁和泥砖在四周纷纷出现：索尔特的房子周围，一个新的古尔纳村庄开始在古代陵墓的顶上成形。现代的古尔纳无论是在经济上还是在建筑材料上都是欧洲和古代过往的交集。现代的古尔纳村民以挖掘和搜索文物为生。1826年11月，罗伯特·海伊在古尔纳装置了一台相机暗箱，为底比斯和卢克索绘制了一幅全景图。图像表现的是繁忙的居住区建设场景，农夫们努力挖掘、清理和筛选文物，就像农民照料土地一样。[93]索尔特的房子留存至今，但如今那里是一座废墟，来访的山羊多过人类。尽管破败的房子体现了一种收藏愿景的失败，却也提请人们注意另一种愿景的出现。古尔纳已经变成一个兴旺的现代村落，致力于保护和（向西方游客）展示古埃及的陵墓。

古尔纳村民在挖掘文物

　　欧洲帝国的利益力图将古代与现代埃及分割开来。把两者合并到一个共同的国家框架内的挑战就留给了后殖民地时期的埃及。这绝非易事。例如，后殖民地埃及的开国元勋贾迈勒·阿卜杜·纳赛尔把阿拉伯人的身份认同作为埃及国家意识的核心内容，而对埃及在伊斯兰教进入之前的历史关注甚少。实际上，他以现代性和进步的名义建于1960年代的阿斯旺大坝就曾有把纳赛尔湖以南的几十座古代神庙一扫而光的危险。近年来，随着寻求把埃及的世俗政府替换成伊斯兰政权的宗教活动家的兴起，现代埃及身份与埃及的古代遗产之间的鸿沟加深了。"我杀死了法老！" 1981年，恐怖组织伊斯兰团的一个成员在射杀了与以色列和西方讲和的总统安瓦尔·萨达特（Anwar Sadat）之后喊道。[94] 1980年代和1990年代在法老遗址接连发生的对西方游客的袭击，直接挑战了西方与古埃及之间的文化纽带，并威胁要毁灭埃及的国家经济支柱旅游行业。这种挑战的源头一目了然，就是那段寻求通过收藏埃及文物而将其变成殖民地的欧洲干预的历史。

对最后一件被收藏文物的幸运一瞥，为埃及的帝国和自治、收藏和保护史作了一个提示性的盖棺定论。阿布辛拜勒神庙和菲莱神庙这两座最重要的神庙被拟议中的阿斯旺大坝置于危险之中，它们得到一个联合国教科文组织项目的拯救而免去了灭顶之灾，其资金大部分来自美国，这个项目辛苦地把它们一块块石头地搬到更高的地方。为了感谢美国的帮助，纳赛尔把另一座注定毁灭的建筑丹铎神庙

傲慢还是偏见？前往帝王谷
途中的路旁标牌①

送给了美国，如今，它安坐在纽约大都会艺术博物馆
里。仿佛自从穆罕默德·阿里时代以来，一切没有丝
毫改变：文物还是可以用来交换现代技术和西方的发
展援助。就这样，丹铎神庙安置在大都会博物馆，成
为框子里的框子。在它狭小密室的墙上，在星星点点
的古代雕刻的涂鸦中间，有一个早期帝国时代的奇特
遗迹。西墙上注明为"1816 年"的一处铭文，写着

————————

① 标牌上的英文为：看看古代的荣耀吧。

"DROVETI"（德罗韦蒂）曾来过此地。但贝尔纳迪诺·德罗韦蒂当然知道该怎么拼写自己的名字（有两个字母 t），也就是说，这是旁人替他写的。就这样，这位欧洲收藏家还是在埃及留下了自己的印记，但可惜写错了。

结语：收藏一个帝国

1839 年的炎热季节，一个名叫埃米莉·伊登的英国中年妇女陪伴其兄乔治去了或许是印度最典型的英式景点。没有什么地方比锡姆拉（Simla）更配得上关于大英帝国的陈词滥调了：喜马拉雅山地区气候凉爽的避暑小镇，帝国员工及其家属在此地安坐在如同出自高地田园诗的牧人小屋和乡间木舍里，度过闷热的暑期。"20 年前，这里连一个欧洲人都没有，"伊登写信给他们的姐姐说，

> 我们在乐队演奏《清教徒》和《马萨涅洛》的乐声中，吃着来自苏格兰的三文鱼和来自地中海的沙丁鱼……而这一切都发生在那些高山的面前，有一些山自打创世以来从未有过人迹，而我们这 105 个欧洲人被至少 3000 个山民簇拥着，他们裹在山地毛毯里，旁观着我们所谓礼貌的打

趣。……有时我会纳闷，他们为什么不把我们的
头都割下来，然后就不敢再提此事了。[1]

这样一个意象颇有先知性质。不到 20 年后，1857 年
的哗变叛乱就会把这种想象——大批被统治者聚集起
来攻击英国统治者小集团——变成印度的英国社区的
残酷现实，以及故国公众的可怕读物。的确，不知不
觉间，到 1839 年底，埃米莉·伊登的想象就距离现
实更接近了一步。

她的话反映出很关键的一点，那就是到维多利
亚时代早期，在印度及其他地方，大英帝国已经非
同以往，再不是 18 世纪人们熟悉的那个四海归一的
帝国社会了。50 年前，伊丽莎白·普洛登曾在勒克
瑙日记中写到跨文化家庭、收藏、社交聚会和权力
关系。如今，伊登大概会呈现一个英国人的封闭的
微观世界，（最近刚刚）不合时宜地困在印度环境
中。关键在于，她呈现给我们一种悍然对立的场面，
那是普洛登很难表达的：白人统治者和非白人被统
治者像动物园的动物和饲养员一样，各踞一方，虎
视眈眈。然而双方是否完全清楚各自的立场呢？这
样粗略地看一下维多利亚时代早期的英属印度，就
能提出两个关于帝国征服和收藏的关键问题，它们
将在整个 19 世纪及其后一直笼罩在帝国上空。英国
人将以何种身份出现在他们声称要统治的大量臣民

面前，又将如何保护自己？而被统治者又将如何对他们中间这些吃三文鱼和沙丁鱼的奇怪男女作出回应或是抵抗？

维多利亚女王在 1837 年登基后，英国终于在东方拥有了一个领土辽阔的帝国，帝国形象也开始表现出等级森严、种族化和性别化严重的帝国文化，也就是提起 19 世纪末的大英帝国，人们普遍联想的那种文化。与她的祖父乔治三世相比，维多利亚女王的帝国将变得更庞大、更强硬、更傲慢，也更下流。帝国在海外的代表人物是恃强凌弱的塞西尔·罗兹（Cecil Rhodes）和查尔斯·戈登（Charles Gordon）将军等人；在读者群中的代表则是鲁德亚德·吉卜林和 H. 赖德·哈格德充满异国情调的小说；而维多利亚女王在加衔印度女皇时举办的夸张的正式接见等典礼，则是活生生的代表。与一个世纪以前相比，英国再也不容法国或各东方帝国势力小觑。英国也在多个方面重塑了自身。在拿破仑战争期间，英国的帝国使命感开始融合：一种尚武的、国家主义的、家长制的、道学气的，维护种族纯洁的帝国使命感。那种使命感促使大英帝国在 1833 年废除了奴隶制，但它也转而开始"教化"印度和世界的其他地区。[2]（例如，著名的废奴主义者威廉·威尔伯福斯［William Wilberforce］就是个恶毒的反印度偏执狂。）在帝国的整个疆域之内，民族与种族融合既不常见也不被宽容，主要原因是英国势力的巩固意味着欧洲边缘人物在土著社会背景中寻求名望和财富的机会少了；可以向他们提供这些机会的竞争舞台也少了。

然而，帝国的自我塑造依然故我：在某种程度上掩饰了一种混乱得多的社会现实。英国的海外势力依旧充满矛盾，有时也不完整。尽管与法国展开全球战争的生存危险已经消失，英国仍要面对帝国的异议、抵抗和可能的失败。滑铁卢之后，就像在"七年战争"之后一样，英国的领土大大扩张了，又增加了很多需要保护和捍卫的利益。从1815年到1914年的这一个世纪常常被描绘成英国的和平时期，而一旦把海外的帝国冲突考虑在内，和平景象就迅速消失了。这些冲突读来就像一份帝国地名索引一样：中国的鸦片战争（1839~1842及1859~1860）；阿富汗战争（1838~1842及1878~1880）；锡克战争（1842~1849）；毛利人战争（1860~1866）；与南非的祖鲁人、巴苏陀人（Basuto）和马塔贝莱人（Matabele）的战争（1879~1893）；马赫迪起义（Mahdist uprisings）与征服苏丹国（1881~1898）；以及最严重的，1857~1858年的哗变叛乱和1899~1902年的第二次布尔战争（Boer War of 1899-1902）。由于它们过于分散，持续时间往往也很短暂，参与的英军白人数量相对较少，这些冲突有时从表面看来不过是孤立的小型冲突而已。

但合在一起就很能说明问题了：在维多利亚时代帝国必胜信念的花言巧语下，流动着持续的焦虑、不安、较量和失败。

因此，对于那些生活在新的帝国核心地带和帝国边境的人来说，他们的文化身份也可以跨越东西方的边界。例如，在印度，一个名叫查尔斯·斯图尔特的爱尔兰裔军官通过打造第一个重要的印度雕塑的欧洲收藏而加入了一长串跨界收藏家的行列——如今他的大部分收藏都存于大英博物馆——用一个讣告执笔者的话来说，还与"这个国家的土著"建立了非常"亲密的关系"，以至于"他容忍且相当明显地顺从他们的看法和偏见，使他获得了'印度人斯图尔特'之名"。³ 1828 年，斯图尔特去世，他的坟墓在加尔各答公园路公墓的树荫深处，外观不同寻常地模仿了一座印度北方的神庙，成为生活于不同文化之间的确凿证据。⁴ 1840 年代在英国人感兴趣的景点环游，或许会让旅人结识纳塔尔的费恩家族 ① 成员，该家族的成员都像酋长一样生活在祖鲁人中间；见识到新西兰的白种毛利人，他们脸上刺着毛利的文身；以及砂劳越

---

① 费恩家族（Fynn family），指英国旅行家和贸易商亨利·弗朗西斯·费恩（Henry Francis Fynn，1803~1861）家族。他的日记讲述了 1824~1836 年间，他作为第一位白人殖民者，在非洲东南部的纳塔尔与祖鲁王国达成协议，并获得了如今的德班（Durban）地区的故事。

的"白人拉者"詹姆斯·布鲁克①；当然，还有诸如画家约翰·弗雷德里克·刘易斯等逗留于埃及的侨民。[5] 与此同时，体系中也还有可以继续跨越文化界线的方式。例如，大英帝国在印度的扩张，意味着需要越来越多的印度土兵来维护治安，还需要越来越多的印度土兵为帝国出征海外，就像1801年他们曾远征埃及那样。到19世纪末，印度人将会驻军埃及和新加坡，在特立尼达和斐济砍甘蔗，在东非运营铁路。[6]

这些绝不仅仅是本质上属于前滑铁卢世界的最后的苟延残喘，也不仅仅是日趋僵化的帝国统治中一点儿出彩的例外。它们还预示着大英帝国的未来。因为即便在帝国在文化、话语、行政管理和领土范围等方面成为单一的统一体之时，罅隙、反对和杂糅似乎已经开始从内部挑战它的权威了。不光是18世纪的种种痕迹延续到了19世纪。人们大概早就能看到蛛丝马迹，殖民后期和后殖民时期的紧张局势还将会延伸到20世纪及更远的未来。

埃米莉·伊登本人距离维多利亚时代早期的一次征服与收藏行动只有一步之遥，那次行动明确体现了早期的模式和未来的反对迹象。她的哥哥、奥克兰勋爵乔治是印度总督。在外交大臣巴麦尊努力遏制埃及并保护英属印度免受中东攻击的同时，就在那些俯视

---

① 詹姆斯·布鲁克（James Brooke，1803~1868），英国探险家。他把砂劳越发展为以自己为"拉者"的殖民地。

"印度人"斯图尔特在加尔各答南公园路公
墓的祠堂暨坟墓

着他妹妹轻松愉快的娱乐活动"高山"后面,印度西
北部的挑战正向奥克兰逼近。俄国与波斯结盟了,波
斯正与阿富汗交战,而阿富汗与印度的东印度公司领
土以及强大而独立的锡克人兰吉特·辛格统治下的旁
遮普接壤。奥克兰听说,俄国人已经与阿富汗统治者
埃米尔多斯特·穆罕默德汗①直接接洽了。

　　尽管国会和东印度公司的某些人反对英国扩张

---

① 多斯特·穆罕默德汗(Dost Muhammad Khan, 1793~
　　1863),阿富汗巴拉克宰王朝创始人,第一次英阿战争期间
　　阿富汗杰出的统治者。

到被认为是印度天然的西部边界萨特莱杰河（River
Sutlej）之外，奥克兰却认为需要对俄国在阿富汗的
威胁采取行动。他决定废黜多斯特·穆罕默德汗，并
以年长的前埃米尔沙阿·舒贾①取而代之，后者一直
在印度生活，领取公司发放的年金。1838 年 12 月，
一支名叫"印度河军"的逾 15000 人大军跨过萨特
莱杰河，为沙阿·舒贾夺回王位。政权更迭看似轻而
易举：多斯特·穆罕默德汗逃向布哈拉（Bokhara），
1839 年 8 月，沙阿·舒贾胜利挺进喀布尔（Kabul）。
但正当英国军队准备在亲切友好的气氛中安心过冬，
又是滑冰又是业余戏剧演出，还在尘土飞扬的平地上
举行板球比赛之时，麻烦却越来越近：多斯特·穆罕
默德汗回来了。1841 年 11 月，一群人突袭了英国居
民亚历山大·伯恩斯②的住宅并将其刺死。多斯特·
穆罕默德之子阿赫巴尔汗请来伯恩斯的高级同僚商讨
和解事宜，随后又马上处死了他。英国指挥官惊恐万
分，精神受创，急于寻找最快速的解决之道。1842 年
1 月 6 日，印度河军同意无条件投降并承诺给予对方
安全通道之后撤离了喀布尔，前往英属印度。

在 1 月穿越兴都库什山脉本身就是严峻的考验

① 沙阿·舒贾（Shah Shujah，1785~1842），1803~1809 年杜兰
尼帝国的统治者。他在 1839 年至其去世的 1842 年间再次统
治该帝国。他是阿富汗的第五位埃米尔。
② 亚历山大·伯恩斯（Alexander Burnes，1805~1841），"大
博弈"时期的英国探险家和外交官。

了，而阿赫巴尔汗还背信弃义地袭击撤退的部队，真是雪上加霜。成千上万的英国人和印度人战死沙场，数千人死于严寒。还有的被周围山上手持长筒杰撒伊步枪的神枪手一个接一个地瞄准射杀。3月中，120名英国妇孺被当作俘虏护送回喀布尔。他们算是走运。在蜿蜒穿过峻岭山口的4500名军人和12000名随军人员中，只有一人生还：1842年1月13日，军医威廉·布赖登（William Brydon）蹒跚走进贾拉拉巴德（Jalalabad）的英国军营，讲述了自己可怕的遭遇。[7] 十个月后，英国和印度军人徒步穿过同样的山口，发现道路"简直被恐怖的遗体盖满了——不能称其为骷髅，因为很多尸体的面孔都完好得可怕，以至于辨识……生前的熟人毫不费力"。炮车碾过遗体时，"车轮轧碎了曝尸的骨头，令人痛苦的刺耳声响悲伤凄惨地敲打着心脏"。[8] 这是英国的东方帝国史上最惨重的失败。

大约在布赖登医生萎靡在马上的可怜身影出现在贾拉拉巴德的同时，新任印度总督埃伦伯勒勋爵（Lord Ellenborough）抵达印度，决心（他对东印度公司的董事会说）要"亚洲恢复和平"。[9] 他到达当天便得知了喀布尔惨案，立即制订最佳方案，将余下的部队和英军俘虏营救出阿富汗。一支军队受命解放贾拉拉巴德；另一支由将军威廉·诺特（William Nott）爵士指挥，取道加兹尼（Ghazni），进军喀布尔。英国人此举的部分目的在于夺回在 3 月陷落的城市，[10] 还有部分目的是放任明目张胆的搜罗文物行动以挽回颜面。

加兹尼郊外的战役之后，1842 年 9 月 5 日，英国人进入城市。在埃伦伯勒勋爵的命令下，他们在那里停留了足够的时间，运走了加兹尼的传奇人物、11 世纪苏丹马哈茂德（Mahmud）陵墓的檀香木雕大门。传统上认为，这两扇大门起初属于古吉拉特的索姆纳特神庙，马哈茂德曾在一次毁灭性入侵印度时将其掠走。（威尔基·柯林斯的月亮宝石据说在来到塞林伽巴丹，并从那里去英国之前，也是被马哈茂德的一个手下从索姆纳特抢走的。）当地的毛拉确认，"纪念碑周围的地毯、檀香木的大门，还有大理石的动物雕像，都被当作来自索姆纳特神庙的战利品，用大象驮去加兹尼了"。[11] 如今，它们成了英国的战利品。9 月 9 日，随军工程师从支座上卸下大门。"大量托钵僧来到陵墓，为大门被搬走而哭泣，因为他们把这两扇大门看作他们最宝贵的财富，"诺特军团的一个英国文书写道，"你可以想象他们与米迦一起大声疾呼：'你们将我所作的神像都带了去，我还有所剩的吗？'[①]"[12] 阿富汗人哭泣之时，英国军人看到这些"证明我们胜利的骄傲而难忘的战利品"被运走，不禁发出一阵欢呼，"每扇门都装载在拉 24 磅弹重大炮

———————

① 《圣经·士师记》18:24。

的车上，由一群半饥半困的水牛费力地拉走"。[13] 将军一声令下，加兹尼的要塞被完全摧毁；9 月 10 日，军队继续向喀布尔进发。

单从政治宣传和演技来看，夺走大门就是惊人之举。英军刚刚遭受了他们在东方最惨重的失败，但埃伦伯勒勋爵掠夺这些作为英国"胜利进军""应得的奖杯"，帮助英国擦亮了业已黯淡的桂冠。索姆纳特大门反转了征服与收藏之间通常的关系，是恢复帝国权威，而不是主张帝国权威的标志。正如拿破仑在埃及的所作所为一样，拿走战利品掩盖了帝国力量的不足。

阿格拉红堡（Red Fort）的"索姆纳特大门"

但帝国自我塑造的一个更具戏剧性的姿态随之而来。埃伦伯勒勋爵向"印度所有的王公、酋长和人民"发布公告，宣称他会把这两扇大门胜利带回索姆纳特，物归原主。因此，他宣布，在落入穆斯林异教徒之手数个世纪后，"800 年的耻辱终得一雪"。[14] 这份瞄准印度利益的呼吁书反映了英国统治的一个重要转变：东印度公司从莫卧儿帝国治下的与之并列的邦国，演变成替代它并直接与印度的多数教众建立联系的国家。50 年前，东印度公司的公务员们还混迹于印度 – 波斯的宫廷里，像莫卧儿贵族一样生活和收藏。如今，尽管莫卧儿帝国的空壳仍在，并会延续到 1858 年，但东印度公司已经成为印度最为重要的统治者，统治着（像它的军队一样）主要由印度教教徒组成的庞大人口。埃伦伯勒勋爵特别宣称英国是印度教的印度的保护者，实际上也宣布了英国人的至高地位。

但他博取印度教教徒支持的表演却遭到很多人的强烈厌恶。例如，诺特军团的随军牧师看到军队凯旋菲罗兹布尔（Ferozepore）后"孩子气地带着索姆纳特的破旧大门的游行"很不高兴，评价说："埃伦伯勒勋爵的政策……既愚蠢，又与基督教国家代表的身份不相称……并且非常不符合通常应该在爵爷的声明中体现的对上帝之天意和仁慈的虔诚认知。"[15] 更重要的是，埃伦伯勒勋爵通过这种方式与印度教教徒直接对话，看来也冒犯了穆斯林，后者如今愈发遭人畏惧并被打上了"狂热分子"的烙印。事实证明，埃伦伯勒勋爵的姿态充满争议，以至于在国会触发了谴责的动议。历史学家、自由党议员托马斯·巴宾顿·麦考利（Thomas Babington Macaulay）严厉批评印度总督干预"东方各邪教之间的纷争"，并大言不惭地支持印度教这种"所有崇拜中最堕落最败德的一种"，而不是在他看来更可取的一神论伊斯兰教。麦考利提倡的英国统治是实行廉政，保护财产、公民权利，以及某些人所希望的"正教"——给（按照另一位著名的自由党人约翰·罗素[John Russell]勋爵的说法）"组成这个广阔帝国的数百万土著"带来一种"在他们被征服之前从未体验过的"生活。在自由党人的想象中，英国人应该扮演教化者的角色，公正地站在印度各种文化之上，并向他们所有人推行英国的方式。[16]

埃伦伯勒勋爵却选择以跨文化的风格改造自己和英国的帝国政府，以期从内部吸引宗教选民。在一个极具画面感的段落中，麦考利暗示埃伦伯勒勋爵伪装人格如同换衣服："他的成功治理计划看来就是尽可能快地把自己变成印度人、拉者、穆斯林，以及无所不能的总督等角色，单凭这一条理由就足以召回他了。"（在此过程中，埃伦伯勒勋爵也表现得如同令人厌恶的拿破仑一样：麦考利认为那份公告"既不英国也不东方",而是"对督政府时期法国总督的……那些蹩脚大话的模仿"。)这种思想将会在世纪末被出色的家长式总督寇松勋爵(George Nathaniel Curzon)采纳,他努力把英国塑造成印度"国民"过往的绝对中立的保护者,既包括印度教教徒也包括穆斯林。[17] 但埃伦伯勒勋爵当然还明确表达了一层意思,那就是这种区别的确存在:印度教教徒和穆斯林必然对抗,他们的利益需要彼此平衡,并从高处加以管理。[18] 那种族群分裂感将会渗透于英国在印度的统治(很多人认为它也使得英国统治合法化)中,并引发了后殖民时期南亚的政治偏见和反复爆发的暴力事件。

如此说来,英国人中间关于大门的争论反映了关于大英帝国统治能够或应该代表什么的两种愿景。但无论是好是坏,大门在印度各地巡展并未引起某些人期待的注意。"参观我们的战利品的印度人普遍是出于好奇心,而不是出于宗教的情绪……"护送大门的埃伦伯勒勋爵的副官如是说,"穆斯林看来一点儿都不关心它们,感觉被我们的游行所冒犯的只有加尔各答的传教士们。"当时他们已经到了阿格拉,那里的"气候如今炎热起来,以至于埃伦伯勒勋爵决定把大门放在阿格拉堡,直到下一个寒季开始,再继续前往古吉拉特"。[19] 但国会不准埃伦伯勒勋爵继续带着大门巡游了。有人建议把它们送去"大英博物馆或是其他的地方，它们在那里或许会被当作珍奇的文物，而不会对其圣洁性有什么惊人的敬意"。[20] 还有人提议把它们送去"我们帝国的大都会"加尔各答的印度博物馆，在那里"作为我们战胜曾经如此低估我们的阿富汗人的战利品"，人们会赞赏它们的"政治意义"。[21] 但它们将留在阿格拉。它们始终存疑的真实性被明确否定了。如今，它们立在红堡一个小房间破旧的玻璃门后，现代印度考古研究所的一块标牌解释说，它们立在那里是**"作为 1842 年英国战役的战利品，或是作为东印度公司历史性谎言的提醒"**。两扇大门布满灰尘，看似与这一切毫不相干，却表明大英帝国本身已经变成博物馆展品和历史遗迹了。

物品有一种巨大的能力就是获得彼此相左的含义，且随时间流逝而获得不同的解读。如果英国利用外国的物品来凸显（有时是定义）其帝国的形象，那么帝国的臣民又会如何利用物品来回应外国的统治呢？本书开始的地方——北加尔各答的小巷或许可以给出答案。1835 年，在焦尔拜赞区逼仄的小巷里，一个年轻的孟加拉上等人拉金德罗·穆利克（Rajendro Mullick）的新房破土开工了。五年后，凭借着 5000 名劳工的辛苦工作，宅子终于完工：上下三层，正面是科林斯柱式 ① 的回廊，顶部冠以帕拉第奥式沉重的

---

① 科林斯柱式（Corinthian），源于古希腊的一种古典建筑柱式。雅典的宙斯神庙采用的正是科林斯柱式。

三角楣饰。镶嵌在宴会厅墙上的安特卫普大镜子在房间完工前便安置在那里了，因为它们体积过大，无法移进任何大门。据说地板上有90种不同的大理石嵌花，这也是这座宅邸名字的由来：大理石宫。[22]

这绝非普通的房子，它建造的目的也不一般。穆利克还是个婴儿时，父亲就去世了，给他留下了一大笔遗产，以及企图染指这笔财富的一群争执不休的亲戚。监护法院把这个男孩委托给英裔爱尔兰监护人詹姆斯·韦尔·霍格（James Weir Hogg）爵士。（霍格自己的儿子斯图尔特设计了加尔各答的新市场，就在乔林基街上，是一座精彩的维多利亚时代红砖哥特式建筑，配有钟塔。）霍格让拉金德罗学习英国年轻绅士的课程：希腊语、拉丁语，以及英语的语法。他还给自己的受监护人灌输了有教养的绅士应该收藏艺术的思想。拉金德罗年满16岁时，就决定把所受的教育付诸行动了。部分由欧洲建筑师绘图的大理石宫本是用作拉金德罗收藏的陈列室，很快便开始展示一系列非凡的艺术品，从鲁本斯、雷诺兹（Joshua Reynolds）和提香的画作，到"伊莱贾·英庇（Elijah Impey）爵士送给穆利克家族的一座全尺寸的英格兰奶牛青铜塑像"。用一个20世纪初的印度导游的话说，"代表古典、神话和皇家最佳风格的青铜和大理石雕像云集一堂，装点着走廊和壁龛"；一个房间里还有身披厚重礼袍的女皇本人的橡木雕像。[23]

　　作为印度的西方艺术收藏，大理石宫本身并无新奇之处。穆利克在某种意义上是阿萨夫·乌德－达乌拉的传人，后者曾经把王室收藏的印度－穆斯林传统与欧洲鉴赏家的癖好合为一体；他也算是蒂普苏丹的承袭者，后者也曾四处搜寻欧洲物品，特别是机械藏品。与穆利克更相近的是坦焦尔年轻的土邦主赛佛吉二世（Serfoji II），1810 年代，他在自己的欧洲监护人、德国虔信派传教士克里斯蒂安·弗里德里希·施瓦茨（Christian Friedrich Schwartz）的影响下，打造了一个欧式百宝格。[24] 若干年后，拉金德罗以从阿瓦德末代纳瓦卜沃吉德·阿里沙阿（Wajid Ali Shah）那里直接收购藏品，从而将自己与王公的传统联系在一起，阿里沙阿是在 1857 年的哗变叛乱后亡命加尔各答的。

　　但大理石宫在一个重要方面不同于王公的收藏，而这绝不仅是因为穆利克不是个统治者。它的形成不是为了彰显穆利克家族自身的高贵。穆利克邀请公众走进铁艺大门参观他的艺术品并了解欧洲的品味，自觉地着手教育公众（或者说至少是部分公众）。在这种意义上，大理石宫是一个光荣的伪装者：是一座欧洲绅士住宅的实体模型，建造的目的，是以生活在印度公众中间并治理后者之人的古怪方式来教导印度公众。由于其使命广泛，大理石宫算是印度的"第一家西方艺术博物馆",是为公众欣赏和教育而专门设计的。它还代表了另一种收回的过程,堪比同时代的埃及人企图收回他们自己的遗产:这是一种以"师夷长技"来学习艺术和文化的方法。[25]

拉金德罗·穆利克符合在帝国支持下进行收藏和自我塑造的个人传统。历史并不总是青睐他们。在"印度人"查尔斯·斯图尔特等欧洲跨界者加入"入乡随俗"的无名行列之地,穆利克等西化的印度人却往往被指责为"合作"或"同化",或因为缺乏真正的大师品位,变成愚蠢的模仿者。乍看之下,穆利克似乎是 T. B. 麦考利(又是他)在其《印度教育备忘录》中想象的殖民地印度精英的典型,这篇文章是在大理石宫开建的同一年写就的。文中(还有他臭名昭著的说法,什么"一座体面的欧洲图书馆内的一个书架就抵得上印度和阿拉伯全部的本土文学"),麦考利提出了英国应该着手培养"印度血统和肤色,但具有英国人的品位、信仰、道德和智力的一班人"的观点。这些殖民地精英将会成为对广大印度公众解释英国统治的"解读者",一种"我们和在我们治理下的数百万人"之间的缓冲阶层。[26]

但尽管穆利克专注于"英国人的品位",甚至力图向自己的同胞"解释"那些品位,他却远不只是"血统和肤色"上的印度人。虽然他有一位欧洲的监护人,但也有一位难对付的母亲,她十分积极地规划儿子的教育，确保他不会忘本。（为保持贤淑端庄，这位虔诚的遗孀是隔着竹屏与霍格交谈的。）穆利克一定是他那个时代唯一一个除了荷马史诗之外还要学习《吠陀》（*Vedas*）的学童了。他一生都是个十分虔诚的人。比方说，他从未去欧洲旅行的一个原因，是印度教禁止横渡大洋。他的遗愿是死后每年在这座房子里举办不少于 86 次**法会**——在一个堆满了希腊和罗马诸神塑像的礼拜堂里。穆利克还保留了始于其父并延续下来的一个习惯，每天在这座房子里向 600 名乞丐舍饭。尽管这座"宫殿"向公众开放的主体部分穷奢极欲，楼上的住家部分却很朴素：铺的是木地板而不是大理石。对于主人来说，朴素也是生活原则：穆利克衣着俭朴，不佩戴珠宝，严格食素，并远离奢华的娱乐活动。锦衣玉食和西方生活方式只是大众的消费项目。

当然，从某个层面来说，大理石宫是在赞美英国势力在印度的支配地位：穆利克求助于欧洲文化的原因与曾经的安托万·波利尔及其同辈接近莫卧儿王朝一样。但大理石宫也向麦考利发出了尖锐的回击。这不是空洞的模仿。这幢房子代表了一种汲取两个世界之精华的努力。穆利克可以表现出符合霍格所教导的欧洲绅士传统的公众形象，与此同时，背地里却维持着他印度祖先的宗教正统性。在这里，优雅品位与实用政治再度迎头遭遇。穆利克认为他的同胞应该熟悉其欧洲统治者的文化，熟悉他津津乐道的审美传统；而这不必以牺牲印度文化为代价。这样的中庸之道里或许会有更多他不愿承认的自我吹嘘或自相矛盾成分。但这幢房子见证了一个历久弥新的教训：文化交流是一条双向街，文化认同也不是一个非此即彼的命题。

关于这些帝国收藏的插曲领先于一直持续到19世纪的趋势多长时间，最佳的解读或许就是鲁德亚德·吉卜林的作品了，他写过许多有关大英帝国的故事、诗歌和格言，广受读者喜爱。吉卜林的小说《基姆》（Kim）出版于1901年，也就是女王驾崩的那一年，讲述的是与小说同名的男孩基姆的冒险故事，他卷入了英俄两国对印度西北边境控制权的争夺。《基姆》无疑是关于英属印度乃至整个大英帝国最著名的小说，开篇就精彩地重现了收藏和帝国：

他无视市政府的三令五申，跨坐在参参玛大炮上。这尊大炮立在一个砖砌的平台上，对面是历史悠久的阿杰布格尔——珍奇馆的意思——当地人都这么叫拉合尔博物馆。谁占有参参玛这条"喷火龙"，谁就占有旁遮普；因为这尊青黄铜大炮总是征服者攫取的第一件战利品。[1]27

① 译文引自黄若容、周恒译《基姆》第1页，吉卜林著，辽宁教育出版社，1998年。

虽然基姆有着褐色的皮肤，光脚，说一口流利的印度斯坦语脏话，他实际上却是个白人；他先后推走一个穆斯林男孩和一个印度男孩，自己稳坐在炮筒上，"这么做自有他的道理……因为英国人占领了旁遮普，而基姆正是英国人"。在随后展开的叙述中，基姆成为英俄"大博弈"的一名间谍，把他内心对印度的认识变成为帝国效力。他还发生了彻底的转变，发现了潜伏在印度化的暗淡皮肤下的一个"洋大人"的原我（金博尔·奥哈拉）。《基姆》这个反土著化的故事，正是由那位写下"白人的负担"和"东方就是东方，西方就是西方"这类帝国时代警句的吉卜林创作的，故事似乎也正体现了19世纪末巅峰时期的大英帝国的自信和民族自大。在吉卜林的叙述中，基姆坐在大炮上，正如英国坐镇旁遮普：一物定乾坤，征服与收藏携手前行。

但这种表面上的无缝对接却掩盖了一种更模糊的现实。与帝国边缘的众多"帝国主义者"一样，基姆也来自白人社会的边缘。他根本不是英格兰人，而是贫穷的爱尔兰酒鬼军人的儿子，被"欧亚混血"的大烟鬼抚养成人，说英语还有外国口音。基姆（引用书中一章的引言）有"两个不同的侧面"，同样，小说中的物品也都有着双重含义。[28] 阿杰布格尔既是印度的"珍奇馆"，也是英国人运营的博物馆。在书中的下一个场景里，后来指引基姆穿过北印度小路的西藏喇嘛，在他们的英国馆长的陪伴下参观了博物馆的陈列室。两人一起对犍陀罗佛像藏品大加赞叹，惊异于佛像体现的两个方面：于喇嘛而言是神圣的遗物，对馆长来说则是美丽的工艺品。这尊深受希腊影响的艺术品本身就见证了一桩东西方交融事件或许并非偶然：亚历山大大帝进军印度。物品和人一样，都可以跨越文化边界。

　　如今已经没有多少人读《基姆》了，而阅读此书的人或许会认为这部小说的方方面面略显陈旧。但吉卜林敏锐捕捉到的那些文化接触的细微差别，会让这部小说在其他诸多方面显得出人意料地新奇。小说开篇的主题——征服、收藏和文化跨界——正是该书通过早期欧洲人遭遇东方的故事追溯的主题；它们表明，即便在吉卜林所处的帝国巅峰时刻，各种相关的碰撞、跨界和焦虑也仍然存在。考察明显的权力象征（如索姆纳特大门）背后的故事，或是探索被殖民者如何挪用并重新诠释了殖民者的象征符号（如大理石宫），能够揭示出这样一个帝国，即便在全盛时期，它的文化流动性也比通常认为的更强，而它也没有通常人们所想的那样充满安全感。英国在 18 世纪和 19 世纪初向东扩张，打造了一个在全球各地拥有领土的帝国，直接统治着数百万明显是外国人的臣民。随着英国收藏出一个帝国，它也把帝国的臣民——以及物品——按照种族、宗教和社会阶层分出了等级。但至关重要的是，这也是一个兼收并蓄的帝国，处在权力分界两侧的帝国臣民都找到了各自颠覆或操纵那些等级的长效方法。

英国的帝国史从来都不是简单的殖民者与被殖民者的双面传奇，这不仅是因为那些等级依然在帝国本身的边界以内彼此竞争。各个帝国都是在彼此对抗之中建立起来的。在本书讲述的数代人期间，英国与法国之间的对抗对于一度并列于世上的两个最大的海外帝国的形成产生了持续的重大影响。到1850年代，英法两国以一致的帝国风格，各自控制着大量的东方领土；它们的帝国既反映也有助于构成英法两国人独特的国民身份。在某些方面，二者之间的差别极大，正如它们各自的核心殖民地，法属阿尔及利亚和英属印度，距离遥远且截然不同。阿尔及利亚是通过直接入侵征服，并以完整的省（département）的地位加入法国，直到20世纪最血腥的殖民地独立战争之后才重获自由。印度是在数十年间逐渐获得的，被一系列特设机构治理，并因匆匆撤离，为其甩在身后的印度和巴基斯坦两国留下了暴力的后果，但英国本身却只有些间接的伤口。把英法两国的帝国史放在一起看，有助于抗拒非黑即白地看待帝国的诱惑。考虑到它们的起源及后续的轨迹实际上是如何相互关联交缠的，就会出现一幅更加灰暗的画面。

帝国也是建立在彼此之上的。俄国和美国很快便会向英国这个世界强国发出最严峻的挑战，而法国当然也会发现邻国德国成为最大的对手。与英法各自在莫卧儿和奥斯曼这两个早先帝国的基础上发展各自的东方势力一样，美国和苏联也将在二战后填补英法两国殖民地独立后留下的帝国空白。说法在变，但后殖民时期的世界显然依旧是一个充满帝国野心的世界。认清近来的帝国从其前辈那里继承了怎样的世界观、问题和政策，会大大有助于理解在一个变化的时代，这一切到底会不会，又到底是不是应该有效。

　　每一个帝国，每一批收藏，都含有导致自身解体的因素。英国的帝国收藏至少预示了后殖民时期余波的三个特征。其一是留在印度和埃及的帝国收藏令人担忧的遗产。帝国以皇家、国家和社群身份的名义把遗址和物品绑在一起。于是，无论是在尼罗河谷对西方游客的恐怖袭击，还是印度暴徒拆毁阿约提亚（Ayodhya）的巴布里清真寺（Babri Masjid），这类后殖民时期的暴力以物质遗产为焦点也就绝非巧合了。第二个预兆涉及后殖民时期英国本身的破碎，以及英国并入其他更大的整体。殖民地独立与分权（近来这种自治权又延伸到了英国的组成地区苏格兰和威尔士）有关，也与和欧洲其他各国进一步整合的呼声有关，还与伦敦及英国其他城市不断发展的种族多样性有关。但它也带来了对移民和形形色色的"他者"日渐高涨的敌意，以仇外心态反对欧洲联合，以及关于英美关系的激烈争论。法国也有类似的辩论，这提醒我们这些影响绝非独一无二，即便它们有着特定的国家共鸣。

本书追溯的第三个也是最后一个帝国史和收藏史的遗产既是最有迹可循的，也是最能引发富有想象力的诠释。它存在于西方艺术画廊和大宅邸的回廊里；在诸如印度王公和商人"自愿"捐款所建的"大理石婚礼蛋糕"博物馆——加尔各答维多利亚纪念堂的石头里；在开罗赛义达·宰纳卜清真寺（Sayyida Zeinab Mosque）附近的后巷，法国学者们曾经住过的一幢半毁的豪宅里；或是在被赠予穆罕默德·阿里以换取卢克索方尖碑的开罗要塞那个（破损的）座钟里。它存在于物品之中，也存在于人们看待它们的方式之中。当然，所有的视角都是受限的，一个人的财宝或许会成为另一个人的赃物。但收藏就像建设帝国一样，代表了人类对保护与组合、秩序与掌控的持久意愿。我们只能希望接受和包容式的收集藏品最终能够战胜收藏帝国时的暴力。

致　谢

　　本书的研究和写作横跨了四个大洲，因此有很多人需要感谢。这个主题最初是一篇申请文章的一个段落，是在我大学四年级时匆忙写就的。我首先要感谢的是那些从中看出些端倪，并给了我一笔助学金，让我就读剑桥大学的人。在那里，我在克里斯·贝利（Chris Bayly）的指导下首次尝试这个课题，并在这个过程中变成了一个有志于帝国史的历史学家。从那时起，他一直都是一位极其宽厚慷慨的导师。

　　这个项目在耶鲁大学演变成一篇博士论文，我有幸在那里重视叙事写作的学术环境里研究历史。保罗·肯尼迪（Paul Kennedy）协助我在各个方面取得进展；在英国，博闻广识的彼得·马歇尔（Peter Marshall）宽容地细查了我没有把握的草稿和更加拿不准的想法。我要特别感谢约翰·梅里曼（John Merriman），他与我分享了自己对法国热情洋溢的挚爱，教会了我如何思考法国的历史，并由衷地鼓励和

信任我。我最感激的是琳达·科利（Linda Colley），
不只是因为她的智慧、幽默和耐心。她大大影响了
我思考和写作历史的方式，她给予我极大的自由让
我找到自己的声音，同时她本人的研究工作也为我
树立了榜样，那是我所知的历史研究与写作的最佳
典范之一。

　　我是在密歇根大学研究员学会的两年期间写作本
书的，在那里受到了詹姆斯·博伊德·怀特（James
Boyd White）和历史系的热情欢迎。密歇根大学充
满活力的学术圈为我修改本项目提供了一个极好的
环境，我从杰夫·埃利（Geoff Eley）、德娜·古
德曼（Dena Goodman）、戴维·汉考克（David
Hancock）、凯莉·伊斯雷尔（Kali Israel）、芭芭拉·
梅特卡夫（Barbara Metcalf）、汤姆·梅特卡夫（Tom
Metcalf）、法里纳·米尔（Farina Mir）、索尼娅·罗
斯（Sonya Rose）、戴蒙·萨莱萨（Damon Salesa），
以及汤姆·特劳特曼（Tom Trautmann）等人的谈话
中汲取了很多洞见和乐趣。但我最感谢的是所有的研
究员同事，他们是我学术上的同行者，社交上的陪伴
者，让我在安阿伯度过了一段无与伦比的美好时光。
我还要感谢查克·麦柯迪（Chuck McCurdy）和弗吉
尼亚大学历史系同仁持续不断的支持。

　　写一本书会耗费其他人的大量时间、耐心和金
钱。我求学期间得到的每一份研究补助都是雪中送

炭，特别是安德鲁·W.梅隆（Andrew W. Mellon）和雅各布·K.贾维茨（Jacob K. Javits）的研究生奖学金，这笔钱资助我读完了研究生院。我对每一位为我解答问题的图书馆员和档案馆员都铭记在心，特别是伦敦佳士得拍卖行的杰里米·雷克斯-帕克斯（Jeremy Rex-Parkes）和埃丝特尔·吉廷斯（Estelle Gittins），以及大英图书馆东方与印度事务收藏品部那些非常乐于助人的员工。罗茜·卢埃林-琼斯（Rosie Llewellyn-Jones）和安妮·巴德尔（Anne Buddle）各自与我分享了她们关于勒克瑙和塞林伽巴丹的专业知识。肯特和苏珊·威克斯（Kent and Susan Weeks）的热情好客和真知灼见彻底改变了我对埃及的体验。最重要的是，如果没有一群伙伴、同事和朋友，我根本无法写成此书，从编辑建议和档案馆里的陪伴，到我急需的分散注意力的一切，都拜他们慷慨所赐。在此谨向蒂姆·巴林杰（Tim Barringer）、安娜·戴尔（Anna Dale）、迈克尔·多德森（Michael Dodson）、吉万·德尔（Jeevan Deol）、道格拉斯·福德姆（Douglas Fordham）、杜尔瓦·高希（Durba Ghosh）、托拜厄斯·耶尔萨克（Tobias Jersak）、洛伦茨·吕蒂（Lorenz Luthi）、埃莉莎·米尔克斯（Elisa Milkes）、约翰·门罗（John Monroe）、阿拉贝拉·派克（Arabella Pike）、莫瑞杜·拉伊（Mridu Rai）、马尔科·罗思

（Marco Roth）、尼尔·萨菲耶（Neil Safier）、温迪·施奈德（Wendie Schneider）、蕾切尔·斯特曼（Rachel Sturman）、蕾切尔·图克尔斯基（Rachel Teukolsky）、罗伯特·特拉弗斯（Robert Travers）、斯蒂芬·韦拉（Stephen Vella）、帕特里克·沃尔什（Patrick Walsh），以及杰伊·温特（Jay Winter）致以最衷心的感谢。

　　有些人情债必须一一致谢。首先是安娜·莫珀戈·戴维斯（Anna Morpurgo Davies），我在英国研究的一年里，她把自己在牛津的房子借给我，总是让我感到在英国如同在家里一样。我在印度的研究访问也像回家一般，这多亏了我那里的亲戚们。威廉·达尔林普尔（William Dalrymple）让我查询德布瓦涅一家的踪迹，及时为这个项目注入了一丝生气，他也是我尊重的朋友和榜样。还有少数人为了给我打气，鼓励我振作起来，付出了很多超出分内的辛劳，实在算不得走运：邓肯·切斯尼（Duncan Chesney）对我的鼓舞遍及五大洲；乔赛亚·奥斯古德（Josiah Osgood）的陪伴大约有 20 年了；纳赛尔·扎卡里亚（Nasser Zakariya）勇敢地阅读了全书的草稿；还有朱莉·齐克赫曼（Julie Zikherman），她知道我何时需要帮助。梅甘·威廉斯（Megan Williams）在关键阶段阅读并精练了手稿，她敏锐的逻辑、才思和从安阿伯寄到阿根廷的马丁尼酒，都使我受益匪浅。杰西·

斯科特（Jesse Scott）在 1997 年夏天坐火车穿越托斯卡纳群山时，第一次听说了詹巴蒂斯塔·贝尔佐尼其人。从那时起，她便耐心地听取和改善我的大多数想法，无论是在货轮、咖啡馆、长途徒步，还是印象最深刻的网络空间。柯克·斯温哈特（Kirk Swinehart）是我志趣相投的亲密战友，他从我在研究生院的头几个星期就与我共同经历了这一切。如果没有我们的友谊，我简直不敢想象这本书会是什么样子，也不知道写作的字里行间会失去多少快乐。

但我的确知道，如果没有睿智的安德鲁·怀利（Andrew Wylie），本书就不能付梓，他在未谙世事的青年学者身上冒了一次险；萨拉·查尔方特（Sarah Chalfant）和米夏尔·沙维特（Michal Shavit）也是一样，他们引导我走出了出版的迷宫。向诺夫书局（Knopf）的卡萝尔·詹韦（Carol Janeway）致敬，感谢她温暖和充满智慧的建议。第四阶级出版社的米基·安杰尔（Mitzi Angel）提供了很棒的精神支持和学术批评，我很感谢她和卡罗琳·米歇尔（Caroline Michel）对本项目投入的热情。我还要感谢克莱夫·普里德尔（Clive Priddle）在关键时刻的协助。

但我最后也是最由衷的感谢是留给家人的：祖辈的故事吸引我进入了历史，哥哥艾伦（Alan）为我勘察了前方的道路，我的父母谢拉（Sheila）和杰伊

（Jay）是我最初也是最佳的榜样。这不仅仅是因为他们总是给我鼓励，并频繁提供食宿，以及极其重要的编辑意见。他们还灌输给我对旅行、艺术、读书和给他们写信的永不满足的热爱。本书就是他们培养的结果，我以钦佩和挚爱，将此书献给他们。

资料说明

　　因为注释中提供了全面的参考文献清单，我没有列出正式的参考书目。每一章首次提到某个资料来源时，均给出了完整的出处。

　　本书的基本研究主要依靠的是两种档案资料：外交和行政公文，以及私人文件。我在研究印度时使用的是官方文件，主要是为了在已经足够详细的二手文献中填充未经探索的角落，并详细考察由国家和东印度公司资助的收藏。尽管我的印度研究更多的是借鉴大英图书馆的东方与印度事务收集品部，而不是其他任何档案，但对于研究 18 世纪和 19 世纪南亚的历史学家而言，巴黎的国家档案馆的确藏有很多出人意料的财宝。在埃及方面，因为二手文献比印度的要少得多，我使用了 1750~1840 年英国和法国外交官所发的快信（如今藏于英国公共档案馆、法国国家档案馆，以及法国外交部）作为我论述的基础。这些信件是关于欧洲形成对该地区政策的关键资料。对于我的目的同样重要的是，它们呈现了很多迷人的细节，也是关于非正式帝国领域迄今没有得到充分利用的生活纪事。

我深入使用的第二组资料——大英图书馆、法国国家图书馆，以及英法某些地区博物馆的私人文件收藏——在性质上更加散乱。出国旅行的欧洲人的日记和个人信件为文化、人群和物品的遭遇提供了丰富的证据，留存至今的账簿和库存清单当然对再现具体收藏的细节至关重要。在某些例子中，诸如大英图书馆里罗伯特·海伊和詹姆斯·伯顿的文件包含了有关收藏的具体而详细的信息。在其他的例子中，特别是关于勒克瑙的，我使用了私人文件，让收藏家经营与生活于其中的广阔世界变得有血有肉，否则那些人在纸上或许会了无痕迹。

人们难免会问本书中采样的这些帝国收藏家的"代表性"如何，以及收藏做法在当时有多广泛。对 18 世纪末孟加拉人的遗嘱和财产清单的一项研究表明，每 20 个欧洲人当中，便有一人在去世时拥有印度艺术品和工艺品的小型"收藏"——也许是一些武器，或是一组"印度斯坦"绘画。那些返回欧洲的人里想必也至少有同样比例的人带走了某些工艺品，其比例可能会更高。去埃及的欧洲人要少得多；而且因为那个时期的收藏与挖掘有关，并往往是以巨大的规模进行的，所以获得尼罗河谷搜罗文物的相当完整的全景图并不太难。索尔特、德罗韦蒂和贝尔佐尼正是其中的关键人物。难以衡量的是侧重于旅行者的小型文物市场的规模，那些市场在 19 世纪初期遍布埃及；但人们当然必须要在我所讨论的人物长年进行的购买纪念品和收藏之间加以区分。

　　为了评估英国来自印度和埃及的收藏品的程度和范围，我决定查看当时英国艺术市场最好的现存记录：伦敦佳士得拍卖行的档案。佳士得成立于 1766 年（与苏富比不同，后者的历史更加悠久），保存了完整的拍卖目录，上面详细标注了价格、买主，往往还有卖主的姓名。通过研究时至 1835 年的佳士得全部拍卖记录，我找到了一些印度和埃及的藏品以及某些著名或长期买家的姓名。但材料的相对缺失远比现有的材料更有启发性：伦敦的印度和埃及藏品"市场"非常有限，与古代大师的油画、版画、图书、欧洲文物，甚至红酒相比都显得微不足道，在那个时代，单是红酒一项的销售额便轻松超过了异国情调的藏品。这些发现帮助我明确做出了关注海外个人收藏家的决定，他们显然在把藏品输入欧洲的过程中起到了关键作用。（自 18 世纪初期以来，法国并没有与佳士得和苏富比相似的历史记录，拍卖是由单独获得国家许可的所谓的拍卖人［commissaires-priseurs］执行的。由于欧盟的监管，这种制度如今已经废除了。）

　　我较为详细地调查了另外两种收藏，并决定对其不予关注。国家资助的调查——特别是弗朗西斯·布坎南和科林·麦肯齐在印度进行，以及法国专家们在埃及进行的调查——它们无疑形成了一种帝国收藏。尤其是《麦肯齐记录》，通过麦肯齐在现场的"土著代理人"寄给他的数十份报告,产生了丰富且多层次的印度收藏记录。但尽管这些官方收藏的目标和结果都支持我关于收藏和帝国自我塑造之间关系的更广泛的讨论,这些国营机构在其他方面却与本书呈现的个人故事大不相同。与本书有关的另一个领域(但最终只是略微谈及的)是手稿收藏与学术性的"东方学"的主题。印度和埃及的钱币、勋章、碑文和文本的重要收藏在这个时期逐渐开始形成。然而,对于这些收藏门类的研究让我远离了个人史,并走向欧洲学术圈以及《亚洲研究》(*Asiatic Researches*)和《亚洲学报》(*Journal Asiatique*)等当时的知识分子期刊这个更为人所熟悉的领域。总之,两次调查和东方学收藏提出的问题超出了本研究的范围——这些问题已由别人在其他著作中进行过很好的探讨。

最后,尽管本书关注的是个人,而不是机构和博物馆,但后者本身就是重要的资料来源。我在英国、法国、印度和埃及参观的公共和私人收藏极大地帮助我重建帝国收藏家们的物质世界,以及他们生活于其中的更广阔的公共领域。如果没有它们,我起初就不会想到这个主题。它们强有力地证明了我试图在本书中追溯的这些主题的直观性和即时性。

注　释

以下为注释中使用的缩写：

Add. MSS　其他手稿，大英图书馆，伦敦

ADS　　萨伏依省档案馆，尚贝里

AE　　外交部系列，国家档案馆，巴黎

AN　　国家档案馆，巴黎

BL　　大英图书馆，伦敦

BNF　　法国国家图书馆，巴黎

CCC　　领事和商业信函系列，外交部，巴黎

DNB　　《国家人物传记大辞典》，L. 斯蒂芬（L. Stephen）和 S. 李（S. Lee）编辑，66 卷本（伦敦，1885~1901）

FO　　外交部档案，公共档案馆，基尤

MAE　　外交部，巴黎

MAR　　海事部系列，国家档案馆，巴黎

NAF　　法国新获物品，西方手稿部，国家图书馆，巴黎

NAS　　苏格兰国家档案馆，爱丁堡

NLW　　威尔士国家档案馆，阿伯里斯特威斯

OIOC　东方与印度事务收集品部，大英图书馆，伦敦

PRO　　公共档案馆，基尤

SHAT　陆军史编纂部，万塞讷

SRO　　苏格兰档案署，爱丁堡

WO　　陆军部档案，公共档案馆，基尤

前 言

1　Linda Colley, *Captives: Britain, Empire and the World 1600-1850* (London: Jonathan Cape, 2002), pp. 4-10. 人口焦虑直到 1801 年进行的英国第一次人口普查之后才得到缓解。

2　这里，我受到 Pierre Bourdieu, *Distinction: A Social Critique of the Judgment of Taste*, trans. Richard Nice (Cambridge, Mass.: Harvard University Press, 1984) 的影响。收藏与上流阶层之间的关系已得到早期现代欧洲很多学者的详细研究: Lisa Jardine, *Worldly Goods: A New History of the Renaissance* (New York: W. W. Norton, 1996); Paula Findlen, *Possessing Nature: Museums, Collecting, and Scientific Culture in Early Modern Italy* (Berkeley: University of California Press, 1994); Thomas DaCosta Kaufmann, *The Mastery of Nature: Aspects of Art, Science, and Humanism in the Renaissance* (Princeton, N.J.: Princeton University Press, 1993)。

3　很多学者对 *Orientalism* (New York: Pantheon, 1978) 一书提出的二元关系做出了修正，其中包括萨义德本人，见 *Culture and Imperialism* (New York: Alfred A. Knopf, 1993), pp. xxiv-xxvi. *Cf.* Ann Laura Stoler and Frederick Cooper, "Between Metropole and Colony: Rethinking a Research Agenda", in Frederick Cooper and Ann Laura Stoler eds., *Tensions of Empire: Colonial Cultures in a Bourgeois World* (Berkeley: University of California Press, 1997), pp. 1-37; Catherine Hall, *Civilising Subjects: Metropole and Colony in the English Imagination, 1830-1867* (Chicago: University of Chicago Press, 2002), pp. 15-18; Kathleen Wilson, *The Island Race: Englishness, Empire and Gender in the Eighteenth Century* (London: Routledge, 2002), pp. 4-5; Antoinette Burton, *At the Heart of the Empire: Indians and the Colonial Encounter in Late Victorian Britain* (Berkeley: University of California Press, 1998), pp. 20-23.

4 此处，我无意非难 Jan Morris 的"不列颠治世"三部曲（Volume I: *Heaven's Command*），该书呈现了大概是大英帝国全盛时期最生动详细的历史记录。

5 例如，想想 Angus Calder 在其他方面都很出色的 *Revolutionary Empire: The Rise of the English-Speaking Empires from the Fifteenth Century to the 1780s* (London: Phoenix, 1998) 一书的结束语，无疑是对英帝国主义坚定的马克思主义控诉："在库克之后，英国人似乎无远弗届。……小皮特及其同僚就像他们动员的各阶层一样，认为一定要占领全球的市场，这一目标也能够达成。尽管失去了北美殖民地，英国却比以往更强大了。在勇敢的探险家和诚实但不无愚蠢的传教士身后不远处，曼彻斯特的棉花将会随着伯明翰的枪炮而来。"(p. 535)

6 我当然会遭到 Nicholas Dirks 的批评，见 *Castes of Mind: Colonialism and the Making of Modern India* (Princeton, N.J.: Princeton University Press, 2001), pp. 309-13。

7 Linda Colley, *Britons: Forging the Nation, 1707-1837* (New Haven: Yale University Press, 1992); John Brewer, *The Sinews of Power: War, Money and the English State, 1688-1783* (New York: Vintage, 1989); Kathleen Wilson, *The Sense of the People: Politics, Culture, and Imperialism in England, 1715-1785* (Cambridge, UK:

Cambridge University Press, 1995); Jeremy Black, *Natural and Necessary Enemies: Anglo-French Relations in the Eighteenth Century* (London: Duckworth, 1986); Clive Emsley, *British Society and the French Wars, 1793-1815* (London: Macmillan, 1979).

8　J. R. Seeley, *The Expansion of England* (Chicago: University of Chicago Press, 1971), p. 12.

9　David Armitage, *The Ideological Origins of the British Empire* (Cambridge, UK: Cambridge University Press, 2001).

10　Anthony Pagden, *Lords of All the World: Ideologies of Empire in Spain, Britain and France c.1500-c.1800* (New Haven: Yale University Press, 1995), pp. 126-29. 法国很多理论家同样怀疑西班牙风格的征服帝国并出于同样的原因怀疑他们自己的国家：孟德斯鸠出版于 1721 年的《波斯人信札》虚构了两个波斯使节来访巴黎，借此批评法国专制主义的专制制度。

11　Colley, *Britons*, pp. 321-24; Benedict Anderson, *Imagined Communities*, 2nd ed. (London: Verso, 1993), pp. 109-11.

12　但参见 Cooper and Stoler eds., *Tensions of Empire* 中的 Uday Mehta, "Liberal Strategies of Exclusion" 一文，特别是 pp. 59-62——他在洛克身上发现了排除异己的迹象，并表明维多利亚时代的自由党人认为，一个社会的"文明"水平可以成为兼收并蓄的先决条件。See also Bernard Semmel, *The Liberal Ideal and the Demons of Empire: Theories of Imperialism from Adam Smith to Lenin* (Baltimore: Johns Hopkins University Press, 1993); Eric Stokes, *The English Utilitarians and India* (Oxford: Oxford University Press, 1959); Thomas R. Metcalf, *Ideologies of the Raj* (Cambridge, UK: Cambridge University Press, 1995), pp. ix-x, 28-42.

13 Quoted in Muriel E. Chamberlain, *Lord Palmerston* (Cardiff: GPC, 1987), p. 74.

14 这正是 Partha Chatterjee 颇有影响地称为 "殖民地差异统治" 的情况。Partha Chatterjee, *The Nation and Its Fragments* (Princeton, N.J.: Princeton University Press, 1993). 兼收并蓄当然会锐化基于种族或阶级的等级差别；See Catherine Hall, "The Nation Within and Without", in Catherine Hall, Keith McClelland, and Jane Rendall, *Defining the Victorian Nation: Class, Race, Gender, and the British Reform Act of 1867* (Cambridge, UK: Cambridge University Press, 2000), pp. 179–233。

15 此语来自鲁德亚德·吉卜林，他写于 1899 年的诗《白人的负担》实际上针对的是美国人，该诗主题是美国人占领菲律宾。

第一章：征服

1 我的叙述主要来自 Francis Parkman 权威性的 *Montcalm and Wolfe* (New York: Modern Library, 1999), pp. 398–414；以及 Fred Anderson, *Crucible of War: The Seven Years' War and the Fate of the Empire in British North America, 1754–1766* (London: Faber and Faber, 2000), pp. 344–62。*Cf.* Simon Schama, *Dead Certainties (Unwarranted Speculations)* (New York: Vintage, 1992), pp. 3–39, 66–70. 关于沃尔夫之死的另一种说法在 A. Doughty and G. W. Parmelee, *The Siege of Quebec and the Battle of the Plains of Abraham*, 6 vols. (Quebec: Dussault and Proulx, 1901), III, pp. 201–37 中有颇有见地的总结。据 Bruce Lenman 说，Parkman（和本杰明·韦斯特一样）过分渲染了这场战役的重要性，这是他对"七年战争"大体上属于胜利主义的爱国式解读的一部分——这种解读延续至今。(Bruce Lenman, *Britain's Colonial*

Wars 1688-1783 [New York: Longman, 2001], pp. 153-55.)

2 这绝不是英国头一次因为一次宽泛的"帝国"胜利而爆发爱国主义的欢庆：1739 年，海军上将弗农在波托韦洛击败西班牙人，引发了大规模的公众宣泄情绪。(弗农在大西洋的彼岸也是一位名人，华盛顿家族的庄园就叫作弗农山庄 [Mount Vernon]。) 但沃尔夫的胜利可能更扣人心弦，因为参与者不仅有心爱的海军，还有饱受诟病的陆军。Stephen Brumwell, *Redcoats: The British Soldier and War in the Americas, 1755-63* (Cambridge, UK: Cambridge University Press, 2002), pp. 54-57; Kathleen Wilson, *The Sense of the People: Politics, Culture and Imperialism in England, 1715-1785* (Cambridge, UK: Cambridge University Press, 1998), pp. 140-65.

3 尽管 Edward Penny 画于 1763 年的同一场景也使用了现代服装，且与韦斯特的作品在画面构成上还有几处相似。Schama, pp. 21-39.

4 例如，1929 年版的 *Cambridge History of the British Empire* 就是以这些标准来细分其主题的；"第一"和"第二"仍常常用来作为美国革命之前和之后大英帝国的缩写标签。关于这种分期的重新评价，参见 P. J. Marshall, "The First British Empire" 和 C. A. Bayly, "The Second British Empire", in Robin Winks eds., *Oxford History of the British Empire, Vol. V: Historiography* (Oxford: Oxford University Press, 1999), pp. 43-72。

5 尽管这一时期的重要事件概述可见 Jean Meyer et al., *Histoire de la France coloniale: Des origines à 1914* (Paris: Armand Colin, 1991) 以及 Jean Martin, *L'Empire renaissant 1789-1871* (Paris: Denoël, 1987)。

6 参见 Todd Porterfield, *The Allure of Empire: Art in the Service of French Imperialism 1798-1836* (Princeton, N.J.: Princeton University Press, 1998) 对这个主题以及

特别是埃及在政权更迭之中地位的精彩全面的阐述。

7 Samuel Purchas, *Hakluytus Posthumus or Purchas His Pilgrimes, Contayning a History of the World...*, 20 vols. (Glasgow: James MacLehose and Sons, 1905), Part I, IV, pp. 334-39.

8 William Foster, ed., *The English Factories in India 1618-21* (Oxford: Clarendon Press, 1906), pp. viii, 38-40.

9 Philip Lawson, *The East India Company* (London: Longman, 1993), p. 20.

10 Alexander Hamilton, *A New Account of the East Indies...*, 2 vols. (Edinburgh, 1727), quoted in P. T. Nair, ed., *Calcutta in the Eighteenth Century* (Calcutta: Firma KLM, 1984), p. 4.

11 "A Voyage to Calcutta in 1761", quoted in Nair, ed., p. 134. 这位作者报告说:"在我们连队抵达时有 84 名士兵,三个月后只剩下 34 人。"18 世纪头十年里来过加尔各答的 Hamilton 上尉说,四个月内便埋葬了 1200 个欧洲人里的 460 人。

12 译员艾蒂安·罗博利(Étienne Roboly)辛酸的悲剧故事可以在法国领事通信档案中找到,AN: AE B/I/109。罗博利实际上是个亚美尼亚人,且未经苏丹允许便为法国人服务,这些指控看来的确事出有因;但他所受到的对待并不公正,并实际上成为后来法国游说者用来争取入侵埃及的理由之一。这位译员——边缘地带的典型人物——也是个收藏家,并绝望地把一件件古典雕塑送给路易十五(以证明自己的忠诚?),也就不足为奇了。

13 特别是在乔赛亚·蔡尔德(Josiah Child)爵士的促进,以及英王詹姆斯二世支持之下的东印度公司在 17 世纪末的扩张,在"从贸易到征服"这种把普拉西战役作为公司历史上一个新的好战时代的起点的叙事中,大都被抹杀了。关于这些早期策略的详细叙述,参见 Philip J. Stern, "'One Body Corporate and Politick':

The Growth of the English East India Company—State in the Later Seventeenth Century" (Ph.D.dissertation, Columbia University, 2004)。

14 Robert Harms, *The Diligent: A Voyage Through the Worlds of the Slave Trade* (New York: Basic Books, 2002).

15 Alan Taylor, *American Colonies* (New York: Penguin, 2001), p. 132.

16 J. F. Richards, *The Mughal Empire* (Cambridge, UK: Cambridge University Press, 1993), pp. 253–81; Muzaffar Alam, *The Crisis of Empire in Mughal North India: Awadh and the Punjab 1707–1748* (New Delhi: Oxford University Press, 1986). 这一时期曾经被定性为"衰落"期，近来的解读强调它是旧帝国体制推行导致帝国自身解体的地区自治非常成功的时期。

17 Robert Orme, *A History of the Military Transactions of the British Nation in Hindoostan*, 2 vols. (London, 1763–1778), II, p. 47.

18 Michael Edwardes, *Plassey: The Founding of an Empire* (London: Hamish Hamilton, 1969), p. 65; Linda Colley, *Captives: Britain, Empire, and the World 1600–1850* (London: Jonathan Cape, 2002), pp. 255–56. 这种耸人听闻的报道始于该事件的一个幸存者，John Zephaniah Holwell, *A Genuine Narrative of the deplorable deaths of the English gentlemen, and others, who were suffocated in the Black-Hole in Fort-William, at Calcutta...* (London, 1758)。他给出的数字——无疑是错误的——是 146 人里只有 23 人幸存。

19 Orme, II, pp. 127–35.

20 Captain Edmund Maskelyne, "Journal of the Proceedings of the Troops Commanded by Lieutenant Colonel Robert Clive on the Expedition to Bengal", OIOC: MSS Eur Orme 20, p. 35.

21　"Letter from Mr. Watts to his father giving an account of events in Bengal from the treaty concluded with Seerajah Doulet on the 6th of February to August 13 [1757], including Changernagore, the battle of Plassey, etc.", OIOC: MSS Eur Orme 20, p. 109. Orme 在 其 *History*, II, p. 173 中给出了更高的数字。

22　关于该阴谋，参见 Edwardes, pp. 111-29；以及 Mark Bence-Jones, *Clive of India* (London: Constable, 1974), pp. 119-32。

23　"Letter from Mr.Watts...," p. 111.

24　Orme, II, pp. 179-84.

25　法国人在印度宫廷活动的最后活跃时期是在旁遮普邦：Jean-Marie Lafont, *La Présence française dans le royaume sikh du Penjab, 1822-1849*(Paris: École Française de l'Extrême Orient, 1992); Jean-Marie Lafont, *French Administrators of Maharaja Ranjit Singh* (New Delhi: National Book Shop, 1986)。

26　C. A. Bayly, *Indian Society and the Making of the British Empire* (Cambridge, UK: Cambridge University Press, 1988), pp. 47-52.

27　John Splinter Stavorinus, quoted in Nair, ed., p. 163.

28　Percival Spear, *The Nabobs: A Study of the Social Life of the English in Eighteenth-Century India* (New Delhi: Oxford University Press, 1998; 1st pub. 1932), p. 30.

29　Mrs. Nathaniel Kindersley,quoted in Nair, ed., p. 145.

30　Suresh Chandra Ghosh, *The British in Bengal: A Study of the British Society and Life in the Late Eighteenth Century* (New Delhi: Munshiram Manoharlal, 1998), pp. 96-109.

31　T. B. Macaulay, *Macaulay's Essays on Clive and Hastings*, Charles Robert Gaston, ed. (Boston: Ginn and Co., 1910), pp. 89-90. 这篇文章是约翰·马尔科姆爵士

应克莱武之子爱德华之请所写的三卷本圣徒传的一篇书评，Macaulay 在此转述了马尔科姆的原文。

32 Philip Lawson and Jim Phillips, " 'Our Execrable Banditti' : Perceptions of Nabobs in Mid-Eighteenth-Century Britain", in Philip Lawson, *A Taste for Empire and Glory: Studies in British Overseas Expansion* (Aldershot: Variorum Collected Studies Series, 1997), XII, pp. 225–41.

33 P. J. Marshall, *Bengal the British Bridgehead* (Cambridge, UK: Cambridge University Press, 1987), p. 18; Macaulay, p. 78.

34 Quoted in Lawson and Phillips, p. 238.

35 关于沃波尔的引述以及这次壮观登陆的再现，参见 A. Mervyn Davies, *Clive of Plassey* (New York: Scribners, 1939), pp. 326–27，以及 Bence-Jones, pp. 188–89。

36 玛格丽特·克莱武致约翰·卡纳克（John Carnac），1761 年 5 月 6 日，OIOC: MSS Eur F 128/27。

37 参见克莱武从 1763 年到 1774 年的财务日志，见 NLW: 罗伯特·克莱武文件，F2/1-14。 关于 18 世纪英镑换算为现代对应金额，我使用的是 Roy Porter, *English Society in the Eighteenth Century*, 2nd ed. (London: Penguin, 1990), p. xv 中所建议的 80 这个倍增系数。

38 罗伯特·克莱武致亨利·范西塔特（Henry Vansittart），1762 年 2 月 3 日，quoted in Lucy S. Sutherland, *The East India Company in Eighteenth-Century Politics* (Oxford: Clarendon Press, 1952), p. 86*n*。

39 亨利·斯特雷奇（Henry Strachey）致罗伯特·克莱武，1774 年 2 月 8 日，quoted in Bence-Jones, p. 298。

40 克莱武在英国的所有活动中，只有政治生涯得到了历史学家的详细记录。See Sutherland, pp. 81–137; H. V. Bowen, *Revenue and Reform: The Indian Problem in British Politics, 1757–1773* (Cambridge, UK: Cambridge University Press, 1991), pp. 169–86.

41　他在投票结果上险胜，但在上诉中落败了——参选总共花费了他 3000 英镑。分区列表见 Linda Colley, "The Mitchell election division, 24 March 1755", *Bulletin of the Institute of Historical Research* XLIX (1976): 80–107。

42　L. B. Namier, *The Structure of Politics at the Accession of George III*, 2 vols. (New York: Macmillan, 1957), II, pp. 320–32, 352–63. Namier 抱怨说 "克莱武的传记作者跟随他踏上了亚洲帝国的征服之路，却没有详谈他在故乡争得国会选区之事" (p. 352n)。这个疏忽被 Philip Lawson and Bruce Lenman, "Robert Clive, The 'Black Jagir', and British Politics" 一文大大矫正了，见 Lawson, *A Taste for Empire and Glory*, XI. 关于纳勃卜政治派系的崩溃，参见 James M. Holzman, "The Nabobs in England: A Study of the Returned Anglo-Indian, 1760–1785" (Ph.D.dissertation, Columbia University, 1926), pp. 103–16。

43　P. J. Cain and A. G. Hopkins, *British Imperialism, 1688–2000* (New York: Longman, 2002), pp. 22–37.

44　Bence-Jones, pp. 189, 203, 257, 265.

45　Namier, II, pp. 293–97. 甚至在这个自治市镇腐败的时代，主教城堡也 "腐败得臭名昭著" (p. 304)。

46　NLW: 罗伯特·克莱武文件，EC2/1。

47　Andrew Wilton and Ilaria Bignamini, ed., *The Grand Tour: The Lure of Italy in the Eighteenth Century* (London: Tate Gallery Publishing, 1996). 关于这种做法的规模，收录于 John Ingamells, *A Dictionary of British and Irish Travellers in Italy 1701–1800* (New Haven, Conn.: Yale University Press, 1997)。

48　Iain Pears, *The Discovery of Painting: The Growth of Interest in the Arts in England, 1680–1768* (New Haven, Conn.: Yale University Press, 1988), pp. 207–9.

49　Pears, pp. 101-2; 佳士得的统计数字基于我自己的统计。

50　罗伯特·克莱武致亨利·斯特雷奇，1771 年 5 月 15 日，
　　OIOC: MSS Eur F 128/93。

51　罗伯特·克莱武致亨利·斯特雷奇，1771 年 5 月 15 日，
　　OIOC: MSS Eur F 128/93。在克莱武当天写给斯特雷奇
　　的几封信中，他想知道"查尔斯·克莱武是否可以帮忙
　　确定詹姆斯·赖特油画的价值和状况"。

52　关于克莱武的衣柜: Malcolm, II, pp. 181-83。

53　根据佳士得拍卖人的记录，克莱武在 2 月 15~16 日投机
　　商罗伯特·安塞尔（Robert Ansel）大张旗鼓的收藏拍
　　卖会上，以 362 英镑 4 先令 6 便士买了九幅油画。但克
　　莱武会计的收支总账上显示，他在 2 月 18 日又多花了
　　1086 英镑 15 先令，向"克里斯蒂（佳士得）先生购买
　　油画"，这就是说，克莱武的绝大部分购置都是他人代表
　　他买下的。韦斯特和帕顿也出现在拍卖会上。（佳士得拍
　　卖行: 拍卖人记录，1771 年 1~3 月。NLW: 罗伯特·克
　　莱武文件，F 12/11。）

54　罗伯特·克莱武致亨利·斯特雷奇，1771 年 5 月 15 日，
　　OIOC: MSS Eur F 128/93。

55　罗伯特·克莱武致亨利·斯特雷奇，1771 年 5 月 16 日，
　　OIOC: MSS Eur F 128/93。

56　"意大利、佛兰德及荷兰油画，精美青铜器等一流的珍
　　贵藏品，由一位以其知识和雅趣而十分了解古董的绅士
　　（即彼得·德马松 [Peter Demasso]）所收藏"，佳士得
　　拍卖行，1771 年 3 月 8~9 日。据 Pears 说，1760 年之前，
　　只有不到 5% 的油画能卖到 40 英镑以上 (p. 216)。

57　克莱武的账目显示在 1773 年 6 月 16 日有一笔该金额的
　　钱付给了"H. Hoare 阁下，韦尔内两幅油画的成本和费
　　用"。NLW: 罗伯特·克莱武文件，H9/7。

58　Bence-Jones, pp. 295-96. 这些购于佳士得和其他地方
　　的油画中，有一些可以在克莱武的会计爱德华·克里
　　斯普（Edward Crisp）的现金账簿中查到。最后一本

中列出了"两幅油画和四箱人像及大理石雕像的关税和费用",是 1774 年克莱武去意大利旅行期间购得的(NLW:罗伯特·克莱武文件,H9/9)。同年在佛罗伦萨,克莱武遇到约翰·佐法尼,他说克莱武想要"一幅和我现在正在画的讲道台类似的油画,但可怜的人啊,他破费不起"(Ingamells, p. 221)。

59 Quoted in Bence-Jones, p. 266. 他提到克莱武为购买克劳德的油画花了 507 英镑 3 先令,"考虑到克劳德当时是英国市场上价格最高的画家,那个价钱不算过分"。这或许是真的,但显然让那幅画成为十年内伦敦艺术品市场上最昂贵的油画之一。

60 J. H. Plumb, *Sir Robert Walpole*, 2 vols. (London: Cresset Press, 1956–60), II, pp. 85–87.

61 虽然他曾在一个难得的拥有审美判断的时刻,说韦尔内是"我平生所见的最宜人的风景画家"。罗伯特·克莱武致亨利·斯特雷奇,1771 年 10 月 6 日,OIOC: MSS Eur F 128/93。

62 罗伯特·克莱武致亨利·斯特雷奇,1771 年 5 月 26 日,OIOC: MSS Eur F 128/93。行家们关于其某些油画的价值意见并不一致,参见 Bence-Jones, pp. 265–66。

63 1929 年,波伊斯伯爵把这幅肖像画送给什鲁斯伯里市政委员会,在此之前,这幅肖像一直留存在克莱武家族;它如今陈列在波伊斯城堡。我很感激国家名胜古迹信托的 Margaret Gray 告诉我这个消息。

64 "如果这是在我的掌控之下,我甚至会送给米尔·贾法尔一幅精心绘制的克莱武勋爵画像。……我无法在伦敦找到能画得像勋爵的画师,但巴斯有人能画得惟妙惟肖,勋爵早就答应我给他画像了,只要他下回得闲。……我们出自感激之情,想把这幅画送给老肯勃卜,作为我们永远铭记他的厚爱的标志。"玛格丽特·克莱武致约翰·卡纳克,1764 年 2 月 27 日(OIOC: 萨顿庭院收藏,MSS Eur F128/27)。

65 Samuel Foote, *The Works, with Remarks and an Essay*

by *Jon Bee (1830)*, 3 vols. (New York: Georg Olms Verlag, 1974), III, pp. 215–17, 222–26, 236. 克莱武生涯中与此有关的最佳例子就要数克莱武勋爵基金的设立了，这是一个旨在帮助东印度公司残废军人和遗孀的慈善组织。克莱武以米尔·贾法尔留给他的一笔可疑的70000英镑遗产成立了这个信托基金。

66 Bence-Jones, pp. 285, 287.

67 关于克莱武之死，以及认为他或许是被谋杀的一个离奇的说法，参见 Robert Harvey, *Clive: The Life and Death of a British Emperor* (London: Hodder & Stoughton, 1998), pp. 367–76。

68 克莱武的遗嘱明确说明某些物品是留给爱德华的。我是从 NLW：克莱武文件，T4/1 的库存清单中得出这一结论和后续推论的。"印度的宝物"在 1775 年 3 月 17 日入库，估价为 1154 英镑。

69 罗伯特·克莱武的某些印度藏品一定能在波伊斯城堡收藏中找到。See Mildred Archer, Christopher Rowell and Robert Skelton, *Treasures from India: The Clive Collection at Powis Castle* (New York: Meredith Press, 1990).

70 Bence-Jones, p. 243; 罗伯特·克莱武致乔治·格伦维尔（George Grenville），1767 年 7 月 21 日，NLW：罗伯特·克莱武文件，CR4/1。

第二章：跨越

1 John Prinsep, quoted in J. P. Losty, *Calcutta City of Palaces: A Survey of the City in the Days of the East India Company, 1690–1858* (London: British Library, 1990), p. 36.

2 William Hodges, *Travels in India during the years 1780, 1781, 1782, and 1783* (London, 1794), p. 14.

3　"1776 年 4 月 1 日至 6 月底，奥德省的一些交易记录"，
　　OIOC: MSS Eur Orme Vol. 91。

4　Matthew Edney, *Mapping an Empire: The Geographical
　　Construction of British India, 1765-1843* (Chicago:
　　University of Chicago Press, 1997), p. 9.

5　这些统计数字出自 "General Register of the Military on
　　the Coast of Coromandel 31 December 1766"，OIOC:
　　L/Mil/11/109；"Register of the Honorable Company's
　　Effective European Troops on the Coast of Coromandel
　　as they stood on the 31st December 1800"，OIOC: L/
　　Mil/11/120。宗教情况未列入，但有出生国家；大部分
　　爱尔兰军人来自南部各郡。

6　甚至在普拉西战役之前，估计数字就达 100000~400000
　　人：P. J. Marshall, *Bengal the British Bridgehead*
　　(Cambridge, UK: Cambridge University Press, 1987), p.
　　24; Geoffrey Moorhouse, *Calcutta: The City Revealed*
　　(London: Phoenix, 1998), p. 40。

7　"List of Inhabitants etc. who bore arms at the seige of
　　Calcutta, with their fate, whether killed or wounded July
　　1, 1756"，OIOC: MSS Eur Orme 19, pp. 61-64.

8　OIOC: 克莱武藏品，MSS Eur G37/18，第 9 件。这是一
　　份罕见的档案，因为英国人直到那个世纪末才开始编纂
　　加尔各答的英国平民和学徒的常规名单。Marshall 认为这
　　里的人名都是男性户主 (p. 23)。

9　很多清单也给出了地产出售的完整记录，附有买主的姓
　　名和价格。似乎只有亚美尼亚人的买卖没有外人插足。
　　关于 1761~1770 年的情况，参见 OIOC: P/154/62-69。

10　Michael H. Fisher, *Indirect Rule in India: Residents and
　　the Residency System,1764-1858* (New Delhi: Oxford
　　University Press, 1998), pp. 43-69.

11　OIOC: L/Mil/9/103，登船名单，1778~1784 年。东印
　　度公司当时在爱尔兰有三个招募站，其中两个在阿尔斯
　　特省南部。C. A. Bayly, *Imperial Meridian: The British*

Empire and the World, 1780-1830 (London: Longman, 1989), p. 127.

12 R. M. Bird, *Dacoitee in Excelsis; or, the Spoliation of Oude, by the East India Company...* (London, 1857), p. 21.

13 C. U. A. Aitchison, ed., *A Collection of Treaties, Engagements, and Sunnuds Relating to India and Neighbouring Countries, Vol. II: Northwestern Provinces, Oudh, Nipal, Bundelcund and Baghelcund* (Calcutta, 1876), pp. 74-78; Purnendu Basu, *Oudh and the East India Company, 1785-1801* (Lucknow: Maxwell Co., 1943), pp. 101-2.

14 Quoted in Desmond Young, *Fountain of the Elephants* (London: Collins, 1959), p. 101.

15 Jean Deloche, ed., *Voyage en Inde du Comte de Modave, 1773-76* (Paris: École Française d'Extrême Orient, 1971), p. 170.

16 Abdul Halim Sharar 认为，"随着任何社群或国家的进步，饮食是其改善的最显著的标志"，这在食物上尤其有说服力：Abdul Halim Sharar, *Lucknow: The Last Phase of an Oriental Culture*, trans. E. S. Harcourt 和 Fakhir Hussain(New Delhi: Oxford University Press, 1975), pp. 155-68。

17 Thomas Twining, *Travels in India a Hundred Years Ago* (London, 1893), p. 312.

18 Muhammad Faiz Bakhsh, *Tarikh-i-Farahbakhsh*, trans. William Hoey, *Memoirs of Delhi and Faizabad* (Allahabad, 1889), p. 24.

19 黑斯廷斯致约翰·麦克弗森（John Macpherson），1781 年 12 月 12 日，quoted in Richard B. Barnett, *North India Between Empires: Awadh, the Mughals, and the British, 1720-1801* (Berkeley: University of California Press, 1980), pp. 204-5。

20 关于阿萨夫·乌德-达乌拉某些开销的详细说明，参见 "Estimate of the Expences of the Nabob Vizier for the Fussellee Year 1192 [1783–84]"，BL: 黑斯廷斯文件，Add. MSS 29,093。关于更偏向于逸事趣闻的说法，参见 William Blane, *An Account of the Hunting Excursions of Asoph ul Doulah, Visier of the Mogul Empire, and Nabob of Oude* (London, 1788); Captain Charles Madan, *Two Private Letters to a Gentleman in England, from His Son who Accompanied Earl Cornwallis on his Expedition to Lucknow in the Year 1787* (Peterborough, 1788); and "Account of Lucknow", in *Asiatic Annual Register*, vol.2 (London, 1800), "Miscellaneous Tracts", pp. 97–101。

21 Abu Talib Khan, *Tahzih ul-ghafilin*, trans. William Hoey, *History of Asafu'd Daulah Nawab Wazir of Oudh* (Allahabad, 1885; repr. Lucknow: Pustak Kendra, 1974), pp. 73–74.

22 Twining, pp. 309–10.

23 养鸽子和放风筝均是塔利班在 1996 年禁止的活动，因为那些都会助长"邪恶的后果"。Asne Seierstad, *The Bookseller of Kabul* (Boston: Little, Brown, 2003), p. 81.

24 Sharar, pp. 198–201, 94. Sharar 还敏锐地观察到斗兽在这座柔弱的城市如此盛行的一个原因："因为无法表现英勇行为，人们盼望能在斗兽中看到那些。人们乐于观看勇敢的行为，并通过让他人也观看斗兽来寻求赞誉。这正是勒克瑙发生之事。"(p. 116)

25 Mir Taqi Mir, *Zikr-i Mir: the autobiography of the eighteenth-century Mughal poet, Mir Muhammad Taqi 'Mir', 1723–1810*, trans. C. M. Naim(New Delhi: Oxford University Press, 1999); Carla Petievich, *Assembly of Rivals: Delhi, Lucknow and the Urdu Ghazal* (New Delhi: Manohar, 1992).

注释

26　Juan R. I. Cole, *The Roots of North Indian Shi'ism in Iran and Iraq: Religion and State in Awadh, 1722–1859* (Berkeley: University of California Press, 1988). Sharar 称之为"印度的巴格达与科尔多瓦，东方的内沙布尔与布哈拉"(p. 94)。

27　Amir Hasan, *Palace Culture of Lucknow* (New Delhi: B. R. Publishing, 1983), p. 183.

28　Rosie Llewellyn-Jones, *A Fatal Friendship: The Nawabs, the British, and the City of Lucknow* (New Delhi: Oxford University Press, 1985).

29　L. F. Smith, "A letter to a friend containing a historical sketch of the late Asuf-ud-Dowlah, Nawab of Oude (1 March 1795)", quoted in Mildred Archer, *India and British Portraiture, 1770–1825* (London: Sotheby Parke Bernet, 1979), pp. 142–43.

30　C. A. Bayly, *Rulers, Townsmen, and Bazaars: North Indian Society in the Age of British Expansion, 1770–1870* (Cambridge, UK: Cambridge University Press, 1983), p. 102. 关于建筑物本身，参见 Neeta Das, *The Architecture of the Imambaras* (Lucknow: Lucknow Mahotsav Patrika Samiti, 1991), pp. 64–71。

31　Mir Taqi Mir, quoted in Ishrat Haque, *Glimpses of Mughal Society and Culture* (New Delhi: Concept Publishing, 1992), p. 69.

32　Sharar, p. 48.

33　Sharar 和 Basu 提到了这种做法，这副对句引自 Hasan, p. 181。

34　Rosie Llewellyn-Jones, "European Fantasies and Indian Dreams", in Violette Graff, ed., *Lucknow: Memories of a City* (New Delhi: Oxford University Press, 1997), p. 51.

35　See C. A. Bayly, ed., *The Raj: India and the British, 1600–1947* (London: National Portrait Gallery, 1990),

p. 116; Mary Webster, *Johan Zoffany* (London: National Portrait Gallery, 1976), pp. 77-78.

36 对于 Beth Fowkes Tobin 的解读，说这一时期英属印度肖像画破坏、抵牾或威胁了大英帝国统治的不断演变的意识形态，我持含蓄的反对态度。正如这幅画着重表现的那样，勒克瑙的政治、社会和文化环境极其复杂，而"英国人"绝非这里的主人。See Beth Fowkes Tobin, *Picturing Imperial Power: Colonial Subjects in Eighteenth-Century British Painting* (Durham, N.C.: Duke University Press, 1999), pp. 110-38.

37 伊丽莎白·普洛登日记，OIOC: MSS Eur F 127/94，1787 年 3 月 4 日。

38 普洛登日记，1788 年 4 月 17 日；1787 年 11 月 22 日。

39 普洛登日记，1788 年 9 月 18 日。

40 普洛登日记，1788 年 3 月 20 日；1788 年 10 月 8 日。

41 Quoted in Walter F. C. Chicheley Plowden, *Records of the Chicheley Plowdens* (London: Heath, Cranton, & Ouseley, 1914), pp. 173-74.

42 See "Cases of Ozias Humphry and Mr. Paul at Lucknow", BL: 韦尔斯利文件，Add. MSS 13,532; and John Brewer, *The Pleasures of the Imagination: English Culture in the Eighteenth Century* (New York: Farrar Straus Giroux, 1997), pp. 316-18。

43 克劳德·马丁致伊丽莎白·普洛登，1796 年 6 月 5 日，OIOC: MSS Eur C 149。（顺便说一句，这是马丁留存至今的唯一一封写给女人的信。）

44 1807 年，理查德·约翰逊在把收藏品卖给东印度公司时，告诉查尔斯·威尔金斯说，"最上等的油画每幅都（花了我）20 到 150 卢比"（见 Mildred Archer and Toby Falk, *Indian Miniatures in the India Office Library* [London: Sotheby Parke Bernet, 1981], p. 27）。至于价格范围的另一端，伊丽莎白·普洛登说"考珀告诉我，他曾拥有过一本波斯图书，价值一万卢比，他去英国时，把这本书献给国王了。……让那本书非比寻常的是每一个字母都以漂亮的小号字写在树叶花朵等描图的里面，字符中间的叶子都是美丽的图画，叶子周围又画着最雅致的各种花朵边饰"（普洛登日记，1787 年 10 月 10 日）。

45　Sharar, p. 103.

46　Archer 和 Falk 的 *Indian Miniatures in the India Office Library* 是约翰逊藏品的一份缜密的目录。他在勒克瑙委托的画作编号是 Cats. 346–61, Cat. 431 是在海得拉巴完成的。

47　Rosane Rocher, "British Orientalism in the Eighteenth Century: The Dialectics of Knowledge and Government", in Carol A. Breckenridge and Peter Van der Veer, ed., *Orientalism and the Postcolonial Predicament: Perspectives on South Asia* (Philadelphia: University of Pennsylvania Press, 1993), p. 237.

48　普洛登日记，1787 年 12 月 13 日。关于波利尔的东方通，另见 Muzaffar Alam and Seema Alavi, *A European Experience of the Mughal Orient: The I' jaz-i Arsalani Persian Letters, 1773–1779) of Antoine–Louis Henri Polier* (New Delhi: Oxford University Press, 2001), pp. 50–56。

49　Polier, quoted in Georges Dumézil, ed., *Le Mahabarat et le Bhagavat du Colonel de Polier* (Paris: Gallimard, 1986).

50　Raymond Schwab, *The Oriental Renaissance: Europe's Rediscovery of India and the East, 1680–1880*, trans. Gene Patterson–Black and Victor Reinking(New York: Columbia University Press, 1984); Jean–Marie Lafont, *Indika: Essays in Indo–French Relations, 1630–1976* (New Delhi: Manohar, 2000). Schwab 的书或许是对东方智慧成就最雄辩的颂扬，也是对法国印度学的一次罕见的研究。

51 波利尔致黑斯廷斯，1786 年 7 月 15 日，BL: 黑斯廷斯文件，Add. MSS 29, 170。

52 S. Chaudhuri, ed., *Proceedings of the Asiatic Society of Bengal, Vol. 1: 1784–1800* (Calcutta: Asiatic Society, 1980), p. 390.

53 印度画家笔下的很多 18 世纪欧洲人都穿西方服装——如沃伦·黑斯廷斯坐像的莫卧儿水粉画（翻印于 Bayly, ed., *The Raj*, p. 115）。勒克瑙的另一位收藏家约翰·伍姆韦尔也有一幅本地画家所绘的身穿长袍的画像；照片翻印在 William Dalrymple, *White Mughals: Love and Betrayal in Eighteenth-Century India* (London: HarperCollins, 2002)。

54 原本存于法国国家图书馆，经 Muzaffar Alam 和 Seema Alavi 编译为《一个欧洲人在莫卧儿东方的经历》（*A European Experience of the Mughal Orient*）（下文引用时简称为 *I'jaz*）。See also G. Colas and F. Richard, "Le Fonds Polier à la Bibliothèque Nationale", 见 *Bulletin de l'École Française d'ExtrêmeOrient* 73 (1984): 112–17.

55 *I'jaz*, pp. 108–9, 111, 125–26, 149–50.

56 *I'jaz*, pp. 261–62.

57 *I'jaz*, pp. 296–97.

58 *I'jaz*, pp. 164–65; 266–67.

59 "晚餐后去他的济纳特那里看望波利尔上校的家人。"普洛登日记，1788 年 1 月 23 日；1788 年 11 月 10 日。

60 关于这个令人不快的主题的最佳学术研究是 Durba Ghosh, "Colonial Companions: *Bibis, Begums*, and Concubines of the British in North India, 1760–1830" (Ph.D.dissertation, University of California at Berkeley, 2000)。关于当时一个英裔印度人的风流韵事的详细描述，参见 Dalrymple, *White Mughals*。

61 *I'jaz*, pp. 153–56.

62 *I'jaz*, p. 285. 波利尔的次子巴巴·贾恩显然年纪太小，还不能给父亲写信。

63 我在此处和后面很多地方都参考了一本出色的马丁传记，Rosie Llewellyn-Jones, *A Very Ingenious Man: Claude Martin in Early Colonial India* (New Delhi: Oxford University Press, 1992)。

64 Ibid., pp. 155-76.

65 "Inventory of the Effects of the late Major General Claud Martin", OIOC: L/AG/34/27/24, 孟加拉清单, 1801 年, 第 1 卷。

66 "Inventory..."; Deloche, ed., *Voyage en Inde du Comte de Modave...*, p. 106.

67 "Tribunus", quoted in Llewellyn-Jones, *A Very Ingenious Man*, pp. 149-50.

68 马丁致雷克斯事务所（Raikes and Company），1796 年 8 月 13 日；1798 年 5 月 25 日。我很感激 Llewellyn-Jones 博士誊写的这些信件，存于里昂罗纳河档案馆。如今，她 的 *A Man of the Enlightenment in Eighteenth-Century India: The Letters of Claude Martin 1766-1800* (New Delhi: Permanent Black, 2003) 一书出版了这些信件。

69 Rosie Llewellyn-Jones, "Major General Claude Martin: A French Connoisseur in Eighteenth-century India", in *Apollo Magazine*, Vol. 145 (March 1997): 17-22.

70 Quoted in Llewellyn-Jones, *A Very Ingenious Man*, p. 87.

71 Twining, p. 311.

72 "Account of Lucknow", p. 100.

73 L. F. Smith, quoted in Archer, *India and British Portraiture, 1770-1825*, pp. 142-43.

74 Clifford Geertz, "Centers, Kings and Charisma: Reflections on the Symbolics of Power", in J. Ben David and T. N. Clark, eds., *Culture and Its Creators* (Chicago: University of Chicago Press, 1977), pp. 150-

71.

75 "Account of Lucknow", p. 101.

76 Milo Cleveland Beach and Ebba Koch, *King of the World* (London: Azimuth Editions, 1997).

77 Pramod J. Jethi and Christopher W. London, "A Glorious Heritage: Maharao Lakhpatji and the Aina Mahal", and Amin Jaffer, "The Aina Mahal: An Early Example of 'Europeanerie' ", *Marg* 51 (2000): 12–39.

78 Daniel Johnson, quoted in Llewellyn-Jones, *A Very Ingenious Man*, p. 133.

79 George Annesley, Viscount Valentia, *Voyages and Travels in India, Ceylon, the Red Sea, Abyssinia, and Egypt, in the Years 1802, 1803, 1804, 1805, and 1806*,3 vols. (London, 1809), I, p. 156. 弗雷德里克·阿诺特（Frederick Arnott）带来一批欧洲枪炮，"是根据纳勃卜表达的愿望和规定的金额……委托给阿诺特先生的"。他的清单上还包括卖给阿萨夫·乌德－达乌拉或其侍臣的一些珍宝，比如"两条象牙伊玛目大船"、"192件陶瓷玩具和62个翻筋斗的男孩"，以及"两座陶瓷庙宇"。（"Cases of Ozias Humphry and Mr. Paul at Lucknow", BL: Add. MSS 13,532.）

80 *I'jaz*, p. 326.

81 Basu, p. 4.

82 Twining, pp. 311–12.

83 Valentia, I, pp. 164–65.

第三章：妥协

1 数字出自 Rosie Llewellyn-Jones, *A Very Ingenious Man: Claude Martin in Early Colonial India* (New Delhi: Oxford University Press, 1992), p. 102。

2 波利尔致黑斯廷斯，1786年7月15日，BL：黑斯廷斯文件，Add. MSS 29,170, ff. 129–30。

注释

3　Walter F. C. Chicheley Plowden, *Records of the Chicheley Plowdens* (London, 1914), p. 160.

4　数字引自 Linda Colley, *Captives: Britain, Empire, and the World 1600–1850*(London: Jonathan Cape, 2002), p. 251。

5　公园路公墓 Eliza Forsyth (1821), Lawrence Gall (1806), Richard Becher (1782), 以及 Harriet Hunt (1801) 等人的墓志铭；Charlotte Becher 的墓志铭在圣约翰教堂 (1759)。

6　沃伦·黑斯廷斯致玛丽安·黑斯廷斯，1784 年 11 月 20 日，BL: 黑斯廷斯文件，Add. MSS 29,197, f. 101。

7　Georges Dumézil, ed., *Le Mahabarat et le Bhagavat du Colonel de Polier* (Paris: Gallimard, 1986), p. 19.

8　克劳德·马丁致伊丽莎白·普洛登，1796 年 6 月 5 日，OIOC: MSS Eur C 149。玛丽·德波利尔说他"带来了与不同的印度女人所生的孩子，并正式认可了他们" (p. xxxii)。

9　除非另有说明，我对后续事件的叙述均来自 Marie de Polier, *Mythologie des Indous*, 2 vols. (Paris and Roudolstadt, 1809), I, pp. i–xliii。

10　波利尔致沃伦·黑斯廷斯，1776 年 12 月 21 日，BL: 黑斯廷斯文件，Add. MSS 29,138, f. 43。

11　Richard Cobb, *Reactions to the French Revolution* (Oxford: Oxford University Press, 1972); D. M. G. Sutherland, *France 1789–1815: Revolution and Counter-revolution* (Oxford: Oxford University Press, 1986), pp. 286–92.

12　皮埃尔·波利尔（Pierre Polier）长大后成了和他父亲一样的冒险家：他成为拿破仑手下的一名军官，获得法国荣誉军团勋章，娶了一位俄国公主，还在西伯利亚发现了钻石矿。Eugène and Émile Haag, *La France Protestante*, 9 vols. (Paris, 1846–59), VIII, p. 276.

13　马丁致伊丽莎白·普洛登，1796 年 6 月 5 日，OIOC: MSS Eur C 149。他在 1795 年 10 月听说了这个悲剧，当时写信给他在伦敦的代理人说，"我对于波利尔上校之死深感悲痛，他的性格本应得到更好的命运"（克劳德·马丁致雷克斯事务所，1795 年 10 月 4 日）。

14　伯努瓦·德布瓦涅（下文简写为 BDB）致科克雷尔和特雷尔事务所（Cockerell and Traill），1797 年 7 月 2 日，ADS: 德布瓦涅藏品，书信发文簿"自从我在英格兰迪尔登陆以来的信件副本，1797 年 5 月 31 日至 6 月"。我在 2001 年 4 月查阅德布瓦涅文件时，它们正首次得到编目处理。我无法为引用的条目提供参考文献号码，但尽可能地提供了日期和发信人。

15　克劳德·马丁致伊丽莎白·普洛登，1796 年 6 月 5 日，OIOC: MSS Eur C 149。

16　除非另有说明，我关于德布瓦涅的全部传记信息均来自 Desmond Young, *Fountain of the Elephants* (London: Collins, 1959) 以 及 Marie-Gabrielle de Saint-Venant, *Benoît de Boigne (1751–1830): Du général au particulier*, Mémoires et documents de la Société Savoisienne d'Histoire et d'Archéologie XCVIII (Chambéry: Société Savoisienne d'Histoire et d'Archéologie, 1996)。后一本书是德布瓦涅的一个后代所写，是自 Young 的著作问世以后第一本直接基于德布瓦涅文件的著作。

17　[G. M. Raymond], *Mémoire sur la Carrière militaire et politique de M. le Général de Boigne..., Seconde Édition* (Chambéry, 1830), p. 45.

18　德布瓦涅自 1774 年被释放到他 1777 年出现在埃及之间的情况无人知晓。有一种说法是，在此期间，他花了部分时间在俄国为叶卡捷琳娜二世探寻通往印度的陆路。Herbert Compton, *A Particular Account of the European Military Adventurers of Hindustan, 1784–1803* (Karachi: Oxford University Press, 1976; 1st pub. 1892), pp. 18–19; *cf.* Young, pp. 298–304。

19　Seema Alavi, *The Sepoys and the Company: Tradition and Transition in Northern India 1770–1830* (New Delhi: Oxford University Press, 1995), pp. 216–20.

20 我是在德布瓦涅文件的一份标注日期为 1792 年 7 月 1 日的 Fleury Martin 中尉财产拍卖清单上找到（除博伊德之外的）这些人名的；在列出的 25 名军官姓名之中，有七人是印度人。文中提到的几位欧洲人在 Compton 的 *Military Adventurers...* 中均有提及。博伊德在那年晚些时候致信德布瓦涅要求回扣。（约翰·P. 博伊德［John P. Boyd］致德布瓦涅，1792 年 10 月 10 日，ADS：德布瓦涅藏品。）德布瓦涅从布列塔尼人雇佣兵勒内·马代克（René Madec）被解散了的兵团里抽调了一些军官，其中包括能干的苏格兰军官乔治·桑斯特（George Sangster）。

21 威廉·布兰致 BDB，1790 年 1 月 5 日，ADS：德布瓦涅藏品。

22 Saint-Venant, pp. 36-40.

23 德布瓦涅在加尔各答的代理人汉密尔顿和阿伯丁事务所（Hamilton and Aberdein）给他寄来一把小提琴、一对圆号、一支长笛、一支低音单簧管，以及一支"双簧管"，随乐器而来的还有一位名叫利安德（Leander）的乐队指挥："我们所有招收法国号手的努力都付之东流了。但由于利安德是一位全面的音乐家，还随身携带了数种不同的乐器，他很快便能培训一支男孩乐队演奏任何您喜欢的乐器。他说，法国号尤其容易学。"（汉密尔顿和阿伯丁事务所致 BDB，1789 年 10 月 26 日，ADS：德布瓦涅藏品。）

24 碰巧，德布瓦涅的一个高度虚拟的化身出没于 Vikram Chandra 的小说 *Red Earth and Pouring Rain* (London: Faber and Faber, 1995) 中。

25 BDB 致马戛尔尼勋爵，1782 年 4 月 9 日，quoted in Young, pp. 42-43。

26 参见 Saint-Venant，她强调说，在其起伏不定的忠诚外表下，"德布瓦涅首先是个萨伏依人"(p. 19)。

27 Jean-Marie Lafont, *Indika: Essays in Indo-French Relations, 1630-1976* (New Delhi: Manohar, 2000), pp.

177-204.

28　Saint-Venant, pp. 22, 53.

29　约瑟夫·凯罗斯致 BDB，1792 年 4 月 5 日，ADS：德布瓦涅藏品。

30　Quoted in Young, pp. 162-69.

31　威廉·布兰致 BDB，1792 年 10 月 19 日，ADS：德布瓦涅藏品。布兰是在勒克瑙写的信，他是阿萨夫·乌德-达乌拉的外科医生。他在英国曾见过德布瓦涅多次，在那里显然在"韦克菲尔德公园过着气派的生活"(Young, p. 214)；尽管克劳德·马丁吃惊地听说"布兰假装精通科学，出入于上流社会，实际却生活在苏格兰，而不是伦敦的艺术和科学氛围中。据说他是去提高专业水平和挣钱的，据我了解，苏格兰是个消费便宜的乡下，而那里也有一些很有名的医生"（马丁致伊丽莎白·普洛登，1796 年 6 月 5 日，OIOC: MSS Eur C 149）。

32　当时情况的叙述见 Young, p. 174。

33　清单标题为 "Marque D. B. des Malles laissées a Hambourg chez les Banquiers W. M. Jean Beremberg, Gossler et Compes"，ADS：德布瓦涅藏品。

34　Young 轻易便下结论说，所有这些都是"印度归来的居民在抵达欧洲后纳闷自己为何费力收拾带过来的零头碎脑"(p. 186)。

35　我在 2001 年春看到这些信件时，它们被捆在一起，放在一个相当破旧的黑色小金属箱子里。我这里引用的德布瓦涅文件中的大量译文是 1870 年由"东方语言教授、后来担任旁遮普事务管理委员会笔译和口译"的 Syed Abdoolah 事先完成的，第 12 和 17 件（发自马哈杰·辛迪亚）、第 20 件（发自沙·阿拉姆）、第 30 件（发自"女皇"）、第 83 件（提到德布瓦涅的波斯头衔），以及第 94 件（一份 1789 年的授予状，授予德布瓦涅 36 个村庄）。

36　图纸和德布瓦涅与约翰·默里出版公司关于修复的通信均翻印在 Jérôme Boyé, ed., *L'Extraordinaire aventure de Benoît de Boigne aux Indes* (Paris: Éditions C & D, 1996), pp. 123-30。

37 德布瓦涅文件中的一份标题为 "Effects and Goods my Property as being in my Possession and the value worth or brought for Camp 1 Ablvel 1207 or 13 November 1798" 的清单，其中包括 "刻有《古兰经》段落的德里长刀"、"刻有印度诸神的卧榻"，以及各种动物形刀柄的匕首（还有一台显微镜和五座钟）。这份文献上标注的日期令人困惑并且毫无疑问是错误的，因为 1798 年11 月，德布瓦涅生活在伦敦。

38 "印度武器" 登记表分条开列了 "Marque D.B.des Malles laissées a Hambourg chez les Banquiers W.M. Jean Beremberg, Gossler et Compes" 清单上的内容，ADS：德布瓦涅藏品。其中的某些物品，包括指挥官的官杖，均在 Boyé 编辑的书中有所说明。

39 BDB 致迈耶斯事务所（Meyers and Co.）丹茨菲尔特（Duntzfelt）先生，1797 年 7 月 2 日，ADS：德布瓦涅藏品，"自从我在英格兰迪尔登陆以来的信件副本，1797年 5 月 31 日至 6 月"。

40 引自德布瓦涅文件里威廉·帕尔默致德布瓦涅信中的一个书面承诺，该信是 1794 年 3 月 5 日在法蒂古尔签名并署日期的，将每年从帕尔默处借款 136 卢比转给这些姑娘。

41 致约瑟夫·凯罗斯的授权书，标注日期为 1796 年 5 月28 日于勒克瑙，ADS：德布瓦涅藏品。克劳德·马丁将处理她们的年金支付。

42 BDB 致汉密尔顿和阿伯丁事务所，1798 年 7 月 2 日，ADS：德布瓦涅藏品，"自从我在英格兰迪尔登陆以来的信件副本，1797 年 5 月 31 日至 6 月"。

43 BDB 致科克雷尔和特雷尔事务所，1797 年 7 月 2 日，ADS：德布瓦涅藏品，"自从我在英格兰迪尔登陆以来的信件副本，1797 年 5 月 31 日至 6 月"。

44 BDB 致迈耶斯事务所丹茨菲尔特，1797 年 7 月 2 日，

ADS: 德布瓦涅藏品，"自从我在英格兰迪尔登陆以来的信件副本，1797 年 5 月 31 日至 6 月"。对于德布瓦涅来说，丹麦不是个幸运的地方：得知 1795 年的哥本哈根大火之后，他说"我在哥本哈根有三万英镑，那里的大火灾让我非常担心，直到我得到代理人传来的消息"。BDB 致威廉·帕尔默，1796 年 1 月 17 日（草稿），ADS: 德布瓦涅藏品。

45　BDB 致迈耶斯事务所丹茨菲尔特先生，1797 年 7 月 2 日；BDB 致科克雷尔和特雷尔事务所，1797 年 7 月 2 日。

46　BDB 致迈耶斯事务所丹茨菲尔特先生，1797 年 7 月 2 日；BDB 致坦南特船长，1797 年 7 月 14 日；BDB 致汉密尔顿和阿伯丁事务所，1797 年 7 月 2 日。

47　这份遗嘱包括在"本内特·德布瓦涅将军 1797 年 8 月 15 日现有财产声明"之中，ADS: 德布瓦涅藏品。在这份文件中，孩子们的名字为"阿里·巴克什，施洗后改名为约翰·巴蒂斯特"和"巴努·詹，施洗后为海伦娜"。

48　BDB 致科克雷尔和特雷尔事务所，1797 年 10 月 27 日。

49　BDB 致费尔利与吉尔莫事务所（Fairlie, Guilmore and Co.），1798 年 1 月 26 日。

50　Young, pp. 193–94; Saint-Venant, p. 92.

51　克劳德·马丁致 BDB，1798 年 5 月 28 日。

52　Adèle d'Osmond de Boigne, *Mémoires de la Comtesse de Boigne,...* 2 vols. (Paris: Mercure de France, 1999), I, pp 152–53. 阿黛尔在回忆录中没有提到介绍他们相识的"约翰逊先生"的名字，但她显然指的是德布瓦涅的银行经理和密友理查德·约翰逊——1799 年，德布瓦涅安排他作为努尔的托管人，德布瓦涅到伦敦的初期曾频繁去他家作客。媒人丹尼尔·奥康奈尔（更有名气的同名爱尔兰民族主义者的叔叔）是"野鹅"，也是德布瓦涅 30 年前在克莱尔军团时的指挥官。

53　BDB 致阿黛尔的未注明日期的信件草稿，大概是在 1798 年底，见 Saint-Venant, p. 85.

54　列于 "Goods wanted from Mde de Boigne being my own

property"中，约 1800 年，ADS: 德布瓦涅藏品。

55　她可能在婚后不久便知道了他们的存在。1801 年，德布
　　瓦涅致信兄弟约瑟夫说："我的合法妻子……（对）这个
　　印度女人有些微妙的情绪，这对我是件好事。"Quoted
　　in Saint-Venant, p. 87.

56　D'Osmond de Boigne, I, pp. 155-57.

57　"Estimation of my fortune at this day 20 October
　　1798...", ADS: 德布瓦涅藏品。当时，他每年向奥斯蒙
　　一家支付 500 英镑，并给阿黛尔一笔 400 英镑的年金。

58　这些收据都在德布瓦涅文件中。

59　Young, p. 232.

60　BDB 致迈耶斯事务所丹茨菲尔特先生，1797 年 7 月 17 日；
　　1797 年 11 月 13 日。

61　马丁致 BDB，1798 年 9 月 29 日。

62　马丁致 BDB，1799 年 8 月 20 日。

63　马丁致 BDB，1799 年 8 月 20 日。

64　"Last Will and Testament of Claude Martin, 1 January,
　　1800", OIOC: L/AG/34/29/12, 孟加拉遗嘱，1800 年。
　　马丁实际上不太可能经防腐处理，但很可能用烈酒浸泡
　　过。1999 年 11 月，我参观康斯坦蒂亚宫（如今的马蒂
　　尼埃学校）的地下室时，校长竭力向我保证，尽管空气
　　中有很重的霉味，却相当干净健康。

65　Llewellyn-Jones, A Very Ingenious Man, pp. 145-47.
　　马丁显然是外国人水平的英语在这里一目了然，他把法
　　语单词 contrée（地区）和 "country"（国家）搞混了，
　　说欧洲是一个 "country"。至少他在死后被认可为英国
　　人：他被收入新版的 DNB。

66　在 Rosie Llewellyn-Jones, A Fatal Friendship: The
　　Nawabs, the British and the City of Lucknow (New
　　Delhi: Oxford University Press, 1985), pp. 140-46 中，
　　对这幢房子做了详细的描述。

67　马丁致伊丽莎白·普洛登，1796 年 6 月 5 日，OIOC:
　　MSS Eur C 149。

68 我是在康斯坦蒂亚宫清单（"Inventory of the Effects of the late Major General Claud Martin"，OIOC: L/ AG/ 34/27/24，孟加拉清单，1801 年，第 1 卷）以及 Llewellyn-Jones, *A Very Ingenious Man*, pp. 184-85 中得到这些细节的。

69 马丁致 BDB，1800 年 2 月 16 日。

70 马丁致伊丽莎白·普洛登，1796 年 6 月 5 日，OIOC: MSS Eur C 149。

71 马丁致雷克斯事务所，1795 年 10 月 4 日，quoted in Llewellyn-Jones,ed., *A man of the Enlightenment*, p.277。

72 "Tribunus"，quoted in Llewellyn-Jones, *A Very Ingenious Man,* p. 205.

73 Llewellyn-Jones, *A Very Ingenious Man,* p. 220.

74 马丁致 BDB，1798 年 5 月 28 日，quoted in Llewellyn-Jones, ed., *A Man of the Enlightenment,* p. 371。Llewellyn-Jones attributes the quote "après moi la fin du monde" to Voltaire, p. 315。

75 George Annesley, Viscount Valentia, *Voyages and Travels in India, Ceylon, the Red Sea, Abyssinia, and Egypt, in the years 1802, 1803, 1804, 1805, and 1806,* 3 vols. (London, 1809), I, pp. 143-48; Captain Charles Madan, *Two Private Letters to a Gentleman in England, from His Son who Accompanied Earl Cornwallis on his Expedition to Lucknow in the Year 1787* (Peterborough, 1788), pp. 57-58.

76 Michael Fisher, *A Clash of Cultures: Awadh, the British, and the Mughals* (New Delhi: Oxford University Press, 1987), pp. 114-41. 我当然并不认为文化杂糅在阿瓦德消失了。相反，就像加齐·乌德丁的加冕典礼所表现的那样——他穿着很可能是英国艺术家罗伯特·霍姆设计的长袍，由什叶派穆智台希德为他加冕，并在《天佑吾王》的伴奏之下，在一座奢华的印度-

波斯御座上登基——这在某些方面一如往日那般显而易见。但在这一阶段，莫卧儿和阿瓦德的统治都不过是象征性的。这对于印度来说，就像寇松在新莫卧儿王朝德里光彩夺目的正式接见（1903 年和 1911 年），至少不亚于莫当特上校的斗鸡之城一样。

77 John Pemble, *The Raj, the Indian Mutiny, and the Kingdom of Oudh, 1801-1859* (New Delhi: Oxford University Press, 1979); Veena Talwar Oldenburg, *The Making of Colonial Lucknow* (Princeton, N.J.: Princeton University Press, 1984), pp. 3-61.

78 Lafont, *Indika*, pp. 103-5.

79 "Extract from a Letter from the Honourable Court of Directors, dated the 15th of May 1798", in *Asiatic Annual Register*, vol. 1 (London, 1799), "Chronicle", pp. 107-8.

80 Ray Desmond, *The India Museum* (London: HMSO, 1982). 关于这些早期的藏品，参见 OIOC: MSS Eur D 562/17. 这些都在大英图书馆自己的东方手稿部的建馆藏品之中。因此，大英图书馆东方藏品的来源与法国国家图书馆大相径庭，后者是在柯尔贝时代通过一系列国家资助的收藏任务而建立起来的。

81 "Extract form a Letter...", *Asiatic Annual Register*, pp. 107-8.

82 "A Catalogue of the Very Valuable Collection of Rare and Curious Persian and other Mss. and a few Books, of the late Nathaniel Middleton, Esq. Dec....", 1808 年 2 月 9 日; "A Catalogue of a most Valuable Collection of Oriental Manuscripts, the Property of a Gentleman, Late in the East India Company's Service...", 1809 年 3 月 9 日; "A Catalogue of a Very Valuable Collection of Persian, and a few Arabic, Mss. Selected Many Years Ago, in the East, by Archibald Swinton, Esq....", 1810 年 6 月 6 日。1804 年，约翰·卡纳克爵士手稿收藏的继承人在菲利普斯举办了一次类似的拍卖。我在伦敦佳士

得拍卖行档案里拍卖人簿记的注释中看到了买家信息。

83 Lucian Harris, "Archibald Swinton: A New Source for Albums of Indian Miniatures in William Beckford's Collection", *Burlington Magazine* (June 2001): 360-66. 这些画册如今存放在柏林的印度艺术博物馆。

84 BDB 致威廉·帕尔默，1796 年 1 月 17 日，ADS: 德布瓦涅藏品。

85 Young, p. 236; Saint-Venant, pp. 94-95. 拿破仑致德布瓦涅的信不复存在——如果说确实有过这样一封信的话。但众所周知，拿破仑正筹划这样的一次亲征，而他当然会征询印度军队的几个法国老军官的意见。

86 Young, pp. 213-14. 关于这笔年金，见 BDB 致坦普勒事务所（Templer and Co.）爱德华兹（Edwards）先生，1802 年 3 月 3 日，ADS: 德布瓦涅藏品。

87 BDB 致一位友人，quoted in Saint-Venant, p. 96; Young, pp. 243, 256-57。

88 这些信件见 Young, pp. 241-43。

89 查尔斯的一幅达盖尔银版照片翻印在 Boyé 编辑的书中，p. 142。

90 回忆录出版于 1907 年，并影响了马塞尔·普鲁斯特，他在《费加罗报》（*Le Figaro*）上以《势利与后人》（"Le snobisme et la postérité"）为题评论了他们。（编者札记，见 D'Osmond de Boigne, I, p. xv。）

91 Evan Cotton, "The Begum of Sussex: The Strange Tale of de Boigne's Indian Wife", *Bengal Past & Present* 46 (1933): 91-94; Durba Ghosh, "Colonial Companions:Bibis,Begums,and Concubines of the British in North India,1760-1830" (Ph.D.dissertation, University of California at Berkeley, 2000), pp. 158-59; Young, pp. 292-97; Rosie Llewellyn-Jones, *Engaging Scoundrels: True Tales of Old Lucknow* (New Delhi: Oxford University Press, 2000), p. 93.

92 Llewellyn-Jones, *A Very Ingenious Man*, pp. 216-17.

93 Valentia, I, p. 166.

94 他的确收养了一个名叫佐勒菲卡尔的印度混血男孩，并把他送到加尔各答的学校里去"学习读写英语，以及基督教信仰，以便他在这种信仰以及穆斯林或其他信仰中选择其一，他选择了基督教，并以詹姆斯之名在加尔各答教堂受洗"。马丁为詹姆斯及其印度亲戚做好了安排，但没有让其成为他的继承人。（"Last Will and Testament of Major-General Claude Martin"，Article 9.）

95 "Last Will and Testament..."，Article 32. 第一批学生全是欧洲人和英裔印度人，尽管马丁并未明确规定如此。1837 年，埃米莉·伊登造访康斯坦蒂亚宫（"坐落在优美的丛林公园里，宛如城堡"），说马丁把它留给公众，以便"任何希望转地疗养的欧洲人都可以带上家人在那里住一个月，除非另一个家庭需要，否则就可以接着住下去。这对于奥德的少数英国人是个巨大的便利，特别是那些贫穷的军官；因此，30 年来，最高法院一直在怀疑这份遗嘱的意思是否就是它所说的那样，而这幢房子也开始腐朽；但如今决定，人们可以住在那里，这幢房子也要全面翻修了"。Emily Eden, *Up the Country* (Oxford: Oxford University Press, 1930), pp. 58-59.

96 Linda Colley, "Going Native, Telling Tales: Captivity, Collaborations, and Empire"，*Past & Present* 168 (August 2000): 181-82. 这些军队里英国人的存在一直被 Herbert Compton 这样的作家轻描淡写，他的 *Particular Account of the European Military Adventurers of Hindustan...* (1892) 一书仍是关于这个主题最全面的资料来源之一。

97 关于东印度公司再次收编托马斯和斯金纳，参见 Alavi, pp. 232-50。

98 1795~1807 年，至少有八名法裔印度人把这一主题的建议书提交中央政府。AN: AE B/III/459 和 AF/IV/1686.

第四章：入侵埃及

1 Simon Schama, *Citizens: A Chronicle of the French Revolution* (New York: Vintage, 1990), pp. 668–69.

2 John Aikin, M.D., *Annals of the Reign of King George the Third*, 2 vols. (London, 1816), I, p. 465.

3 乔治三世致威廉·皮特, 1793 年 2 月 2 日, quoted in J. Heneage Jesse, *Memoirs of the Life and Reign of King George the Third*, 3 vols. (London, 1867), III, p. 201。

4 Alan Forrest, *The Soldiers of the French Revolution* (Durham, N.C.: Duke University Press, 1990), pp. 68–83. 在 "七年战争" 中, 法国政府招募了 270000 人; 在战争全盛时期, 有大约 330000 人在前线部队服役。Lee B. Kennett, *The French Armies in the Seven Years War* (Durham, N.C.: Duke University Press, 1967), p. 77.

5 J. E. Cookson, *The British Armed Nation, 1793–1815* (Oxford: Clarendon Press, 1997), pp. 66, 95. 同年 5 月呈交国会的一份报告表明, 482000 人愿意参战, 而 176000 人已经加入国民卫队了。Linda Colley, *Britons: Forging the Nation 1707–1837* (New Haven: Yale University Press, 1992), p. 293. 与此相反, 在 "七年战争" 的初始阶段, 英国军队人数大约为 35000 人, 在结束时达到 100000 人。Fred Anderson, *Crucible of War* (London: Faber and Faber, 2000), p. 560.

6 Michael Broers, "Cultural Imperialism in a European Context? Political Culture and Cultural Politics in Napoleonic Italy", *Past & Present* 170 (2001): 152–80; Stuart Woolf, "French Civilization and Ethnicity in the Napoleonic Empire", *Past & Present* 124 (1989): 96–120.

7 Paul Kennedy, *The Rise and Fall of the Great Powers* (New York: Random House, 1989), pp. 115–39.

8 Michael Duffy, "World-Wide War and British Expansion,

1793–1815", in P. J. Marshall, ed., *Oxford History of the British Empire, Vol. II: The Eighteenth Century* (Oxford: Oxford University Press, 1998), pp. 184–207; Jeremy Black, *Britain as a Military Power, 1688–1815* (London: UCL Press, 1999), pp. 241–66. 当然，在此期间，英国的军事存在远胜其在欧陆的规模，欧陆的英军被限制在直布罗陀的卫戍区内。

9 美国革命划分了"第一"和"第二"大英帝国的传统观点再一次应该被修正了。C. A. Bayly, "The First Age of Global Imperialism, c. 1760–1820", *Journal of Imperial and Commonwealth History* 26 (1998): 28–48; C. A. Bayly, *Imperial Meridian: The British Empire and the World, 1780–1830* (London: Longman, 1989), pp. 100–132; Stuart Woolf, "The Construction of a European World-View in the Revolutionary-Napoleonic Years", *Past & Present* 137 (1992): 72–101.

10 See especially：Colley, *Britons,* pp. 283–319; Bayly, *Imperial Meridian,* pp. 160–63; Duffy, "World-Wide War"; and P. J. Marshall, " 'Cornwallis Triumphant' : War in India and the British Public in the Late 18th Century", in Lawrence Freedman, Paul Hayes and Robert O'Neill, ed., *War, Strategy and International Politics: Essays in Honour of Sir Michael Howard* (Oxford: Clarendon Press, 1992), pp. 57–74.

11 Cookson, pp. 153–81. 在早期的一次征兵危机中，通过了《1778 年天主教救济法》，以便从爱尔兰人和高地苏格兰人中征兵。

12 Duffy, p. 202.

13 Alfred Fierro, André-Palluel-Guillard, and Jean Tulard, *Histoire et dictionnaire du Consulat et de L'Empire* (Paris: R.Laffort, 1995), pp. 376–77.

14 "Extract of a Letter from Signior Brandi, at Alexandria, dated 5th July 1779", 附于罗伯特·安斯利爵士致韦

茅斯子爵（Viscount Weymouth）的信后，1779 年 8 月 17 日，OIOC: G/17/5，代理店记录，埃及和红海，f. 237。

15　"Translation of a Hatti Sheriff, addressed to the Government of Egypt"，附于理查德·斯科特（Richard Scott）致劳伦斯·沙利文（Laurence Sulivan）的信后，1780 年 7 月 6 日，OIOC: G/17/5, ff. 292-95。

16　题为 "The Humble Petition of George Baldwin [to the East India Company Court of Directors]" 的印刷小册子，1783 年 4 月 23 日，OIOC: G/17/5。

17　约翰·奥唐奈（John O'Donnell）致罗伯特·安斯利爵士，1779 年 8 月 5 日，OIOC: G/17/5, ff. 260-66。

18　我的叙述整理自约翰·奥唐奈致罗伯特·安斯利爵士，1779 年 8 月 5 日，OIOC: G/17/5; Eliza Fay, *Original Letters from India* (New York: Harcourt, Brace and Company, 1925), pp. 90-99; and "Narrative of the Sufferings of M. de St Germain and his Companions in the Deserts of Egypt"，BL: 黑斯廷斯文件，Add. MSS 29,232, ff. 305-6。大概指的是同一个插曲（尽管不久后在另一艘商船 "圣海伦娜号"[*St. Helena*] 发生了一起类似的事件），法国驻亚历山大港领事报告说，船员中 "很多年轻的印度人" 被迫皈依伊斯兰教，还被强迫行割礼，受到了 "严重的虐待"。（泰特布特 [Taitbout] 领事致海事部，1779 年 8 月 3 日，AN: AE/BI/112。）

19　"Extract of a Letter from Signior Brandi, at Alexandria, dated 5th July 1779"，附于罗伯特·安斯利爵士致韦茅斯子爵的信后，1779 年 8 月 17 日，OIOC: G/17/5, f. 238。

20　罗伯特·安斯利爵士致彼得·米歇尔（Peter Michell），1780 年 10 月 17 日，OIOC: G/17/5, ff. 305-10。

21　Rosemarie Said Zahlan, "George Baldwin: Soldier of Fortune?", in Paul Starkey and Janet Starkey, eds., *Travellers in Egypt* (London: Tauris, 2001), p. 24. 途经苏伊士开启印度和英国之间交通的进一步计划可参见

OIOC: G/17/6，其中包括 1779 年夏携带快信经埃及前往印度的马克·伍德上尉的日记。当时在东方的鲍德温也遇到了艳光四射的士麦那郎雅内·马耳他斯并与她喜结连理，1782 年，后者身穿东方服装，请乔舒亚·雷诺兹爵士为其画了一幅精彩的肖像画；2004 年 7 月，这幅肖像画在苏富比售得 336 万英镑。

22　[George Baldwin], "Speculations on the Situation and Resources of Egypt, 1773 to 1785", OIOC: G/17/5, ff. 48–50, 57.

23　[George Baldwin], "Reflections concerning the Communication by way of Suez to India. How it came to be overset; and why it is necessary; and how it is possible to restore it", 附于理查德·斯科特致劳伦斯·沙利文的信后，1780 年 7 月 6 日，OIOC: G/17/5, ff. 289–91。

24　这条路线上也进行了试验性的陆路旅行：See "Journal of a Passage by Sea and Land from Bengal in the East Indies to England undertaken by Henry Doidge, Edward Ives, John Pye and three of their Servants", (1757–1759), NLW: 罗伯特·克莱武文件，SF3/1。 此文后来在 Edward Ives, *A Voyage from England to India in the Year MDCCLIV... (London, 1773)* 中有所描述。

25　亨利·邓达斯等人致卡马森（Carmarthen），PRO: FO/24/1, f. 3；外交部致鲍德温，1786 年 6 月 20 日，PRO: FO/24/1, f. 33。

26　鲍德温致邓达斯，1788 年 9 月 16 日，OIOC: G/17/6, f. 201。

27　鲍德温致邓达斯，1787 年 10 月 21 日，OIOC: G/17/6, f. 183。

28　例如，在 1775 年的一份"致埃及三地法国居民区的概括声明"的公告中，法国领事米尔列出了这三个城市的 70 名法国男女老少。AN: AE B/III/290, f. 118.

29　马加隆在 1786 年奥斯曼重申其对埃及之控制的战役中失去了相当一部分财产，他后来担任法国领事。关于马加隆家族和他们的损失，可参见马加隆致外交部的信，

1789 年 3 月 27 日；以及贝特朗（Bertrand）致法国外交部的信，1793 年 1 月 2 日，MAE: CCC Cairo 25。

30　François Charles-Roux, *Les Origines de l'expédition d'Égypte* (Paris: Plon-Nourrit, 1910). See also his *Autour d'un route: l'Angleterre, l'isthme de Suez et l'Égypte au XVIIIème siècle* (Paris: Ploun-Nourrit, 1922); *L'Isthme et le canal de Suez* (Paris:Hachette, 1901); *Le Projet français de commerce avec l'Inde par Suez sous le règne de Louis XVI* (Cairo:Institut Français d'Archéologie Orientale,1929). 这些文件主要是在海事部档案里找到的（AN: Mar B/7/433, 440, 452, 462）；另见 SHAT: 1/M/1677 以及 MAE: 埃及回忆录和文件 1 和 21。考虑到英美学术界对拿破仑的侵略目前最突出的解读，史学的监督尤为重要，爱德华·萨义德的《东方学》把远征背后的动机主要归因于哲人旅行家康斯坦丁·沃尔内的著作。

31　萨尔坦（Sartine）致德托特，1781 年 4 月 14 日，AN: Mar B7/440。信中强调了谨慎的重要性，因为德托特素有"关于自己的任务说得太多"的名声。

32　"Compte rendu de la mission secrète du Baron de Tott", 1779, AN: Mar B7/440; Charles-Roux, *Les Origines*, pp. 70-82.

33　可参见 "Note pour M. de Boynes", 1774 年 5 月, AN: Mar B7/433。

34　Baron de Tott, "Examen de l'État Phisique et Politique de l'Empire Ottoman, et des vues qu'il détermine relativement à la France" (undated), AN: Mar B7/440.

35　"Observations de M. de St. Didier sur l'Égypte", AN: Mar B7/440.

36　格伦维尔致邓达斯，1793 年 2 月 8 日，quoted in Zahlan, pp. 34-35。

37　George Baldwin, "Essay on the Plague", 1791 年 7 月 12 日, OIOC: G/17/6, f. 246。

38　乔治·鲍德温致伯努瓦·德布瓦涅，1823 年 6 月 14 日，ADS：德布瓦涅藏品。

39　George Baldwin, *Mr. Baldwin's Legacy to His Daughter*, 2 vols. (London, 1811), II, p. i.

40　George Baldwin, *La Prima Musa Clio* (London, 1802).

41　鲍德温致邓达斯，1799 年 10 月 9 日，OIOC: G/17/6, ff. 268–69。

42　Charles Magallon, "Mémoire sur l'Égypte presenté au Ministre des Relations Extérieures de la République Française", 1798 年 2 月 9 日，MAE：埃及回忆录与文件 21。

43　Henry Laurens, *L'expédition d'Égypte 1708–1801* (Paris: Éditions du Seuil, 1997), pp. 34–36, 42.

44　但多少有些虎头蛇尾的是，除了圣马可之马以外的全部艺术品都留在他们的木箱子里。Andrew McClellan, *Inventing the Louvre* (Cambridge, UK: Cambridge University Press, 1994), pp. 117–23.

45　Duffy, p. 190.

46　See "Projets contre l'Angleterre, dans les quels le Gal. Bonaparte laisse parler ses vues sur l'Egypte", AN: AF/IV/1687, Dossier II, Pièces 18–19.

47　Alain Blondy, *L'Ordre de Malte au XVIIIème siècle: des dernières splendeurs à la ruine* (Paris: Bouchene, 2002), pp. 372–73.

48　*Correspondance de Napoléon I*, 32 vols. (Paris, 1858–69), IV, p. 256.

49　Dominique Vivant Denon, *Voyage dans la basse et la haute Égypte* (Paris: Gallimard, 1998), p. 71. 后来的浪漫版本通常引述为："40 个世纪的历史在看着你们！"

50　Laurens, p. 126. 战役甫一结束，布里耶纳便到达这里："我们看到尼罗河两岸布满成堆的尸体，河浪一刻不停地把他们冲向大海。这种可怕的场面……让我们相当确定地推测这场战役对于马穆鲁克的打击是致命的。" Quoted in Shmuel Moreh, trans. and ed.,

Napoleon in Egypt: Al–Jabarti's Chronicle of the French Occupation, 1798 (Princeton, N.J., and New York: Markus Wiener, 1993), p. 142. （以下引用时简称为 Al-Jabarti。）

51　Laurens, p. 128.

52　Al–Jabarti, p. 38.

53　纳尔逊致圣文森特（St. Vincent），1798 年 6 月 17 日，BL: 纳尔逊文件，Add. MSS 34,907, f. 32. 关于日期：这场战役各种事件的准确日期相当不一致，鉴于使用了穆斯林历、大革命历和格里高利历三种不同的历法，这或许也就不足为奇了。我遵循 Laurens 著作中使用的年表。

54　纳尔逊致圣文森特，1798 年 7 月 12 日。

55　Jean–Joel Brégeon, *L'Égypte française au jour le jour 1798–1801* (Paris: Perrin, 1991), pp. 106–7; Laurens, pp. 56–57; Denon, pp. 51–54; C. F. La Jonquière, *L'Expédition d'Égypte*, 5 vols. (Paris, 1899–1907), II, p. 279. 日期各不相同。

56　拿破仑指责布吕埃斯上将把舰队留在海湾，而没有安全抵港，还指责维尔纳夫上将作战无能。关于有力的反驳，参见 Alan Schom, *Napoleon Bonaparte* (New York: HarperCollins, 1997), pp. 132–44。

57　Brégeon, p. 109.

58　参见 Lachadenède 在 *La Jonquière*, II, pp. 396–400 中最初的叙述。和很多水手一样，他也不会游泳，全凭紧紧抱住一根浮木而在后续的战斗中幸存下来。

59　La Jonquière, II, p. 419.

60　Schom, p. 142; Napoleon, *Campagnes d'Égypte et de Syrie*, introd. Henry Laurens (Paris: Imprimerie Nationale, 1998), p. 121.

61　纳尔逊致圣文森特，1798 年 6 月 17 日，BL: 纳尔逊文件，Add. MSS 34,907, f. 32。

62　Laurens, pp. 130–32, 200–202.

63　La Jonquière, II, p. 65.

64 Brégeon, pp. 274-75.

65 Saladin Boustany, ed., *The Journals of Bonaparte in Egypt 1798-1801, VIII: Bonaparte's Proclamations as Recorded by Abd al-Rahman al-Jabarti* (Cairo: Dar al-Maaref, 1971), pp. 1-3.

66 "Diary of an anonymous French officer, 1798-99", BL: 纳尔逊文件, Add. MSS 34,942, f. 83。

67 Ibid, f. 84. 这里的叙述并非在本质上令人难以置信：罗塞塔是埃及最亲法国的城市。根据青年工程师爱德华·德维利耶·杜戴哈日的说法，"我得知罗塞塔的没落是由于我们在马耳他解放的（穆斯林）奴隶所带来的公告。他们来之前，希望杀死所有的欧洲人。但读过公告后，所有的人都改变了面目。" Édouard Villiers du Terrage, *Journal et souvenirs sur l'expédition d'Égypte (1798-1801)* (Paris, 1899), p. 51.

68 Laurens, pp. 98-101.

69 Al-Jabarti, pp. 24-33.

70 参见 Albert Hourani 的解读："这个政治宣言中无疑内有乾坤，但也有对穆罕默德成就的崇拜（拿破仑在晚年又回到了这一主题），以及一种（启蒙理性主义者）的宗教观点。……" Albert Hourani, *Islam in European Thought* (Cambridge, UK: Cambridge University Press, 1991), p. 15.

71 "Mémoire politique de Mr. Mure sur l'Égypte", SHAT: 1/M/1677.

72 *Courier de l'Égypte* 第 1 期（法国共和历六年果月 12 日），翻印于 Saladin Boustany ed., *The Journals of Bonaparte in Egypt 1798-1801, IV: Courier de l'Égypte* (Cairo: Dar al-Maaref, 1971); *Campagnes...*, p. 148。

73 Laurens, p. 158; *Campagnes...*, p. 149.

74 Mona Ozouf, *Festivals and the French Revolution*, trans. Alan Sheridan (Cambridge, Mass.: Harvard University Press, 1988).

75 *Courier de l'Égypte* 第 8~10 期（法国共和历七年葡月 6、10、15 日）；Patrice Bret, *L'Égypte au temps de l'expédition de Bonaparte 1798–1801* (Paris: Hachette, 1998), pp. 167–70。

76 关于奥斯曼帝国的政治宣传，参见 Laurens, pp. 195–202。

77 Al-Jabarti, p. 62.

78 Boustany, ed., VIII, p. 19. 遗憾的是，大部分听众都听不懂开场讲演——al-Jabarti 抱怨说，他们的阿拉伯发言人是贝都因人，而土耳其语发言人则是出身低微的农民。Laurens, p. 204.

79 Laurens, pp. 208–12; André Raymond, *Égyptiens et français au Caire 1798–1801* (Cairo: IFAO, 1998), pp. 110–12, 124–26.

80 *Campagnes...*, p. 163.

81 Al-Jabarti, p. 71.

82 Étienne Geoffroy Saint-Hilaire, *Lettres écrites d'Égypte...* (Paris: Hachette, 1901), p. 113.

83 Laurens, pp. 210–14.

84 *Courier de l'Égypte* 第 21 期（法国共和历七年霜月 25 日），翻印于 Saladin Boustany, ed., *The Journals of Bonaparte in Egypt 1798–1801, IV: Courier de l'Égypte* (Cairo: Dar al-Maaref, 1971)。

85 本段落基于 *Campagnes...*, pp. 144–48 的段落。

86 Laurens, pp. 284–85.

87 Jean Tulard, ed., *Dictionnaire Napoléon* (Paris: Fayard, 1987), p. 451.

88 Boustany, ed., VIII, pp. 32–33.

89 Al-Jabarti, p. 97.

90 Laurens, pp. 246–48.

91 Laurens, pp. 288, 539n. 来自麦加谢里夫的信件，译文见 Silvestre de Sacy, *Chrestomathie Arabe, ou, Extraits de divers écrivains arabes...*, 3 vols. (Paris, 1826–27), III, pp. 319–27。

第五章：攻占塞林伽巴丹

1 关于塞林伽巴丹雅各宾俱乐部法文会刊原稿，参见
OIOC: MSS Eur K 179。我引自东印度公司当时的译本
(OIOC: P/345/38，马德拉斯军事会刊，1799 年 6 月 11 日)
和刊于 M. Wood, *A Review of the Origin, Progress, and Result
of the Decisive War with the Late Tippoo Sultaun, in Mysore...*
(London, 1800) 的翻印件。包括 Mark Wilks, *Historical
Sketches of the South Indian History...*, 2 vols. (London,
1817) 在内的几种材料都把会刊的发行日期错注为 1798
年。Wilks 说，其会员并非来自毛里求斯的志愿者。其中
一些人是 1789 年来到此地的工人。

2 *Cf.* Lynn Hunt, *Politics, Culture, and Class in the French
Revolution* (Berkeley: University of California Press,
1984), pp. 52-86. 鉴于 Hunt 说雅各宾主义在法国周边地
区是最强烈的，调查海外的雅各宾党人收获尤多。商船
上的很多雅各宾主义输出者当然都是法国周边地区的土
著。

3 G. B. Malleson, *Final French Struggles in India...* (London,
1878), pp. 158-251; Jean-Marie Lafont, *La Présence
française dans le royaume Sikh du punjab1822-49* (Paris:
École Française d'Extrême Orient, 1992), pp. 77-116.

4 例如可参见 Francis Robson, *Life of Hyder Ally* (London,
1786) 以及 V 看来他查阅过的 "Incomplete draft (1785)
of an account of the Mysore War 1780-84" (OIOC: MSS
Eur K 116)。

5 标注日期为 1799 年 6 月 2 日的佚名信件，"Camp at
Gariahguanelly"，OIOC: MSS Eur B 276, f. 5。

6 "Narrative of the Mysore War of 1799 by Lt. Col. P. A.
Agnew addressed to Mr. Ewart Physician Genl. on Ceylon
and dated January 1800"，OIOC: MSS Eur D 313/5, f. 7.

7 Kate Teltscher, *India Inscribed: European and British*

Writing on India, 1600-1800 (New Delhi: Oxford University Press, 1995), pp. 229-55; Linda Colley, *Captives: Britain, Empire, and the World 1600-1850* (London: Jonathan Cape, 2002), pp. 269-307.

8　Maistre de la Tour, *The History of Nawab Hyder Ali Khan and of His Son Tippoo Sultan* (Jaipur: Printwell, 1991), p. 35.

9　Maistre de la Tour, pp. 37-38.

10　"Nottes sur l'Inde. D'après un Voyage fait pendant les années 1769, 1770, 1771 et 1772 par M. Hugau Capitaine de Dragons. Année 1775. Première Partie", AN: AF IV 1686，帝国国务院，对外关系：波斯和印度，1806~1810 年，p. 11。

11　弗朗西斯·布坎南在占领塞林伽巴丹一年后的东印度公司一次调查期间到访这座城市，对于"庞大而未完工、难看并且不明智"的城堡表现出明显的鄙视，并不公正地声称："蒂普看来对他本人的技术自视过高，以至于没有咨询跟他差不多的法国人；并坚持采用印度旧式风格的筑城和劳力，用层层叠叠的城墙和箭楼来加强此地的防御。"Francis Buchanan, A Journey from Madras Through the Countries of Mysore, Canara, and Malabar..., 3 vols. (London, 1807), I, p. 62.

12　Maistre de la Tour, p. 42, pp. 77-79; Hasan, p. 237.

13　奥斯曼人自从征服者穆罕默德时代以来便使用欧洲的军事顾问——在此期间，德托特男爵监管阿卜杜勒－哈米德一世的军火库，法国军官培训了塞利姆三世的"新秩序"，而马哈茂德二世改革后的军队则身穿法国制服。埃及的穆罕默德·阿里在拿破仑时期的老兵约瑟夫·塞夫上校的帮助下，重新组织了他的军队。在波斯，英法两国争相把顾问送进法特赫·阿里沙阿的宫廷——这是后来的"大博弈"和冷战手段的一次早期的尝试。

14　乔赛亚斯·韦布（Josias Webbe）致哈里斯将军，1798 年 7 月 6 日，见 R. Montgomery Martin, ed., The Despatches,

Minutes, and Correspondence, of the Marquess Wellesley, K. G., 5 vols. (London, 1836), I, p. 75（下文引用时简称为 Despatches...）。

15　拿破仑致督政府，1798 年 4 月 14 日，*Correspondance de Napoléon I*, 32 vols. (Paris, 1858-69), I, p. 84。

16　Quoted in Maurice Besson, "Un Partisan Savoyard aux Indes: De Motz de la Sale de Lallée", in *Revue d'histoire des colonies 22* (1934): 60. Malleson 误把 Lallée 认作是（臭）名昭著的本地治里指挥官、海得拉巴的雷蒙的先驱 Lally 的侄子。这位 Lallée 是在僧侣生涯失败后，于 1758 年前后加入法属东印度公司军队的，1763~1765 年被囚在伦敦，随后回到印度，显然在 1799 年前后去世前一直在本地宫廷服务。一个名叫 Loustaunau 的前雇佣兵在 1804 年呈交拿破仑的一份计划中可以找到类似的爱国主张，Loustaunau 被"渴望对国家有用"所感动，表示愿意在法国入侵印度时提供帮助。（"Plan Submitted to Napoleon for an Invasion of India", OIOC: MSS Eur D 458.）

17　A. W. C. Lindsay, ed., *Lives of the Lindsays...*, 3 vols. (London, 1849), III, p. 258.

18　Quoted in Mohibbul Hasan, *History of Tipu Sultan* (Calcutta: Bibliophile, 1951), p. 15.

19　Quoted in Anne Buddle, ed., *The Tiger and the Thistle: Tipu Sultan and the Scots in India* (Edinburgh: National Galleries of Scotland, 1999), p. 16.

20　"Incomplete draft (1785)of an account of the Mysore War(1780-84)", OIOC: MSS Eur K 116, f. 84.

21　1999 年 12 月，我参观达丽娅·道拉特·巴格宫时，印度考古研究所提供的说明标识本身就是一件工艺品，以下是全文："这幅画板的下半部分描绘了伯利鲁尔战役。海德尔·阿里和蒂普苏丹在一侧，中央部分描绘了贝利上校的战败，重点强调了爆炸和英军方阵对土著骑兵及法国军队的惊恐。贝利上校因伤坐在六个土著士兵抬着的轿子里，咬着自己的食指。贝尔德将军和弗莱彻上校并肩骑马，表现出对战败愈发困惑。方阵的左侧顶部是弹药车大爆炸。头戴细长的帽子，身穿交叉背带的红色外衣、白色马裤、黑鞋、白色腰带的英国士兵用毛瑟枪保卫着他们的长官贝利上校，他们是这幅画的重点。一片混乱，战士们脸上充满恐惧，胯下的马脸上也是如此。英军方阵受到四面八方的蒂普苏丹骑兵和法军的攻击。画面的最右上端站着手持漂亮仪器（望远镜？）的拉勒先生。他的制服和卷边三角帽几乎就像他的领导力一样出色。土著战士拔刀冲锋，一些人拿着弓箭。少数士兵被踩踏致死。死人尸首两分。这幅画描绘的勇敢、残暴、困惑和恐惧都非常真实。"

22 Lewin Bentham Bowring, *Haidar Ali and Tipu Sultan, and the Struggle with the Musalman Powers of the South* (New Delhi: Asian Educational Services, 1997; 1st pub. 1899), p. 206. Bowring 形容这是"最有趣的漫画"。

23 "Anonymous letter dated 2 June 1799...", OIOC: MSS Eur B 276, f. 11.

24 Charlotte Florentia Clive, *Journal of a voyage to the East Indies, and during a residence there, a Tour, through the Mysore and Tanjore countries &c. &c. and the Return Voyage to England*, OIOC: WD 4235, f. 90.

25 "Sketch of a Journey to Seringapatam and Mysoor", NAS: 锡福斯契据，GD 46/17/39, f. 8。

26 J. Michaud, *History of Mysore Under Hyder Ali and Tippoo Sultaun*, trans. V. K. Raman Menon (New Delhi: Asian Educational Services, 1985; 1st pub. 1801), pp. 105-6.

27 以这种方式获得哈里发的认可，让蒂普在宣布从莫卧儿帝国独立时得到了重要的合法证明。See Kate Brittlebank, *Tipu Sultan's Search for Legitimacy: Islam and Kingship in a Hindu Domain* (New Delhi: Oxford University Press, 1995), pp. 57-81. 蒂普的大使吴拉姆·阿里汗（Gholam

Ali Khan）起初受命继续在凡尔赛宫甚至伦敦任大使，但蒂普首先把他从君士坦丁堡召回。吴拉姆·阿里继而去了亚历山大港、开罗和麦加——因病而一路坐在一把银椅上被人抬去的（Hasan, pp. 128-38; Wilks, II, p. 361）。乔治·鲍德温警告说"蒂普的大使在逗留此地期间，一直用大笔奖金邀请尽可能多的愿意与他同行的欧洲水手，其中有一些因为船只在君士坦丁堡被出售而解散的英国水手"。鲍德温致外交部，1788 年 6 月 21 日，PRO: FO 24/1，外交部收件，埃及 1786~1796 年。

28　关于使团和蒂普的指示的详细叙述，参见 Hasan, pp. 116-27。

29　Hasan, pp. 377-78. See also William Kirkpatrick, trans., *Select Letters of Tippoo Sultaun to Various Public Functionaries...* (London, 1811), pp. 369-78 and 454-55.

30　Hasan, pp. 117-18.

31　Michaud, p. 85.

32　Hasan, p. 119；水粉画《使节及其随员漫步于圣克卢公园，1788 年》，翻印在 Buddle 编辑之书中，p. 30。

33　Michaud, p. 85.

34　Buddle, ed., p. 29; Marcelle Brunet, "Incidences de l'ambassade de Tipoo-Saib (1788) sur la porcelaine de Sèvres", *Cahiers de la Céramique* 24 (1961): 281. 2000 年 6 月，一枚印有一位使节形象的纽扣在佳士得拍卖行售得将近 4000 英镑。

35　*Conversation de l'ambassadeur de Tipoo-Saib, avec son interprète* (Paris, 1788); *Lettres de l'un des ambassadeurs de Typoo-Saïb, où il est beaucoup parlé des affaires du royaume de Gogo...* (Paris, 1789). Michaud 还反复比较了蒂普和路易十六的相似之处，虽然这位忠诚的保皇党旨在为后者辩护。

36　数字见 Hasan, p. 122。

37　Buddle, ed., pp. 29-31. Wilks 补充说："使节们本来还对在路易十六授意下收到一些珍贵的礼物而兴奋不已，结果却带着怨气归来。"受到轻视的穆罕默德·奥斯曼汗（Muhammed Osman Khan）指控同事们"很不得体地被异教徒女性的美丽所俘虏，甚至还接受了严禁的烈酒礼物"，以此作为报复（Wilks, II, p. 361）。据 Michaud 说，使节们忍不住热烈吹捧法国的奇迹，这让蒂普震怒不已，就地正法了其中的两人，"再也没有人谈论法国的富庶了"（Michaud, p. 87）。

38 "Correspondence between Tipu Sultan and the King of France, and their subordinates"，OIOC: MSS Eur K 135.

39 Hasan, pp. 182–85. Kirmani 说 1791 年蒂普在自私的朝臣的恶意影响下，拒绝了法国提供的一千人的军队。Mir Hussain Ali Khan Kirmani, *History of Tipu Sultan: Being a Continuation of the Neshani Hyduri*, trans.Col. W. Miles (Calcutta: Susil Gupta, 1958; 1st pub. 1864), p. 85.

40 备忘录，1797 年 3 月 25 日；蒂普致督政府，1798 年 8 月 30 日，OIOC: P/354/38。

41 Mahmud Husain, trans., *The Dreams of Tipu Sultan* (Lahore: Pakistan Historical Society Publications, [n.d.]), pp. 81–82. 这是蒂普在 1785~1798 年记录 37 个梦境的波斯语手稿的完整译文。1799 年，英国人得到了蒂普图书室的其他书籍及这部手稿，如今它存放在大英图书馆，OIOC: MSS Ethé 3001。

42 Hasan, p. 287; Wilks, II, pp. 635–36.

43 OIOC: P/354/38. 塞林伽巴丹陷落后，英国人愉快地翻译了有关这位不光彩的大使的大量文献。

44 "我请求你给我派来一个能替我处理法国通信的公民，公民里波自己表达不清，他不是个文书"，蒂普致马拉蒂克，An V, OIOC: I/1/12。里波的一些留存至今的便条能让我们清楚地看到，以发音来拼写法语有多离谱。

45 使节们致蒂普，1798 年 4 月 30 日，OIOC: P/354/38。他们给他送来七桶丁香和肉豆蔻树，"在负责照料它们的一名卫兵的守护下，附有一信，内为欧洲人对这些树名的详细介绍，我们将其翻译附上"。

46　"Rapport officiel du chef de brigade Chappuis, commandant les forces française envoyées par le gouverneur général Malartic, auprès de Tipoo Sultan", BNF: MSS NAF 9374, f. 32.

47　Wilks, II, p. 645.

48　"Rapport officiel...", f. 33. 沙皮伊对蒂普此时的举动做了罕见的叙述，我是从此段落中得到其他细节的。

49　蒂普致韦尔斯利，1798 年 12 月 18 日，*Despatches...*, I, p. 381。

50　Wilks, II, p. 679.

51　当时的英国广大读者显然也很喜欢它们：*Copies of Original Letters from the Army of General Bonaparte in Egypt, Intercepted by the Fleet Under the Command of Admiral Lord Nelson* (London, 1798)，其中有（非常不精确的！）英语译文，单在 1798 年一年便至少印刷了十版，并启发詹姆斯·吉尔雷创作了一幅极其精彩的讽刺画：法国人在埃及的八张"截获的图纸"。此书以拿破仑《告埃及人宣言》的译文作为结尾。

52　这些写于 1798~1799 年的信是法国阵亡军官所书。NAS: 库尔特奎的马克斯通·格雷厄姆（Maxtone Graham of Cultoquhey），GD 155/1261，托马斯·格雷厄姆（Thomas Graham）文件。

53　拿破仑致蒂普，法国共和历七年雨月 7 日（1799 年 1 月 26 日），OIOC: P/354/38。

54　Silvestre de Sacy, *Chrestomathie Arabe, ou, Extraits de divers écrivains arabes...*, 3 vols. (Paris, 1826-27), III, p. 325.

55　Iris Butler, *The Eldest Brother: The Marquess Wellesley, 1760-1842* (London: Hodder & Stoughton, 1973), pp. 100-109.

56　"Minute of the Governor-General to the Secret Committee"，1798 年 8 月 12 日，*Despatches...*, I, p. 185。

57 "Extract Letter from the Earl of Mornington to the Resident at Hyderabad dated 9th November 1798", OIOC: I/1/12, p. 674.

58 Wilks, II, p. 689.

59 备忘录，*Despatches...*, I, p. 159。

60 尼罗河战役后不久便有了报道，但韦尔斯利"并不认为以波拿巴不顾一切锐意进取的精神，在面对越来越多的新困难的盛怒之下，他会不试图进军马拉巴尔……"（韦尔斯利致爱德华·克莱武，1798年11月5日，*Despatches...*, I, p. 322）。毕竟，在地中海失去一支舰队并不会直接影响拿破仑驶向红海的能力——当时的一本小册子也说明了这一点。See "Reply to Irwin: or, the Feasibility of Buonaparte's Supposed Expedition to the East, Exemplified. By an Officer in the Service of the East India Company" (London, 1798).

61 正如 Edward Ingram 认为的那样，"韦尔斯利治下的英属印度表现得像一个革命国家，没有形成回应当地状况的政策，而是试图为实现他的目标而创造必要的条件"。Edward Ingram, *Commitment to Empire: Prophecies of the Great Game in Asia 1797-1800* (Oxford: Clarendon Press, 1981), pp. 117-18.

62 韦尔斯利致董事会，1799年3月20日，*Despatches...*, I, p. 501。

63 关于韦尔斯利与拿破仑相似之处的一种有说服力的阐述，参见 Ingram，第五章，特别是 pp. 189-91。

64 "Journal (1790-92) of Lt.-Col. Francis Skelly", OIOC: 斯凯利文件，MSS Eur D 877/2, ff. 23-24。

65 斯凯利致 N. 戴维森（N. Davison），1790年2月8日，OIOC: MSS Eur D 877/4. 蒂普后宫的解放是1799年发表的托马斯·罗兰森（Thomas Rowlandson）一幅漫画的主题（翻印于 Colley, *Captives*, p. 294）。

66 Quoted in William Dalrymple, *White Mughals: Love and Betrayal in Eighteenth-Century India* (London:

HarperCollins, 2002), p. 180.

67　本杰明·西德纳姆中校致威·柯克帕特里克，1799 年 5 月 15 日，PRO：康沃利斯文件，30/11/209, f. 6。像此信这样的塞林伽巴丹第一手叙述，关于这场战役的余波往往说得比战斗本身还多得多。

68　Alexander Beatson, *A View of the Origin and Conduct of the War with Tippoo Sultaun...* (London, 1800), p. civ.

69　Kirmani, p. 125.

70　"Narrative of the Mysore War of 1799 by Lt.Col. P.A.Agnew...", OIOC: MSS Eur D 313/5, f. 7.

71　Kirmani, p. 129.

72　Ibid., p. 124.

73　"Rapport officiel du chef de brigade Chappuis...", BNF: MSS NAF 9374, f. 36.

74　"Anonymous letter...", OIOC: MSS Eur B 276, ff. 6-7.

75　Michaud, p. 57.

76　威·柯克帕特里克致韦尔斯利，1799 年 7 月 26 日，OIOC: MSS Eur E 196, f. 5。他在 1811 年出版了自己注释详尽、大量编辑的样本。柯克帕特里克的兄弟、海得拉巴居民詹姆斯·阿基利斯（James Achilles）寄给他的一封信令人悲哀地提醒人们，历史记录是如何被轻易操纵的。詹姆斯给威廉寄来蒂普的一些波斯语文件，并补充说他因为驻地办公室过于拥挤而烧掉了其他很多文件。（詹·阿·柯克帕特里克致威·柯克帕特里克，1801 年 9 月 11 日，OIOC：柯克帕特里克文件，MSS Eur F 228/13, f. 158。感谢 William Dalrymple 为我提供这份参考文献。）

77　参见 OIOC: P/354/38 的原件。它们立即被 Wood 重印，并被 Wilks 和 Beatson 广泛使用 (Brittlebank, pp. 10-11)。

78　Lachlan Macquarie, "Original Account of Siege of Seringapatam", OIOC: 本部杂项 814。

79　本杰明·西德纳姆致威廉·柯克帕特里克，1799 年 5 月 15 日，PRO：康沃利斯文件，30/11/209。

80 David Price, *Memoirs of the Early Life and Service of a Field Officer on the Retired List of the Indian Army* (London, 1839), p. 429.

81 Edward Moor, *A Narrative of the Operations of Captain Little's Detachment* (London, 1794), pp. 24-32.

82 Price, pp. 434-35.

83 Kirmani, p. 128.

84 Ibid., p. 127.

85 阿·韦尔斯利致理·韦尔斯利, 1799 年 5 月 8 日, in Arthur Wellesley, 2nd Duke of Wellington, ed., *Supplementary Despatches and Memoranda of Field Marshal Arthur Duke of Wellington, K. G.*, 6 vols. (London, 1858), I, p. 212。

86 Edward Moor, *Oriental Fragments* (London, 1834), p. 40.

87 Price, p. 435.

88 这是这个故事最广为人知的版本——小贩的描述各不相同, 有人说他是 74 团的士兵, 也有人说他是鼓手或掷弹兵。(Price, p. 435; Moor, p. 41; *Narrative Sketches of the Conquest of Mysore...* [London, 1800], pp. 105-6.)

89 关于奖品分配表, 参见 Wellington, ed., I, pp. 223-24。数字是星塔金币的数量, 当时一枚星塔币约合八先令。

90 Philip Guedalla, *The Duke* (London: Wordsworth Editions, 1997), p. 91.

91 Wellington, ed., I, p. 242. 他的确最终接受了用缴获的珠宝制作并由军方授予的圣帕特里克勋章。

92 就连董事会也对"分配规模严重不合比例"非常反感, 并把哈里斯的款项挑出来加以批评: 他们认为, 他的 140000 英镑应该由全体指挥官——也就是说, 东印度公司的全体指挥官——分享 (董事会致圣乔治堡, 1804 年 8 月 24 日, OIOC: 本部杂项 83, ff. 543-44)。奖品的分配是长期激烈争论的主题, 这部分是因为财富要在公司的三支军队——公司军队、皇家军队和海得拉巴的尼扎姆之间分配。最大的丑闻是奖品委员会以两支分遣队 5 月 4 日距离行动地点过远为由，企图把他们排除在奖品分配之外。(参见 OIOC: 委员会合集，F/4/100/2034。副本和相关文件见 OIOC: 本部杂项 83；OIOC: L/Mil/5/159；以及 BL: 韦尔斯利文件，Add. MSS 13641。) 个人款项在数年内陆续发放：分红在半岛战争期间发放，滑铁卢战役后，奖品专员仍声称 1799 年的奖品拍卖导致债台高筑。有关款项的一连串事件可见 OIOC: 委员会合集，F/4/230/5258 和 5258A；F/4/278/6325 (包括奖品名册)；以及 F/4/355/8377。关于军官个人的声明，参见 F/4/292/6615 和 F/4/8953；关于奖品委员会的负债，参见 F/4/11473。

93 然而，魁北克的沃尔夫是个显而易见的先驱。关于早期其他的庆祝帝国胜利的例子，参见 Kathleen Wilson, "Empire, Trade, and Popular Politics in Mid-Hanoverian Britain: The Case of Admiral Vernon", *Past & Present* 121 (1988): 74–109；and P. J. Marshall, "'Cornwallis Triumphant':War in India and the British Public in the Late 18th Century", in Lawrence Freedman, Paul Hayes and Robert O' Neill, eds., *War, Strategy and International Politics: Essays in Honour of Sir Michael Howard* (Oxford: Clarendon Press, 1992), pp. 57–74。

94 Pauline Rohatgi, "From Pencil to Panorama: Tipu in Pictorial Perspective", in Buddle, ed., pp. 39–52.

95 在这本小册子的原始资料中，有标注日期为 1799 年 6 月 2 日的佚名信件，"Camp at Gariahguanelly" (OIOC: MSS Eur B 276) 以及本杰明·西德纳姆中尉在韦尔斯利的命令下写的 "Description of various Articles found in the Palace of Seringapatam and sent to England as presents to the Royal Family and to the Court of Directors" (OIOC: 本部杂项 255)。

96 Abu Talib Khan, *The Travels of Mirza Abu Taleb Khan, in Asia, Africa, and Europe, during the Years 1799,*

1800, 1801, 1802, and 1803... trans. Charles Stewart, 2
vols. (London, 1810), II, pp. 95−96.

97 C. A. Bayly, *Imperial Meridian: The British Empire and
the World 1780−1830* (London: Longman, 1989), p. 114.

98 C. A. Bayly, "Ireland, India and the Empire 1780−
1914", *Transactions of the Royal Historical Society* VI
(2000): 377−97.

99 迈索尔事务专员致理查德·韦尔斯利,1799 年 6 月 25 日,
以及 1799 年 6 月 30 日,OIOC: 本部杂项 255。英国人
无情地强调(并部分创建了)瓦迪亚尔王朝作为统治王
朝和印度教徒的"合法性",相形之下,海德尔与蒂普
均属于穆斯林"篡位者"。

100 See Nicholas Dirks, *Castes of Mind: Colonialism and
the Making of Modern India* (Princeton, N.J.: Princeton
University Press, 2001), pp. 81−123; Bernard S.
Cohn, "The Transformation of Objects into Artifacts,
Antiquities and Art in Nineteenth−Century India",见
Colonialism and Its Forms of Knowledge (Princeton,
N.J.: Princeton University Press, 1996), pp. 76−105;
Thomas Metcalf, *Ideologies of the Raj* (Cambridge,
UK: Cambridge University Press, 1995), pp. 113−59;
Benedict Anderson, *Imagined Communities*, 2nd ed.
(London: Verso, 1991), pp. 163−85.

第六章:胜利的收藏品

1 *Narrative Sketches of the Conquest of Mysore...* (London,
1800), p. 99.

2 对于实际公开展示的第一件印度物品却不能这么说:应
是 1685 年威廉·赫奇斯(William Hedges)提供给阿什
莫林博物馆的一尊黑色粉砂岩毗湿奴。Richard Davis,
The Lives of Indian Images (Princeton, N.J.: Princeton
University Press, 1997), p. 143.

3　Ray Desmond, *The India Museum* (London: HMSO, 1982). 关于早期旅游指南的描述，参见 *Old Humphreys Walks in London and Its Neighborhood* (London, c. 1804) and E. W. Brayley, J. N. Brewer and J. Nightingale, *A Topographical and Historical Description of London and Middlesex*, 5 vols. (London, 1814)。 它在约翰·济慈的诗《帽子与钟声，一个关于嫉妒的童话故事》(1819~1820) 里被形容为"人—虎—机关"。

4　参见 *Narrative Sketches* 中的夸张演绎："现代巴雅泽对英国民族强烈仇恨的典型象征" (p. 100)。Mildred Archer 认为，蒂普之虎叙述的是赫克托·芒罗爵士之子休在苏达班死于虎口之事；当然，有一件与蒂普之虎非常相似的名为《芒罗之死》的塑像作品在斯塔福德郡展出（约 1815 年）。Mildred Archer, *Tippoo's Tiger* (London: HMSO, 1959).

5　Alexander Beatson, *A View of the Origin and Conduct of the War with Tippoo Sultaun...* (London, 1800), pp. 153-54.

6　Kate Brittlebank, "Sakti and Barakat: The Power of Tipu's Tiger", *Modern Asian Studies* 29 (1995): 257-69. 花押似乎是"以真主的名义"和"穆罕默德"，而不是像很多人所认为的"真主的胜利之狮"。Mohammad Moienuddin, *Sunset at Srirangapatam: After the Death of Tipu Sultan* (New Delhi: Orient Longman, 2000), pp. 140-41.

7　Davis, pp. 173-84; Moienuddin, pp. 42-44. 鉴于当时的英国人认为"印度斯坦土著人无法区分狮子和老虎"，这个口号尤其值得注意 (Beatson, pp. 155-56)。

8　George Annesley, Viscount Valentia, *Voyages and Travels to India, Ceylon, the Red Sea, Abyssinia, and Egypt, in the Years 1802, 1803, 1804, 1805, and 1806,* 3 vols. (London, 1809), I, p. 236.

9　David Price, *Memoirs of the Early Life and Service of*

a *Field Officer on the Retired List of the Indian Army*
(London, 1839), pp. 444-45；韦尔斯利致董事会，1799
年 8 月 14 日，OIOC：本部杂项 255。在奖品拍卖会上以
大约 2500 英镑买下胡玛鸟的金特上校忠诚地以区区 1760
英镑将其让与东印度公司。

10　Valentia, I, p. 61. 其他献给王室的礼物包括献给威尔
士亲王和约克公爵的一些蒂普的甲胄兵器；以及献给
乔治三世的"三头猎豹或猎虎，一辆打猎车，两头受
过训练的公牛，以及在英国猎捕猎豹所需的一切物
品，与苏丹在塞林伽巴丹的皇家狩猎毫无二致。与这些
一并奉上的还有六名土著猎手，其中三人是蒂普的手
下"。但猎豹大概与国王一样，没有什么条件去狩猎了。
（"Note of the Articles sent, in charge of Major Davis,
to the Chairman of the Honorable Court of Directors"，
OIOC：本部杂项 255。）

11　Iris Butler, *The Eldest Brother: The Marquess Wellesley,
the Duke of Wellington's Eldest Brother* (London:
Hodder & Stoughton, 1973), pp. 212, 225.

12　阿·韦尔斯利致理·韦尔斯利，1799 年 8 月 19 日，
Supplementary Despatches..., I, p. 289。

13　C. A. Bayly, "The British Military-Fiscal State and
Indigenous Resistance", in Lawrence Stone, ed.,
An Imperial State at War: Britain from 1689 to 1815
(London: Routledge, 1994), p. 348; Davis, p. 156.

14　理·韦尔斯利致阿·韦尔斯利，1799 年 6 月 19 日，
in Arthur Wellesley, 2nd Duke of Wellington, ed.,
*Supplementary Despatches and Memoranda of Field
Marshal Arthur Duke of Wellington, K. G.*, 6 vols.
(London, 1858), I, p. 246。

15　西德纳姆致威廉·柯克帕特里克，1799 年 5 月 15 日，
PRO：康沃利斯文件，30/11/209, f. 6。

16　Price, p. 429. 将近两个世纪后，髭须重现人间，不列颠
哥伦比亚的一位佩珀太太拥有此物，她致信维多利亚和

阿尔伯特博物馆，提出要将其出售。

17　*Narrative Sketches...*, pp. 86–87. 这个故事很可能是虚构的，但实际上无人知晓是谁杀死了蒂普苏丹——因为蒂普的珠宝"如今十有八九成为那个幸运的士兵的战利品……因为过于珍贵而不能草草承认"。小说中认领这一称号的包括 G. A. Henty 的 *The Tiger of Mysore* (1895) 中的小英雄，以及最近的 Bernard Cornwell 系列小说中的探险家 Richard Sharpe (*Sharpe's Tiger,* 1998)。

18　See "Further Proceedings relative to the sums due by Individuals on account of purchases at the Seringapatam Prize Sales", in OIOC: F/4/476/11,473.

19　关于塞林伽巴丹物品如今的所在，参见 Anne Buddle, ed., *Tigers Round the Throne* (London: Zamana, 1990); Denys Forrest, *Tiger of Mysore: The Life and Death of Tipu Sultan* (London: Chatto and Windus, 1970), pp. 354–61; Moienuddin, 多处；以及维多利亚和阿尔伯特博物馆印度与东南亚部的蒂普活页夹。关于贝克福德的水烟筒，见 Derek E. Ostergard, ed., *William Beckford 1760–1844: An Eye for the Magnificent* (New Haven: Yale University Press, 2001), pp. 338–39。

20　James Hevia, *English Lessons: The Pedagogy of Imperialism in Nineteenth-Century China* (Durham, N.C.: Duke University Press, 2003), pp. 74–118. 参加战斗的英军里有三分之一的人来自印度（掠夺时尤其醒目）。高级专员埃尔金伯爵——其父在君士坦丁堡任大使时曾获取"埃尔金石雕"——成为印度总督，并于 1863 年死于任上。

21　*Narrative Sketches...*, pp. 100–101. 这个段落直接取自下文引述的佚名信件，那封信翻印时命名为"Curious Particulars Relative to the Capture of Seringapatam", in *Asiatic Annual Register*, vol. 1 (London, 1799)。

22　Kate Brittlebank, *Tipu Sultan's Search for Legitimacy: Islam and Kingship in a Hindu Domain* (New Delhi:

Oxford University Press, 1997), pp. 114-19.

23　*Narrative Sketches...*, p. 98.

24　标注日期为 1799 年 6 月 2 日的佚名信件，"Camp at Gariahguanelly"，OIOC: MSS Eur B 276, f. 9。

25　*Narrative Sketches...*, pp. 99-100.

26　Price, p. 446. Price 估计图书室有"3000 到 4000 册"的规模。为东印度公司编纂蒂普手稿目录的 Charles Stewart 声称，"这些书籍中只有极少数是蒂普或其父购买的。它们是从撒努尔、古德伯和卡那提克等地掠夺而来的战利品的一部分"(p. iv)。但对蒂普手稿的主人图章和价格标记的研究表明，它们的出处各种各样，而蒂普则是个图书市场上的活跃买家——就像他同时代勒克瑙的那些人一样。非常感谢 Jeevan Deol 博士在这一点上为我提供的帮助。

27　Charles Stewart, *A Descriptive Catalogue of the Oriental Library of the Late Tippoo Sultan of Mysore...* (Cambridge, 1809). 另有 61 册图书通过威廉堡的书院赠予孟加拉亚洲学会。See "List of Books for the Asiatic Society"，OIOC: MSS Eur E 196, ff. 67-70; P. Thankappan Nair, ed., *Proceedings of the Asiatic Society, Vol. 2: 1801-1816* (Calcutta: Asiatic Society, 1995), pp. 147-49.

28　后来，两个女孩如其祖父所愿，实现了他的宏大野心：亨丽埃塔·克莱武（1786~1835）嫁给了威尔士首屈一指的绅士沃特金·威廉斯·温（Watkin Williams Wynn）爵士；夏洛特（1787~1866）在 1817 年嫁给了第三代诺森伯兰公爵休·珀西（Hugh Percy），并在 1830~1837 年任维多利亚公主的家庭女教师。格雷维尔（Greville）勋爵认为夏洛特的丈夫"正是这样一种人：理解能力非常有限，说话滔滔不绝，非常让人厌烦"，而她的小叔子第四代公爵阿尔杰农却有学者风范，还是个著名的埃及文物收藏家。格雷维尔的引言见 Mildred Archer, et al., *Treasures from India: The Clive Collection at Powis Castle* (New York: Meredith Press, 1987), p. 137。

29　Charlotte Florentia Clive, *Journal of a voyage to the East Indies, and during a residence there, a Tour, through the Mysore and Tanjore countries &c. &c. and the Return Voyage to England*, OIOC: WD 4235, p. 38.（下文引用时简称为克莱武游记。）出自该游记的引文时有误归为其母的。

30　克莱武游记，pp. 61-62, 76-77, 90-96。

31　例如瓦伦西亚把它比作赫里福德郡，而胡德夫人认为高韦里河是"一条高贵的河流，水流湍急，河床崎岖，在闺房的窗下如同富勒姆的泰晤士河一样宽广"。

32　亨丽埃塔（女儿）致爱德华·克莱武，1800年3月20日，NLW：克莱武文件，通信2324。

33　Quoted in Richard Altick, *The Shows of London* (Cambridge, Mass.: Harvard University Press, 1978), p. 23.

34　J. C. Beaglehole, ed., *The Endeavour Journal of Joseph Banks 1768-71*, 2 vols. (Sydney: Angus and Robertson, 1962), I, p. 5; and Patrick O'Brian, *Joseph Banks* (Chicago: University of Chicago Press, 1993), pp. 26-27.

35　Richard Drayton, *Nature's Government: Science, Imperial Britain, and the "Improvement" of the World* (New Haven: Yale University Press, 2000), pp. 42-47.

36　亨丽埃塔致爱德华·克莱武，1802年1月28日，NLW：克莱武文件，通信463。

37　亨丽埃塔致爱德华·克莱武，1802年2月18日，NLW：克莱武文件，通信466。

38　她得到公司收藏的两位发起人，加尔各答植物园园长威廉·罗克斯伯勒（William Roxburgh）和（她认为"探矿的本领强于收拾行李"的）本杰明·海涅（Benjamin Heyne）的帮助，这两人受托完成了迈索尔调查的地质学和植物学部分。

39　亨丽埃塔和夏洛特致爱德华·克莱武，1800年3月~10月，NLW：克莱武文件，通信2323-35；克莱武游记，

p. 185。

40 在当时的英国，拥有宠物大体上还是一种上流社会的做
    法；无论是动物还是人类，优良血统似乎都物以类聚。
    1805 年，英国举行了首次动物巡展。Harriet Ritvo, *The
    Animal Estate: The English and Other Creatures in the
    Victorian Age* (Cambridge, Mass.: Harvard University
    Press, 1987), pp. 84–97, 207.

41 N. B. 埃德蒙斯通（N. B. Edmonstone）致托马斯·帕托尔
    （Thomas Pattle），1803 年 2 月 23 日，BL: Add. MSS
    19,346, f. 7。Mildred Archer 称瓦伦西亚是"访问印度
    的第一个壮游者，也是唯一的一个"，尽管我认为这个
    头衔值得商榷：Mildred Archer 和 Ronald Lightbown,
    *India Observed: India as Seen by British Artists, 1760–
    1860* (London: Victoria and Albert, 1982), p. 87。

42 他在这方面几乎一切行为都非常粗鲁。例如，贝拿勒斯
    的拉者"请求我收下一把旧刀，尼夫先生称他说过这把
    刀曾属于（皇帝）菲罗什希尔。……但我对整个交易有
    点儿疑心，因为它的安排疑云密布。……刀身也不像能
    配得上如此华丽的一位君主使用，刀柄是紫铜镀金的，
    刀鞘是绿色的丝绒"（BL: Add. MSS 19,345, f. 38）。

43 Quoted in Archer et al., p. 27.

44 也是我读到的唯一的一个人。英国女人在印度的收藏活
    动倾向于按照当时英国收藏文化的传统，比如像伊丽莎
    白·普洛登和玛格丽特·福克在 1780 年代"收集"印
    度的歌曲等。与克莱武夫人关系比较近的先驱是玛丽·
    英庇夫人，她在 1770 年代陪同丈夫伊莱贾爵士到加尔
    各答，并资助了那里的印度艺术家和公司学校的画家。

45 参见详尽的收藏目录：Archer et al.。

46 詹·柯克帕特里克致威·柯克帕特里克，1801 年 9 月
    16 日，quoted in William Dalrymple, *White Mughals*, p.
    281*n*。

47 Archer et al., p. 27.

48 Stuart Semmel, "Reading the Tangible Past: British

Tourism, Collecting, and Memory after Waterloo",
Representations 69 (2000): 9-37.

49 "Sketch of a Journey to Seringapatam and Mysoor",
NAS: 锡福斯契据, GD 46/17/39, p. 9。

50 "Sketch...", p. 11.

51 Quoted in *DNB*, XVIII, p. 1255.

52 克莱武游记, p. 102。

53 克莱武游记, f. 26; quoted in Archer et al., p. 29。

54 "Note of the Contents of the Case belonging to the
Right Honble. Lord Clive", OIOC: 克莱武收藏, MSS
Eur G 37/18。 这份清单与罗伯特·克莱武的文件存放
在一处, 但其中的各种参考表明, 所说的克莱武勋爵是
爱德华。清单的日期可以确定在 1788 年, 因为肖像画
据悉是那年克莱武一家访问意大利时托人画的。(*Powis
Castle* [London: The National Trust, 2000], p. 26.)

55 Quoted in Archer et al., p. 25. 就连爱德华的父母也不
时对他表示失望。正如 1766 年其母坦承的那样, "我认
为就他的年纪来说, 他在很多方面都力不能及"。"但
是," 她承认, "他心地善良。"而爱德华的确尽力了,
他从伊顿公学给父亲写信——字迹如此吃力, 像是在石
头上划字一样——"我将尽力以任何有用的东西来提高
和培养思想, 让自己配得上您的爱和感情。"(玛格丽特
致罗伯特·克莱武, 1766 年 11 月 12 日; 爱德华致罗伯
特·克莱武, 1766 年 11 月 6 日, NLW: 罗伯特·克莱武
文件, CR 12/3。)

56 Quoted in Butler, p. 201.

57 Quoted in Archer et al., p. 25.

58 Quoted in Butler, p. 201.

59 爱德华致亨丽埃塔·克莱武, 1801 年 12 月 2 日, BL:
波伊斯文件, Add. MSS 64,105, ff. 31-32。

60 爱德华致亨丽埃塔·克莱武, 1802 年 5 月 29 日, BL:
Add. MSS 64,105, ff. 54-55。

61 爱德华致亨丽埃塔·克莱武, 1803 年 5 月 9 日, BL:

Add. MSS 64,105, f. 110。

62 克莱武一家选择了保护者毗湿奴而不是毁灭者湿婆的造像，这"表明了收藏家明确的认识和偏好"(Archer et al., p. 112)。

63 爱德华致亨丽埃塔·克莱武，1802 年 5 月 29 日，BL: Add MSS 64,105, ff. 54-55。他没有表明这是哪位"神灵"：甘吉布勒姆有两座湿婆神的大神庙，但也有一座毗湿奴神庙，鉴于他的收藏品味，克莱武可能去的是后一个。

64 克莱武游记，p. 111。

65 Archer et al., p. 95. 但关于在克莱武生前，其印度收藏如何以及在何处展览，我们没有什么证据。

66 Valentia, I, p. 165.

67 Duffy, p. 201.

68 Rosemary Said Zahlan, "George Baldwin:Soldier of Fortune?", in Paul Starkey and Janet Starkey, eds., *Travellers in Egypt* (London: Tauris Parke 2001), pp. 36-37.

69 理·韦尔斯利致戴维·贝尔德，1801 年 2 月 10 日，in R. Montgomery Martin, ed., *The Despatches, Minutes, and Correspondence, of the Marquess Wellesley*, K. G...., 5 vols. (London, 1836), II, pp. 451-52。阿瑟·韦尔斯利也被提名加入远征队，但在孟买的一场病让他未能成行。他本来该乘坐的船碰巧在途中失踪了："再也没有比这场热病来得更及时的了，它阻止了拿破仑的未来征服者参加这次远征"(G. B. Malleson, *Final Struggles of the French in India... With an Appendix Containing an Account of the Expedition from India to Egypt in 1801* [London, 1878], p. 271)。

70 Henry Laurens, *L'expédition d'Égypte 1798-1801* (Paris: Éditions du Seuil, 1997), pp. 269-98.

71 Quoted in Jean Tulard, *Napoléon: ou le mythe du sauveur*, 2nd ed. (Paris: Fayard, 1987), p. 99.

72 Dominique Vivant Denon, *Voyage dans la basse et la haute Égypte* (Paris: Gallimard, 1998), p. 342.

73 尽管战役惨败，他却为了政治宣传的目的，巧妙地借鉴了他的"东方"冒险的神秘感：Annie Jourdan, *Napoléon: Héros, empereur, mécène* (Paris: Aubin, 1998); Todd Porterfield, *The Allure of Empire: Art in the Service of French Imperialism* (Princeton, N.J.: Princeton University Press, 1998), pp. 43–79; *Cf.* Darcy Grimaldo Grigsby, "Rumor, Contagion, and Colonization in Gros's *Plague-Stricken of Jaffa* (1804)", *Representations* 51 (1995): 8–10, 24–37。

74 哈钦森将军致霍巴特勋爵，1801 年 8 月 16 日，PRO: WO/ 1/345。

75 Étienne Geoffroy Saint-Hilaire, *Lettres écrites d'Égypte...* (Paris: Hachette, 1901), pp. 92, 152.

76 Édouard de Villiers du Terrage, *Journal et souvenirs sur l'expédition d'Égypte (1798–1801)* (Paris, 1899), p. 241.

77 第 16 掷弹兵团查尔斯·菲茨莫里斯·希尔上尉的日记，OIOC: MSS Eur D 108, p. 36。

78 悉尼·史密斯爵士致基思将军（Admiral Keith），1800 年 9 月 28 日，PRO: WO/1/344。

79 凯勒（Koehler）致格伦维尔，1800 年 7 月 15 日，以及 1800 年 11 月 17 日，PRO: FO/78/27。

80 此处的两个段落基于 Piers Mackesy 极其翔实的 *British Victory in Egypt, 1801: The End of Napoleon's Conquest* (London: Routledge, 1995) 一书中的细节和讨论。

81 James M'Gregor, *Medical Sketches of the Expedition to Egypt, from India* (London, 1804), p. 5. 关于军队和登船情况的部分记录，参见 OIOC: G/17/7, ff. 296–349。关于战役结束后军队返回的情况，参见贝尔德致霍巴特勋爵，1801 年 9 月 4 日，PRO: WO/1/345。

82 希尔日记，pp. 74–80。

83 Comte Louis de Noé, *Mémoires relatifs à l'expédition*

anglaise de l'Inde en Égypte (Paris, 1826), p. 142.

84　希尔日记，pp. 87-88。

85　安东尼·马克斯通（Anthony Maxtone）致海伦·马克
斯通（Helen Maxtone），1801 年 9 月 4 日，NAS: 库尔
特奎的马克斯通·格雷厄姆，GD 155/874/19。

86　贝尔德致哈钦森，1801 年 9 月 24 日，PRO: WO/ 1/345。

87　Denon, p. 187. 他如果得知现存的建筑实际上是异国占
领者罗马人在公元前 1 世纪建造的，定会大吃一惊。

88　"Military Journal of John Budgen Esq. Captain Eighty-
fourth Regiment, Aid [sic] de Camp on the Staff of
General Sir David Baird during Service at the Cape,
India and Egypt from Feb 7th 1796 to Feb 14th 1802",
OIOC: MSS Eur A 102, ff. 53-54.

89　巴奇恩日记，f. 54。

90　Edward Daniel Clarke, Travels in Various Countries in
Europe, Asia and Africa, 6 vols. (London, 1810), Part 2,
vol. II, pp. 57-58.

91　这些旅行是 Brian Dolan, Exploring European Frontiers:
British Travellers in the Age of the Enlightenment
(London: Macmillan, 2000) 一书的主题。

92　Clarke, Part 2, vol. II, pp. 57-58.

第七章：对手

1　Jean-Jacques Fiechter, La Moisson des dieux (Paris:
Julliard, 1994); Peter France, The Rape of Egypt: How
the Europeans Stripped Egypt of Its Heritage (London:
Barrie and Jenkins, 1991); Brian M. Fagan, The Rape of
the Nile:Tomb Robbers, Tourists, and Archaeologists in
Egypt (London: Macdonald and Jane's, 1975).

2　Edward Daniel Clarke, The Tomb of Alexander (London,
1805), pp. 38-39.

3　James Greig, ed., The Farington Diary: August 28, 1802, to

September 13, 1804 (New York: George H. Doran, 1923).

4　Michael Duffy, "World-Wide War and British Expansion, 1793-1815", in P. J. Marshall, ed., *Oxford History of the British Empire, Vol. II: The Eighteenth Century*(Oxford: Oxford University Press, 1998), p. 196.

5　"Articles de la Capitulation proposée par Abdoulahy Jacques François Menou Général en Chef de l'armée française actuellement à Alexandrie. A Messieurs les Generaux des armées de Terre et de mer de sa majesté brittannique et de la Sublime Porte formant le Blocus d'Alexandrie, en date du 12 fructidor an 9 de la Republique française (30 aout 1801)", PRO: WO/1/345, p. 450.

6　Étienne Geoffroy Saint-Hilaire, *Lettres écrites d'Égypte...* (Paris: Hachette, 1901), p. xxiv.

7　Édouard de Villiers du Terrage, *Journal et souvenirs sur l'expédition d'Égypte* (1798-1801) (Paris, 1899), p. 319.

8　Saint-Hilaire, pp. xxiii-xxv.

9　J. Christopher Herold, *Bonaparte in Egypt* (London: Hamish Hamilton, 1962), p. 387.

10　Saint-Hilaire, pp. xxiv-xxv.

11　Clarke, quoted in Brian Dolan, *Exploring European Frontiers: British Travellersin the Age of Enlightenment* (London: Macmillan, 2000), p. 136.

12　Saint-Hilaire, p. xxv. 学者们与英国人之间的争执，见 Yves Laissus, *L'Égypte, une aventure savante 1798-1801* (Paris: Fayard, 1998), pp. 396-400; and Henry Laurens, *L'Expédition d'Égypte 1798-1801* (Paris: Éditions du Seuil, 1997), p. 465。 *Cf.* Saint-Genis, "Description des Antiquités d'Alexandrie et de ses environs", in *Description de l'Égypte: Antiquités, Descriptions*, 24 vols. (Paris: Panckoucke, 1820-30), V, pp. 181-82.

13　"List of objects ceded by the French", BL: Add. MSS

46,839, ff. 12–13. See also M. L. Bierbrier, "The Acquisition by the British Museum of Antiquities Discovered During the French Invasion of Egypt", in W. V. Davies, ed., *Studies in Egyptian Antiquities: A Tribute to T. G. H. James*,大英博物馆专题选刊 123 (London: British Museum, 1998), pp. 111–13。

14 参见注释 2。实际上,这具石棺是托勒密王朝前的法老内克塔内布二世(Nectambo II)的——在破译象形文字前,克拉克无从知晓这一点。更多人认为,亚历山大陵墓的地点在亚历山大港的纳比·达尼亚尔清真寺(Mosque of Nabi Danial)。(Anthony Sattin, *The Pharaoh's Shadow* [London: Indigo, 2000], pp. 24–29.)

15 Quoted in Laissus, p. 397. 译文是本人所做。

16 Clarke, p. 38*n*. 威廉·理查德·汉密尔顿的 *DNB* 条目异想天开地说"他得到一队士兵的护送,冒着热病的危险,划船驶向法国人的运输船,并坚持带走了宝贵的纪念碑"(*DNB*, VIII, p. 1119)。

17 Leslie Greener, *The Discovery of Egypt* (New York: Dorset Press, 1966), pp. 46–81; Anthony Sattin, *Lifting the Veil: British Society in Egypt 1768–1956* (London: J. M. Dent, 1988), pp. 7–19; Donald M. Reid, *Whose Pharaohs?:Archaeology, Museums, and Egyptian National Identity from Napoleon to WorldWar I* (Berkeley: University of California Press, 2002), pp. 27–28; Jean-Marie Carré, *Voyageurs et écrivains français en Égypte, t. 1: des pélerins du Moyen Âge àMéhémet–Ali* (Cairo: IFAO, 1956), pp. 39–78.

18 Greener, pp. 39–41; Max Rodenbeck, *Cairo: The City Victorious* (New York: Vintage, 1998), pp. 33–34.

19 Jean-Marcel Humbert, Michael Pantazzi and Christiane Ziegler, ed., *Egyptomania: L'Égypte dans l'art occidental 1730–1930* (Paris: Réunion des musées nationaux, 1994), pp. 220–35.

20　例如，Jean Tulard 在 他 的 经 典 著 作 *Napoléon, ou lemythe du sauveur* (Paris: Fayard, 1987), pp. 95-96 中就是这样暗示的。战役与科学成就的关系早在 1830 年代 编 撰 *Histoiremilitaire et scientifique de l'expédition d'Égypte,* 10 vols. (Paris, 1830-36) 时就开始了。近来，法国自然历史博物馆举办了一场二百周年展借以纪念那些学者；参见目录，*Il y a 200 ans, les savants en Égypte* (Paris: Nathan, 1998)。

21　Anna Piussi, "Images of Egypt during the French Expedition (1798-1801): Sketches of a historical colony" (Ph.D.dissertation, Oxford University, 1992). *Cf.*Todd Porterfield, *The Allure of Empire: Art in the Service of FrenchImperialism 1798-1836* (Princeton, N.J.: Princeton University Press, 1998).

22　这篇序言（以及卷首插图）的最初版本于 1809 年雾月18 日提交拿破仑审核；他的改动不大，但那些改动微妙地美化了事件，以适应他当时的东方政策。至于 1821 年Panckoucke 出版社的版本，所有提到拿破仑的地方都删除了（这个工作量可不小），而该书的摘要读来像是对法国的爱国赞美诗。(J.-J. Champollion-Figeac, *Fourier et Napoléon: L'Égypte et les Cent Jours, Mémoires et Documents Inédits* [Paris, 1844]; and Piussi, p. 177.)

23　*Cf.* Reid, pp. 31-36.

24　Edward Miller, *That Noble Cabinet: A History of the British Museum* (Athens: Ohio University Press, 1974); Arthur MacGregor, ed., *Sir Hans Sloane: Collector,Scientist, Antiquary, Founding Father of the British Museum*(London: British Museum Press, 1994).

25　文件夹"大英博物馆早期登记页，埃及文物部"中的清单，大英博物馆：埃及文物部。早年间，博物馆拥有四具人类的木乃伊：一具来自斯隆的收藏，两具是 1756年勒特勒尔（Letheullier）家族捐赠的，第四具是爱德华·沃特利·蒙塔古（Edward Wortley Montague）献给乔治三世的。1792 年，哥廷根大学的一位医生解剖了其中的一具，很可能是勒特勒尔捐赠的那一具。（2000 年 7 月 8 日，M. L. Bierbrier 在伦敦 ASTENE 会议上提交的论文。）

26　确切的历史见 William St. Clair, *Lord Elgin and the Marbles: The controversial history of the Parthenon sculptures,* 2nd ed. (Oxford: Oxford University Press, 1998)。

27　Clarke, pp. 24, 29.

28　我关于德罗韦蒂的传记资料主要参考了 Ronald T. Ridley, *Napoleon's Proconsul in Egypt: The Life and Times of Bernardino Drovetti* (London: Rubicon, 1998)。

29　Afaf Lutfi al-Sayyid Marsot, *Egypt in the Reign of Muhammad Ali* (Cambridge, UK: Cambridge University Press, 1984), pp. 36-50.

30　George Annesley, *Viscount Valentia, Voyages and Travels to India, Ceylon, the Red Sea, Abyssinia, and Egypt, in the Years 1802, 1803, 1804, 1805, and 1806,3 vols.* (London, 1809), III, p. 466.

31　Greig, ed., *The Farington Diary*, pp. 174-75. "国家的原因让他不能公开与国王见面。"法灵顿说道，但两人策划了一次在温莎城堡卫兵室的"偶"遇。

32　米塞特致外交部，1806 年 9 月 29 日，PRO: FO/24/2, f. 134。

33　麦克劳德中校致其父，1807 年 3 月 27 日，NLS: MS 19,302, f. 142。

34　"Extract of a letter from a British officer a Prisoner in the Citadel of Grand Cairo May 9 1807", NLS: MS 19,304, f. 61.

35　NLS: MS 19,304, ff. 57-59；弗雷泽致德罗韦蒂，1807 年 5 月 7 日，in Silvio Curto and Laura Donatelli, ed., *Bernardino Drovetti Epistolario (1800-1851)* (Milan: Cisalpino-Goliardica, 1985), p. 15。

36 士兵们被"当作奴隶卖到"埃及各地的说法来自 Mungo Park, *The Journal of a Mission to the Interior of Africa in the Year1805...* (London, 1815), pp. civ–cv. 同一个资料来源还提到"赎回这些俘虏的赎金差别相当大,价格从每人 20~30 英镑到逾百镑不等。但据说如果比较不同的价格,会发现赎金最高的是那些从名字上一定被认为出生于苏格兰的人,以及那些因为比旁人更有条理也更聪明而被认为更值钱的人"。几乎毋庸赘言,Park 本人就是个苏格兰人。

37 鲁塞尔致外交部(下文引用时简称为"部里"),1817 年 7 月 22 日,MAE: CCC Aléxandrie(下文引用时简称为 Alex),第 19 卷。

38 他在"1775 年法国人在埃及组建的三个居住区的普遍情况下",表现得像是"国家级面包师",AN: AE B/III/290, f. 118。

39 约瑟夫·巴尔塔隆致部里,共和国 12 年果月 29 日,MAE: CCC Alex. 17。

40 Fiechter, pp. 23–25. 此次事件——在领事馆通信中占据了一百多页的内容——在 Ridley 的德罗韦蒂传记中只是一笔带过(p. 37)。考虑到该事件的后果对于德罗韦蒂在埃及的生活和职业生涯的必然影响,这种陈述似乎过于简短了。

41 Ridley 从弗雷泽的话里推测罗西纳"和德罗韦蒂显然在 1808 年结婚了"(p. 368),但 1818 年的婚礼事宜可参见 MAE: CCC Alex. 19。

42 皮拉瓦纳(Pillavoine)致部里,1820 年 3 月 6 日,MAE: CCC Alex. 20。

43 Jean-Marie Carré, *Voyageurs et écrivains français en Égypte, I: Des pèlerins duMoyen Âge à Méhémet-Ali*, 2nd ed. (Cairo: IFAO, 1956), pp. 170–87. 夏多布里昂在 *Itinéraire de Paris à Jérusalem* (1811) 中记述了他的行程。

44 Ridley, p. 43; Fiechter, pp. 27–28.

45 Valentia, III, pp. 394, 432–33.

46 米塞特致外交部,1812 年 3 月 25 日,PRO: FO/24/4,

f. 26。

47　Fiechter, pp. 36–38; Carré, pp. 195–96. 布坦成为德罗韦蒂一家的好友，并依靠贝尔纳迪诺为其搜罗情报、新闻和提供建议：参见 Curto and Donatelli,eds., *Epistolario*, pp. 35–65 多处他的信件；以及他兄弟致德罗韦蒂的信，pp. 127–28。1815 年，布坦死于叙利亚土匪之手。

48　Ridley 错误地把"德罗韦蒂对文物感兴趣的早期证据"的日期确定为 1812 年 2 月，也就是他安排为 Hester Stanhope 夫人解剖一具木乃伊之时 (p. 57)。

49　米塞特致外交部，1806 年 3 月 22 日，PRO: FO/ 24/2, ff. 113–14。

50　J. J. Halls, *The Life and Correspondence of Henry Salt, Esq. F. R. S....*, 2 vols. (London, 1834), I, pp. 45–47, 58.

51　Halls, I, pp. 136–37.

52　这层关系就是索尔特的舅舅托马斯·西蒙·巴特（Thomas Simon Butt）牧师，他负责照料蒙特诺伊斯在斯塔福德郡的阿利庄园。Halls, I, pp. 65, 129.

53　Quoted in Deborah Manley and Peta Rée, *Henry Salt: Artist, Traveller, Diplomat,Egyptologist* (London: Libri, 2001), p. 25. 索尔特对其短途旅行的叙述可见瓦伦西亚的 *Voyages...*。

54　"Proceedings in the Court of King's Bench, *ex parte* George Viscount Valentia, 1796" (Kidderminster, 1799), pp. 6–7.

55　Quoted in Nigel Leask, *Curiosity and the Aesthetics of Travel Writing, 1770–1840: "From an Antique Land"* (Oxford: Oxford University Press, 2002), p. 182.

56　"Trial for Adultery. The Whole Proceedings on the Trial of John Bellenger [*sic*] Gawler, Esquire, for Criminal Conversation with Lady Valentia, in the Court of King's Bench, before Lord Kenyon" (London, 1799), p. 51.

57　Quoted in Manley and Rée, p. 64.

58　索尔特致瓦伦西亚，1815 年 4 月 13 日，以及 1815 年 5

月 2 日，BL: Add. MSS 19,347, ff. 136–38；索尔特致外交部，1825 年 5 月 21 日，PRO: FO/78/135, f. 155。

59 Charles Ronald Middleton, *The Administration of British Foreign Policy 1782–1846*(Durham, N.C.: Duke University Press, 1977), pp. 244–53.

60 班克斯致卡斯尔雷，1815 年 4 月 13 日，PRO: FO/24/6, f. 83。

61 Halls, I, p. 485.

62 PRO: FO/24/6, f. 66.

63 "List of gifts bought from Theops. Richards and Son"，1815 年 7 月 17 日，PRO: FO/24/6, f. 90。索尔特未来新娘的全名不得而知，他在一封致宾厄姆·理查兹的信中与其讨论了她对他的拒绝和他的失望之情，1817 年 4 月 2 日，BL: Add. MSS 19,347, f. 181。

64 瓦伦西亚致索尔特，1815 年 7 月 9 日，BL: Add. MSS 19,347, f. 141。

65 索尔特致瓦伦西亚，1815 年 7 月 19 日，BL: Add. MSS 19,347, f. 143。

66 瓦伦西亚致索尔特，1815 年 7 月 9 日，BL: Add. MSS 19,347, f. 141。

67 Andrew McClellan, *Inventing the Louvre* (Cambridge, UK: Cambridge University Press, 1994), pp. 198–200. 此次事件中，实际上只有半数战利品物归原主。

68 亨利·索尔特致瓦伦西亚勋爵，1815 年 10 月 7 日，quoted in Halls, I, pp. 425–27。这封信的原件以及索尔特致瓦伦西亚的其他信件均见于 BL: Add. MSS 19,347。Halls 删改了索尔特的部分信件；如有那种情况，我会引用原件。

第八章：搬运

1 米塞特致英国外交部，1814 年 6 月 18 日，PRO: FO/24/5, f. 13。

2　Afaf Lutfi al-Sayyid Marsot, *Egypt in the Reign of Muhammad Ali* (Cambridge, UK: Cambridge University Press, 1984), p. 72.

3　Marsot, pp. 198-203；索尔特致英国外交部，1816 年 6 月 15 日，PRO: FO/24/6, ff. 110-12。

4　David Landes, *Bankers and Pashas: International Finance and Economic Imperialism in Egypt* (Cambridge, MA, 1958), p. 75. 关于对穆罕默德·阿里做法的福柯式的批评，参见 Timothy Mitchell, *Colonising Egypt* (Cambridge, UK: Cambridge University Press, 1988), 特别是 pp. 34-62。

5　索尔特致蒙特诺伊斯，1816 年 12 月 28 日，in J. J. Halls, *The Life and Correspondence of Henry Salt, Esq. F. R. S...*, 2 vols. (London, 1834), I, p. 469。

6　Ibid.

7　Ibid.

8　米塞特致英国外交部，1814 年 8 月 27 日，PRO: FO/24/5, f. 27。

9　法国外交部致德罗韦蒂，1814 年 9 月 24 日；德罗韦蒂致部里，1814 年 10 月 10 日，MAE: CCC Alex. 18。

10　在法属地中海领事馆工作过 30 年的泰德纳是历经磨难才走进这个行当的。他最初来自朗格多克，在里窝那和加的斯开始其文员的工作，但陷入了一场与其表兄弟之妻的热烈情事，后逃往西班牙。在去马赛的途中，他的船遭到北非海盗的袭击；他被俘并被马斯卡拉的贝伊买下。三年半后，泰德纳重获自由，回到欧洲。他正是凭着流利的西班牙语、意大利语和阿拉伯语才进入了领事馆。Marcel Emerit, ed., *Les Aventures de Thédenat: Esclave et ministre d'un Bey d'Afrique (XVIIIème siècle)* (Algiers: Société Historique Algérienne, 1948) .

11　索尔特致蒙特诺伊斯，1816 年 12 月 28 日，quoted in Halls, I, p. 469。

12　鲁塞尔致部里，1817 年 7 月 22 日，MAE: CCC Alex. 19。

13 索尔特致蒙特诺伊斯，1816 年 12 月 28 日，BL: Add. MSS 19,347, ff. 176-77。

14 索尔特致蒙特诺伊斯，1816 年 12 月 28 日，BL: Add. MSS 19,347, ff. 176-77。

15 Comte de Forbin, *Voyage dans le Levant en 1817 et 1818* (Paris: 1819), p. 226.

16 鲁塞尔致部里，1817 年 7 月 22 日，MAE: CCC Alex, 19。

17 鲁塞尔致部里，1817 年 12 月 19 日，MAE: CCC Cairo 26。

18 贝尔佐尼最全面的英文传记是 Stanley Mayes, *TheGreat Belzoni: Archaeologist Extraordinary* (London: Putnam, 1959) 。See also Marco Zatterin, *Il gigante del Nilo: storia e avventure del grande Belzoni, l'uomoche svelò i misteri dell'Egitto dei faraoni* (Milan: Mondadori, 2000)；以及 Maurice Willson Disher, *Pharaoh's Fool* (London: Heinemann, 1957). 抵达马耳他后，贝尔佐尼的计划是继续前往君士坦丁堡，在那里找工作。

19 伊斯梅尔·直布罗陀帮助领导了 1825 年的土耳其—埃及联军入侵伯罗奔尼撒。他还与鉴赏家威廉·盖尔交好，后者鼓励英国的数名年轻人去埃及学习和旅行。Jason Thompson, *Sir Gardner Wilkinson and His Circle* (Austin: University of Texas Press, 1992), p. 32-33.

20 大英博物馆存有贝尔佐尼当时演出这场戏的一幅图画，翻印在 Mayes 和 Disher 的书中。

21 对于萨拉所知不多，她的爱尔兰人和亚马孙混血儿背景很少或无人提及。近来的研究表明，她 1783 年出生于布里斯托尔，出生时名叫萨拉·班纳或贝恩；1870 年，她死于泽西岛 (Zatterin, pp. 30, 267-69)。她以一篇名为《埃及、努比亚和叙利亚妇女的简短叙述》（"Short Account of the Women of Egypt, Nubia, and Syria"）的文章，为贝尔佐尼的 *Narrative* 作了补充，这篇文章可参见 Billie Melman, *Women's Orients: English Women*

and the Middle East,1718–1918 (London: Macmillan, 1992), pp. 180–82。

22　Mayes, p. 72.

23　Giambattista Belzoni, *Narrative of the Operations and Recent Discoveries in thePyramids, Temples, and Tombs, and Excavations, in Egypt and Nubia...,*2nd ed. (London, 1821), p. 24.

24　关于布尔克哈特，参见 Katherine Sim, *Desert Traveller: The Life of Jean Louis Burckhardt* (London: Phoenix Press, 2000) 。

25　Belzoni, p. 96; BL: Add. MSS 19,347, ff. 167–68.

26　Halls, I, pp. 491–92.

27　Belzoni, p. 25.

28　Ibid., p. vi.

29　贝尔佐尼在抵达埃及后不久，便数次致信德罗韦蒂，请求协助对付帕夏。(*Epistolario*, pp. 76–79, 82–83。)

30　贝尔佐尼把此书的一个副本寄给亚历山大港的副领事、他的朋友彼得·李，他写道，"您会在此书中发现很多错误，特别是埃及这个国家的制度，说实话，并不总是合乎政治的，但我是为英国而写此书的"（贝尔佐尼致彼得·李，1821 年 12 月 29 日，BL: 詹姆斯·伯顿文件，Add. MSS 25,658, ff. 1–2）。有趣的是，在一片反法的气氛中，此书却旋即被译为法语，只有极少修订；德语和意大利语版本也依次此版为模本准备 (Mayes, pp. 255–56)。

31　Belzoni, p. 39.

32　Ibid., pp. 110–11. 贝尔佐尼总是以"雅克"这个名字的各种变体来称呼里福。

33　Ibid., p. 126.

34　Donald M. Reid, *Whose Pharaohs?: Archaeology, Museums, and Egyptian National Identity from Napoleon to World War I* (Berkeley: University of California Press, 2002), p. 40.

35 鲁塞尔致部里,1817年2月24日,MAE: CCC Alex. 19。"我会答复说,"他说道,"法军分散于整个埃及,还有如此众多的仇敌,他们没时间屈尊去考虑想把它运走的学者们的愿望;而英军全部集中于亚历山大港,有很多可以任意支配的手段,他们徒劳地试图把两座克莱奥帕特拉方尖碑其中之一搬走——却无法移动它分毫。"

36 Belzoni, p. 135.

37 Halls, II, pp. 32−33.

38 索尔特致英国外交部,1817年10月12日,PRO: FO/78/79, ff. 64−65;海军少将查尔斯·彭罗斯爵士致英国外交部,1817年12月9日,PRO: FO/78/89, f. 82。

39 索尔特致蒙特诺伊斯,1818年8月7日,quoted in Halls, I, p. 494。

40 Belzoni,3rd ed., 2 vols. (London, 1822), I, p. 224.

41 Belzoni, 2nd ed., p. 349.

42 Ibid., pp. 230−36.

43 Jean−Jacques Fiechter, *La Moisson des dieux* (Paris: Julliard, 1994), pp. 40−41.

44 鲁塞尔致部里,1817年1月22日,MAE: CCC Alex. 19;鲁塞尔致部里,1817年12月19日,MAE: CCC Cairo 26。

45 皮拉瓦纳致部里,1819年8月14日,MAE: CCC Alex. 20。

46 Forbin, p. 267.

47 Belzoni, pp. 248−49.

48 Belzoni, p. 354.

49 方尖碑的竞赛并未终结于此。班克斯和德罗韦蒂在一年之后仍在争论它的归属,但他们拒绝将争议上达穆罕默德·阿里,因为他们"担心帕夏殿下会将其据为己有,如此便不会得罪任何一方,而这种差别会在将来成为他拒绝批准哪怕最轻微的挖掘的理由。这种恐惧让德罗韦蒂先生陷入沉默,并让班克斯先生遂愿将方尖碑运回英国"(皮拉瓦纳致部里,1819年10月23日,MAE:

CCC Alex. 20)。贝尔佐尼还几乎完全失去了它：正当他试图将其装船时，方尖碑滑进了尼罗河——幸运的是，它又被人从那里捞起来了。

50 Belzoni, pp. 364-67.

51 Ibid., p. 436. 法国领事则对引来这种麻烦的"对文物的嫉妒的幽默"抱怨不已。皮拉瓦纳致部里，1819 年 8 月 14 日，MAE: CCC Alex. 20。

52 Belzoni, p. 437.

53 贝尔佐尼致彼得·李，1821 年 12 月 29 日，BL: 詹姆斯·伯顿文件，Add. MSS 25,658, ff. 1-2。

54 索尔特致蒙特诺伊斯，1816 年 12 月 28 日，quoted in Halls, I, pp. 472-73。

55 索尔特致蒙特诺伊斯，1817 年 12 月 20 日，BL: Add. MSS 19,347, ff. 194-95。

56 索尔特致蒙特诺伊斯，1818 年 8 月 7 日，BL: Add. MSS 19,347, f. 227。

57 索尔特致蒙特诺伊斯，1818 年 8 月 7 日，BL: Add. MSS 19,347,ff. 225-27。

58 BL: 詹姆斯·伯顿文件，Add. MSS 25,661, f. 33。索尔特最近的传记作家对于盖尔的指控为他进行了勇敢的辩护：Deborah Manley and Peta Rée, *Henry Salt: Artist, Traveller, Diplomat, Egyptologist* (London: Libri, 2001), p. 215。

59 Robert Richardson, M.D., *Travels Along the Mediterranean, and Parts Adjacent;in Company with the Earl of Belmore, During the Years 1816-17-18...*,2 vols. (London, 1822).

60 Manley and Rée, pp. 125-32.

61 Dr. Robert Richardson, quoted in Manley and Rée, p. 135.

62 索尔特致蒙特诺伊斯，1818 年 1 月 18 日，quoted in Halls, II, pp. 51-53。

63 Belzoni, p. 387.

64 Halls, II, pp. 16-17.

65 他们的传记作者们找到了他们如此行事的原因：Mayes, pp. 190–91; Manley and Rée, pp. 137–38。

66 Halls, II, pp. 25, 17.

67 Belzoni, pp. 38–39.

68 Halls, II, pp. 27, 19.

69 贝尔佐尼致约瑟夫·班克斯爵士，1818 年 11 月 14 日，BL: Add. MSS 19,347, f. 237。

70 Nigel Leask, *Curiosity and the Aesthetics of Travel Writing, 1770–1840: "From anAntique Land"* (Oxford: Oxford University Press, 2002), pp. 102–110, 123–28.

71 William St. Clair, *Lord Elgin and the Marbles: The Controversial History of the Parthenon Sculptures* (Oxford: Oxford University Press, 1998), p. 181.

72 索尔特致蒙特诺伊斯，1818 年 8 月 7 日，BL: Add. MSS 19,347, f. 227。

73 "Copy of Paper sent by Henry Salt to Sir Joseph Banks being the list of articles offered for sale to the British Museum with the prices", BL: Add. MSS 19,347, ff. 236–37；索尔特致威·理·汉密尔顿，1818 年 6 月 10 日，见 Halls, II, pp. 299–301。

74 Halls, II, pp. 299–300.

75 Halls, II, pp. 301, 302n. 身为职业画家的霍尔斯为埃尔金的辩护表明，在 1830 年代初期，英国是如何看待此人与石雕两者的名声的："这位贵族有幸将古希腊雕塑的最纯净领域中的最精美的收藏一带来英国，并且很可能是从野蛮人的毁灭性破坏中抢救出来的，任何欧洲国家均会对此夸耀不已。……首先应该做的是最终接受：主管法官所依靠的证据，并最终由国会出资，以爵爷收集这些藏品所付出总价的一半金额，即 35000 英镑买下这批文物。"(pp. 301–2n) 与其友索尔特不同，1815 年，霍尔斯还反对从卢浮宫返还艺术品。

76 班克斯致索尔特，1819 年 2 月 14 日，quoted in Halls, II, pp. 303–4。在索尔特后来写的一首拙劣的诗里，绝不仅仅是一丝苦涩而已，他说文物"对于神经足以忍受吹毛求疵的批评家／急匆匆提出来的讥笑的人／或许可以补充一年的娱乐／把这种卑劣品位的可怜之人一扫而光"(Halls, II, p. 416)。

77　威·理·汉密尔顿致索尔特，1819 年 2 月 16 日，quoted in Halls, II, p. 305。

78　索尔特致班克斯，1819 年 5 月 28 日，quoted in Halls, II, pp. 305-6。

79　索尔特致蒙特诺伊斯，1819 年 6 月 1 日，BL: Add. MSS 19,347, ff. 251-54。

80　威·理·汉密尔顿致蒙特诺伊斯，1819 年 9 月 30 日，BL: Add. MSS 19,347, f. 263。

81　查尔斯·约克阁下（Rt. Hon. Charles Yorke）致约瑟夫·班克斯爵士，1819 年 11 月 5 日，quoted in Halls, II, p. 318。

82　索尔特致蒙特诺伊斯，1820 年 6 月 25 日，BL: Add. MSS 19,347, f. 315。

83　索尔特致蒙特诺伊斯，1812 年 5 月 14 日，BL: Add. MSS 19,347, f. 353。

84　Manley and Rée, pp. 206-9; Halls, II, pp. 338-86; 宾厄姆·理查兹致蒙特诺伊斯，1822 年 9 月 5 日和 24 日，BL: Add. MSS 19,347, ff. 356-59。

85　索尔特致理查兹，1822 年 5 月 26 日，quoted in Halls, II, p. 322。

86　Leask, p. 137.

87　Mayes, pp. 240-44.

88　James Stevens Curl, *The Egyptian Revival: An Introductory Study of a RecurringTheme in the History of Taste* (London: G. Allen & Unwin, 1982), p. 124; Richard Altick, *The Shows of London* (Cambridge, Mass.: Harvard University Press, 1978).

89　Mayes, p. 261.

90　*A Catalogue of the Valuable Collection of Antiquities, of*

Mr. John Belzoni, inEgypt, Nubia, etc. Which Will be Sold by Mr. Robins, at the Egyptian Hall, Piccadilly,on Saturday, the 8th of June, 1822, at Twelve o'Clock (London, 1822). 大英图书馆的这份目录部分注有价格。

91 Dorothy Middleton，"Banks and African Exploration"，in R. E. R. Banks et al., eds., *Sir Joseph Banks: A Global Perspective* (Kew: Royal Botanic Gardens, 1994); Mungo Park, *Travels in the Interior Districts of Africa: performed under thedirection and patronage of the African Association in the years 1795, 1796 and 1797* (London, 1799); Mungo Park, *The Journal of a Mission into the Interior ofAfrica, in the year 1805* (London, 1815); *The Narrative of Robert Adams* (London, 1816). 人们如今仍可加入骆驼商队，从摩洛哥西南的扎戈拉（Zagora）出发，大约 40 天抵达廷巴克图。

92 萨拉·贝尔佐尼致简·波特，1823 年 9 月 8 日，BL: Add. MSS 35,230, f. 71。

93 Quoted in Mayes, p. 284.

94 Annie Coombes, *Reinventing Africa: Museums, Material Culture, and PopularImagination in Late Victorian and Edwardian England* (New Haven: Yale University Press, 1994), pp. 7–28.

95 Mayes, pp. 285–87.

96 Ibid., pp. 293–95.

97 [Sarah Atkins], *Fruits of Enterprize...*,2nd ed. (London, 1822), pp. 149–50.

98 Bela Bates Edwards, *Biography of Self–Taught Men* (Boston, 1832).

99 贝尔佐尼市网站，http://www.belzoni.com，2004 年 6 月访问。

100 Atkins, pp. 48, 17, 154.

注释

第九章：复苏

1　1906 年，德 国 传 记 Hermine Hartleben, *Jean-François Champollion, sa vie et son oeuvre1790-1832* (Paris: Éditions Pygmalion/Gérard Watelet, 1983) 一书讲述了商博良神话般的破译。

2　Vicomte de la Rochefoucauld, "Rapport au Roi"，1826 年 5 月 15 日，AN: Maison du Roi, O/3/1418。

3　J.-F. Champollion, *Lettres écrites d'Égypte et de Nubie en 1828 et 1829* (Paris: 1833), pp. 12-13.

4　有关设立查理十世博物馆的佚名备忘录（1826 年），AN: O/3/1418。

5　Jason Thompson, *Sir Gardner Wilkinson and His Circle* (Austin: University of Texas Press, 1992), pp. 229-30.

6　这是那个时期最糟糕的恶意破坏行为之一。商博良不赞成这种做法，并利用自己的象形文字知识证明，黄道十二宫并不像很多人认为的那样，出自遥远的法老时代，实际上是由近得多的埃及的一位罗马皇帝建起来的，神庙本身也是如此。一旦情况揭晓，博物馆总馆长福尔班伯爵便请求内政部退还博物馆在黄道十二宫雕像上 75000 法郎的投资。"这里不是讨论这场买卖发生的不假反思的方式的地方。事实是这座纪念碑的适当价格如今不能高于 10000 法郎"（福尔班致王宫，1826 年 12 月 22 日，AN: O/3/1417)。

7　皮拉瓦纳致法国外交部，1819 年 9 月 28 日，1819 年 11 月 29 日，以及 1820 年 5 月 6 日，MAE: CCC Alex. 20。德罗韦蒂告诉法国领事，他"出售陈列馆的唯一目的是偿还他欠帕夏的 200000 皮阿斯特"。

8　皮拉瓦纳致部里，1821 年 3 月 7 日，MAE: CCC Alex. 21。

9　若马尔致王宫，1824 年 10 月 30 日，AN: O/3/ 1414。

10　Todd Porterfield, *The Allure of Empire: Art in the Service of French Imperialism1798-1836* (Princeton,

N. J.: Princeton University Press, 1998), pp. 81–116.

11 这对于彻头彻尾的波拿巴党人商博良个人来说也是一次大赦,他曾因自己的政治同情而被迫辞去了早年间的一份工作。1815 年,他的兄长和监护人让－雅克·商博良－菲克（Jean-Jacques Champollion-Figeac）把他介绍给拿破仑,当时这位被废黜的皇帝途经格勒诺布尔前往巴黎。皇帝"饶有兴致地听取了他阐述的计划……"商博良－菲雅克回忆道,"科普特语词典特别吸引了他的注意力。'把那些都带到巴黎来,'他对我说,'我们要把它印出来,那可比中文词典容易多了。'" J.-J. Champollion-Figeac, *Fourier et Napoléon: L'Égypte et les cent jours, mémoires et documents inédits* (Paris, 1844), p. 232.

12 索尔特致蒙特诺伊斯,1818 年 8 月 7 日,BL: Add. MSS 19,347, f. 233。

13 索尔特致纳撒尼尔·皮尔斯（Nathaniel Pearce）,1819 年 9 月 19 日,quoted in J. J. Halls, *The Life and Correspondence of Henry Salt, Esq. F. R. S....*, 2 vols. (London, 1834), II, p. 146。法国领事皮拉瓦纳是见证人之一（皮拉瓦纳致法国外交部,1819 年 10 月 23 日,MAE: CCC Alex. 20）。

14 Deborah Manley and Peta Rée, *Henry Salt: Artist, Traveller, Diplomat, Egyptologist* (London: Libri, 2001), pp. 182–86.

15 索尔特致蒙特诺伊斯,1820 年 6 月 25 日,BL: Add. MSS 19,347, f. 313。

16 索尔特致蒙特诺伊斯,1822 年 5 月 14 日,BL: Add. MSS 19,347, f. 353。

17 索尔特致宾厄姆·理查兹,1820 年 7 月 25 日,BL: Add. MSS 19,347, f. 333。

18 Halls, II, p. 148.

19 索尔特致英国外交部,1824 年 4 月 28 日,PRO: FO/78/126, f. 236。

20 Robert Hay, quoted in Jason Thompson, *Sir Gardner Wilkinson and His Circle* (Austin: University of Texas Press, 1992), p. 87.

21 [Henry Salt], *Egypt, A Descriptive Poem, with Notes, by a Traveller* (Alexandria, 1824). 此书是在亚历山大港印刷的第一本英语书籍。文本翻印于 Halls, II, pp. 388–420。

22 Henry Salt, *Essay on Dr. Young's and M. Champollion's phonetic system of Hieroglyphics...* (London, 1825).

23 索尔特致理查兹，1825 年 6 月 18 日，quoted in Halls, II, p. 245。

24 索尔特致理查兹，quoted in Halls, II, p. 250。

25 商博良致布拉卡公爵（Duc de Blacas），1825 年 7 月 24 日，AN: O/3/1418。（布拉卡是法国驻那不勒斯大使。）

26 购买索尔特藏品的主要反对意见认为应该买下一个名叫约瑟夫·帕萨拉夸（Joseph Passalacqua）的对手的收藏。我们很难知道帕萨拉夸是如何集聚这批收藏的，因为我看到的英法两国回忆录、日记和信件中几乎没有人提到他。他在维维恩拱廊街 52 号举办展览，距离国家图书馆的老馆只有数步之遥。1825~1827 年，他日益绝望地不断降低价格，从 140000 法郎降到 50000 法郎外加一份年金，反复向法国政府施压，要求购买他的物品。他出版了一份目录以利出售，并请若弗鲁瓦·圣伊莱尔等学者配上博学的论述；1826 年 11 月，若弗鲁瓦·圣伊莱尔还在法兰西皇家科学院朗读了关于帕萨拉夸藏品的报告。这份目录清楚地表明，帕萨拉夸的收藏致力于重建古埃及人的生活，这与索尔特和德罗韦蒂的收藏不同，后者特别看重的是庞大而有纪念意义的文物。（*Catalogue raisonné et historique des Antiquités découvertes en Égypte par J. Passalacqua...* [Paris, 1826]. 向政府的提议和圣伊莱尔的报告见 AN: O/3/1417, 1418 和 1419。）收藏最终由普鲁士买下，而帕萨拉夸则成为其馆长。(Donald Malcom Reid, *Whose Pharaohs?: Archaeology, Museums, and Egyptian Identity from Napoleon to World War I*

注 释

[Berkeley: University of California Press, 2002], p. 45.）

27　圣托尼致杜多维尔公爵（Duc de Doudeauville），1826
　　年3月23日，AN: O/3/1418。

28　索尔特致理查兹，1827年5月12日，quoted in Halls,
　　II, pp. 268-9。

29　索尔特致圣托尼，1827年10月7日，quoted in Halls,
　　II, pp. 275-6。

30　Manley and Rée, p. 269.

31　Khaled Fahmy, *All the Pasha's Men: Mehmed Ali, His
　　Army, and the Making of Modern Egypt* (Cambridge,
　　UK: Cambridge University Press, 1997).

32　詹姆斯·伯顿日记（1822~1823），1822年11月27日，
　　BL: 伯顿文件，Add. MSS 25,624, ff. 132-33。

33　索尔特致英国外交部，1824年2月8日，PRO: FO/78/
　　126, f. 226。

34　德罗韦蒂致部里，1826年4月7日，MAE: CCC Alex.
　　22。

35　他在其1826年4月7日的快信中附上了一份清单，该
　　清单翻印于Ronald T. Ridley, *Napoleon's Proconsul
　　in Egypt: The Life and Times of Bernardino Drovetti*
　　(London: Rubicon, 1998), p. 308。

36　马利瓦尔（Malivoire）致部里，1826年4月4日，
　　MAE: CCC Cairo 26；德罗韦蒂致部里，1826年3月4
　　日，MAE: CCC Alex. 22。

37　索尔特致英国外交部，1824年11月10日，PRO:
　　FO/78/126, ff. 265-66；夏多布里昂致穆罕默德·阿
　　里，1824年3月9日，MAE: CCC Alex. 21。应当指
　　出的是，穆罕默德·阿里也总是很在意以礼物向英国示
　　好。1826年，他同时向查理十世和乔治四世赠送了长
　　颈鹿；而他送给法国一座方尖碑的同时，也向英国赠送
　　了克莱奥帕特拉方尖碑。索尔特致英国外交部，1826年
　　10月27日，PRO: FO/78/147, f. 137; Michael Allin,
　　Zarafa: A Giraffe's True Story, from Deep in Africa to the

Heart of Paris (New York: Walker, 1998)。温莎的长颈鹿比它送到巴黎的同类更爱闹病，两年之后死了 (Manley and Rée, p. 253 and p. 297, 注释11)。乔治四世"得知……鹿和袋鼠都是埃及没有的动物"，认为它们"或许可以作为礼尚往来的礼物，得到（帕夏）殿下的重视"（英国外交部致索尔特，1826 年 10 月 5 日，PRO: FO/78/160, f. 47）。

38 索尔特致英国外交部，1826 年 4 月 4 日，PRO: FO/78/147, f. 72。

39 Hugh Honour, *Romanticism* (London: Icon Editions, 1979), p. 230.

40 Quoted in David Brewer, *The Flame of Freedom:The Greek War of Independence, 1821–1833* (London:John Murray, 2001), p. 321。

41 Brewer, pp. 325–36; Ernle Bradford, *Mediterranean: Portrait of a Sea* (London: Penguin, 2000), pp. 491–94; Manley 和 Rée, p. 273; Ridley, pp. 148–52。

42 巴克致英国外交部，1829 年 8 月 18 日，PRO: FO/78/184, ff. 205–6。Cf. H. H. Dodwell, *The Founder of Modern Egypt:A Study of Muhammad Ali* (Cambridge UK:Cambridge University Press, 1931), pp. 97–104.

43 米莫致法国外交部，1829 年 7 月 7 日，MAE: CCC Alex. 23。

44 Champollion, p. 20.

45 1828 年 5 月，德罗韦蒂致信商博良，鉴于纳瓦里诺战役后法国与埃及关系上的紧张状态，劝阻他不要来此地。商博良没有收到这封信就出发了。德罗韦蒂对商博良的到来大吃一惊，但还是热情地欢迎了他。但商博良后来怀疑政局动荡的说法是被夸大了："一切基本上无外乎自我利益的算计。文物贩子们听到我到达埃及准备挖掘的新闻都吓得发抖。在我提交挖掘申请的费明时，他们形成了一个小集团。……殿下声称，除了他的朋友德罗韦蒂和阿纳斯塔西（Anastasi）之外，他不想给任何人颁发费明。"最后，德罗韦蒂把自己的个人特许状让给商博良，解决了这个问题。(Champollion, pp. 44-45.)

46 Thompson, pp. 125-26.

47 *Asiatic Journal and Monthly Register* 26 (London, 1828), p. 346.

48 Reid, p. 43; Manley and Rée, pp. 213-23; Anthony Sattin, *Lifting the Veil:British Society in Egypt, 1768-1956* (London: J. M. Dent, 1988); Paul Starkey 和 Janet Starkey, eds., *Travellers in Egypt* (London: I. B. Tauris, 1998).

49 詹姆斯·伯顿致罗伯特·海伊，1836 年 1 月 1 日，BL：海伊文件，Add. MSS 38,094, f. 93。

50 Neil Cooke, "James Burton: The Forgotten Egyptologist", in Starkey and Starkey, eds., pp. 85-94. 伯顿后来改名为哈利伯顿（Haliburton），并以此姓氏列入 *DNB*。

51 Selwyn Tillett, *Egypt Itself: The Career of Robert Hay of Linplum and Nunraw,1799-1863* (London: SD Books, 1984).

52 罗伯特·海伊日记，1824 年 11 月 23 日，BL：海伊文件，Add. MSS 31,054, ff. 81-83。

53 罗伯特·海伊日记，1826 年 4 月，BL：海伊文件，Add. MSS 31,054, f. 115。

54 Leila Ahmed, *Edward W. Lane: A Study of His Life and Works and of British Ideas of the Middle East in the Nineteenth Century* (London: Longman, 1978), pp. 23-49.1826 年，罗伯特·海伊陪同莱恩一起留在开罗，莱恩自我同化的程度给海伊留下了深刻印象。"他与目前在埃及的大多数旅行家一样，穿土耳其服装，甚至吃饭也和他们一样，只有少数人能做到这一点。……我必须承认，我认为所有来东方的旅行者都应该学习像本地人那般行事，比如在本地人陪同之下一起进餐，以免被人认为很难相处，但在没有真正必要的情况下仍这样做，在我看来就有点儿荒谬了，因为只有土耳其人才习惯终生用手抓饭吃，并将周围之人同样如此视作平常，其他地方的人可能偏爱使用刀叉和勺子来喂饱自己的那种不那么笨拙的方式"（罗伯特·海伊日记，1826 年 2 月 22日，BL: 海伊文件，Add. MSS 31,054, ff. 106-7）。

55 Burton, quoted in Manley and Rée, p. 233.

56 英 国 外 交 部 致 索 尔 特，1824 年 3 月 26 日，PRO: FO/78/126, ff. 213-14。

57 索尔特致伯顿和威尔金森，1824 年 11 月 8 日，BL: 伯顿文件，Add. MSS 25,658, f. 8。

58 伯顿和威尔金森致索尔特，1824 年 11 月 18 日，BL: 伯顿文件，Add. MSS 25,658, ff. 11-12; Thompson, pp. 45-47。

59 Quoted in Thompson, p. 104. 另一位到访的要人是拿破仑的典狱长赫德森·洛（Hudson Lowe）爵士，他出现在墓群中间，要求在当他晚些时候离开前带他去看看风景。"要在一天之内看完所有的底比斯，这人的品位得有多贪得无厌！！！"罗伯特·海伊说道。毋庸赘言，托马斯·库克旅行社的时代还远未到来呢。（罗伯特·海伊日记，1826 年 5 月 18 日，BL: 海伊文件，Add. MSS 31,054, f. 130。）

60 Kent Weeks, *The Lost Tomb* (New York: William Morrow, 1998). "底比斯绘图计划"的网站上有很多关于帝王谷挖掘史的信息：http://www.thebanmapping-project.com，2004 年 6 月访问。

61 Champollion, p. 249.

62 J.-J. Champollion-Figeac, *L'Obélisque de Louqsour transporté à Paris* (Paris, 1833). 关于泰勒的探险，参见 BNF: NAF 9444。

63 威尔金森致海伊，1831 年 6 月 26 日，BL: 海伊文件，Add. MSS 38,094, f. 21。

64 Champollion, p. 276.

65 译文和下划线均为本人所做。詹姆斯·伯顿致约翰·巴克，1829 年 8 月 3 日，BL: 伯顿文件，Add. MSS 25,

658, f. 50。

66　伯顿致约翰·巴克，1829 年 8 月 3 日，BL: 伯顿文件，Add. MSS 25,658, ff. 50-52。

67　巴克致伯顿，1829 年 8 月 15 日，BL: 伯顿文件，Add. MSS 25,658, f. 56。

68　Champollion, pp. 408-9.

69　Champollion, pp. 443-48. 罗伯特·海伊动情地写到一座神庙，为了得到它的石头而在当地贝伊的一声令下被拆毁了："听说埃尔穆波利斯（Hermopolis）神庙遗迹被迅速毁灭了，我决定在它被彻底移出埃及文物清单之前去看看，因为等我回来以后，它的命运必将如此，如今，那里还剩下三根立着的柱子。于是，我们按照自己的想法带上投影描绘器，去这座废墟记录下最后的景观，随后出发了。……我们到达之时，正赶上看到这座神庙的凄凉结局！当我看到曾经期望能留下来给未来的旅行者展示埃尔穆波利斯曾经盛况的柱子匍匐在地时，未免大感失望——我简直不敢相信自己的眼睛，这里竟然是我曾经见过并画下来的 11 根巨大的柱子屹立的地点。从我所站之地看去，这块土地就像是被扫荡一空一样！"（罗伯特·海伊日记，1826 年 4 月 24 日，BL: 海伊文件，Add. MSS 31,054, ff. 117-8。）

70　伯顿致威廉·盖尔爵士，1829 年 5 月 23 日，BL: Add. MSS 50,135, f. 19。

71　伯顿致巴克，1829 年 8 月 3 日，BL: 伯顿文件，Add. MSS 25,658, ff. 51-52。

72　George R. Gliddon, *An Appeal to the Antiquaries of Egypt on the Destruction ofthe Monuments of Egypt* (London, 1841).

73　罗伯特·海伊致《阿尔比恩报》（*Albion*），1835 年 6 月 8 日，BL: 海伊文件，Add. MSS 29,859, f. 32。

74　罗伯特·海伊致爱德华·霍金斯（Edward Hawkins），1835 年 8 月 25 日，大英博物馆：西亚文物部，部门通信，1826~1867 年（新系列），第 1 卷。

75　伯顿致海伊，1836 年 1 月 1 日，BL: 海伊文件，Add. MSS 38,094, f. 93。

76　爱德华·巴克致约翰·菲奥特·李（John Ffiott Lee），1831 年 12 月 17 日，BL: Add. MSS 47,490, f. 120。

77　陆上路线在托马斯·韦格霍恩（Thomas Waghorn）中尉身上找到了它新一代的乔治·鲍德温，韦格霍恩不知疲倦地工作，（并在官方的反对之下）建立了途经红海抵达印度的轮船航线。1841 年，他的努力终获回报，当时穆罕默德·阿里授予英国人在苏伊士停泊的特许权（Afaf Lutfi al-Sayyid Marsot, *Egypt in the Reign of Muhammad Ali* [Cambridge, UK: Cambridge University Press, 1984], p. 252）。

78　Reid, pp. 52-54, 108-12.

79　Ibid., pp. 54-58. 希腊考古局成立于 1833 年，1834 年通过了第一部出口和控制文物的法律。Maria Avgouli, "The First Greek Museums and National Identity", in Flora E. S. Kaplan, ed., *Museums and the Making of "Ourselves": The Role of Objects in National Identity*(London: Leicester University Press, 1994), pp. 246-65.

80　Quoted in Reid, p. 58.

81　Gliddon, *An Appeal to the Antiquaries*, pp. 130-31.

82　Reid, p. 58；关于马里耶特，99-108。

83　Reid, p. 56. 时至今日，开罗埃及博物馆以及考古现场的外国游客人数仍大大超过埃及人。

84　罗伯特·科斯特（Robert Coster）致约翰·菲奥特·李，1838 年 1 月 24 日，BL: Add. MSS 47,490, f. 190。

85　R. R. Madden, *Egypt and Mohammed Ali, Illustrative of the Condition of His Slaves and Subjects, etc.* (London, 1841), pp. 110-98.

86　Quoted in Kenneth Bourne, *Palmerston: The Early Years 1784-1841* (New York: Macmillan, 1982), p. 576.

87　Marsot, pp. 240-45.

88 Quoted in Madden, p. 102.

89 Dodwell, pp. 183–91; Bourne, pp. 577–94, quoted in. 593.

90 Madden, p. 9.

91 Marsot, pp. 245–46; Bourne, pp. 595–620, quoted in. 616.

92 Marsot, pp. 249–56; Juan R. I. Cole, *Colonialism and Revolution in the MiddleEast: Social and Cultural Origins of Egypt's 'Urabi Movement* (Princeton, N. J.: Princeton University Press, 1993).

93 原图存放于大英图书馆的海伊文件中，但古尔纳村最近在海伊当时制作它的不远处立起了一件复制品。感谢 Caroline Simpson 向我提供的有关海伊全景图的信息。

94 Reid, p. 295.

结　语

1 Emily Eden, *Up the Country* (Oxford: Oxford University Press, 1930), pp. 293–94.

2 关于维多利亚时代帝国主义心态的一个经典的总结，见 Ronald Robinson and John Gallagher, *Africa and the Victorians: The OfficialMind of Imperialism*, 2nd ed. (London: Macmillan, 1981), pp. 1–5。

3 *Asiatic Journal and Monthly Register*, vol. 26(1828 年 7~12 月)，伦敦，pp. 606–7。

4 关于斯图尔特和他那个时期的其他白人跨界者，参见 William Dalrymple, *White Mughals: Love and Betrayal in Eighteenth-Century India* (New York: Viking, 2002), pp. 23–43, 391–92; 以及我的 "Collectors of Empire: Objects, Conquests and Imperial Self-Fashioning", *Past & Present* 184 (2004): 130–33。

5 Jan Morris, *Heaven's Command: An Imperial Progress* (London: Faber and Faber, 1973), pp. 64, 142, 175.

6 Thomas R. Metcalf, "Empire Recentered: India in the Indian Ocean Arena", in Gregory Blue, Martin Bunton

and Ralph Croizier, eds., *Colonialism and the Modern World* (London:M. E. Sharpe, 2002) , pp.25−39.

7   Sir John Kaye, *History of the War in Afghanistan...*, 2 vols. (London, 1851), II, pp. 218−50.

8   Captain J. Martin Bladen Neill, *Recollections of Four Years' Service in the East with H. M. Fortieth Regiment...* (London, 1845), pp. 272−73.

9   "Lord Ellenborough's Speech, Before Departing for India, at the dinner given in his honour by the Court of Directors of the Honourable East India Company, November 3, 1841" , in R. C. E. Abbott, 3rd Baron Colchester, ed., *History of the Indian Administration of Lord Ellenborough*(London, 1874), p. 169.

10 J. A. Norris, *The First Afghan War 1838−42* (Cambridge, UK: Cambridge University Press, 1967), pp. 391−416.

11 Lt. James Rattray, *Scenery, Inhabitants, and Costumes of Afghaunistan...* (London, 1847), 第 18 幅整页插图。

12 Rev. I. N. Allen,*Diary of a March through Sinde and Affghanistan, with the troops under the command of General Sir William Nott, K. C. B., and sermons delivered on various occasions during the campaign of 1842*(London, 1843), p. 277.

13 Neill, p. 244; Rattray, 第 18 幅整页插图。

14 J. H. Stocqueler, *Memoirs and Correspondence of Major−General Sir William Nott,G. C. B.*, 2 vols. (London, 1854), II, pp. 111−12; Albert H. Imlah, *Lord Ellenborough* (Cambridge, Mass: Harvard University Press, 1939), pp. 79−119.

15 Allen, p. 371.

16 1843 年 3 月 9 日的辩论, Hansard, *Parliamentary Debates*, 3rd ser., vol. LXVII, pp. 513−706。

17 Mridu Rai, "Contested Sites: Religious Shrines and the Archaeological Mapping of Kashmiri Muslim Protest, c.

1900-47", *Past & Present*，即将出版。

18 Romila Thapar，"Somanatha: Narratives of a History"，in *Narratives and theMaking of History: Two Lectures* (New Delhi: Oxford University Press, 2000), pp. 24-50.

19 威廉·赫里斯（William Herries）致约翰·赫里斯（John Herrie），1843 年 2 月 18 日，OIOC: MSS Eur C 149。

20 "The Affairs of India. Private Correspondence"，*The Times*，1843 年 3 月 14 日。

21 "Miscellaneous Extracts from the Papers"，*The Times*，1843 年 10 月 24 日。

22 我很感激 Hirendro Mullick 提供的有关拉金德罗的教育信息，以及对收藏的全面介绍。令人失望的是，大英图书馆的霍格文件中没有包含有关霍格的孟加拉学生的任何信息 (OIOC: 霍格收藏，MSS Eur E/342)。

23 Dinabandhu Chatterjee，*A Short Sketch of Rajah Rajendro Mullick Bahadur and His Family* (Calcutta: G. C. Day, 1917), pp. 61-63. 关于当时孟加拉精英人士的艺术赞助，参见 Tapati Guha-Thakurta, *The Making of a New 'Indian' Art:Artists, Aesthetics and Nationalism in Bengal, c. 1850-1920* (Cambridge, UK: Cambridge University Press, 1992)；and Partha Mitter, *Art and Nationalism inColonial India, 1850-1922: Occidental Orientations* (Oxford: Oxford University Press, 1994)。

24 Indira Vishwanathan Peterson，"The Cabinet of King Serfoji of Tanjore: A European Collection in Early Nineteenth-Century India"，*Journal of the History of Collections* xi (1999): 71-93.

25 这里，我不同意 Geoffrey Moorhouse 的说法，他说"这不是一座博物馆。这是一个家，尽管这里非常欢迎人们在十点到五点之间随意四处游荡，所费不外乎留言簿上的一个签名而已"。除此之外，他对大理石宫的描述都非常精彩。Geoffrey Moorhouse, *Calcutta* (London: Phoenix, 1998), p. 23.

26 T. B. Macaulay, "Minute on Indian Education", in
    T. B. Macaulay, *Poetry and Prose* (Cambridge, Mass.:
    Harvard University Press, 1967), pp. 722, 729.

27 Rudyard Kipling, *Kim*, introd. Edward Said (London:
    Penguin, 1989), p. 49.

28 Ibid., p. 179.

注　释

索　引

（索引页码为原书页码，即本书边码。
斜体字页码表示插图所在页）

索引

索引

插图鸣谢

24	耶鲁大学英国艺术中心，保罗·梅隆（Paul Mellon）收藏
64	由英国什鲁斯伯里博物馆服务部门提供
76	经大英图书馆许可，WD 4148
91	作者的收藏
99	耶鲁大学英国艺术中心，保罗·梅隆收藏
112	由加尔各答维多利亚纪念堂提供
115	私人收藏
123	作者的收藏
147	经大英图书馆许可，OMS OR 4761
156	作者的收藏
179	作者的照片
187	作者的收藏
206	耶鲁大学英国艺术中心，保罗·梅隆收藏
231	法国国家博物馆联合会 / 纽约艺术资源公司
241	经大英图书馆许可，Add. MSS 34,942
252	法国国家照片图书馆，巴黎
257	V&A 图片 / 维多利亚和阿尔伯特博物馆
264	耶鲁大学英国艺术中心，保罗·梅隆基金
270	© 奥托·莫尼（Otto Money）（照片由 AIC 摄影服务社提供）
288	经大英图书馆许可，P430
297	经大英图书馆许可，P779

/ 404

插图鸣谢

图书在版编目(CIP)数据

帝国边缘：英国在东方的征服与收藏：1750—1850
年：上下 /（美）马娅·亚桑诺夫（Maya Jasanoff）著;
朱邦芊译. -- 北京：社会科学文献出版社，2019.7
书名原文：Edge of Empire: Conquest and
Collecting in the East 1750-1850
ISBN 978-7-5201-4455-1

Ⅰ.①帝… Ⅱ.①马… ②朱… Ⅲ.①英国－历史－
1750-1850 Ⅳ.①K561.43

中国版本图书馆CIP数据核字（2019）第040809号

帝国边缘

英国在东方的征服与收藏：1750—1850年（上、下）

著　者 /〔美〕马娅·亚桑诺夫（Maya Jasanoff）
译　者 / 朱邦芊

出 版 人 / 谢寿光
责任编辑 / 周方茹　　　文稿编辑 / 闫富斌

出　　版 / 社会科学文献出版社·联合出版中心（010）59367151
地址：北京市北三环中路甲29号院华龙大厦　邮编：100029
网址：www.ssap.com.cn
发　　行 / 市场营销中心（010）59367081　59367083
印　　装 / 北京盛通印刷股份有限公司

规　　格 / 开　本：889mm×1194mm　1/32
印　张：21.5　字　数：392千字
版　　次 / 2019年7月第1版　2019年7月第1次印刷
书　　号 / ISBN 978-7-5201-4455-1
著作权合同
登 记 号 / 图字01-2018-7141号
定　　价 / 96.00元（上、下）

本书如有印装质量问题，请与读者服务中心（010-59367028）联系